Table of Contents

تمهيد

حين دعت الهيئة الملكيّة لمحافظة العُلا الفنّانة منال الضويان من أجل إنشاء عمل فنيّ لوادي الفنّ، كنّا قد طلبنا منها أن تحلم بلا حدود. وقد ألهمتها زيارتها المتعددة إلى العُلا، والحوارات والمحادثات التي خاضتها مع مجتمعاتنا لابتكار عمل مميّز، بحيث ستعيد إظهار بلدة العُلا القديمة في الصحراء كمتاهة مدهشة.

لطالما أرادت الفنانة منح الجميع صوتًا مسموعًا، وحين لاحظت وجود فنّ الرسم ما قبل التاريخ على الصخور بكثرة في المنطقة، قرّرت دعوة أهالي العُلا إلى تخيّل فنّ مماثل بطابع حديث. عمل كلّ مشارك في ورش العمل على تخيّل رسمة ترمز إلى الحياة في العُلا. ستقوم الفنّانة بنقش هذه الرسومات الصوريّة على جدران العمل الفني. كلّ صورة منها تحكي قصّة ما؛ عن هويّتهم، وأين يعيشون، ومشاهدهم الطبيعيّة، وثقافتهم وطقوسهم، وهذا الكتاب يعمل على جمع تصّوراتهم المتعدّدة معًا.

نعبّر عن امتناننا للفنّانة منال الضويان على تفاعلها المميّز مع العُلا وأهلها، الذي تجسّد في عملها الفني. وأود أن أشكر على نحو خاص مجتمعنا لتعاونه معها في إخراج تلك اللوحات الإبداعية.

نورا الدبل
المدير التنفيذيّ للفنون والصناعات الإبداعيّة في الهيئة الملكيّة لمحافظة العُلا.

Foreword

When the Royal Commission for AlUla invited Manal AlDowayan to create a work of art for Wadi AlFann, we asked her to dream without limits. Her many visits to AlUla and her conversations with our communities have inspired her to create something remarkable. She will make the ancient town of AlUla reappear in the desert as a marvellous labyrinth.

The artist is always intent on giving everyone a voice. Noticing how much pre-historic rock art there is in our region, she decided to invite the people of AlUla to create a modern equivalent. Each participant in AlDowayan's community workshops has created a drawing that symbolizes life in AlUla. These pictograms will be incised into the walls of her sculpture. Every picture tells their story: about who they are, where they live, their landscape, culture and rituals. This book brings their many different visions together.

We are most grateful to Manal for her deep engagement with AlUla and its people, and the way she will express this in her sculpture. I would especially like to thank our communities for their openness and generosity in accepting her invitation to participate – and for creating such beautiful drawings.

Nora Aldabal
Executive Director of Arts & Creative Industries, Royal Commission for AlUla

رواة قصص العُلا

إيفونا بلازويك

يقدّم هذا الكتاب أكثر من 700 رسمة تشكلت مع حضارات العُلا، ليصوروا طريقة حياتهم.

تعتبر هذه الرسومات جزءًا من عمل فنيّ على هيئة منحوتة، عملت عليه منال الضويان لوادي الفن، ويستلهم العمل لمنال الضويان "واحة القصة" والتي تبلورت فكرتها من واحة العلا التي يمتدّ تاريخها إلى 900 عام، حيث أعادت تشكيلها على هيئة متاهة من 2000 جدار لتظهر للمشاهد كأنّها سراب في الصحراء.

منال الضويان معروفة من خلال الصور والمنحوتات التي تلقي الضوء على الأشخاص وطرق العيش التي هُمّشت من قبل الثقافة السائدة.

تظهر تركيباتها الجميلة التزامها بالفنون الحرفية والفنون غير الملموسة، والتي تتنوّع ما بين النسيج، والخزف، والغناء، والتراث الشعبي.

تستكشف أعمالها رموز الهويّة والتاريخ وترتبط بشكل عميق بطبيعة المملكة العربيّة السعوديّة. والأهمّ من هذا كله، تلتزم الضويان بمفهوم المشاركة الذي يشكّل أساسًا لفكرة تسليط الضوء والتضامن والتبادل المعرفيّ.

طلبت الفنّانة من أهالي العلا رسم رموز تصويريّة تمثّل حياتهم في العُلا عن طريق سلسلة من ورش العمل، لتُنقش هذه الرسومات على جدران العمل الفنيّ في الصحراء، بحيث تروي كلّ منها حكاية. وتمّ تقديمها لأوّل مرّة كجزء من معرض تشاركيّ في العُلا، وتم ترتيبها وفقًا لمواضيع العائلة والبيت والطبيعية والثقافة والعادات.

تربط الفنّانة الأعمال بتقليد الرسم ما قبل التاريخ على الصخور. تمامًا كما حفر المسافرون أشكال الحيوانات والبضائع والطقوس على حافّة وادي الفنّ، وبالتالي، فإنّ أهالي العُلا سيتركون بصمتهم في الصحراء للأجيال القادمة.

The Storytellers of AlUla

Iwona Blazwick

This book presents over 700 drawings made by the communities of AlUla which portray their way of life. They are part of a sculpture, a work of land art by Manal AlDowayan commissioned for Wadi AlFann (or Valley of the Arts), which is situated in one of the most beautiful deserts in the world in north-west Saudi Arabia. AlDowayan's sculpture, *Oasis of Stories* is inspired by the 900-year-old settlement of AlUla, recreated in a labyrinth of 2000 sculpted walls that appear like a mirage in the desert.

Manal AlDowayan is renowned for images and sculptures that give visibility to people and ways of life made invisible by mainstream culture. Her beautiful installations show her commitment to artisanal and intangible arts that range from weaving and ceramics to singing and dancing. Her work explores symbols of identity and history and is deeply engaged with the landscapes of Saudi Arabia. Above all AlDowayan is committed to participation as a process that gives visibility, solidarity and knowledge exchange.

Over a series of workshops, the artist asked local communities to create pictograms that symbolize their life in AlUla to inscribe in the walls of her desert installation, and every picture tells a story. First presented as part of a communal exhibition in AlUla, they are arranged according to themes of family, home, landscape, culture and ritual.

The artist connects them with a pre-historic tradition of rock art. Just as travellers once carved animals, good, prayers and salutations into Wadi AlFann's cliffs, so the people of AlUla leave their mark in the desert for posterity.

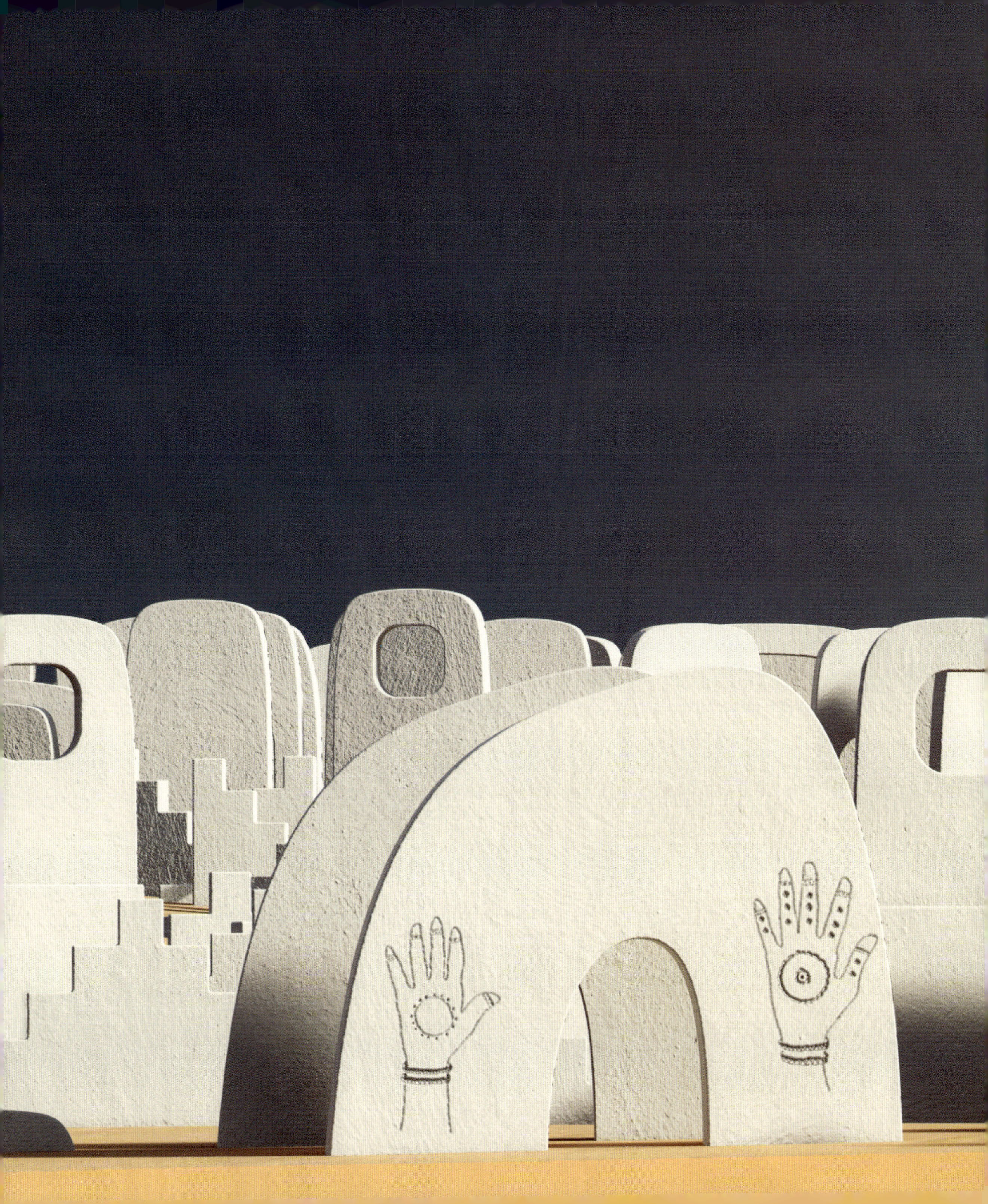

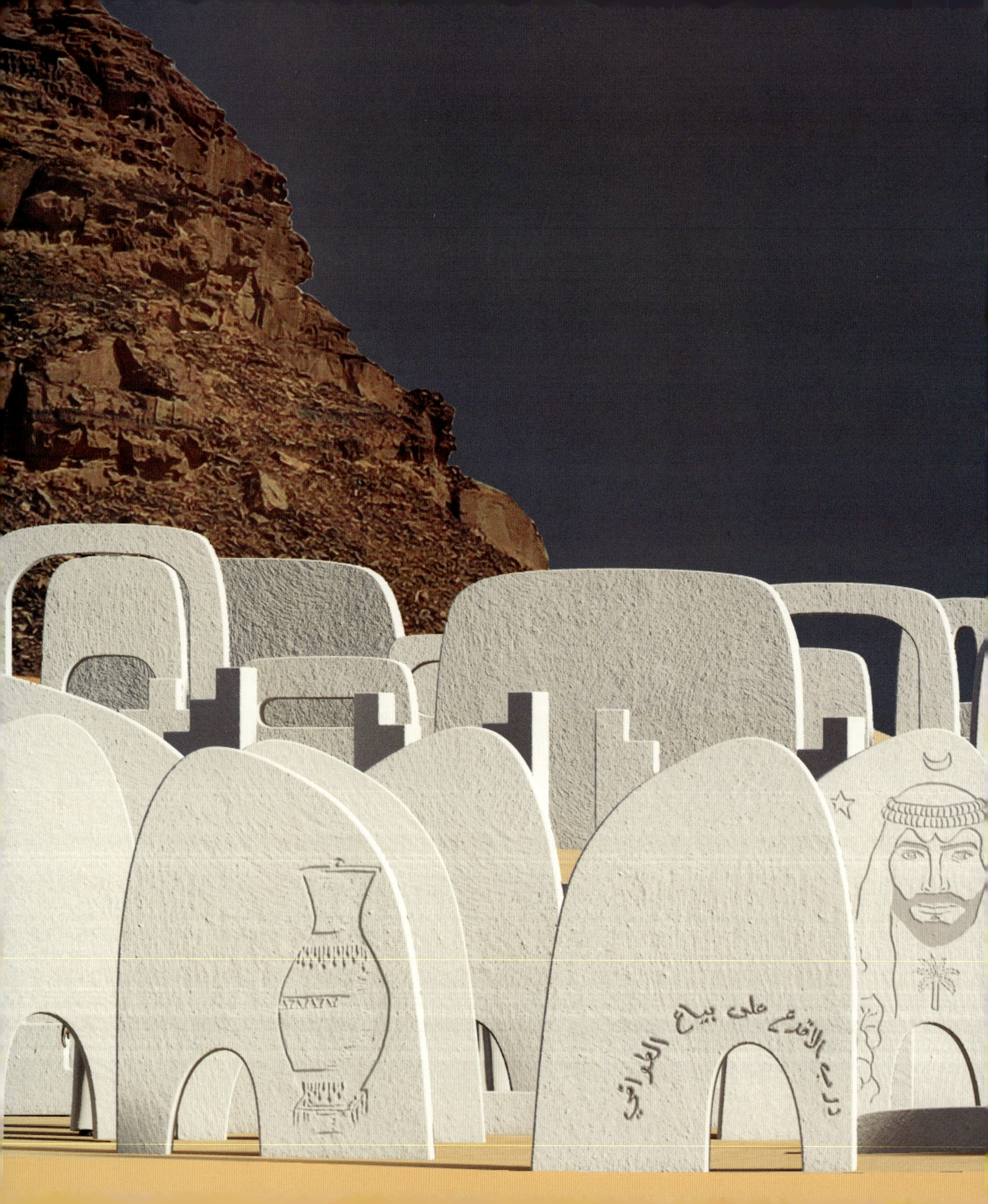
درب الاقدم على بياع الطواقي

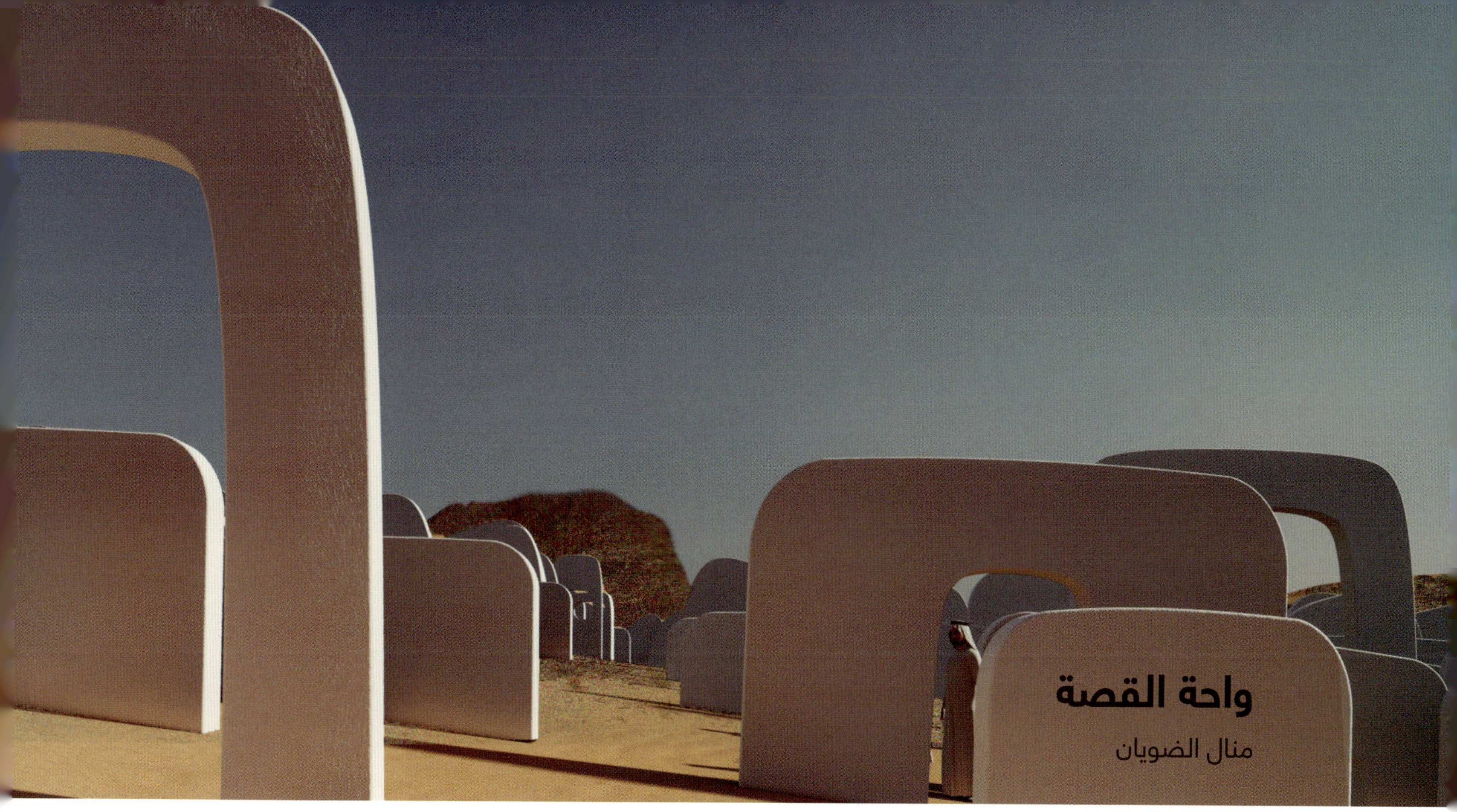

واحة القصة

منال الضويان

في هذا العمل الفنيّ، أخذتُ بلدة العُلا القديمة نقطة بدآية لي؛ هذا الجسر الذي يربط ما بين الماضي وما نحن عليه اليوم. بلدة صغيرة تحضنها العجائب المعماريّة والظواهر الجغرافيّة، مريحة في وجودها، ومتمكّنة من مسؤوليّتها. أردت أن أشكّل عملاً يترجم ما يمثّله هيكل الإنسان المتواضع في السرديّة الأشمل للمنطقة وبلدي.

استلهمتُ شكل العمل الفنيّ من بنية الجدران الطينيّة للبلدة القديمة، هذه الشبكة العنكبوتية التي تنتشر في كلّ اتّجاه، ويتمركز في منتصفها جبل كبير. تعانق جدران المدينة سفحها الرمليّ الضخم، كما يعانق الطفل والديه. من المرجّح أنّ السكّان ومنازلهم الـ800، استخدموا هذا السفح وسيلةً استراتيجيّةً لتضمن لهم الحمآية والبقاء. سيحاكي تصميم العمل الفنيّ الجدران المواجهة للشمال والجنوب في المدينة، هذه الجدران التي شهدت شروق الشمس وغروبها لمدّة 2000 عام.

من خلال استخدام طرق البحث الجديدة في الأساليب المستدامة، سيتشكّل العمل الفنيّ من جدران مصنوعة من منتجات موجودة في البيئة المحيطة والقابلة لإعادة الاستخدام. سيتمّ بناء مئات الهياكل التي تشبه الجدران بعنآية للحفاظ على تقاليد النقش على الحَجَر في كل من العُلا والحِجْر، وهو ما سيشكل لاحقًا متاهة مفتوحة كبيرة من الهياكل الطينيّة والحجريّة الجميلة، والتي ستحمل على جدرانها رسومات وكلمات منقوشة تروي الحكايات المستمدة من التراث الشعبي السعوديّ. هذه الحكايات التي تُروى على ألسنة من يحفظون التاريخ، ويضفون كلماتهم وخيالهم إلى مكتبة النقوشات الحجرية الهائلة في العُلا.

جمعت من خلال سلسلة ورش العمل التشاركيّة مع أهالي العُلا، القصص والرسومات التي سيتمّ وضعها على العمل الفنيّ. في ورش العمل هذه، جمعتُ رجالاً ونساءً من كافّة شرائح المجتمع في أماكن مخصّصة، حيث ناقشنا التاريخ والسرد القصصيّ. دعوتُ المشاركين إلى صنع صورة تلخّص حياتهم في العُلا اليوم.

أقدّم من خلال عرض هذا العمل الفنيّ في العُلا بيانًا فنيًّا حول انتشار الروايات والخطّ الزمنيّ الجماعيّ، والأهمّ من ذلك كلّه، اكتشاف الذات. يقول جاد ثابت، وهو مهندس معماريّ وعضو في منظّمة اليونسكو، إنّه في الماضي، كان ثمّة دمج متعمّد لتواريخ متعدّدة في الحاضر الذي كانوا يعيشون فيه؛ "الدولة الأمويّة في دمشق استوعبت في داخلها جميع الحقب التاريخيّة التي سبقتها، وقد جعلت هذا واضحًا، كنوع من التفاعل الحيويّ والطبيعيّ مع القطع الأثريّة والهياكل الموجودة على أرضهم"[1]. وإنّني أحدّد هُنا، أين نقف من هذه المعالم التاريخيّة المهيبة، لا كمراقبين مذهولين عن بعد، وإنّما كمستضيفين لهذه المواقع التاريخيّة؛ فروايتنا موجودة تلقائيًّا في طيّات القصص التي سبقتنا، ونأمل أن تعيش، لتحكي قصّتنا للشعوب المستقبليّة على هذه الأرض.

1 جزء من مقابلة مع برنامج روافد على قناة العربية، حلقة "محو التاريخ".

Oasis of Stories

Manal AlDowayan

In the artwork, I take the old town of AlUla as my starting point, a bridge between what came before and where we are today, a small town that sits cradled between architectural wonders and geographic phenomena, comfortable in its presence and empowered with its responsibility. I wanted to create a work that translates what this modest human structure symbolises in the greater narrative of the area and my country.

The form of the artwork takes inspiration from the structure of the old town's mud walls, a large spider web that sprawls in every direction with its centre anchored by a large dark mountain. The town walls hug the huge sandstone cliff as a child hugs a parent. The inhabitants and their 800 homes probably used this cliff for protection, survival and strategic advantage. The layout of the artwork will imitate the North South-facing walls in the town. These walls have seen the sun rise and set on them for 2000 years.

Using new research in sustainable methods, the artwork will have walls made of reusable by-products found in the landscape of AlUla. Hundreds of wall-like structures will be carefully constructed, keeping in the tradition of the stone art made in AlUla and Hegra. This will create an open-air labyrinth of beautiful mud and stone like structures that will carry on their surfaces engraved words and drawings that narrate the stories of local Saudi Arabian folklore. Stories told by the current custodians of the historical narrative, adding their words and imagination to the library of stone engravings in AlUla.

Through a series of participatory workshops with the people of AlUla, I collected the stories and drawings that will be placed in the artwork. These workshops in AlUla gathered men and women from all segments of society, in designated spaces, where we discussed history and storytelling. I invited the participants to make an image that sums up their life in AlUla today.

By placing this artwork in AlUla I am making an artistic statement about the osmosis of narratives, timeline collectiveness and most importantly self-discovery. Jad Thabet – architect and member of UNESCO says that in the past there was an intentional inclusion of histories into the present "the Omayyad Empire in Damascus made it a point to digest the histories that came before them into their own history, an organic and natural interaction with the artefacts and structures found in their lands" [1]. I define where we stand from these majestic historical monuments, not as awe-stricken observers from afar, rather we, as hosts of these historical sites find our narrative placed comfortably among the stories that came before us and will hopefully live to tell our story to the future peoples of these lands.

[1] As part of an interview for AlArabia channel's program Rawafed, episode "Erasing History"

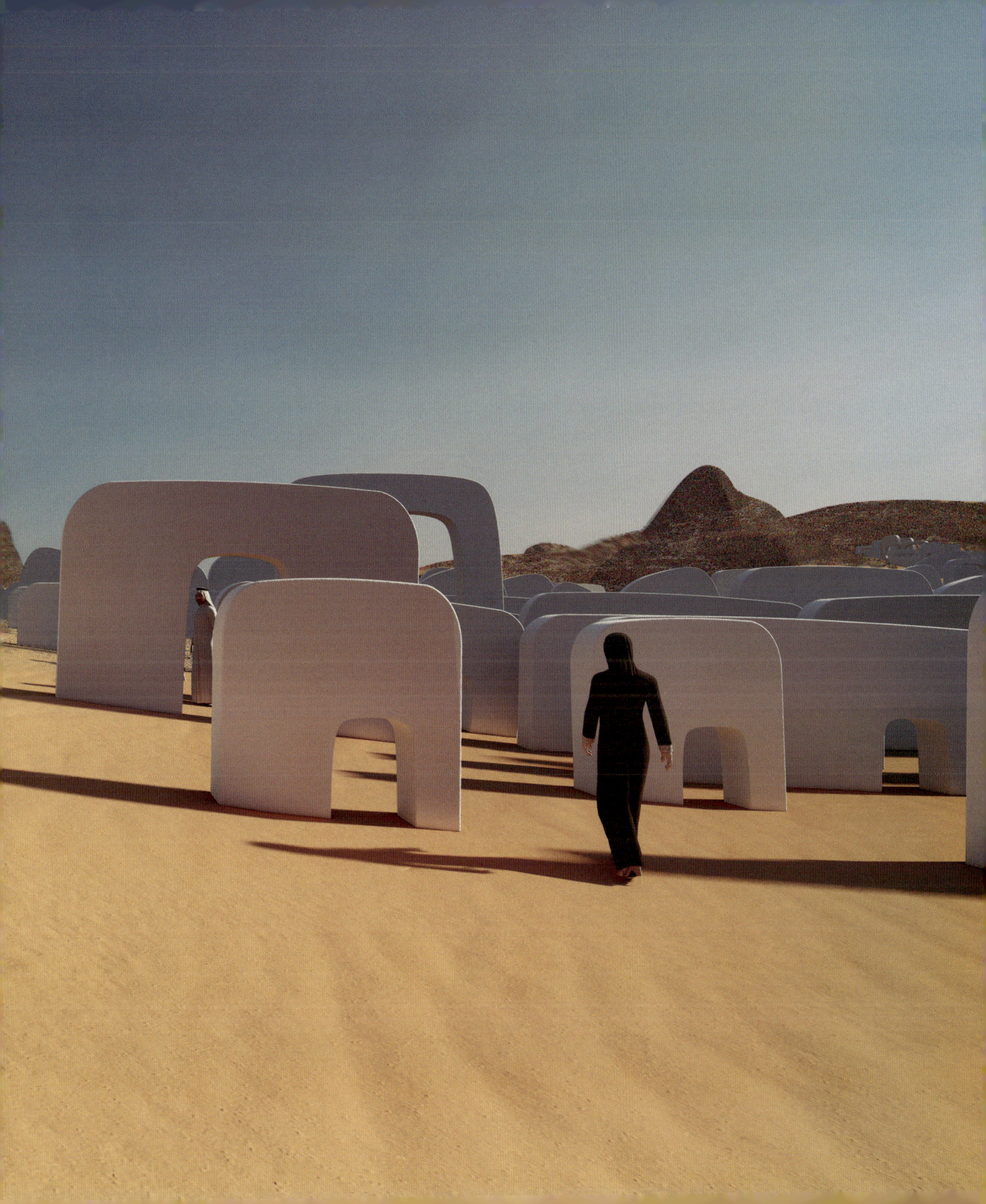

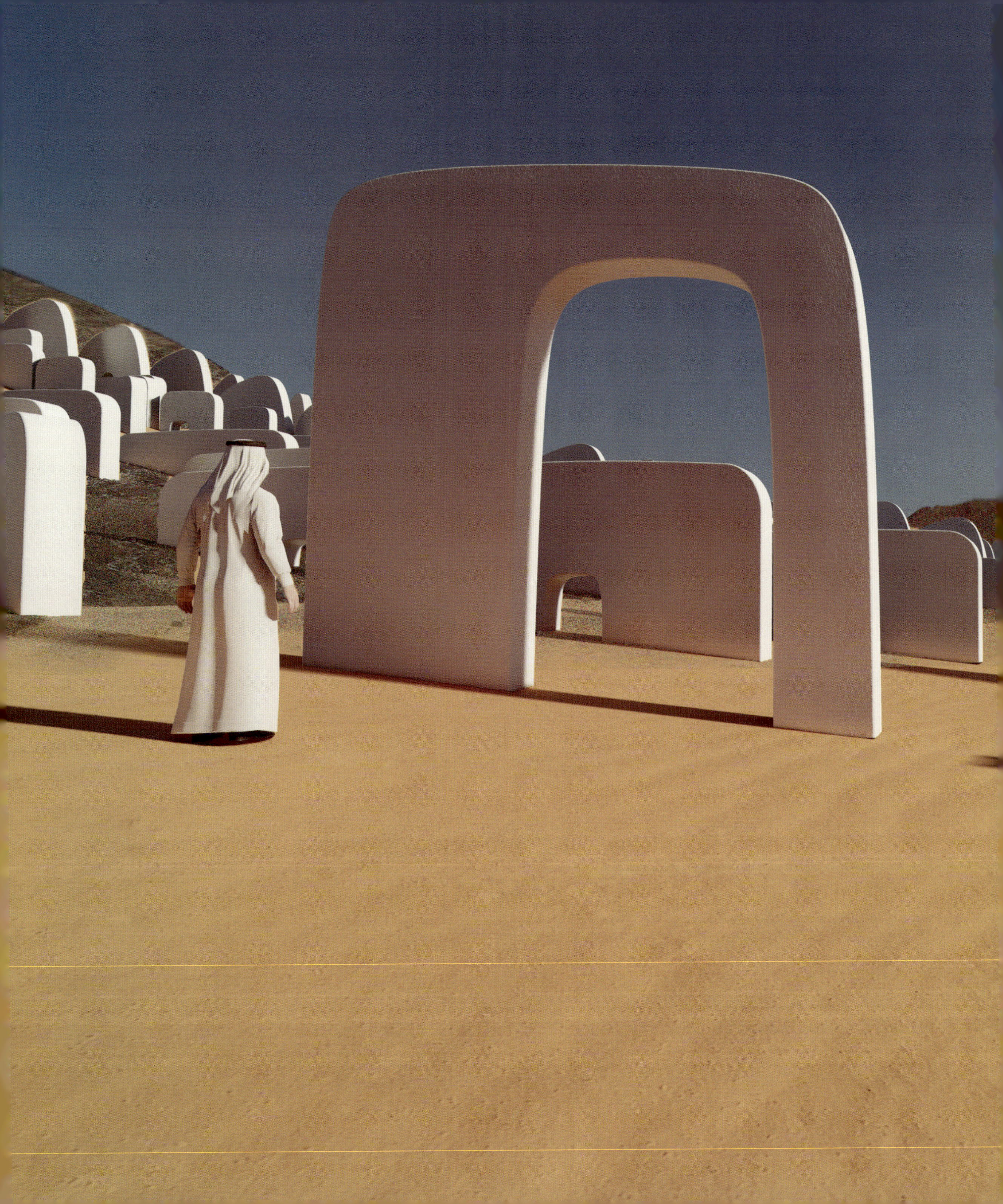

منال الضويان
في حوار مع إيفونا بلازويك

العُلا، نوفمبر 2023

إيفونا بلازويك: اليوم، ستقومين بإنشاء منحوتة لمشروع ضخم تحت اسم "وادي الفنّ"، والذي سيتمّ فيه تحويل منطقة مخصصة في صحراء العُلا لتصبح ملاذًا لفنّ الأرض. ستكون هناك أعمال فنيّة دائمة مستلهمة من الصحراء، والتي من المتوقّع أن يستمر وجودها لمئات، بل آلاف السنين. هل تستطيعين أن تحكي لنا عن العمل الذي ستقومين بإنشائه؟

منال الضويان: طلبتْ منّي الهيئة الملكيّة لمحافظة العُلا تقديم فكرة جديدة ومبتكرة. التحدّي في هذا الأمر يكمن في ابتكار فنّ يتفاعل مع الجمهور ويعيش معهم. ومن هنا جاءت فكرة "فنّ الأرض"، باعتباره فنًّا دائمًا. بدأت أتأمّل تاريخ بلدة العُلا القديمة، ولم يكن الهدف الأساسيّ لهذه المدينة الطينية أن تدوم إلى لأبد. ومن خلال إدراج العُلا في قائمة التراث العالميّ لليونسكو، والبدء في العديد من المشاريع الأثرية، فإنّهم يحاولون اليوم الحفاظ على جدران البلدة القديمة، ولكنّني أعتقد أنّ هذه الجدران كانت تعبّر عن الحياة بشكل فعليّ في الوقت الذي كانت فيه مأهولة بالسكان. لذلك، اخترتُ التركيز على التفاعل مع أهالي العُلا. استخدمتُ الجدران لتعطي العمل شكله الأساسيّ، ولكن ليست الجدران جميعها، بل تلك المواجهة للشمال والجنوب فقط. وكانت لديّ الرغبة للتفكير في الناس، وكيفيّة إعادة هذه الجدران إلى الحياة من خلالهم.

في كل مكان في العُلا، يُمكننا رؤية النقوش التي تحمل في طيّاتها قصص السكّان القدامى، فقد استمرّوا في توثيق وحفر قصصهم. أهل العُلا هم جزء من استمراريّة حكاية الإنسانيّة، ولذلك، أين تكمن قصّتهم؟ في ممارستي الفنيّة، أفكّر في مسائل الرؤية والاختفاء. وكنت أفكّر في أهالي العُلا، في هذه الفترة التي تشهد تطوّرات جذريّة. ففي الوقت الذي يركز فيه الجميع على المواقع التراثيّة والسياحة والإقامة في المنتجعات والفنادق الفاخرة، كنتُ قلقةً بشأن اندثار الثقافة. وبالرغم من تأييدي لهذا التقدّم، إلاّ أنّ لديّ رغبة في التقاط هذه اللحظة التاريخيّة وتوثيقها. قرّرتُ التواصل مع أفراد من مجتمع العُلا من أجل توثيق سُبُل عيشهم في الوقت الحاليّ. ولهذا، أعمل مع العديد من السكان المحليّين المشاركين في ورش العمل التي أعددتُها، والتي أنظّمها على مدار العام، ومن المتوقع استمرارها حتّى الانتهاء من هذا العمل الفنيّ.

إيفونا بلازويك: إذًا، سيكون التركيب الفنيّ معماريًّا، ويشبه المتاهة التي تعكس بنية البلدة القديمة. كانت البلدة القديمة مذهلة. لقد عاش الناس هناك حتّى عام 1983 بدون كهرباء، وتمّ تحقيق ذلك من خلال الطبيعة فسها - البناء من الطين وسعف النخيل، وإنشاء مساحات تقع في الظلّ، كما أنّ تشكيل المتاهة محميّ من الغرباء

"التحدّي في هذا الأمر يكمن في ابتكار فنّ يتفاعل مع الجمهور ويعيش معهم"

منال الضويان: أدرك أهميّة المتاهة، وأعلم أنّ فهم دهاليزها يقتصر على من يعرفونها. عندما أوضحت هذا الأمر لأهالي العُلا، وأخبرتهم أنّ متاهة البلدة القديمة معروفة فقط لمجموعة محدّدة، طأطأ الجميع رؤوسهم، ذلك لأنّ هذه المعلومة بمثابة سرّهم الذي يحافظون عليه. الآن، العمل الفنيّ ليس مجرّد متاهة، ولا يهدف إلى إرباك الناس، أو التسبّب بالتوتر. المتاهة رحلة تأمّليّة تخلق شعورًا جديدًا، وفكرًا جديدًا كذلك، وحلولاً مبتكرة إلى حدّ ما. أمّا بالنسبة إلى الجدران، فقد قرّرتُ اختيار أشكال ناعمة دون زوايا حادّة؛ فالطبيعة لا تحتوي على أيّ شيء حادّ أو مستقيم.

كذلك، أعجبتني طريقة تصميم النوافذ والأبواب في البلدة القديمة. إنّها صغيرة جدًّا، وبُنِيَت يدويًّا، وتبدو إلى حدّ ما مضغوطة. قد لا يكون للنوافذ معنىً في بعض الأحيان. لم يأتِ أحدٌ ليقول: "هذا يبدو متوازنًا، وهذا متماثل". كلّ ما في الأمر أنّنا "نحتاج إلى نافذة هنا". وعليه، قرّرتُ صنع واحدة، وبدأتُ في تنفيذ هذا النوع من الفتحات داخل الجدران.

في الاستديو، دائمًا ما أحاول التفكير في تعزيز الاستدامة والتفكّر في الأثر الذي سيتركه عملي على الأجيال القادمة. أبحث عن موادّ جديدة لن تسبّب الضرر للأرض، وذات طابع غير استخراجيّ. نحن نتطلّع إلى بحث أجراه وائل الأعور، وهو مهندس معماريّ لبنانيّ، وتتمركز شركته المعماريّة "Wai Wai Architects" بين الإمارات العربيّة المتّحدة واليابان. حصل وائل ومساعده الفنيّ كينيتشي تيراموتو على جائزة الأسد الذهبيّ بعد تحقيقه أفضل مشاركة وطنيّة في بينالي البندقيّة عام 2021، بفضل أبحاثه حول نفايات تحلية المياه.

تواصلتُ مع وائل، وطلبتُ منه التعاون معي من أجل تحقيق هذا الهدف.

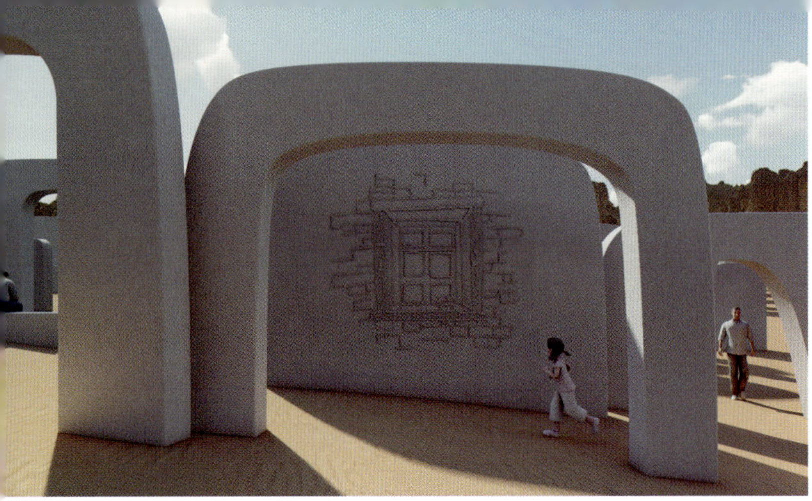

Manal AlDowayan in Conversation with Iwona Blazwick

AlUla, November, 2023

Iwona Blazwick: You are creating a sculpture for a monumental project called Wadi AlFann, an area of the desert in AlUla designated for the creation of land art. There will be permanent works of art inspired by the desert and conceived to be here for hundreds, maybe thousands, of years. What are you creating for Wadi AlFann?

Manal AlDowayan: The Royal Commission for AlUla asked me to come up with something without limits. So the challenge was to think about an artwork that will live among people - and the idea of land art as permanence. I started looking at the old town of AlUla. This mud city was never meant to have permanence. With archaeological projects and the UNESCO heritage charters they're trying to preserve its walls, but I think those walls were really alive when they had people in them. So I turned my attention to the people inside. I used the walls as the form of the work - I wanted to think about the people and how I could bring those walls to life.

Everywhere you go in AlUla you'll find inscriptions. Humans inscribe their stories constantly in this area. The people of AlUla are the continuation of the story of humanity and where's their story? In my practice, I think about questions of visibility and invisibility. I was looking at the people of AlUla in this transformative moment. With everyone focusing on the heritage sites and tourism and staying in beautiful spas and hotels, I was worried that their culture will disappear. Of course I embrace moving forward, it's exciting for the people of AlUla, but I wanted to capture this moment of transformation. I decided to reach out to the community of AlUla to document how they're living today. So I have a lot of people drawing in my workshops, which I'm running through the year and probably will continue until the artwork is built.

IB: So the sculpture will be architectural, a kind of labyrinth that mirrors the structure of the old town? This ancient settlement was incredibly successful. People lived there until 1983 without electricity, and that was achieved by using nature itself – building from clay and palm fronds, creating spaces which have natural breezes and lie in shadow. And the labyrinth formation protected against outsiders.

MA: The labyrinth is very important to me because I understand that it is only knowable to those who know. When I present to the people of AlUla that the labyrinth of the old town is meant to be only known by the people who know it, they all nod because it's like a well-kept secret. Now, it's not a maze, it's not meant to confuse, it's not meant to cause stress. A labyrinth is more of a contemplative journey. It's a place where you walk and think and you probably exit that labyrinth with a new feeling, a new thought, a resolution of some sort. As for the walls, I decided to go with very soft shapes, no sharp corners because nothing in nature is sharp, nothing is straight.

I also loved how the windows and doors were shaped within the old town. Quite small, built by hand and just sort of squeezed in. The windows don't make sense sometimes. Nobody came in and said, 'This looks balanced, this is symmetrical'. It's just, 'Alright, we need a window here. Make one.' So I started doing these kind of openings within my walls.

I am also trying, within my studio, to introduce sustainability, to think 'what impact will my work leave for the next generation?' I'm looking for new material that does not negatively impact the earth but reuses waste. We are looking at research conducted by Wael Al Awar an architect originally from Lebanon, whose architectural firm Wai Wai Architects is based between the UAE and Japan. Wael, and his co-curator Kenichi Teramoto, won the Golden Lion at the Venice Architectural Biennale for their research around desalination waste. I called Wael up and I told him, 'You must come work with me. We have to make this happen!'

An experimental idea is one thing but bringing it to life and making sure that it has longevity, it survives the elements of weather, this is the journey I am taking. Of course we have different routes. It's not the only one because we don't know if it will work and so we're looking at sustainable use of sand, compressed earth - my ambition is never to use concrete! This is my dream.

"The challenge was to think about an artwork that will live among people"

إيفونا بلازويك يُعَدّ هذا الجزء من المشروع مهمًّا جدًا، إذ يشبه وادي الفنّ مختبرًا عملاقًا يمكننا من خلاله استكشاف كيفيّة التعامل مع تحدّيات عالم متزايد الحرارة بالإضافة إلى ظاهرة التصحّر. تُعَدّ العُلا موقعًا مثاليًّا لاختبار الموادّ الجديدة أو القديمة، حيث يمكن أن تمثّل صحاريها مستقبل الكوكب. وثمّة جانب آخر مهمّ في مشروعك يتمثّل في التركيز على المشاركة والتفاعل، لماذا يعدّ ذلك مهمًّا بالنسبة إليك؟

منال الضويان: في البدآية، كان من الصعب جدًّا التحدّث بصوت الفرد ضمن مجتمعي، ولم يُسمح للنساء بالظهور بشكل واضح في الفضاء العامّ. كما كانت صور النساء محظورة، وصوتهن كذلك كان محظورًا في بعض الأحيان. كانت ثمّة بعض القنوات التلفزيونيّة التي تمنع أصوات النساء، والصحف المحلية تتّبع سياسة عدم وضع صورهنّ في صفحاتها، أو تغطيتهنّ وكأنّهنّ مجهولات الهويّة، وهو ما جعلني أفكّر في هذه التفاصيل في وقت مبكّر من مسيرتي، كوني كنت أشعر أنني غير مرئيّة.

لقد أذهلني... أنّك إذا كنت تغنّي بمفردك، فهذا أمر مؤلم، وصعب، ومحرج، وخطير في بعض الأحيان. إذا كان لديكم الصوت الجماعيّ، فثمّة الكثير من القوّة فيه. لذلك لجأتُ إلى تنظيم ورش العمل الجماعيّة التي تعزّز صوت الجميع. وكوني كبرتُ في مجتمعات نسائيّة، حيث تجتمع الجدّات والعمّات والأطفال في غرفة واحدة، وتُتناقل التقاليد بشكل متواصل، تعلّمت هناك كيفيّة الرقص، وطريقة تقديم القهوة، وهكذا، انتقلتْ المعرفة من جيل إلى آخر. يُدهشني كيف يعتبر العالم الخارجيّ أنّ مجتمعات النساء قمعيّة وذات طابع جنسيّ، كأيّام الحريم، ففي الواقع كانت هذه المجتمعات مصدرًا أستمدّ منهُ القوّة، حيث كنت أشعر بحريّة التصرّف وإمكانيّة التعبير بصوتٍ عالٍ في الوقت الذي أريده. هناك، يمكننا الغناء والحديث والتعبير عن الرأي، وقد أحببت ذلك حقًّا. تلك هي البيئة التي نشأتُ فيها، فالوُجود ضمن مجموعات كبيرة من النساء، يشعرني بالراحة ويمنحني القوّة. لذلك، قرّرتُ تنظيم ورش عمل تتناول القضايا الاجتماعيّة، بدءًا بالمسمّيات. في الماضي كان الناس يتجنّبون ذكر أسماء النساء في الأماكن العامّة، ويفضّلون استخدام ألقاب مثل "والدة فلان" أو "زوجتي"، وذلك لأنّ ذِكْر الاسم الفعليّ محرج ويسبّب الحساسيّات والتوتّرات لمن يعرف اسم الزوجة أو الأمّ. هذه المسألة صدمتني، ولم أكن أعتقد أنّ هذا التصرّف مقنع.

ذُكرت النساء في القرآن الكريم في مواضع عديدة، وقد ذكر النبيّ -عليه الصلاة والسلام- أسماء بناته وزوجاته، وبالتّالي، لم يكن هذا الأمر مرتبطًا بالدين، بل كان جزءًا من العادات والمحرّمات الاجتماعيّة التي أُقحِمَت في المجتمع، والتي بُنِيَت على إقصاء المرأة منه. تعاملتُ مع هذا الأمر عن طريق العمل مع مجموعات نسائيّة، وكنّ يقلن "نحن لا نحبّ ذلك"، لكن بإمكانهنّ قول ذلك من خلال العمل الفنيّ، ولاحظتُ أنّ جميعهنّ يعبّرن عن عدم رضاهنّ من خلال مشاركتهنّ في عملي الفنيّ. عندما بدأت بعقد ورش العمل، لم يكن ثمّة متاحف أو غاليريات أو بيناليات متاحة حينها. ولذلك تطلّب الأمر قدرًا كبيرًا من الثقة من قِبَلِهنّ للحضور والمشاركة دون معرفة الهدف من هذه الورش، وما مصير هذه المشاركات والأعمال. لم يكن أحد منهنّ يعرفني، فقد اكتفين بمعرفة أنّني ابنة أحدهم. حاليًّا، تغيرت الأوضاع في العُلا، حيث بات جميع أفراد المجتمع نساءً ورجالاً وأطفالاً يشاركون في هذه الورش.

إيفونا بلازويك: لقد قمتِ بعقد ورشة عمل مع مجموعة من المزارعين، وشملت طلاّبًا وحتّى فريق كرة قدم للناشئين. كيف قمتِ بتحديد ودعوة المجتمعات المختلفة؟

منال الضويان: بدآيةً، شكّلنا مجموعات منظّمة، ومع تناقل الأخبار والأحاديث، أصبح الناس يعلّقون قائلين: "أختي شاركت، أنا أيضًا أرغب في المشاركة". وأنا سعيدة للغآية لنجاح هذه الخطوة. بالأمس، أرسلت دعوة لما يقارب الـ ٣٠٠ شخص. وبالنسبة لي، فقد قضيت وقتًا طويلاً في هذا المكان، وسعيت جاهدة لتوضيح

"في كل مكان في العُلا، يُمكننا رؤية النقوش التي تحمل في طيّاتها قصص السكّان القدامى، فقد استمرّوا في توثيق وحفر قصصهم. أهل العُلا هم جزء من استمراريّة حكآية الإنسانيّة، ولذلك، أين تكمن قصّتهم؟"

عملي بشكل جديّ وصادق. واليوم، أقدّم هذا العمل الفنيّ كهدية لأهل العُلا، من أجل الحفاظ على هويتهم وما يمثلونه، ولأخبرهم بأنّهم جزء مستمرّ من قصة الإنسانيّة، وبالتالي، فإنّ قصّتهم ذات قيمة وشأن عظيمين. أعود إلى مناقشة قضيّة أن يكون المرء مرئيًّا وأقول لهم "أستطيع رؤيتكم". لقد بدأنا العمل مع جمعيّة المزارعين والمجموعات المختلفة، بدءًا من المدارس والكلّيّات، وصولاً إلى جمعيّة ذوي الإعاقة. كما تعاونّا أيضًا مع جمعيّة المزارعين ومدرسة اللغات والمرشدين السياحيّين والحرّاس الذين يحمون المحميّة الطبيعيّة. خلال الفترة التي قضيتها هنا، على مدار الأسابيع أو الشهور، استمرّ الجميع في إرسال الرسائل التي تقول: "لم أتمكّن من الحضور" و"أنت لم تدعني"، "عمّتي فنّانة موهوبة، إنّها ترسم أعمالاً فنيّة جميلة مثل هذه". لذلك، قمنا بتنظيم ورشة عمل مفتوحة للراغبين في الحضور.

إيفونا بلازويك: يشهد الفنّ المعاصر في المنطقة حالة من التوتّر، حيث يسعى الفنانون للتحديث والتطوير والتغيير، في الوقت الذي يعبّرون فيه أيضًا عن استيائهم من اندثار بعض أشكال الهندسة المعماريّة والثقافة المحليّة. يُعتَبَر هذا المشروع نقطة تحوّل تاريخيّة بالنسبة إلى هذا المجال! كيف يمكننا إعلام هذه المجتمعات؟ ربّما لم يسبق لهم تجريب الرسم من قبل، فكيف يمكننا تحفيزهم للبدء؟ وكيف يمكننا أن نشجّعهم على متابعة مسار فكريّ يساهم في تطوير مشروعك؟

منال الضويان: أحاول تذكيرهم بحسّ المسؤولية، فالناس هنا يهتمّون بالعائلة كثيرًا، ومعظم السعوديين يشتركون في هذا الاهتمام، لذا، أطلب منهم أن يتخيّلوا أنّهم في المستقبل، وبعد عشرين عامًا، سيأتي أحفادهم، وينظرون إلى هذا الفن الذي تركوه لهم، وربما يستمتعون أيضًا بالتخييم أو تخطيط رحلة بسيطة بالقرب من هذه الرسومات. ما المحتوى الذي تقدّمونه؟ وما نوع الرسالة التي تنقلونها إليهم؟ أصفُ العمل هنا بأنه عمل فنيّ سيبقى لفترة طويلة، وله طابع الديمومة الموجود في فنّ الأرض. نشهد في المملكة العربيّة السعوديّة تغيّرات سريعة، وتطوّرًا في البنية التحتيّة والمجتمع والثقافة، وبالتالي، فإنّ الاستمراريّة تُعتبر تجربة نادرة.

IB: This is such a significant part of this project. Wadi AlFann is like a giant laboratory where we can explore how to deal with an ever-hotter world and desertification. AlUla is an ideal place to test new (or ancient) materials because its deserts could represent the planet's future. Another significant aspect of your project is your emphasis on participation - why is it important for you?

MA: It started at a time when it was very, very hard to speak in a singular voice within my society. Women were not allowed in the public sphere. There was almost a ban on images of women. The voice of women sometimes was a red line. There were TV channels that would not allow women's voices. My local newspaper that came to my house, had the red line of never putting the face of a woman in the newspaper. They would put women covered but they were faceless and I started thinking about these things early in my career, you know, just feeling unseen.

It struck me… that if you're singing alone, it's traumatic, it's hard, it's embarrassing, it's sometimes dangerous. If you have a group voice there's a lot of power in that moment. So I use participatory workshops as a group voice. I grew up in women-only spaces where you have your grandmother, your aunts, the children, all women in one room constantly exchanging traditions. 'This is how you're supposed to dance, this is how you serve your coffee,' so knowledge has been inherited. It surprises me how the outside world looks at women's spaces as very oppressive, as harems, very sexualised. But in reality they were so, so powerful for me. You know, your body had its space in these gatherings, your voice can be as loud as you want, you sing, you talk, you say your opinions and I loved that. That's what I grew up with. I went back to what I feel comfortable with, which is being around big groups of women. It's comfortable and empowering. So I started doing workshops addressing social issues, starting with naming. People are not saying women's names in public. They say, 'The mother of,' or, 'My wife,' but never say the name because that's embarrassing, if somebody knows the name of your mother or the name of your wife. That was shocking for me. I didn't think it was right.

The Quran has names of women all over it, the prophet pronounced names of his daughters and wives, so it was not based on religion, it was a new social taboo that was invented alongside the idea of excluding women from society. So I decided to tackle it with groups of women and they were all, like, 'We don't like this,' but they could say it through my art. When I was doing these workshops, there were no museums, no galleries, no biennales and so it took a huge amount of trust for them to attend and do this with me, without knowing where this will end up, what will happen with it. Nobody knew who I was, they just knew I was a daughter. Now in AlUla it's a different situation. I'm doing workshops with men and women, children, the full community.

IB: You have made a workshop with a group of farmers, there have been students and even the junior football team. How did you identify and invite the different communities?

MA: We started with organised groups and then through the grapevine, through rumours, through gossip. People would be like, 'Oh, my sister participated and now I want to,' and I'm very happy that this has succeeded. We sent an invitation to almost 300 people. We only got three, 'No, we can't attend,' and the nos were very sad, like, 'I don't have a car,' or, 'I'm out of town,' I've spent a lot of time here and tried with honesty, with integrity, to explain what I'm doing. I frame this artwork as a gift to the people of AlUla, a preservation of who they are and what they stand for, to tell them, 'You are a continuation of a story that belongs to humanity and therefore your story is valid.' I go back to the question of visibility, to say, 'I see you.' We started with associations and groups, so schools, colleges, the disability association. We also worked with the farmers' association, the language school, the tour guides, the rangers that protect the natural reserve. Throughout the weeks or months that I've been working here, people keep messaging, 'I didn't attend,' 'You didn't invite me,' 'My aunt is an amazing artist, she draws such beautiful things.' So we organised a workshop open to whoever wanted to attend.

IB: Across contemporary art from the region there is a tension as artists welcome modernity, progress and change but also mourn the disappearance of different forms of architecture and cultural vernacular. This project marks a historic moment of change! How do you brief the communities? They may never have drawn so how do you get them started and how do you get them to follow a line of thought that will feed into your project?

MA: I try to put a sense of responsibility on their shoulders. People here are very family-oriented, most of Saudi is like that, so I tell them, 'Imagine in the future, in twenty years, your grandchildren will come and look at this drawing that you made for them. They might even camp and put a little picnic and sit there next to your drawing. What are you putting there? What kind of message are you giving them?' I describe the work as something that will remain for a long time – it has the permanence of land art. Here in Saudi Arabia we've been changing so fast and transforming infrastructure, society, culture, so permanence is a rare experience.

"Everywhere you go in AlUla you'll find inscriptions. Humans inscribe their stories constantly in this area. The people of AlUla are the continuation of the story of humanity and where's their story?"

إيفونا بلازويك: هل تهدف الإرشادات إلى البحث عن جسم ما أو مشهد يمثّل ارتباطهم بالتاريخ؟

منال الضويان: لا أحاول عدم التركيز على الماضي فقط، بل أسعى لأن يوثّقوا اللحظة الحاليّة. أرغب في معرفة تفاصيل حياتهم وماذا تعني العُلا لهم اليوم، وكيف يعيشون فيها، هل يتعلق الأمر بالتراث؟ لأنّهم محاطون بالمواقع القديمة؟ حيث يقوم المؤرّخون بجهودهم لسرد قصّة "الطنطورة" على سبيل المثال، حيث يروون تفاصيل تاريخية عن الزراعة. وبالتالي، يُعتبر سرد القصص جزءًا هامًا من الثقافة. هناك أيضًا فئة من الشباب الذين يرغبون في رسم كريستيانو رونالدو فحسب، وذلك بسبب تأثيره الكبير على المجتمع الرياضيّ وعقول الشباب، فقد تمّ رسم العديد من ألعاب البلايستيشن، وبعض الأشخاص رسموا غرفهم فقط لأنهم يريدون مني رؤية منازلهم، والعديد اكتفوا برسم الطبيعة. هذا ما يرونه يوميًّا، لذلك هناك العديد من الرسومات لأشجار النخيل! عندما أعطيهم الإرشادات، أحاول أنْ أكون صادقة للغآية، لأنّني أريدهم أن يثقوا بي ويعلموا بأنّني سأحافظ على قصصهم. كما أعرض عليهم باستمرار تصاميم ورسومات معماريّة لمشاريع قيد التنفيذ. كما أقول لهم إنّ العمل الفنيّ ليس مقتصرًا على رسوماتي، وإنّما أخبرهم بأنها: "إبداعاتهم الفنيّة، وأنا فقط أوفّر لهم المساحة وأمنحهم المجال للتعبير عن أفكارهم".

أعمل مع مجموعات متنوعة، لذا، أضطرّ إلى تغيير رسالتي لتتناسب مع كل مجموعة. عند التعامل مع النساء الكبيرات في السنّ، فأنا أفهم اهتماماتهنّ، وأسألهنّ عن وصفات طعامهنّ المفضّلة، وأقول: أنا أحبّ الليمون المخلّل الذي تصنعنه. وكما تعلمون، في العُلا، تُزرَع الحمضيّات بشكل واسع. فأسألهن ماذا تفعلن بالليمون؟ وكيف يمكنكنّ أن تجعلن طعمه لذيذًا هكذا؟ ثم يبدأ الجانب المحمّس. "أرجوك أعطني وصفتك". أمّا إذا كنت أتعامل مع الأطفال، أطرح عليهم أسئلة تتعلّق بالأنشطة التي يفضّلونها وأنواع الألعاب التي يلعبونها، فيرسموا تلك الأنشطة والألعاب. أمّا بالنسبة إلى لمزارعين، فأسألهم عن كيفيّة حفظ التمر الذي ينمو على النخيل، ويتوفّر طوال العام، أسألهم: ما الذي تفعلونه؟ ليبدأوا في شرح العملية ورسمها. لذلك، يُعدّ دور المؤلّف أمرًا بالغ الأهمية في الفنّ التشاركيّ، ومع ذلك، يتطلّب الأمر تحقيق توازن ما بين أن تكون صارمًا وملهمًا.

إيفونا بلازويك: بعد النظر إلى هذه الرسومات، الجميلة جدًّا بالمناسبة، أعجبني أسلوبك الفنيّ. فأنتِ تُعطين الجميع ورقتين فارغتين، لأنّه دائمًا ما يرافق هذه العملية بعض التردّد والتوتّر، خصوصًا عند مواجهة ورقة بيضاء فارغة. كما يمكنك تزويدهم بأقلام الرصاص التي يسهل مسحها، لتعويدهم على أن ارتكاب الأخطاء شيء عاديّ، وتعليمهم أنّ الفشل جزء ضروريّ ومهمّ من التجربة يمكنهم أن يستفيدوا منه لتحسين قدراتهم. لاحظتُ أنّ الكثير من الأشخاص يلجأون إلى هواتفهم للبحث عن مصدر الإلهام، ولكن بعد الانتهاء من هذه العمليّة، تطلبين منهم وضع الورقة الأولى جانبًا وسحب الورقة الثانية الأسمك، والتي تتميّز بملمس أقوى من السابقة واستبدال قلم الرصاص بقلم الحبر.

من اللافت أيضًا أنّ الرسومات لا تمثّل فقط ملاحظات من الطبيعة. إنّها صور توضيحيّة تستخدم الأجسام والسيناريوهات كرموز للتعبير عن المعاني، وتتميّز هذه العمليّة بالطابع الفلسفيّ والشعريّ والوجدانيّ، فما هي القصص التي يمكن استخلاصها من هذه الرسومات؟

منال الضويان: كلّما نظرتُ إلى تلك الرسومات، اكتشفتُ شيئًا جديدًا. أشعر بالتعاطف والارتباط مع ما هو مرسوم، فمن المذهل كيف يمكن أن يكون الرسم علاجيًّا إلى هذه الدرجة، كما أنني معجبة بكميّة المواهب الموجودة. عقدتُ ورش عمل في مناطق مختلفة في أنحاء العالم، وليس هناك ما يشبه ما يحدث في العُلا. ربّما يعود السبب في ذلك إلى أن سكان العُلا عاشوا فترة طويلة حول هذه النقوش الصخريّة. حيث تحيط بهم أشجار النخيل والصخور على الدوام، فهم دائمًا في رفقة هذا الجمال الخلّاب. وتشمل القصص الرائعة التي تعلّمتها أنّ هناك نساء بدويّات فضّلن البقاء نباتيّات نتيجة حبّهنّ الشديد للحيوانات. كما التقيتُ شبابًا رسموا جدّاتهم بكل شاعريّة، وعبّروا من خلال رسوماتهم عن هذا الحبّ وقوّة الروابط التي تجمعهم بهنّ. لقد واجهتُ أيضًا لحظات مؤثّرة، حيث أدركتُ خلال بعض المقابلات وعبر مشاهدة الرسومات، أنّ الرسام فقد والده حين كان صغيرًا، أو أنّه فقد حلقة الوصل التي تقدّم إليه الدعم والمعرفة.

وهناك من يعبّرن عن التغيير في حياتهنّ، وقد أحببنه، فقد رسمت بعض النساء حول رؤية 2030، وتجسيد رحلتهنّ بالطائرة لأوّل مرة والذهاب إلى معرض إكسبو في دبي. كما رسم الكثير من الناس سيّاراتهم، إنّهم فخورون بشراء سيارة وقيادتها، فهذه لحظة تحوّل مجتمع لم يكن ثريًّا. بينما كتب بعضهم باللغة الإنجليزيّة لإظهار إتقانهم لها وقدرتهم على التواصل مع السيّاح الذين يستقبلونهم في البلد. كانت هناك إحدى الفتيات التي لم تتعلّم القراءة والكتابة، ولم تسنح لها الفرصة للذهاب إلى المدرسة إطلاقًا، حيث رفض والدها ذلك في صغرها. وقد أخبرتني أنّه ندم على ذلك في وقت لاحق من حياته. هذه الفتاة تعلّمت القراءة باللغتين الإنجليزيّة والعربيّة ذاتيًّا، وكانت تقرأ لوالدها كل يوم قبل قيلولته بعد الظهر يوميًّا. وقد كانت تقرأ كتبًا مثل "مغامرات فيلبي"، وهي قصة عن مستكشف بريطانيّ في المملكة العربيّة السعوديّة. وكان السكّان يفضلون قراءة هذه الكتب الاستكشافيّة القديمة؛ لأنّها تروي قصّتهم من زاوية مختلفة. إنّهم منفتحون للغآية، وأعتقد أنّ هذا جزء من طبيعتهم، فقد استضافوا لآلاف السنين ثقافات وأشخاص ولغات وأديان مختلفة.

حين تزور العُلا لأوّل مرة، تجد النساء يرتدين عباءاتهنّ والرجال أثوابهم، كباقي مناطق المملكة العربيّة السعوديّة، فهذا هو اللباس التقليديّ السعوديّ. ولكن عندما تتعمق في التعامل مع سكّان العُلا، ستبهرك مواقفهم تجاه استقبال الزوار وحسن الضيافة وتفهّم الثقافات الأخرى.

"فإذا كان لديكم الصوت الجماعيّ، فثمّة الكثير من القوّة فيه. لذلك لجأتُ إلى تنظيم ورش العمل الجماعيّة التي تعزّز صوت الجميع"

IB: The instruction is to find an object or a scene that represents their link with the past?

MA: No I try not to focus just on the past. I want them to document the contemporary moment. 'What is your life like today? What is AlUla about today?' It is about heritage because they're surrounded by ancient sites and by historians trying to tell the story of the Tantora, for example, but they're telling the history of farming, so story-telling is part of the culture. Also you have a lot of young people that just want to draw Cristiano Ronaldo because he's had a huge impact on the sports community and the minds of the young. A lot of PS4 computer games were drawn. Some people just draw their rooms because they wanted to show me their house, and a lot draw nature. This is what they see every day, so I have hundreds of drawings of palm trees! When I give instructions, I try to show my honesty. I want them to trust me that I will protect their story. I show them architectural digital drawings of my work in progress. I tell them the artwork is not really about my drawings or about my aesthetic and art. 'It's your drawings, I'm just making a platform, I'm giving you a canvas.'

I work with different groups so I change the message of what they should draw. With elder women, I know their interests and I ask, 'Give me your recipes. I love those pickled lemons that you make.' You know, it's a citrus farming community. So, 'What do you do with the lemons? How do they taste so good?' Then the excitement starts. 'Write down your recipe for me.' If I'm with children, 'What do you love to do? What kind of games do you play?' They draw it for me. Farmers, 'I don't understand how the dates are preserved. They come from the palm tree and then they last all year long. What do you do?' So they start drawing that for me. Authorship is very important in participatory art but it's a delicate balance of being, sort of, a dictator and a person who inspires.

IB: Looking at the drawings, which are beautiful, I was struck by your methodology. Everybody gets two pieces of paper because there is a hesitance when you're faced with a blank sheet of paper. There's nothing more intimidating! You provide pencils which can be rubbed out, so people can make mistakes. It's teaching people that failure is necessary, and they can experiment and cross out. I noticed a lot of people immediately look at their phones for inspiration but then when they've done that process, you ask them to take that first piece of paper away and they find another piece of paper underneath. It's more textured, it's thicker, and they switch from pencil to ink.

It is also striking that the drawings tend not to be observations from nature. They're pictograms that use objects or scenarios as symbols of meaning. The process is philosophical, poetic, even existential. What stories are emerging for you from these drawings?

MA: Every time I look at them, I see something new. I get very emotional about what is drawn because it's incredible how therapeutic drawing is, but I am shocked by the talent, the creativity, that I've found in this community. I've done workshops across the world and nothing like what's happening in AlUla - probably because they've lived around all these rock engravings. Being near landscapes of rock and palm groves they're constantly surrounded by beauty. The amazing stories I've learned include Bedouin women who are vegetarians because they love their animals so much. I've met young men who drew their grandmothers with such poetry, such love and kindness, their connection to the women in their lives is incredible here. I also encountered very emotional moments, where you can tell when there's somebody I'm interviewing or making a drawing, that their father passed away when they were very young, or they lost the link that transfers knowledge to them.

Then you have people looking at the way their life has changed. They love it. Women have drawn for me visions of 2030, getting on a plane for the first time and going to Expo 2020 in Dubai. A lot of people have drawn their cars. They're so proud to buy a car, to drive it, that's a transformative moment for a community that was not wealthy. A lot of people were writing in English to show off their knowledge of language and show that they can communicate with the tourists they are receiving in their country. There was a girl that didn't learn reading or writing. She didn't go to school at all, her father wouldn't allow her when she was young. He regretted this, she told me, later in his life. She taught herself how to read English and Arabic, and she used to read to her father before his afternoon nap, every day. She was reading books like 'The Adventures of Philby'. He's a British explorer in Saudi Arabia, and they loved to read these old explorer books, because it's somebody telling them their own story from a different angle. They are very open and I think this is in their DNA, they have been hosts for millennia of different cultures, people, languages and religions.

When you first come here, you see women wearing their abayas, men wearing their robes. They look the same as the whole of Saudi Arabia because we all have our national dress. But, as you dig deeper it is incredible, the attitude of the people of AlUla towards welcoming the traveller, welcoming the guest, understanding you are different.

إيفونا بلازويك: لقد شعرنا جميعًا بترحيب كبير وانفتاح ورغبة عارمة للتفاعل وتبادل البسمات، حتى وإن استخدمت لغة الإشارة للتواصل إذا لزم الأمر، في حال عدم القدرة على الحديث بلغة مشتركة. وكوّنت هذه التجربة تعارضًا واضحًا للصورة النمطيّة السائدة عن السعودية كدولة مغلقة أو منعزلة. ستصبح كلّ هذه الرسومات، التي قد يبلغ عددها ألف رسمة في نهاية المطاف، جزءًا من مجموعة متحف الفنّ المعاصر الذي سينشأ هنا في المستقبل. دعينا نتخيل أنّنا سافرنا في رحلة عبر الزمن، مائة عام نحو المستقبل. ما الذي يمكن أن نستنتجه حول الوضع في المملكة العربيّة السعوديّة من خلال مشاهدة هذه الرسومات؟

منال الضويان: الناس يجهلون ما يحمله المستقبل، إنّهم لا يستطيعون التكهّن به، لأنّ التغيّرات السريعة كانت مبهرة كما كانت فكرة الاعتراف بهذا المكان. في الماضي، لم يكن مسموحًا بزيارة المواقع التراثيّة في العُلا، فقد كانت تُعْتَبَر ملعونة. ولكن الأوضاع تغيرت اليوم، حيث أصبح الجميع يريدون مقابلة الناس، وقضاء بعض الوقت في بساتين النخيل، ويحاولون استيعاب ما يجري فقط. وعند حديثي مع الأهالي، قال لي بعضهم: نحن لا نعلم ما الذي يخفيه المستقبل. هذا الأمر يتجاوز خيال أيّ منا، خيال السعوديّين، وحتى خيالي أنا. تغيّرت القوانين المتعلّقة بحقوق المرأة بين ليلة وضحاها، هكذا وبلمح البصر، لذا، لا نستطيع التكهّن بما سيحصل في السنوات القادمة!

إيفونا بلازويك: تعتبر تلك الرسومات أرشيفًا لهذا الزمن. من جهة، يمكننا أن نرى أدوات تقليديّة مرسومة والآلات الموسيقيّة، وفي الوقت ذاته، نرى رسومات تصوّر شاشة لعبة فيديو وسيّارات دفع رباعي وطائرات. بالنسبة لي، يجسّد هذا المشروع لحظة هامّة من التحوّلات الاجتماعيّة والسياسيّة والثقافيّة الضخمة، حيث تتحاور التقاليد مع التحديثات بشكل مستمرّ. كما نتمنى أن يستمرّ هذا التنوّع حتّى بعد مرور 100 عام، مثل الاهتمام بحقول النخيل، وتأمّل النجوم في الليل، وعزف الموسيقى على الآلات القديمة، دون أن تؤثّر تقنيات العولمة على هذا الإرث. في هذه اللحظة، هناك أيضًا ما يعطينا الأمل، ويخطّ لنا الطريق للمضيّ قُدُمًا.

منال الضويان: عند النظر إلى النقوش الصخريّة، يتّضح لنا أنّ الأشخاص الذين رسموها لم يهتموا بالفنّ أو التاريخ أو أي شيء آخر، وإنما كانوا يرغبون فقط بترك إرثهم كبشر. لقد رسموا وسائل نقلهم وهي حيواناتهم، وآلاتهم الموسيقيّة وهي القيثارات، ورقصاتهم وملابسهم، وقصصهم. أعتقد أنّ الإنسانيّة ستستمرّ في فعل ذلك. يتمنّون فقط أن يشرحوا للأجيال القادمة كيف كانت الحياة في زمنهم.

إيفونا بلازويك: يساهم مشروعك بالتأسيس للمبادرات الفنيّة الجديدة في العُلا، ويعمل على توطيد علاقة أهالي المنطقة بالمؤسّسات الثقافيّة الناشئة وجعلها أكثر فاعليّة، حيث بدأوا في رحلة صناعة الفنّ من خلال التفكير بالجماليّات عن طريق هذه الرسومات. حيث لا يساعدنا مشروعك على فهم وتفسير ما سيحدث فحسب، إنّما يطلق العنان للإمكانات الإبداعيّة الموجودة لدى الجميع.

منال الضويان: لقد دُعيت للمشاركة في مشاريع متنوعة حول العالم، وأحد أهم التحدّيات التي أواجهها هو سؤال: ما الذي أفعله هنا؟ ولماذا أضع عملي الفنيّ ضمن إطار هذا المجتمع؟ وهل يعجبهم أم لا؟ ومن أنا يا ترى حتى أضع هذه التعبيرات عندهم وأتركها هكذا؟ تجربتي الأولى هنا كانت جزءًا من "Desert X AlUla" للفنّ المعاصر في عام 2020 مع عشرة فنّانين مختلفين، نصفهم سعوديّون، ولكنّهم ليسوا من العُلا. لا يقوم المزارعون هنا بوضع أبواب لمزارعهم أبدًا، حتى يتسنّى لك أخذ ما تحتاجه، وبالتالي، يعتبر هذا عملاً صالحًا بالنسبة إليهم. كنت أذهب إلى المزرعة لقطف بعض النعناع. عندما زرت المزرعة مجدّدًا لأخذ النعناع، أخبرني السائق، وهو ابن عمّ المالك بأنّ المالك كان في انتظاري. وكان قد زيّن النعناع على شكل قلب حبّ على الطوب للترحيب بقدومي.

عندما بدأت بالحديث معه أشار إلى وجود مجتمع للفنّانين. اجتمعنا في مزرعة صغيرة وجهّزنا الكراسي والشاي والقهوة. حضر الفنّانون من كِلا الجنسين، وتبادلنا الحوار. بعد ذلك، بدأوا يتساءلون لماذا لم نَدْعُهم للمشاركة في مشاريعنا الفنيّة؟ لماذا نتجاهلهم؟ سألتهم عن الخطوات التي يمكنني فعلها، فأجابوا بأنهم يفضّلون أن نعقد بعض ورش العمل. فأجبتهم بأنّني سأنظّم ورشة عمل لنتحاور فيها، ولكنّني أودّ أن أدعوهم أيضًا إلى الموقع ليفهموا ما معنى فنّ الأرض، لتوضيح أنّه ليس فنًّا سريعًا، بل يستغرق الأمر سنوات للتحضير، ويتطلّب الكثير من الأعمال البنائيّة والهندسيّة. لذلك، نظّمت رحلة لزيارة موقع Desert X AlUla، حيث كان الفنّانون يقومون ببناء الأعمال، بهدف الكشف عن تلك اللحظة المبهرة. أبلغتُ الفنّانين بأنّ هذه فرصة فريدة ليرى السكّان عملنا، حيث تحدّث كلّ فنّان عن عمله وطموحه. أخبرناهم بأنّهم سيكونون التاليين، وأنّهم بحاجة للتدريب المناسب وفهم أساليب العمل فقط.

في النهاية، أودّ تقديم نصيحة إلى جميع الفنّانين الشباب في جميع أنحاء العالم. من العادي أن ترتكبوا الأخطاء وأنتم في الاستديو، أو ضمن مجموعتكم الفنيّة. ولكن، عندما يحين وقت تقديم عمل فنيّ، يتطلّب الاستمراريّة، يجب تفادي أيّ أخطاء، لذا، يتوجّب أن تتعاملوا معه بكلّ ما تملكون من خبرة. ومع كلّ ذلك، لا يزال أهالي العُلا يشعرون بالتهميش، لذلك، آمل أن أتمكّن من تعزيز إحساسهم الدائم بالتقدير من خلال ورش العمل الخاصّة بي.

إيفونا بلازويك: ستُجَسَّد رؤيتهم الإبداعيّة على جدران هذا التركيب الفنيّ الذي تقومين ببنائه، ليتمكن أحفادهم والزوّار من جميع أنحاء العالم من التواصل معها، على أمل أن تبقى هذه الأعمال حاضرة لآلاف السنين القادمة.

IB: We've all found this tremendous sense of welcome, openness, a real desire to smile, interact, use sign language if necessary, when we can't communicate. This has been such a striking counter to an external perception of Saudi as being closed, or inward looking.

All of these drawings - and eventually there may be up to a thousand - will enter a collection of a museum of contemporary art that will be built here in the future. Let's time travel 100 years into the future. Looking back on those drawings, what do you think we'll understand about this moment in Saudi Arabia?

MA: People do not know what the future holds. They cannot see it, because it's been so shocking, the fast transformation, the recognition of this place - the embrace of the heritage sites which had been forbidden. They were considered cursed, and now they're not. Suddenly, everybody wants to meet the people, to spend time in their palm groves; they're just trying to absorb what is happening. I've had conversations, people are like, 'We don't know what's going to happen. We can't see it'. It's beyond imagination for any of us, even Saudis, even me. The change in women's rights, it's just happened so fast, who knows what will happen in the next few years?

IB: These drawings are in fact an archive of this time. You see on the one hand, traditional tools being drawn, mouth organs, musical instruments, and at the same time, we see drawings of a screen with a video game, 4x4 cars, aeroplanes. To me, this project encapsulates this moment of massive social, political, cultural change, where tradition and modernity are in dialogue with one another. We must hope that duality will continue, that the palm groves, the awareness of the stars at night, the playing of ancient instruments will still be relevant in 100 years' time and not superseded by the technologies of globalisation. Something about this moment also offers hope, a blueprint for a way forward.

MA: If you look at the rock engravings, the people who drew those were not thinking about art, history, nothing. They just left their trace as humans. What did they draw? Their vehicles of transport, which were their animals. They drew their musical instruments, which were harps and they drew their dances and their clothes, and they wrote stories. I think humanity will continue to do this. They just want to tell the next generation what life was today.

IB: Your project also lays the foundation for the new arts initiatives in AlUla. Their relation to these nascent cultural organisations will not be passive. People are actively contributing, thinking about aesthetics. By making a drawing, mark making, they have also begun the journey to making art. Your project not only helps us all to interpret and understand what's going to happen but also to unlock everyone's creative potential.

MA: I've been invited to do projects around the world and my biggest concern is, 'What am I doing? Why am I putting this artwork in this community? Will they even like it? Who am I to come here and put an expression of any kind and just leave it?' I first worked here as part of Desert X AlUla in 2020 with ten different artists. Half were Saudi, but not from AlUla. The farmers here never put doors on their farms because if you take something from them and you consume it, it's a good deed for them. I used to go into this farm and grab some mint. A driver was a cousin of the owner of the farm so he told on me. The second time I went to the farm to grab my mint the owner was waiting. He had used bricks to transform the patch of mint into a heart shape for me.

I started talking to him and he said, 'By the way, we have a community of artists'. So we did a little gathering in the farm, we put out chairs, tea and coffee, both men and women artists came and we were having a nice chat, but then they started saying, 'Why weren't we invited to make artworks? Why are they ignoring us?' I asked them 'What can I do?' So they said, 'We would like some workshops.' I told them, 'Listen, I will make a workshop where we just sit down and have a conversation, but I want to bring you to the site to understand what it means to build land art and to understand that it's not just a quick thing. It takes years to prepare and there's a lot of construction, engineering.' So I organised a trip to come out to the Desert X AlUla site as the artists were building works. It was under embargo because we wanted to unveil for that 'wow' moment. I told them, 'This is a special opportunity to see us as we build.' Every artist spoke to them about their process and their ambition for the artwork. We told them, 'You're going to be the next people to be commissioned. It's just right now you need the right training, you need to understand the approach'.

I say this to all young artists anywhere in the world, 'You can make mistakes within your studio, within your group of artists, so that when the time comes for you to present a work that has a bit of permanence, it's not a space for mistakes at all. So you bring that, you approach it with experience.' I'm hoping that through my workshops I am creating a sense of recognition.

IB: And their creative vision will be incised into the walls of your sculpture, communicating to their own descendants and to visitors from around the world, hopefully for the next millennia.

"If you have a group voice there's a lot of power in that moment. So I use participatory workshops as a group voice."

Community Workshops 2023 ورش العمل المجتمعيّة

Between September and November 2023, AlDowayan and her team organised 13 participatory workshops across AlUla, involving over 750 members of the local community. Through the workshops, the artist encouraged the community to look and take inspiration from their personal histories to create drawings which will eventually be transcribed into the walls of the AlDowayan's artwork in Wadi AlFann.

Participants included teachers, farmers, cooks, rangers, tour guides, artists, craftspeople, students, junior football teams and the disabilities assosciation.

ما بين سبتمبر ونوفمبر 2023، نظّمت الضويان وفريقها 13 ورشة عمل تشاركيّة في جميع أنحاء العُلا، شارك فيها أكثر من 750 فردًا من المجتمع المحليّ. من خلال هذه الورش، شجّعت الفنانة المجتمع على النظر والاستلهام من تاريخهم الشخصيّ لإنشاء رسومات سيتمّ نقشها في النهآية على جدران أعمال الضويان الفنيّة في مشروع وادي الفنّ.

وكان من بين المشاركين المعلّمين والمزارعين والطهاة والحرّاس والمرشدين السياحيّين والفنّانين والحرفيّين والطلاّب وفريق كرة القدم لدرجة الناشئين وجمعيّة ذوي الإحتياجات الخاصّة.

	Chronology	2023	التسلسل الزمني	
Madrasat Addeera	September	11	سبتمبر	مدرسة الديرة
Ikmah Visitors Centre	September	17	سبتمبر	الرواة
King Abdulaziz High School for Boys	November	6	نوفمبر	مدرسة الملك عبد العزيز الثانوية للبنين
King Abdulaziz High School for Girls	November	7	نوفمبر	مدرسة الملك عبد العزيز الثانويّة للبنات
Madrasat Addeera	November	7	نوفمبر	مدرسة الديرة
Disabilities Association	November	8	نوفمبر	جمعيّة ذوي الاحتياجات الخاصّة
Design Space AlUla	November	11	نوفمبر	مساحة العلا للتصميم
Taibah University	November	12	نوفمبر	جامعة طيبة
Oasis Farms	November	17	نوفمبر	مزارع الواحات
AlUla Residences	November	17	نوفمبر	إقامات العُلا الفنيّة
Daimumah Open Call	November	18	نوفمبر	دعوة مفتوحة في ديمومة
Sharaan Nature Reserve	November	21	نوفمبر	محميّة شرعان الطبيعيّة
AlUla Junior Football Team	November	22	نوفمبر	فريق العُلا لكرة القدم لدرجة الناشئين

المحتويات

واحة القصة

منال الضويان وأهالي العُلا

Oasis of Stories

Manal AlDowayan and the People of AlUla

وادي الفن
Wadi AlFann

KAPH
ART BOOKS FROM THE ARAB WORLD
كتب الفن من العالم العربي

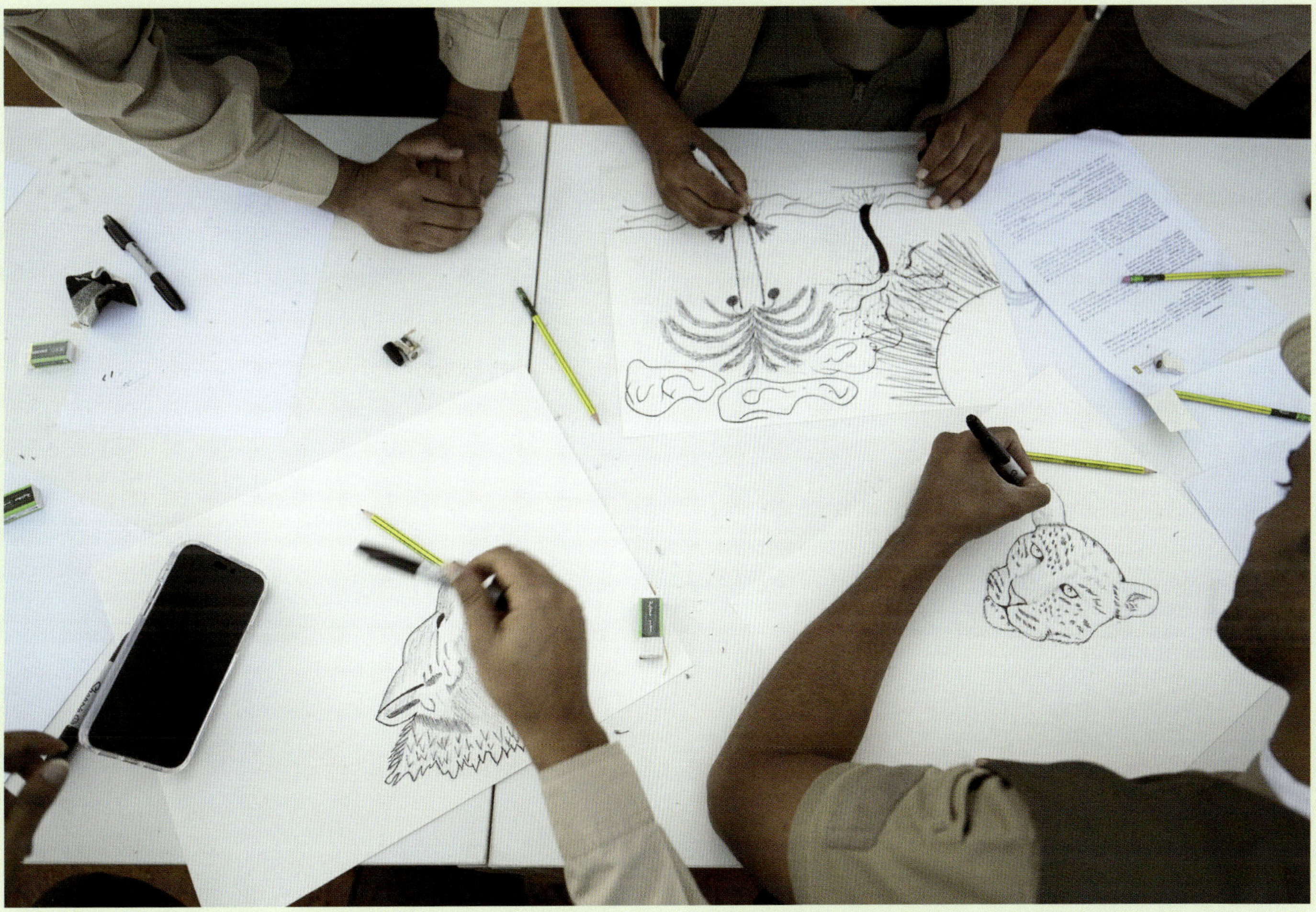

Madrasat Addeera

مدرسة الديرة

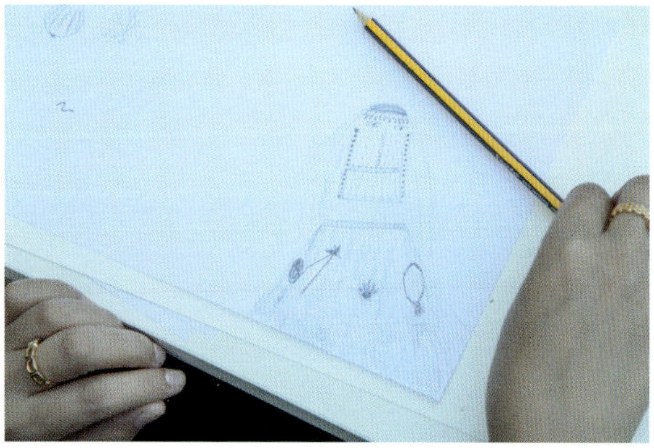

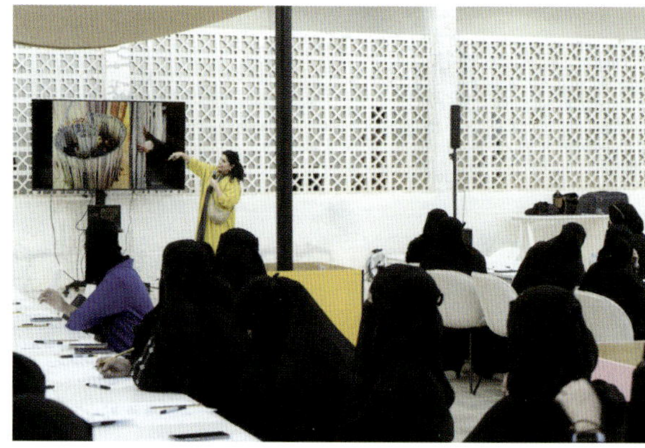

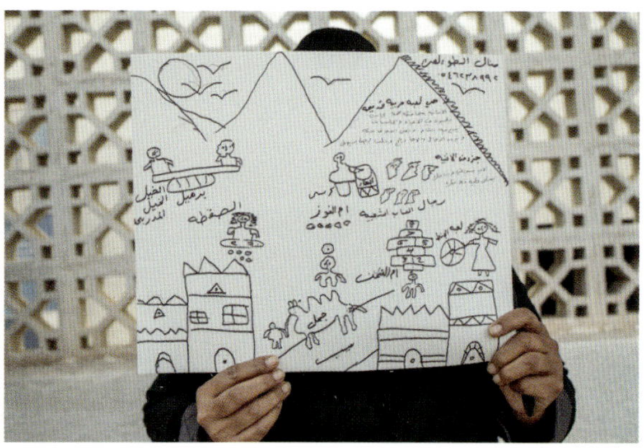

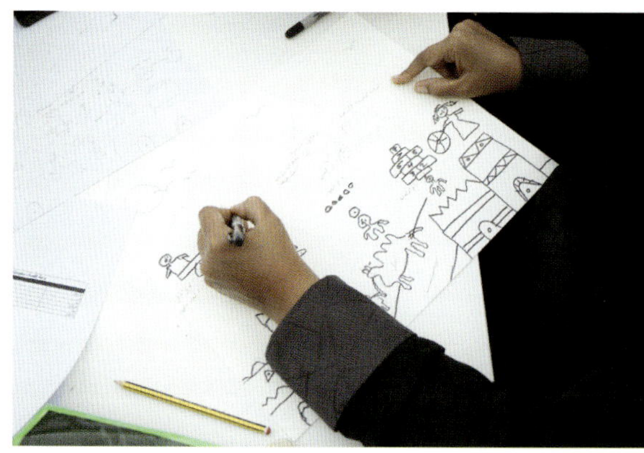

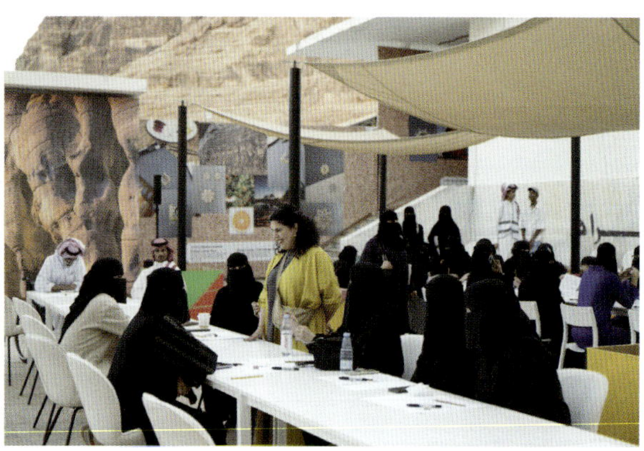

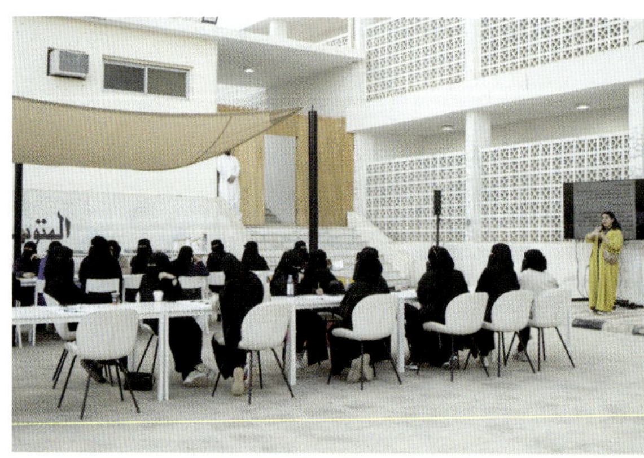

King Abdulaziz High School for Boys

مدرسة الملك عبد العزيز الثانوية للبنين

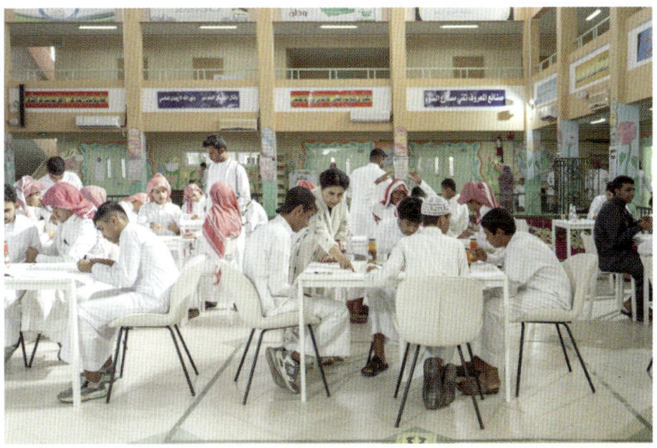

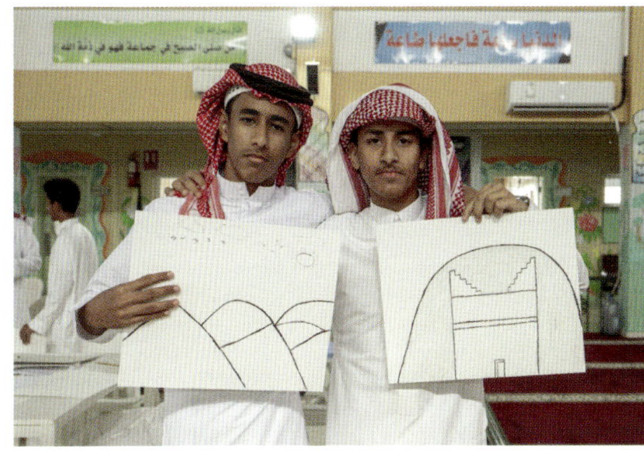

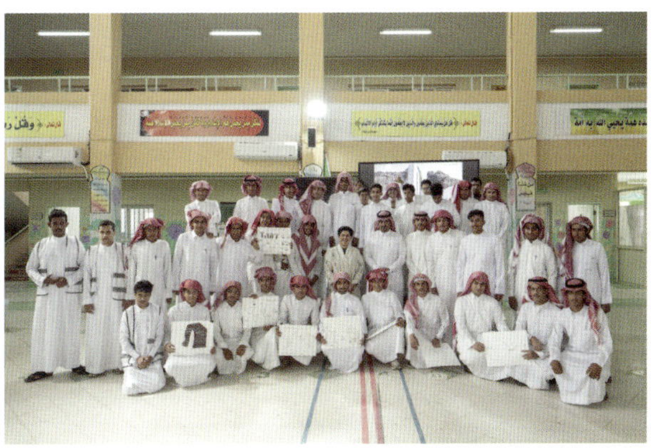

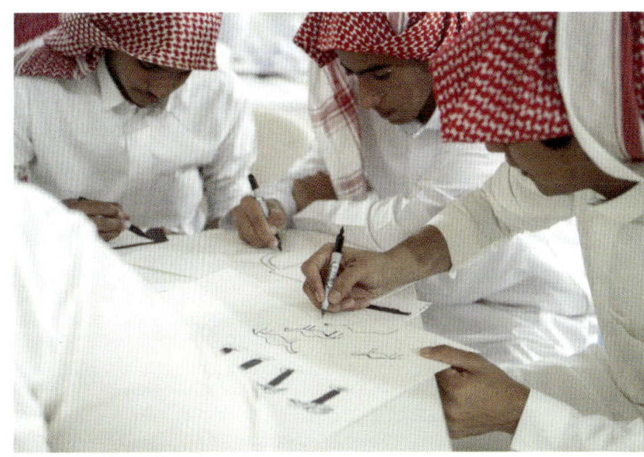

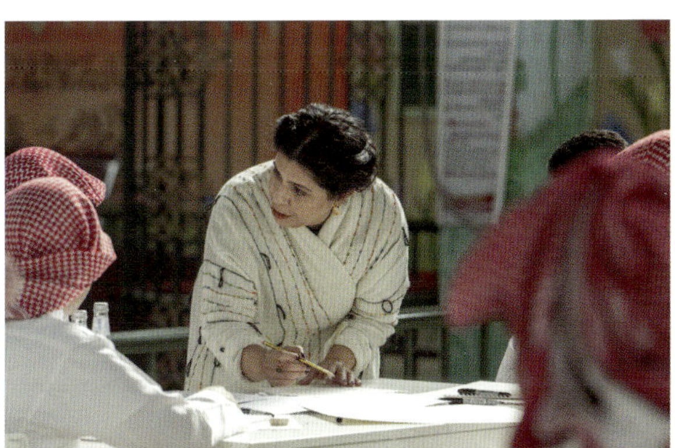

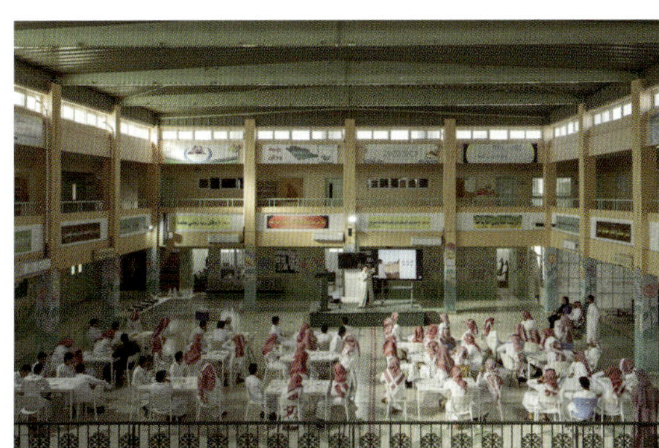

King Abdulaziz High School for Girls

مدرسة الملك عبد العزيز الثانويّة للبنات

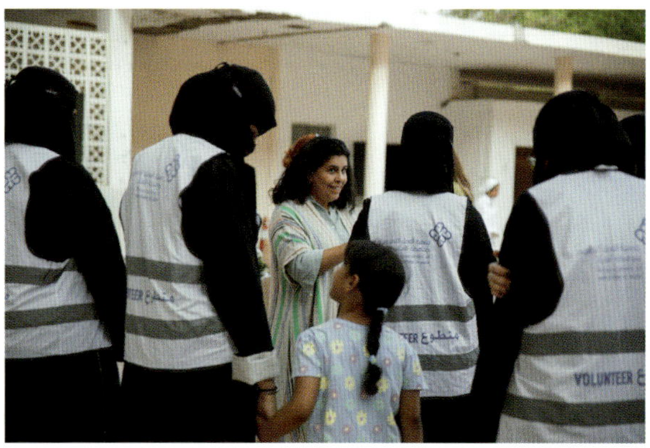

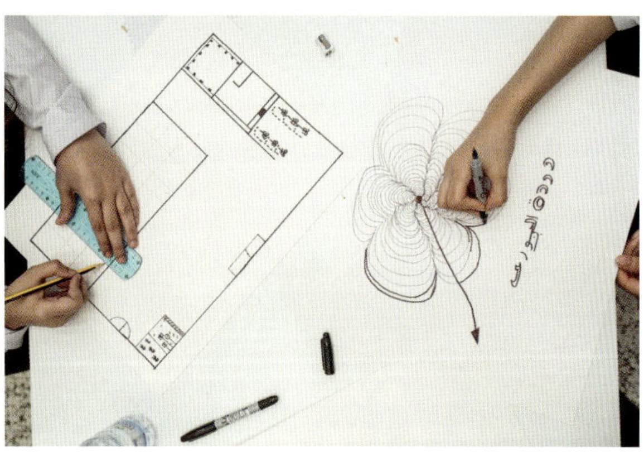

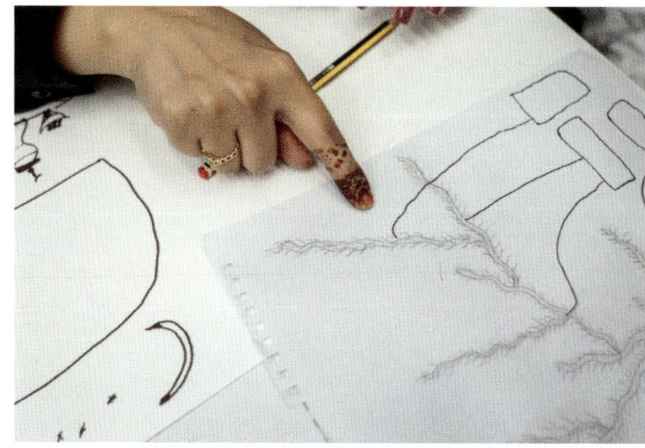

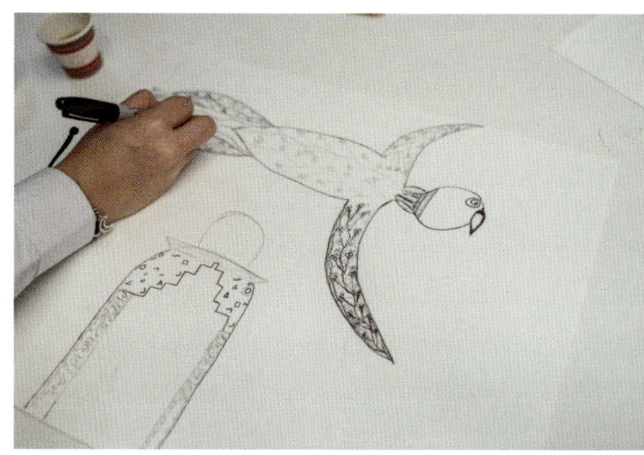

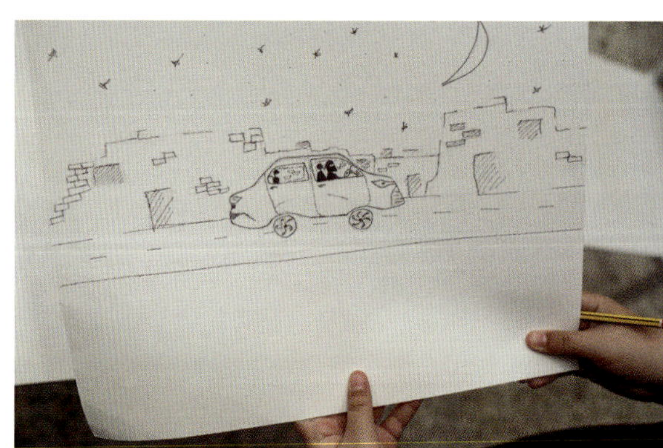

Disabilities Association

جمعيّة ذوي الاحتياجات الخاصّة

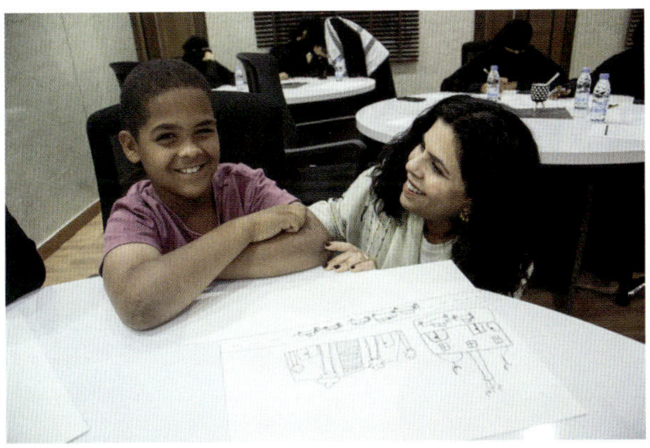

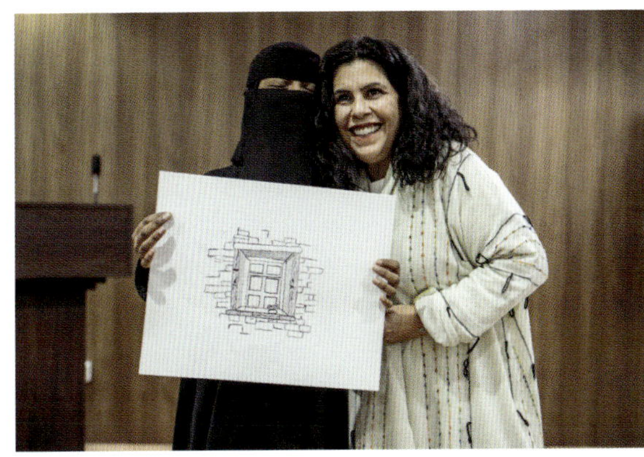

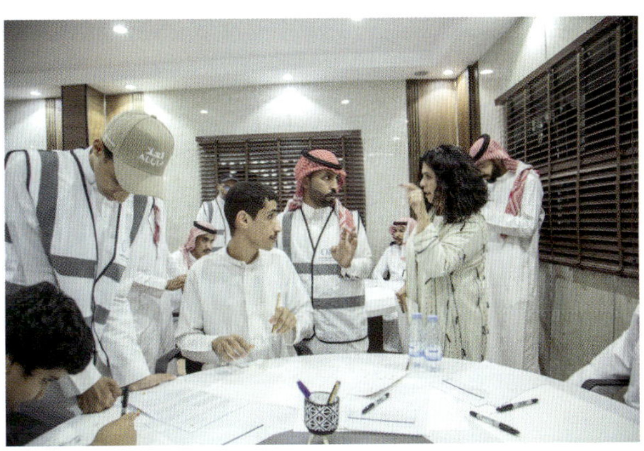

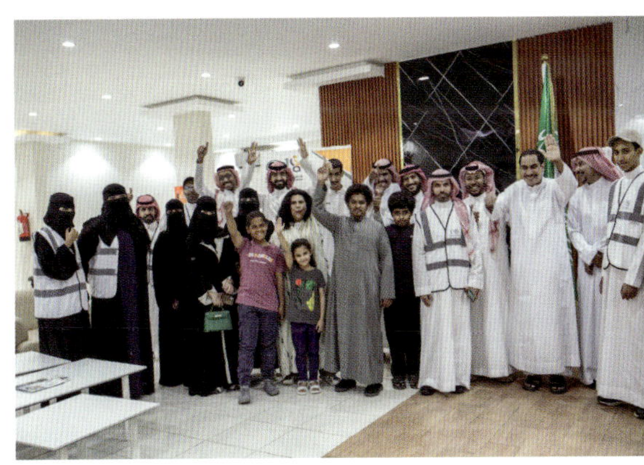

Design Space AlUla

مساحة العلا للتصميم

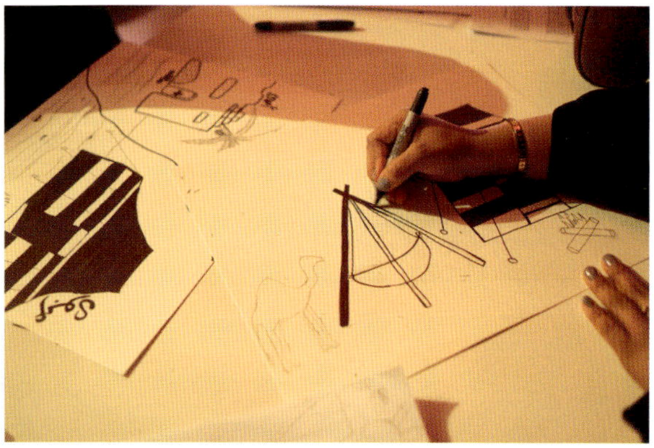

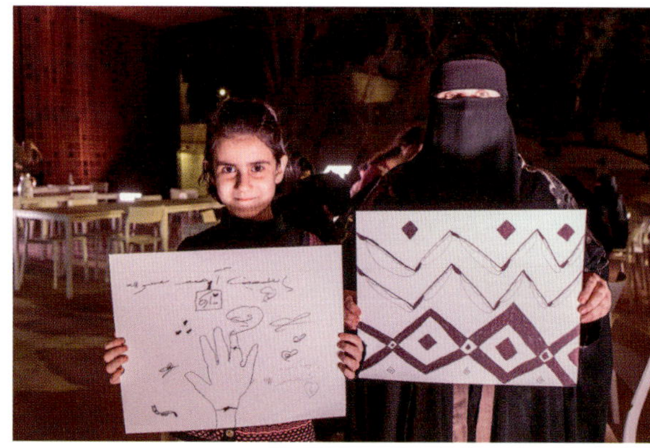

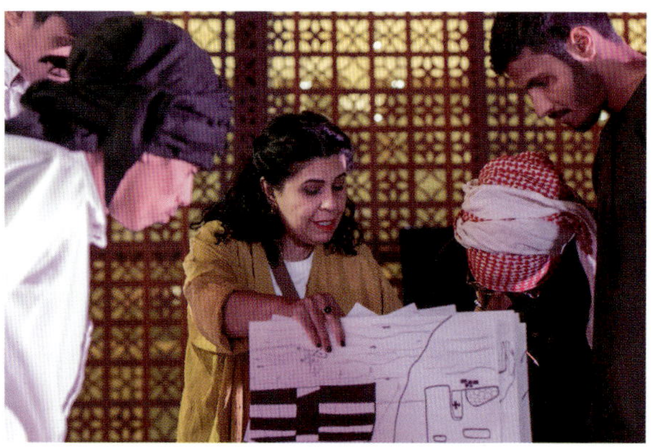

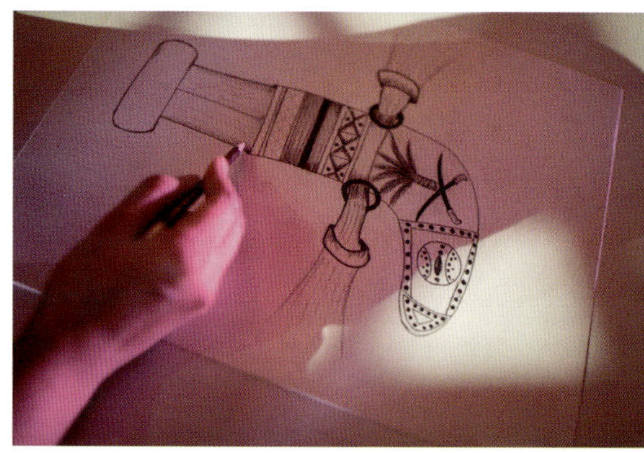

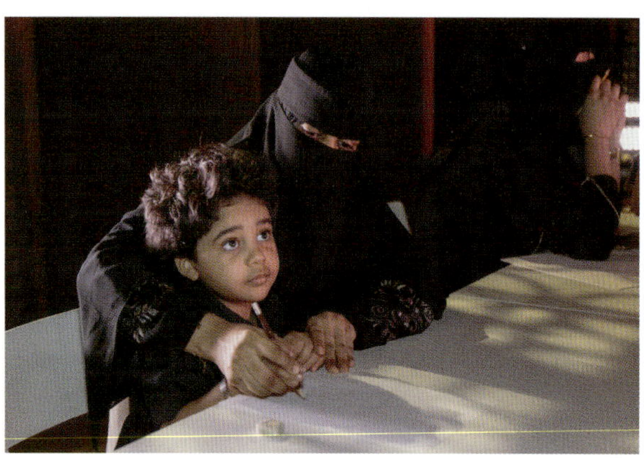

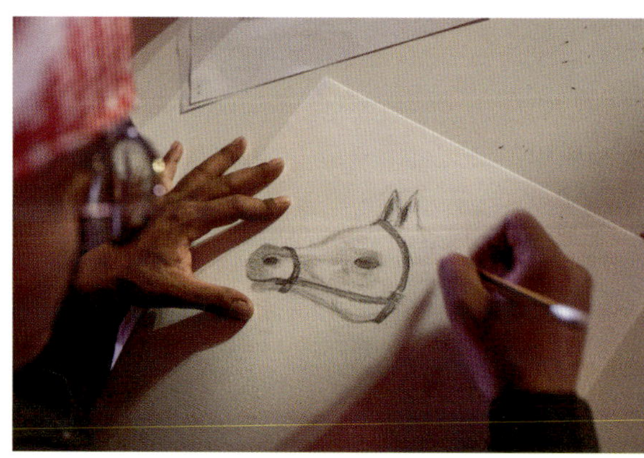

Taibah University

جامعة طيبة

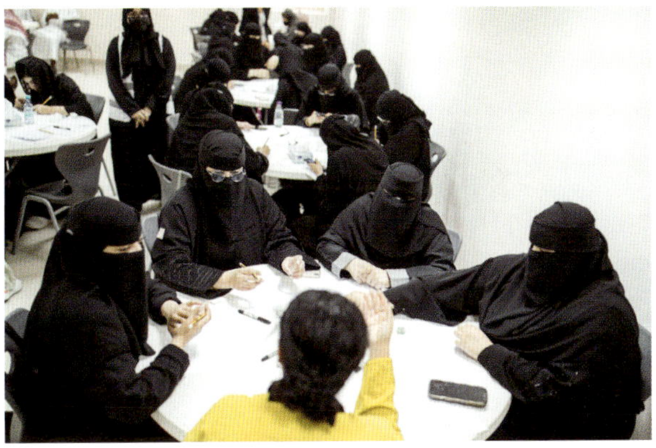

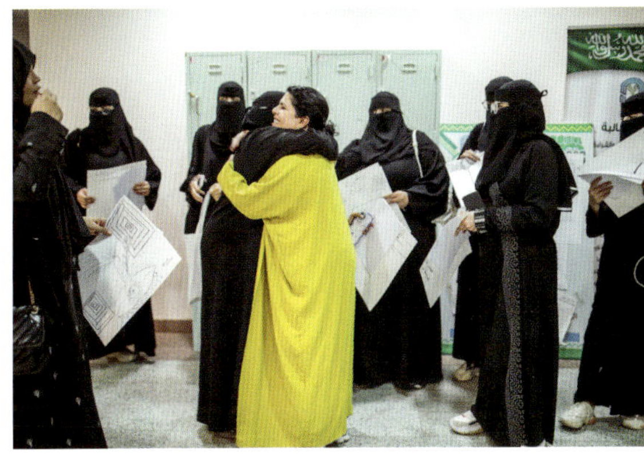

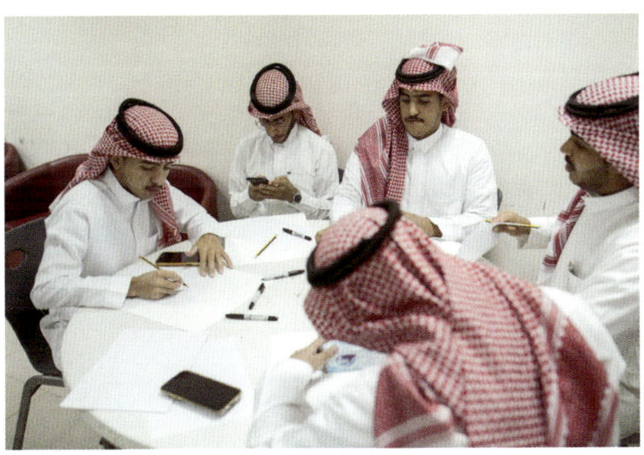

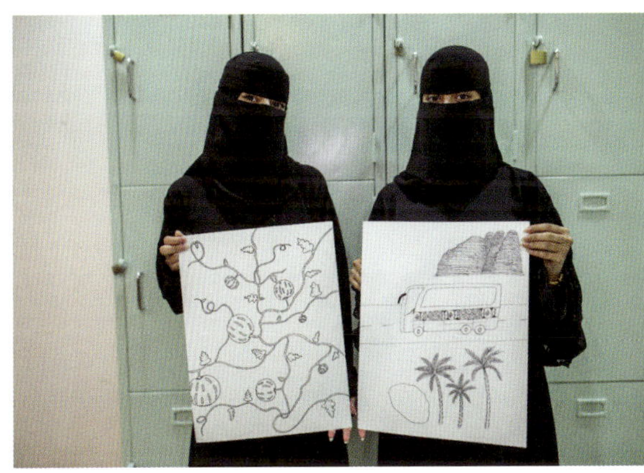

Oasis Farms

مزارع الواحات

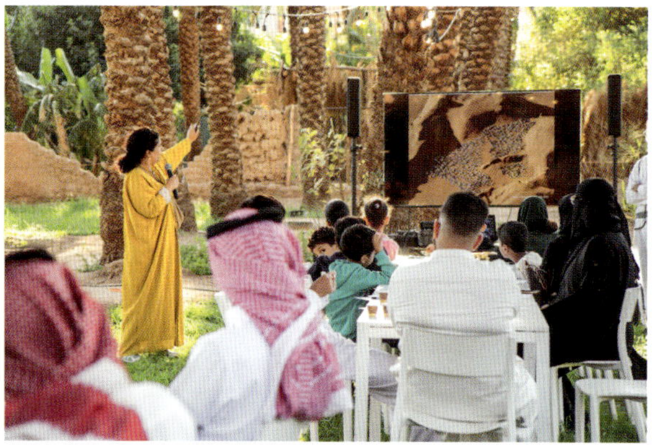

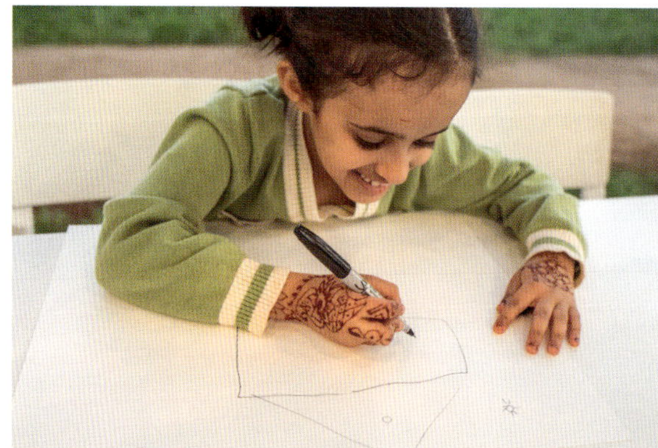

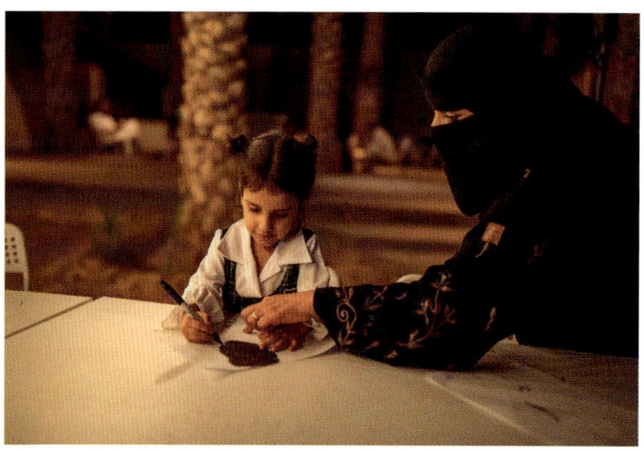

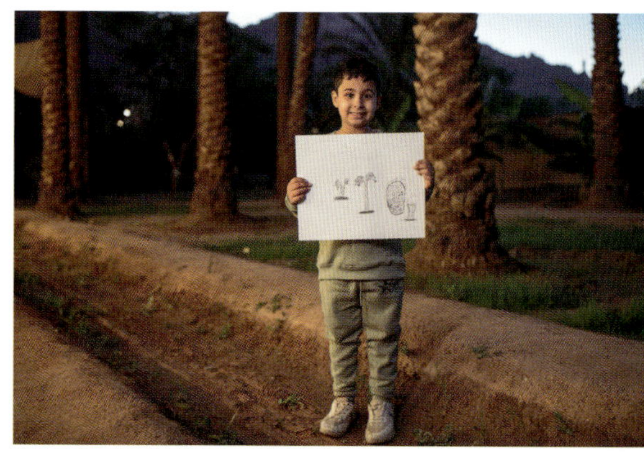

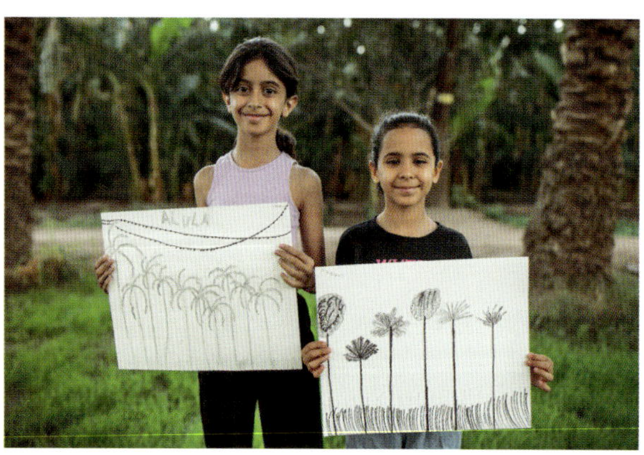

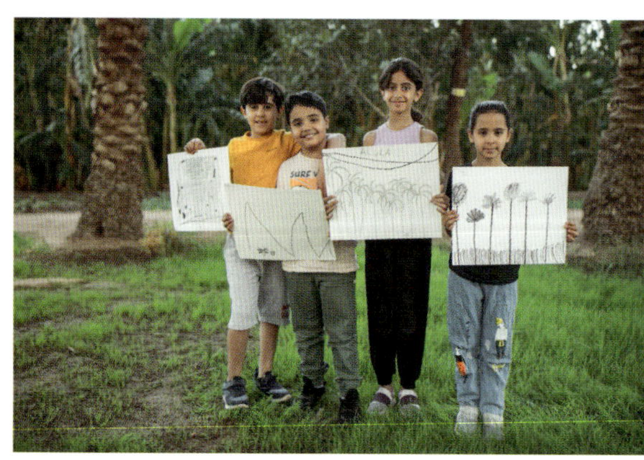

Daimumah Open Call

دعوة مفتوحة في ديمومة

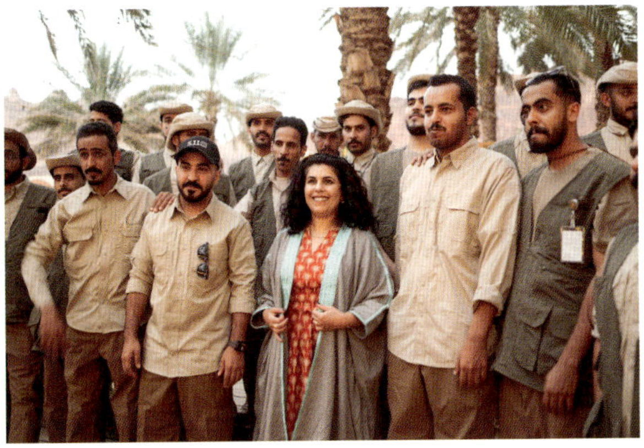

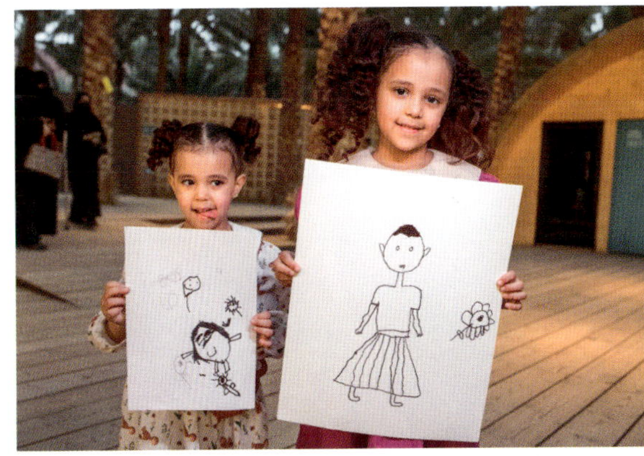

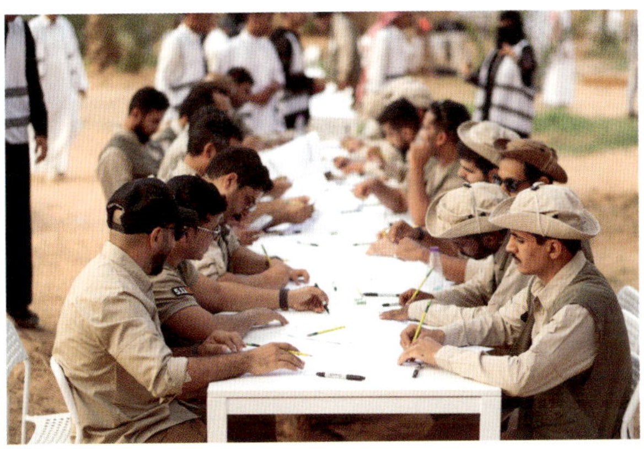

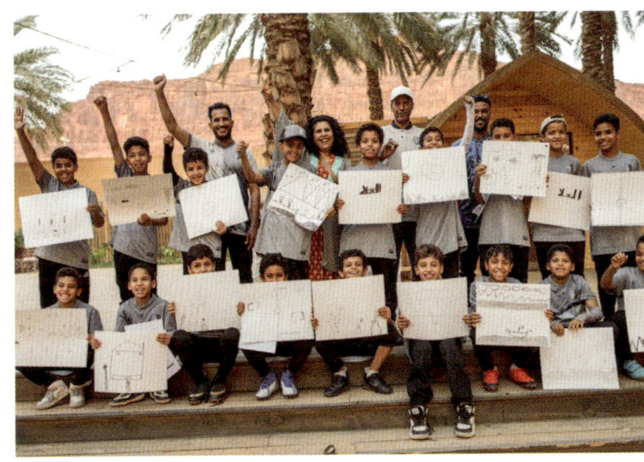

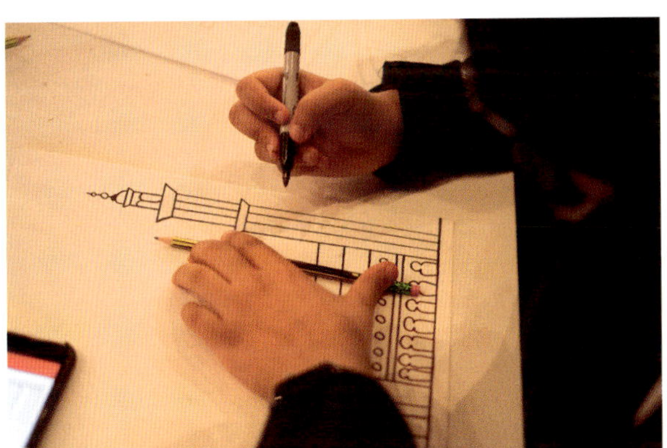

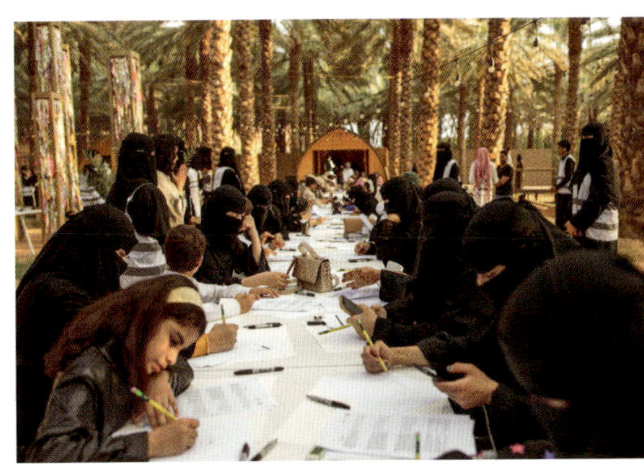

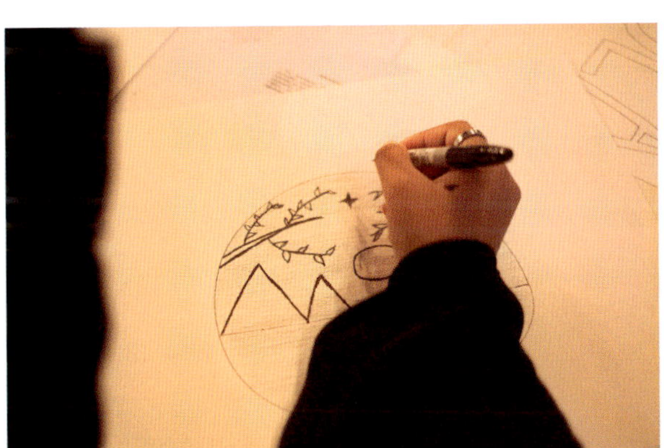

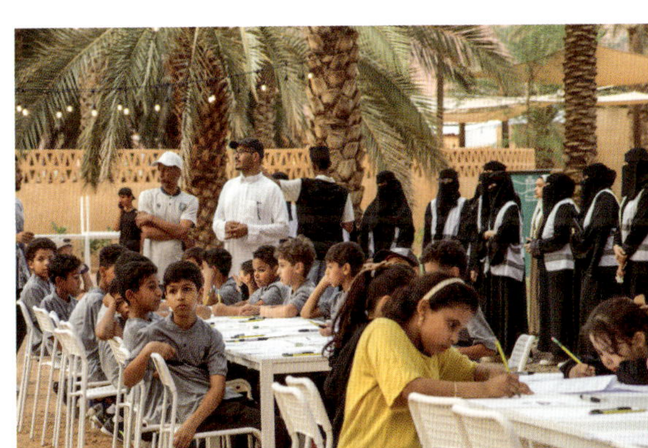

Sharaan Nature Reserve

محميّة شرعان الطبيعيّة

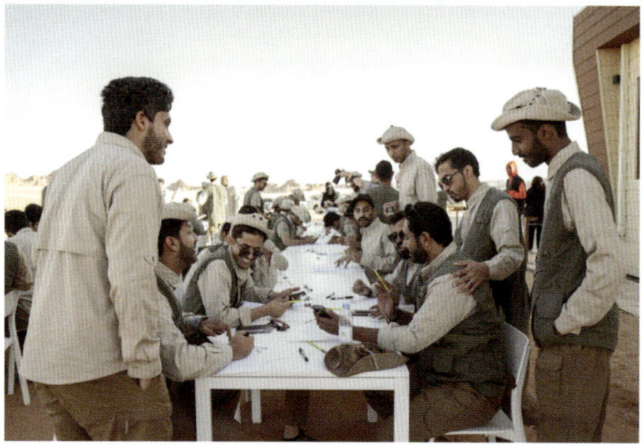

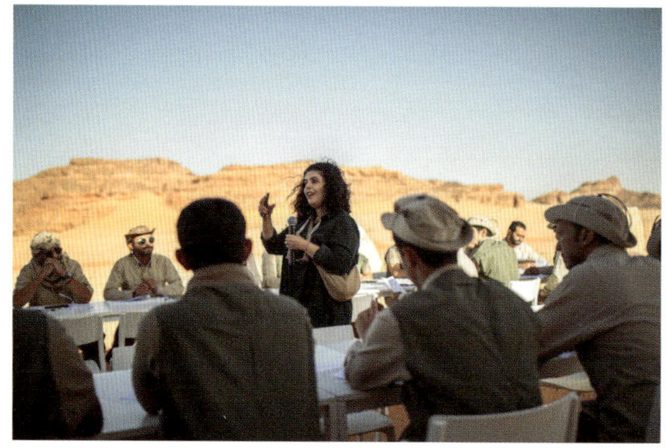

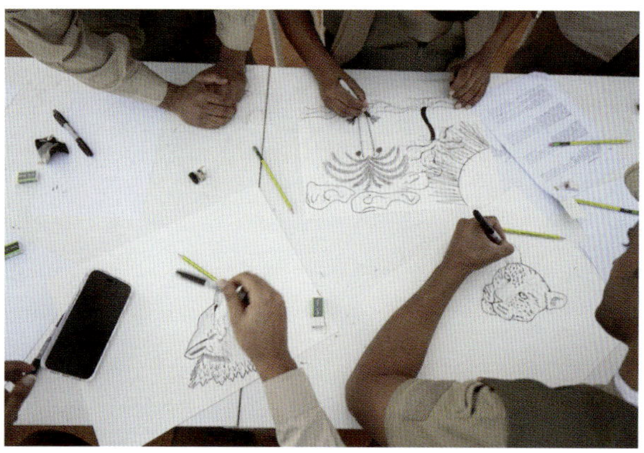

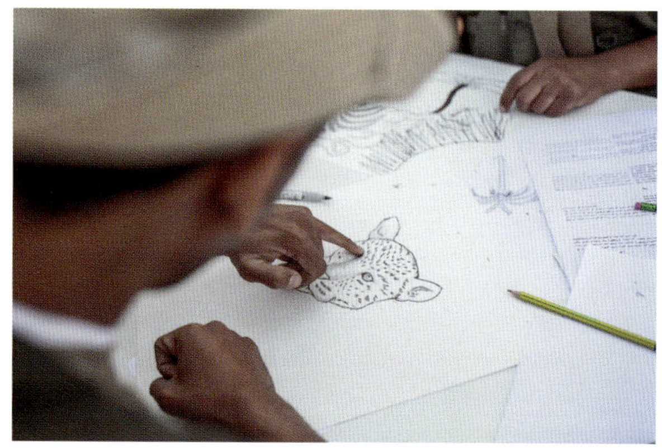

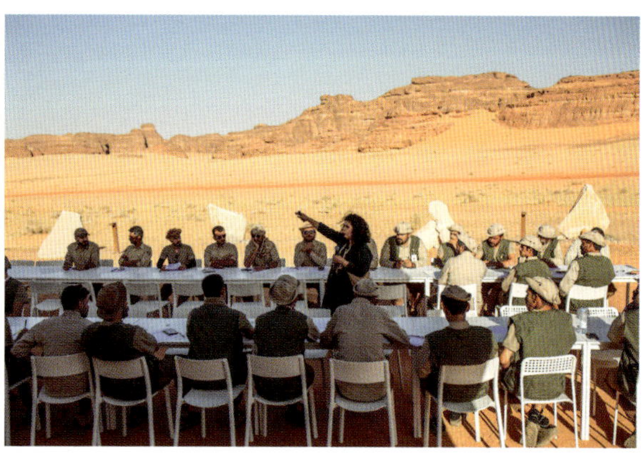

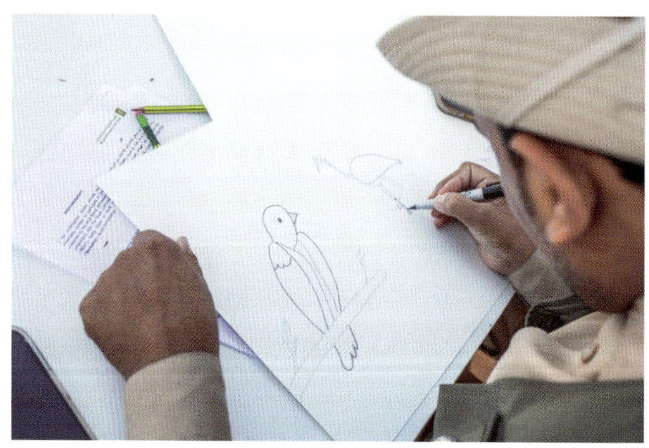

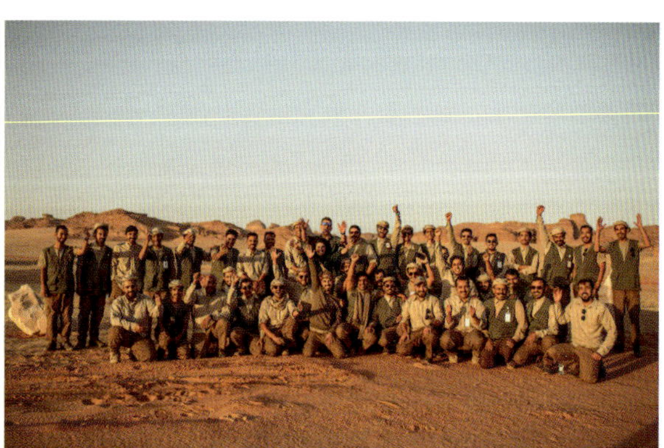

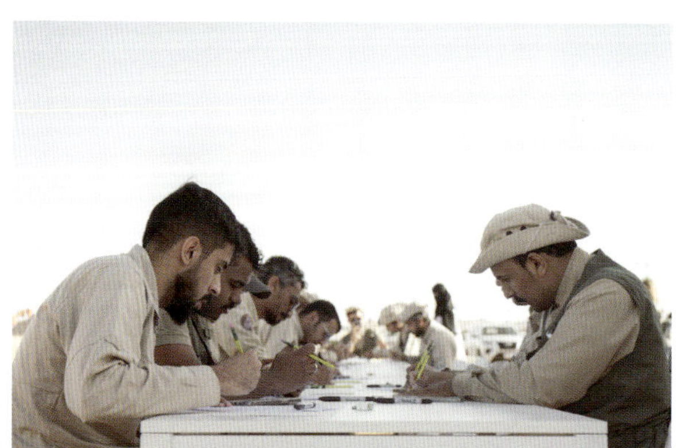

AlUla Junior Football Team

فريق العُلا لكرة القدم لدرجة الناشئين

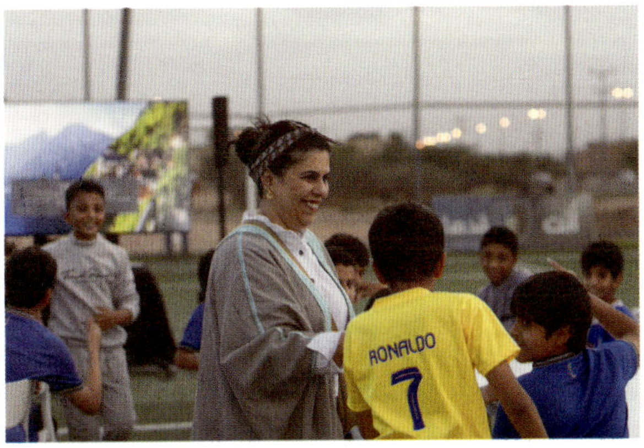

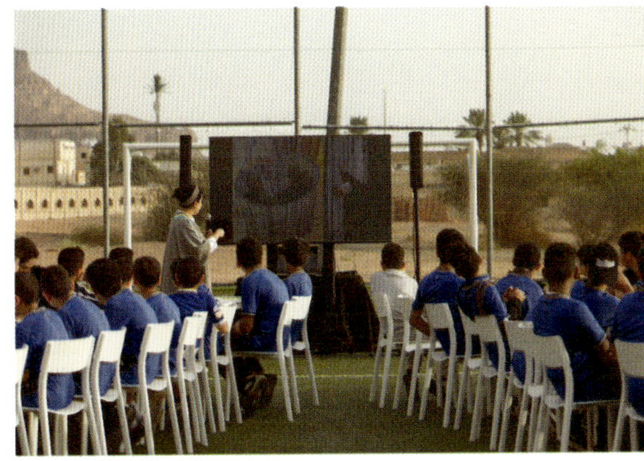

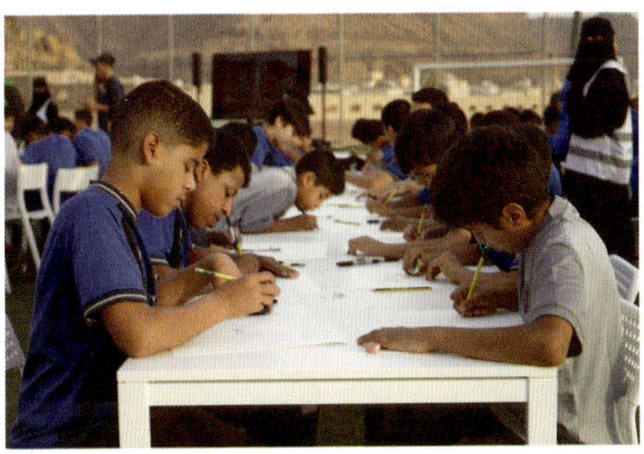

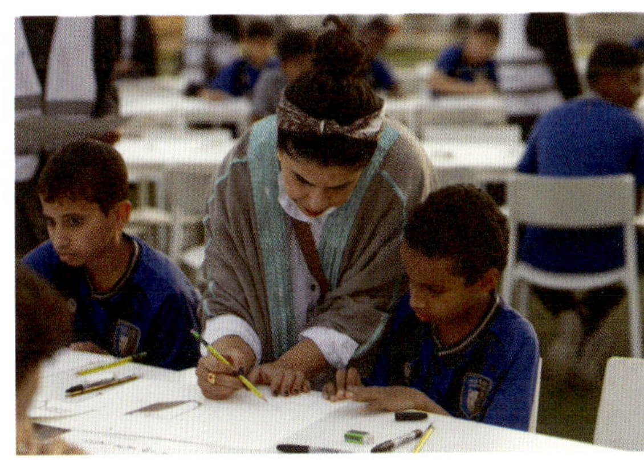

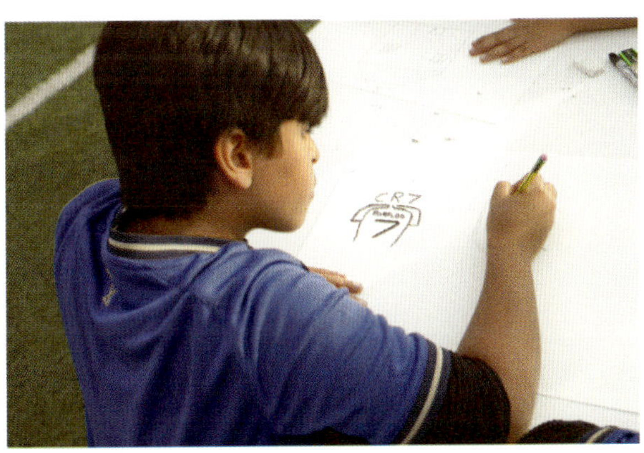

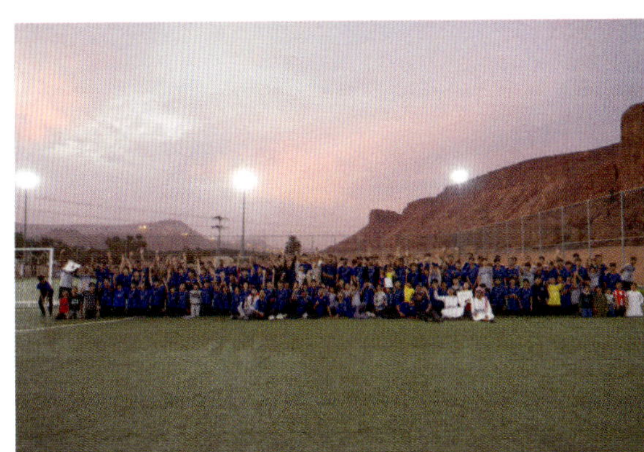

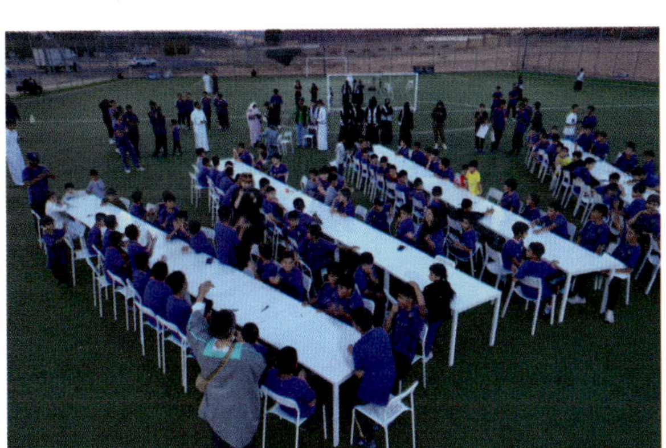

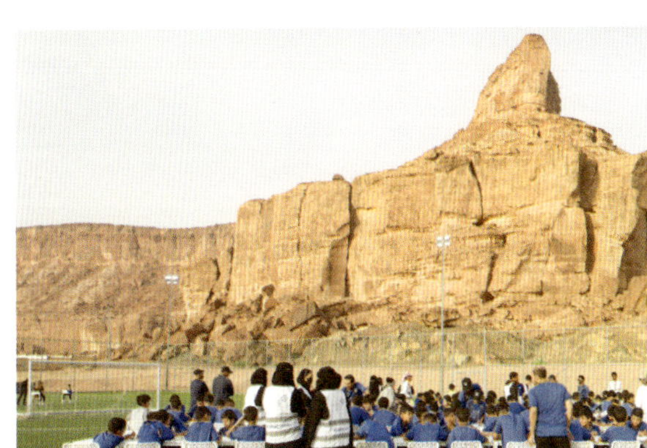

رسومات مجتمعيّة
Community Drawings

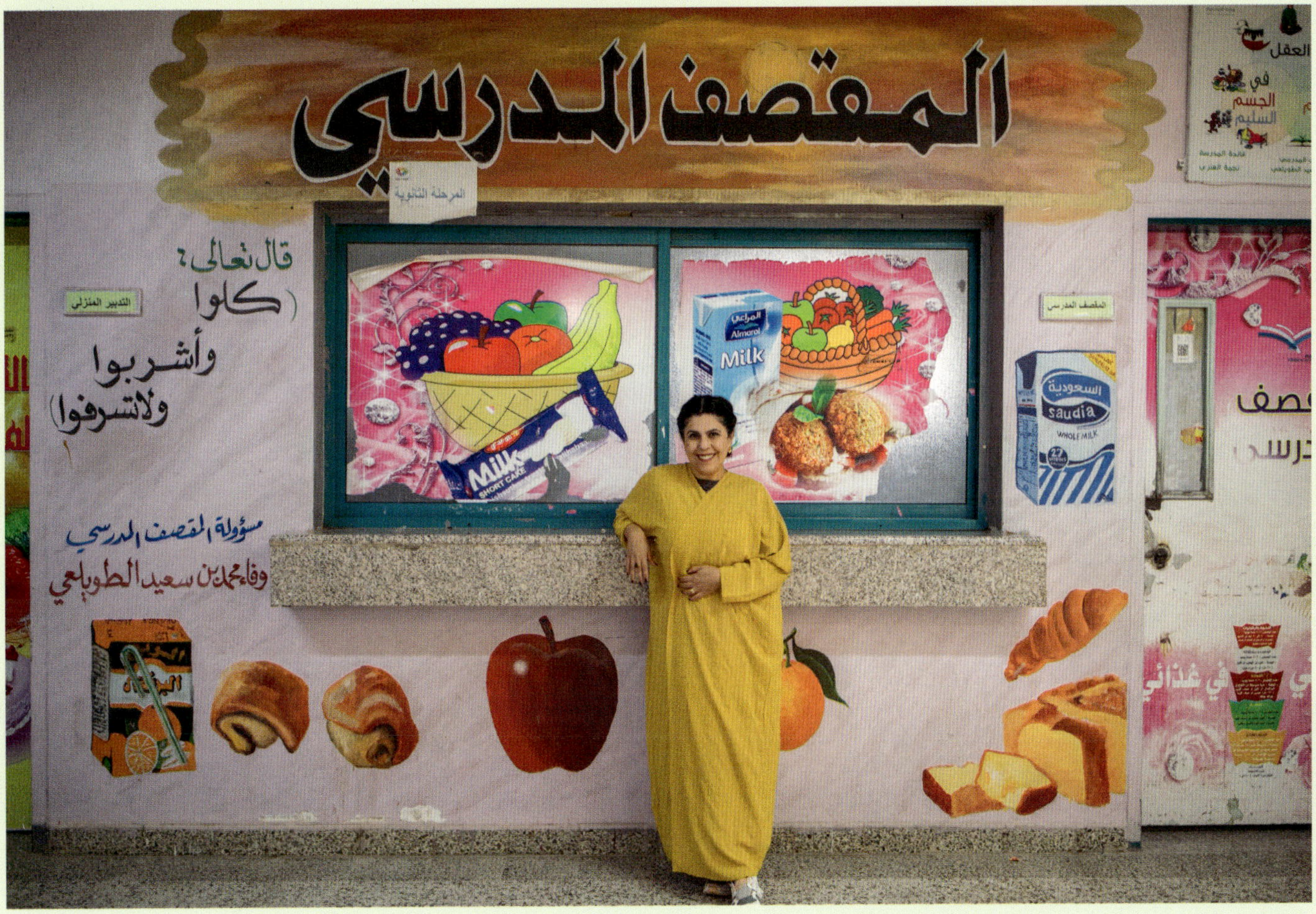
المقصف المدرسي
قال تعالى: (كلوا
وأشربوا
ولاتسرفوا)
مسؤولة المقصف المدرسي
وفاء محمد بن سعيد الطويلعي
Milk
Milk
saudia

Our Family

The pictures and words brought together here are all portraits. Rather than depicting specific individuals they symbolize different kinds of people, relationships, beliefs and ways of being. This drawing of two vessels represents the artist and his father. He wants to signify that his father is filled with knowledge that he will share with his son.

عائلتنا

تعبّر الرسومات والعبارات الموجودة هنا عن صور شخصيّة متنوّعة عوضًا عن تصوير أفراد محدّدين. وتمثّل هذه الرسوم أنواعًا مختلفة من الأشخاص والعلاقات والمعتقدات وطرق العيش. تمثّل هذه اللوحة جرّتين ترمزان إلى الفنّان ووالده، ويهدف الفنان إلى الإشارة إلى أنّ والده يمتلك معرفة غنيّة سيشاركها معه، وبالتالي، فهو من سيورثها لابنه.

’رائحة الحمضيّات تذكّرني بغرفة جدّتي.‘

‘The scent of citrus always brings back memories of my grandmother’s room.’

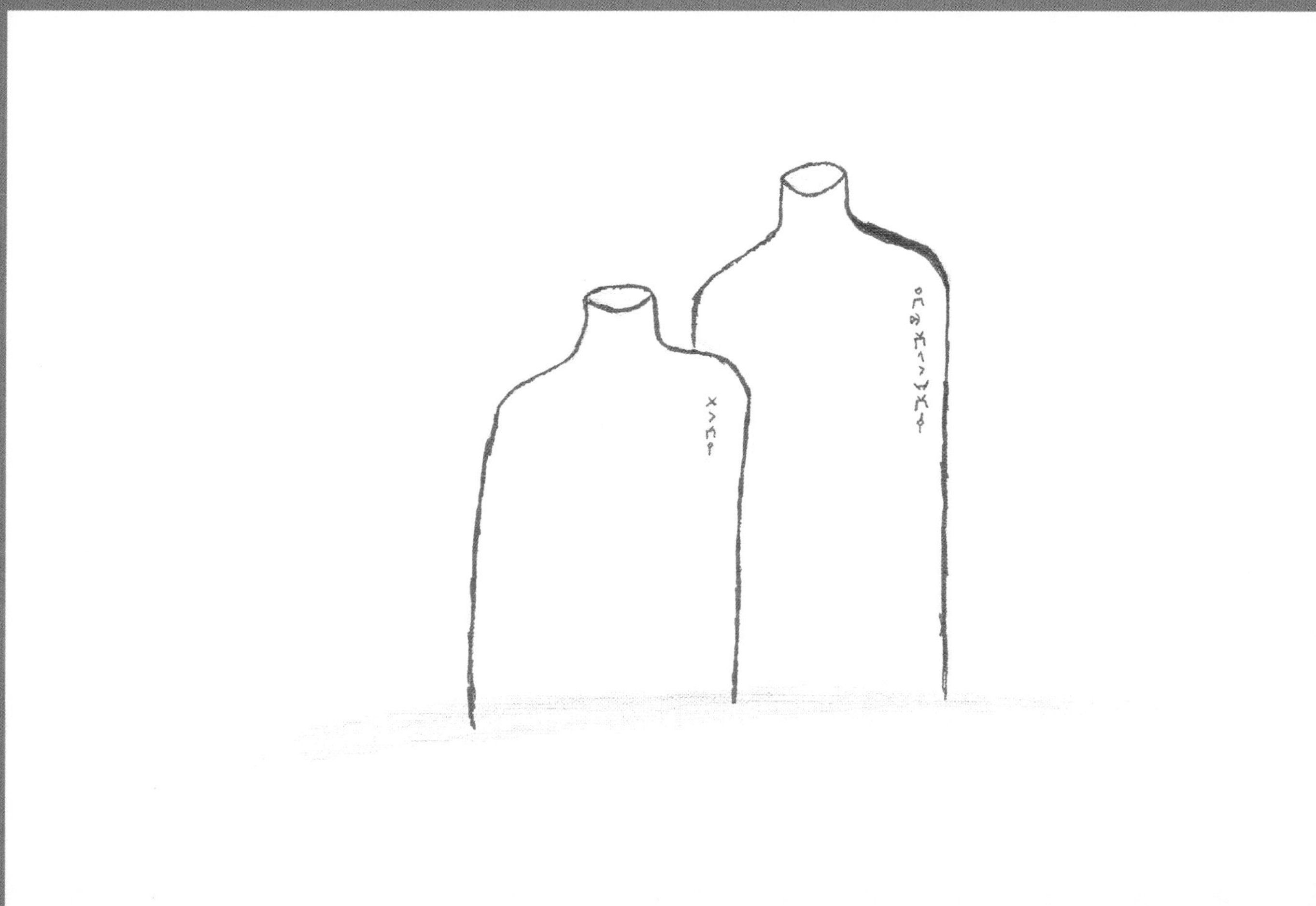

[1]

[1] Abdulrazag Mahdi Alenzi عبدالرزاق مهدي العنزي

[2]

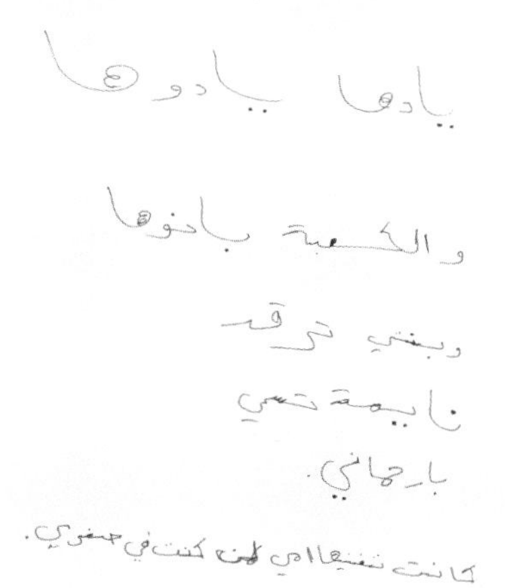

[1]

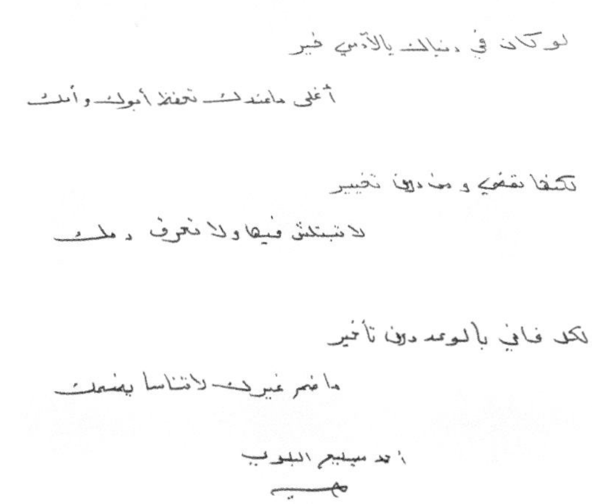

[4]

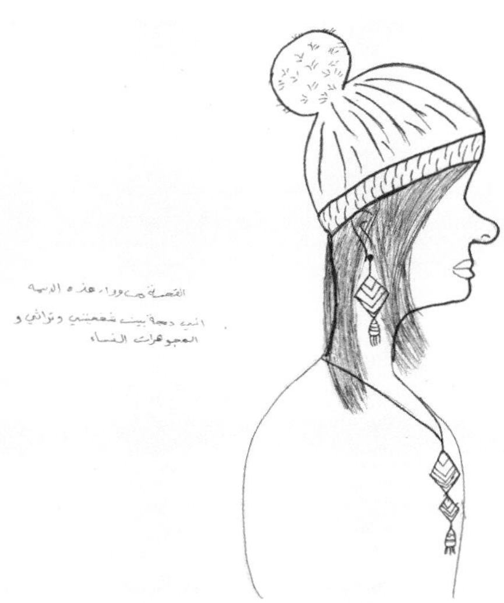

[3]

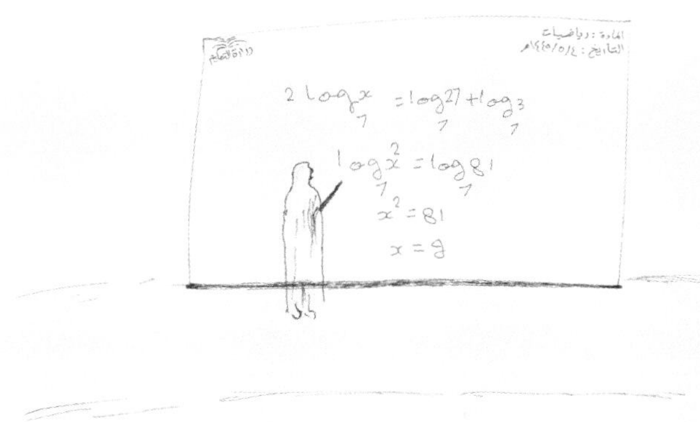

[1] Ahmed Meseleh Albalawi أحمد مصيليح البلوي
[2] Abrar Awadh Alenzi أبرار عوض العنزي
[3] Jana Adel Jaber Albadeer جنى عادل جابر البدير
[4] Areej Lafi Alenzi أريج لافي العنزي

[1]

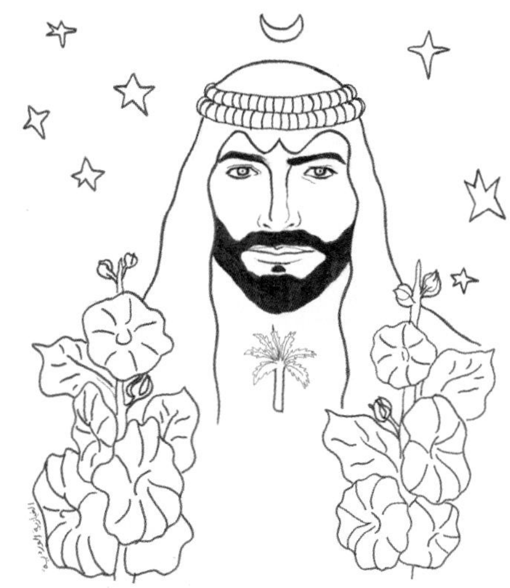

[2]

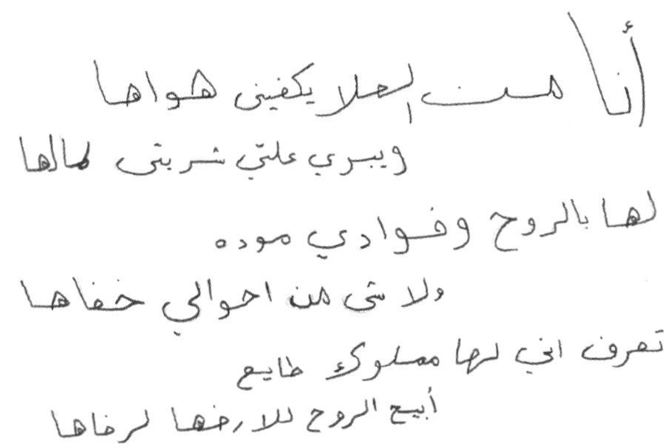

[3]

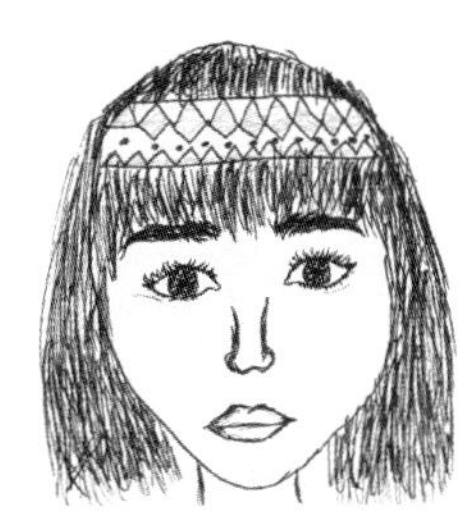

[4]

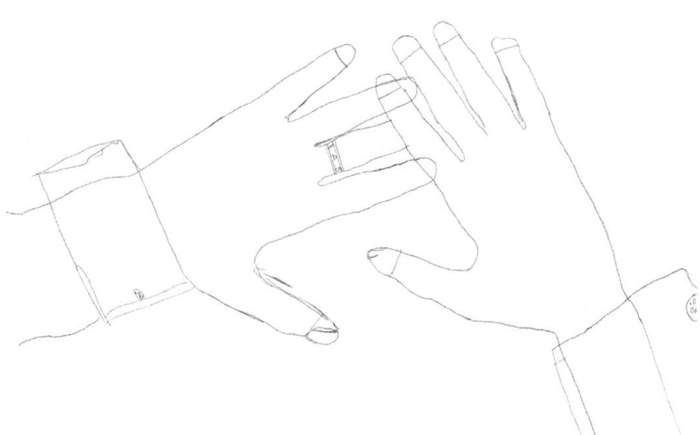

[1] Meshaal Ali Alzeer مشعل علي الزير
[2] Eissa Jihad Eissa Alhariri عيسى جهاد عيسى الحريري
[3] Remas Khalid Alaafi ريماس خالد العافي
[4] Aryam Saleh Alenzi أريام صالح العنزي

[2]

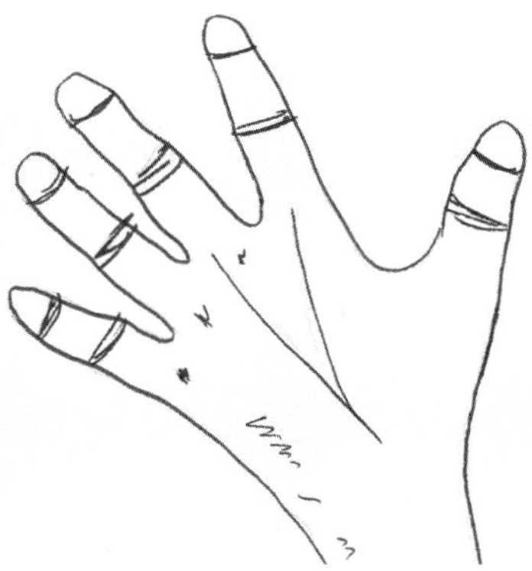

[1]

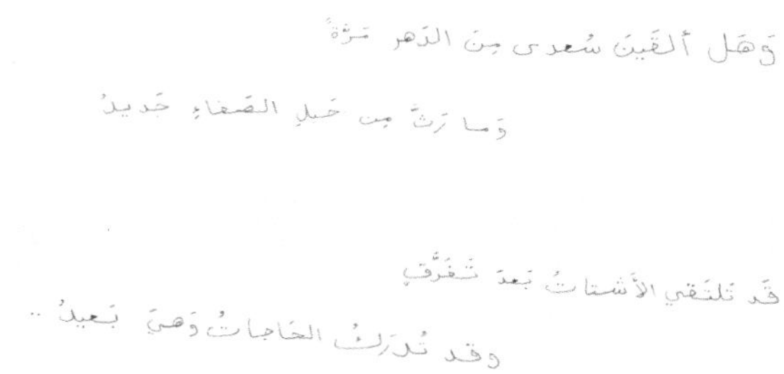

[4]

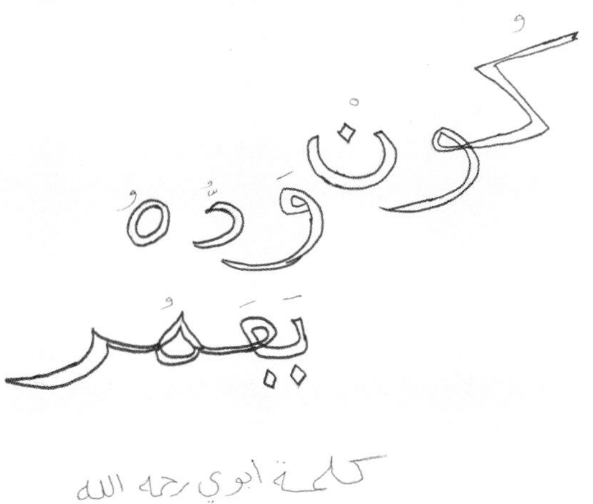

[3]

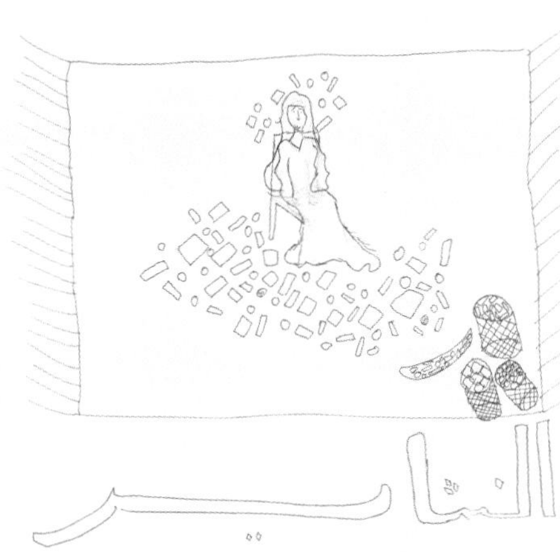

[1] Khaled Faleh Albalawi — خالد فالح البلوي
[2] Jaser Wazen Alenzi — جاسر وازن العنزي
[3] Reenas Abdulmawla JarAllah — ريناس عبدالمولى جارالله
[4] Latifah Ahmed Khalifah — لطيفة أحمد خليفة

[1]

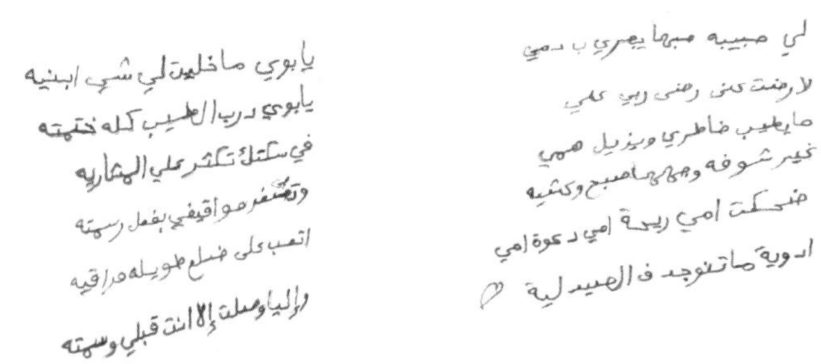

[2]

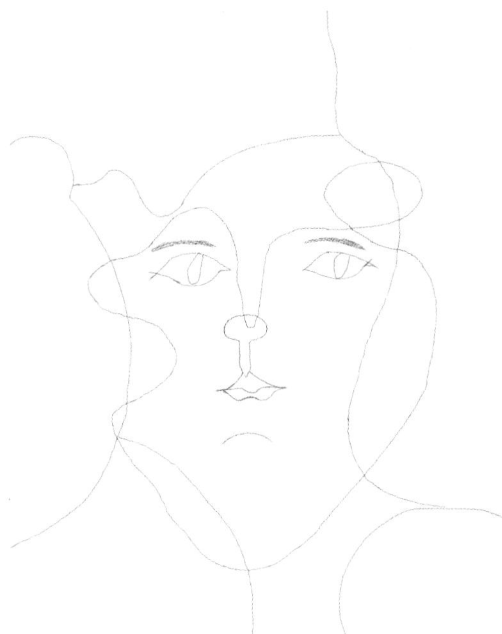

[3]

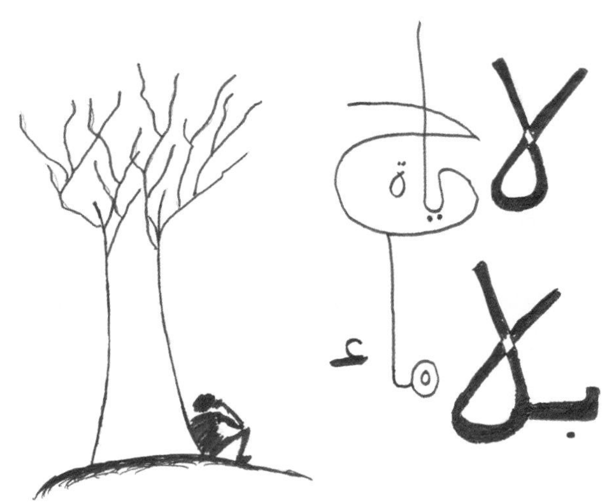

[4]

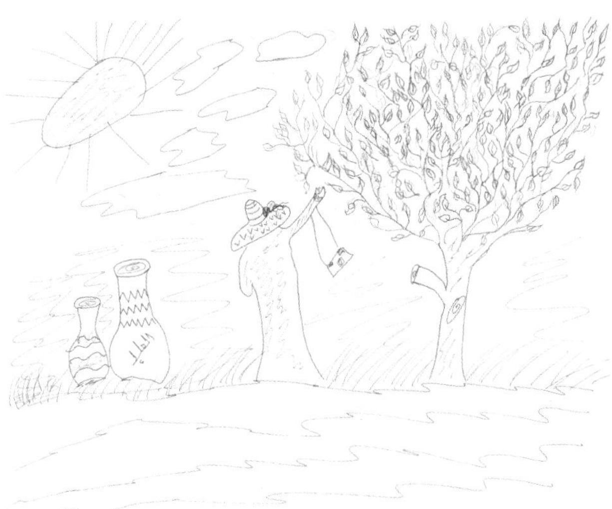

[1] Sulaiman Marwan Alsahafi سليمان مروان الصحفي
[2] Amal Hassan Aljuhani أمل حسن الجهني
[3] Yasir Sulaiman Albalawi ياسر سليمان البلوي
[4] Ashwaq Abdulrahman Alharbi أشواق عبدالرحمن الحربي

[1]

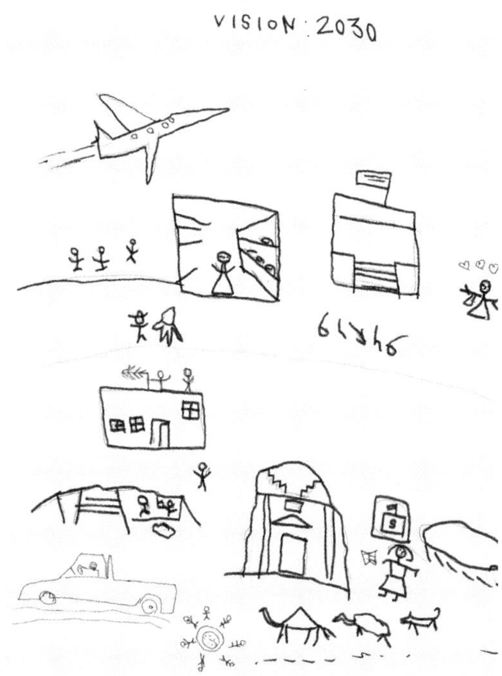

[2]

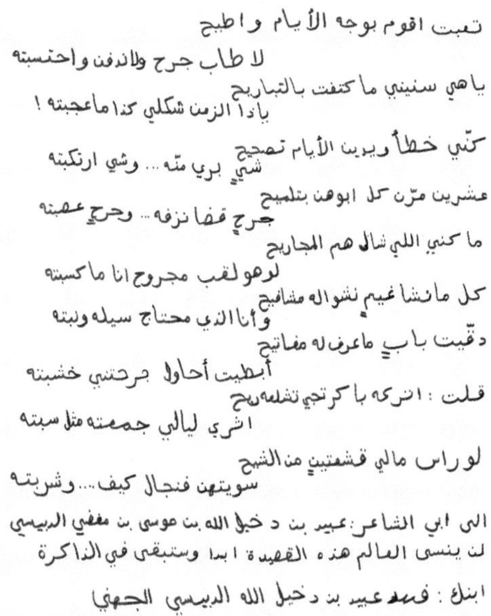
تعبت اقوم بوجه الأيام واطيح
لا طاب جرح ولاندفن واحتسبته
ياهي سنيني ما كتفت بالتباريح
ياذا الزمن شكلي كذا ماعجبته !
كنّي خطأ ويدين الأيام تصحيح
شي بري منه... وشي ارتكبته
عشرين مرّن كل ابوهن بتلميح
جرح قضا نزفه... وجرحٍ عصبته
ما كني اللي شال هم المجاريح
لوهو لقب مجروح انا ماكسبته
كل مانشا غيمٍ نشواله مشافيح
وأنا الذي محتاج سيله ونبته
دقيت بابٍ ماعرف له مفاتيح
أبطيت أحاول جرحتني خشبته
قلت : اتركه با كرتجي تشلعه ريح
اثري ليالي جمعته مثل سبته
لو راس مالي فشقتين من الشيح
سويتهن فنجال كيف... وشربته
الى ابي الشاعر: عبيد بن دخيل الله بن موسى بن مفضي الدبيسي
لن ينسى العالم هذه القصيدة ابدا وستبقى في الذاكرة
ابنك : فهد عبيد بن دخيل الله الدبيسي الجهني

[3]

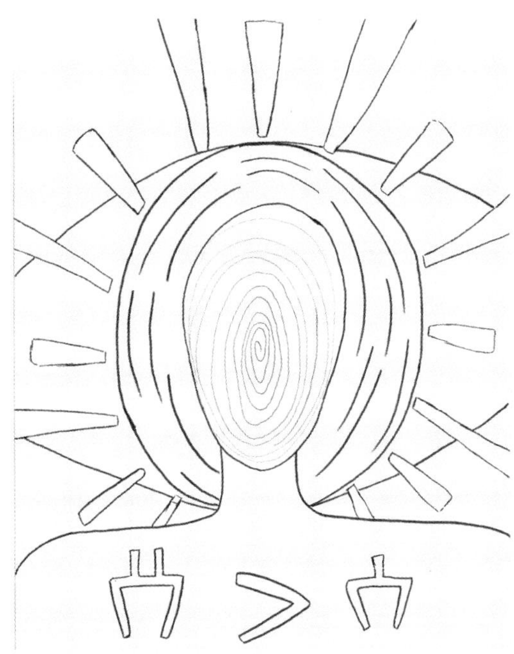

[4]

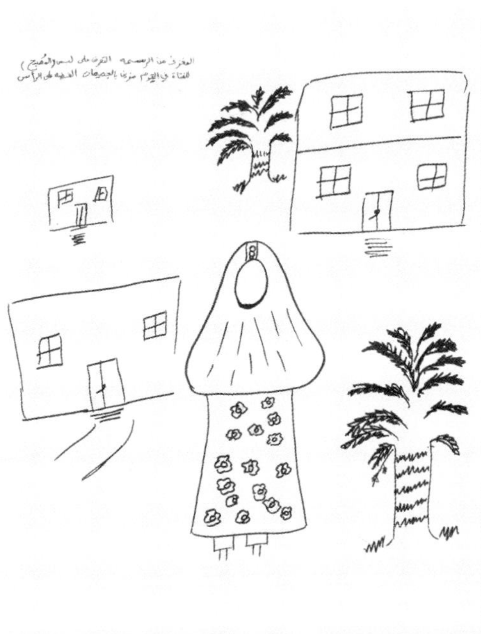

[1] Jameela Farhan Alanzi — جميلة فرحان العنزي
[2] Fahad Obaid Aljuhani — فهد عبيد الجهني
[3] Sura Saleh Alradadi — سرى صالح الردادي
[4] Samar Adam — سمر آدم

[2]

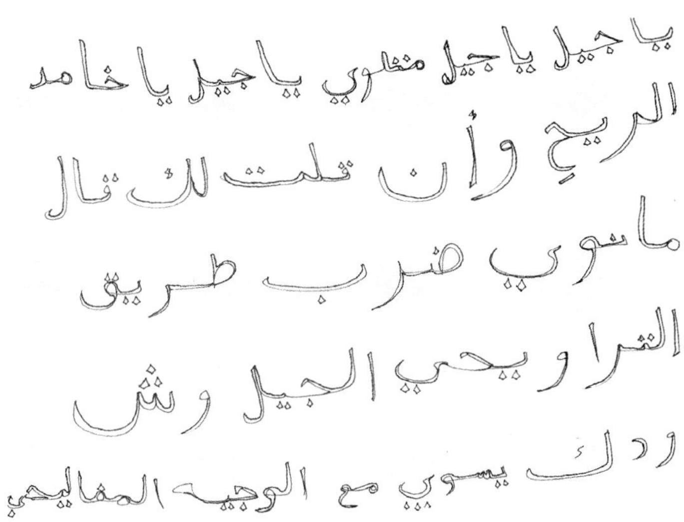

[1]

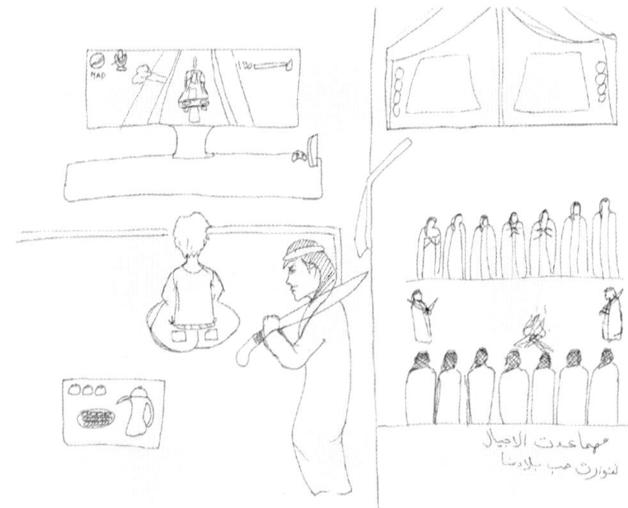

[4]

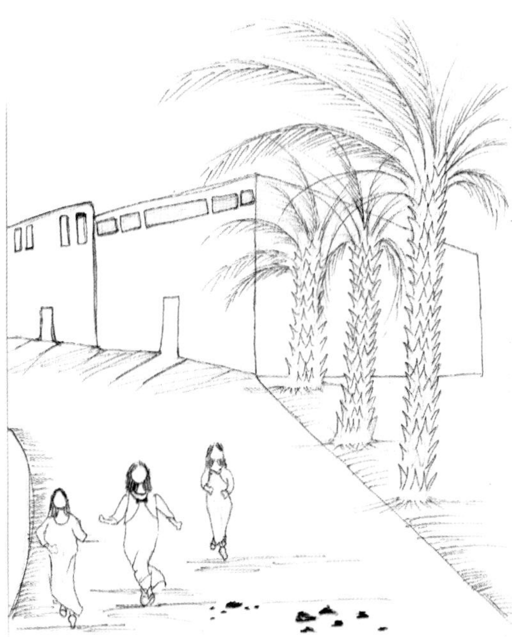

[3]

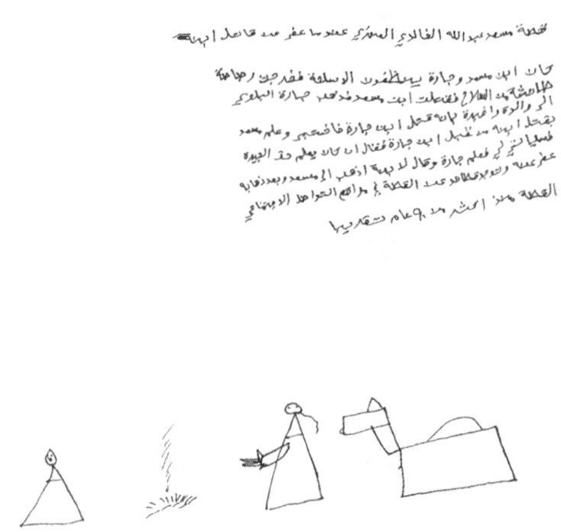

[1] Renad Abdullah Alenzi ريناد عبدالله العنزي
[2] Fahdah Saleem Alenzi فهدة سالم العنزي
[3] Saud Humood Alkhaldi سعود حمود الخالدي
[4] Rawan Badr Altamimi روان بدر التميمي

[1]

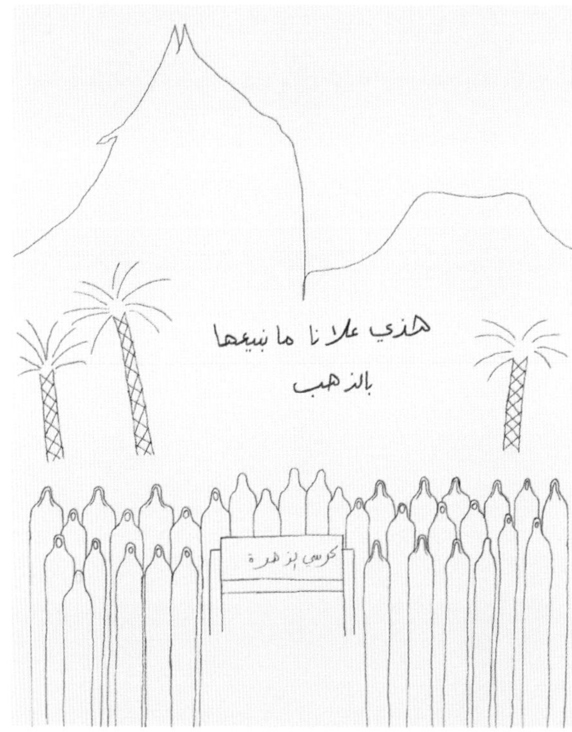

[2]

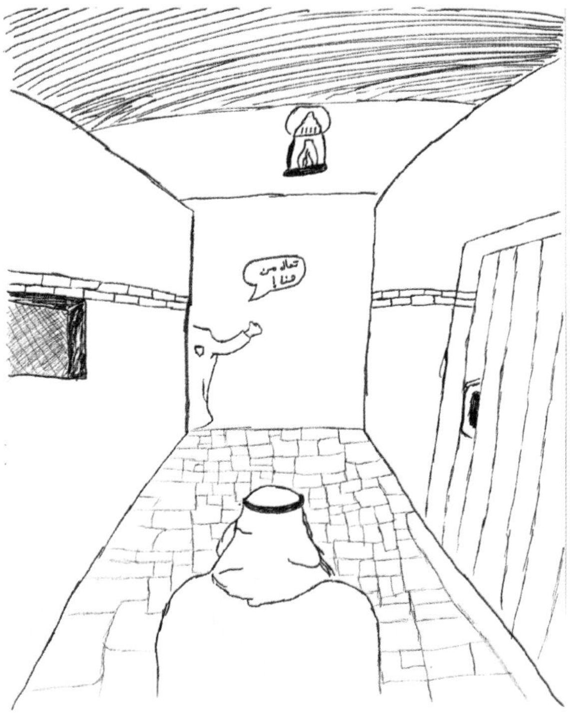

[3]

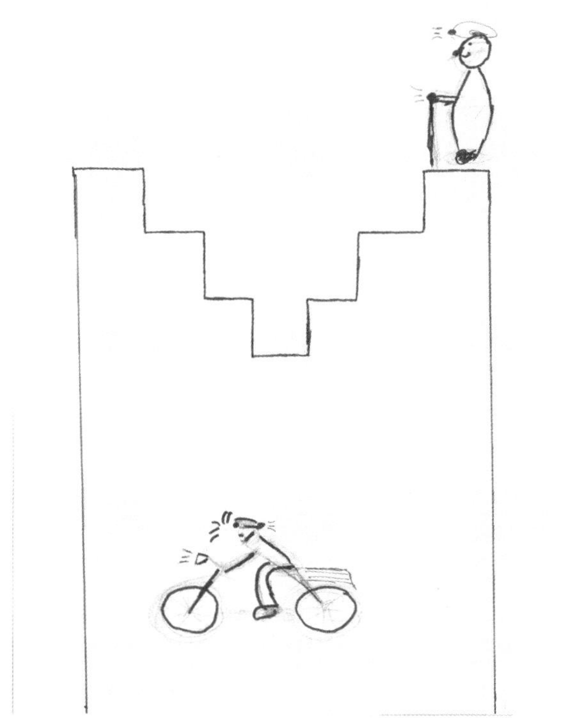

[4]

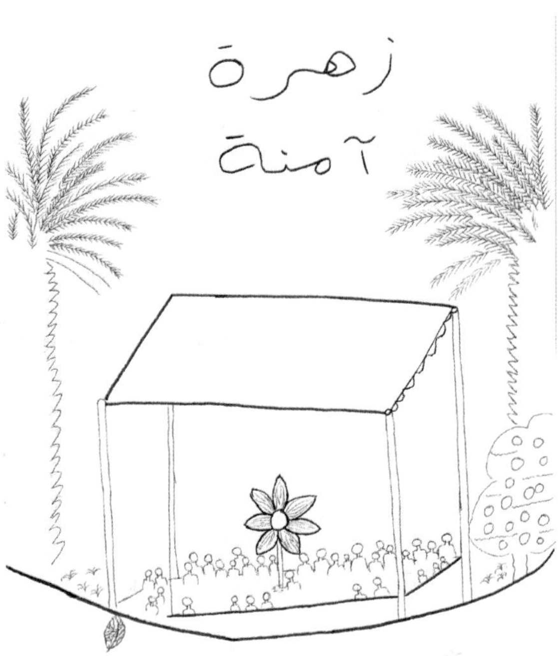

[1] Raghad Ahmed Kareemi	رغد أحمد كريمي
[2] Abdulrahman Mahmoud Alzhoufi	عبدالرحمن محمود الزحوفي
[3] Rayan Adel Albader	ريان عادل البدر
[4] Mawadah Ali Lami	مودة علي لامي

[1]

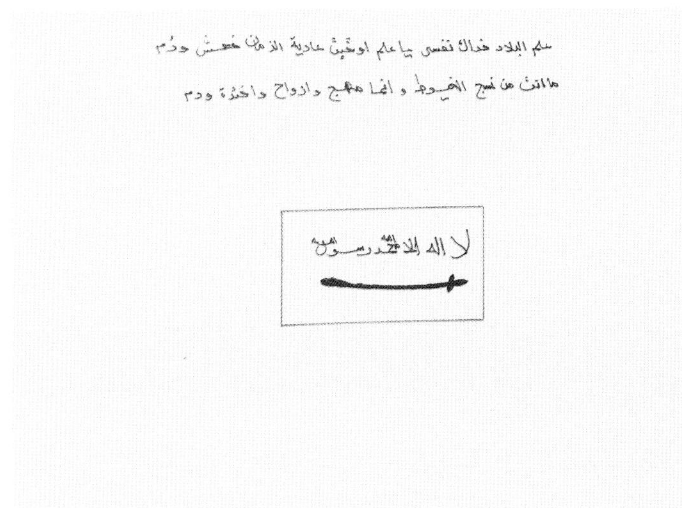

[2]

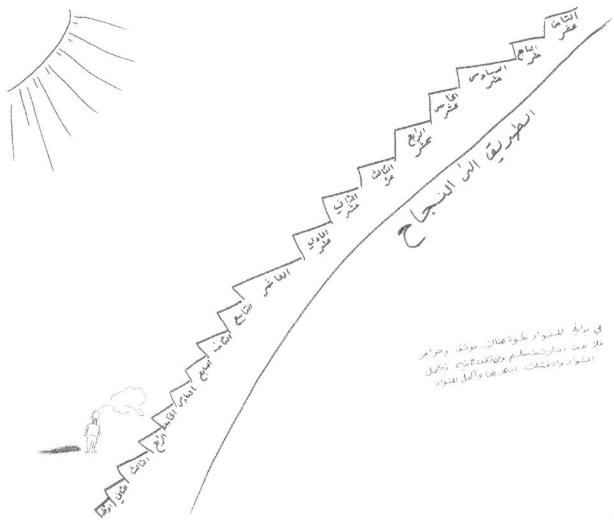

[3]

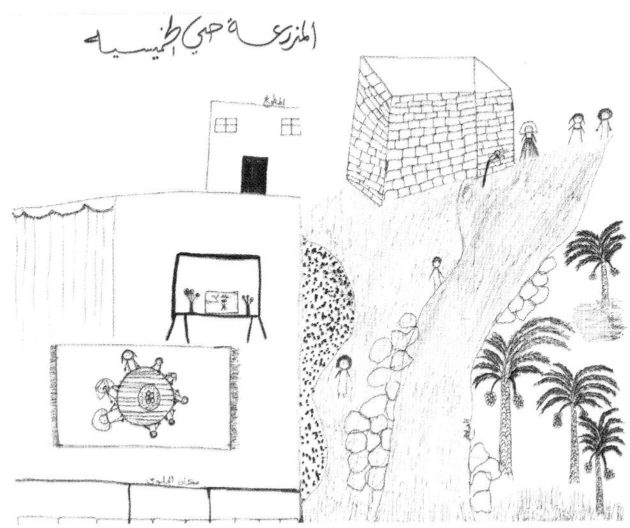

[4]

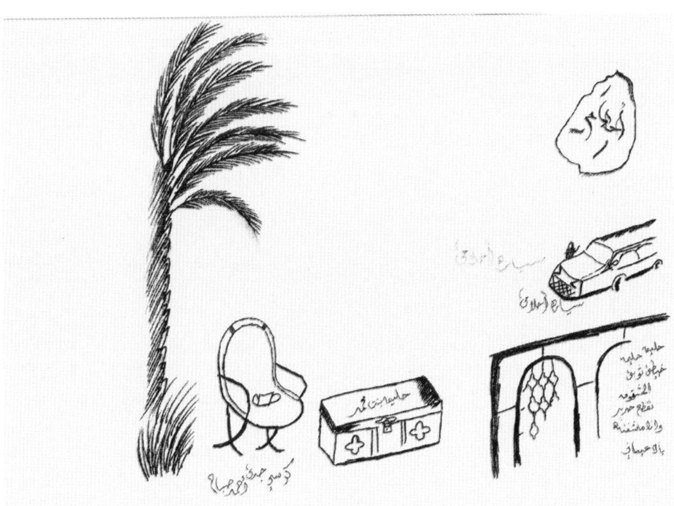

[1] Abdulkareem Mohammed Mabrouk	عبدالكريم محمد مبروك
[2] Abdullah Abdulrahman Abdullah	عبدالله عبدالرحمن عبدالله
[3] Alanoud Saleh Alkahlani	العنود صالح الكهلاني
[4] Ahlam Mohammed Sabbah	أحلام محمد صباح

[1]

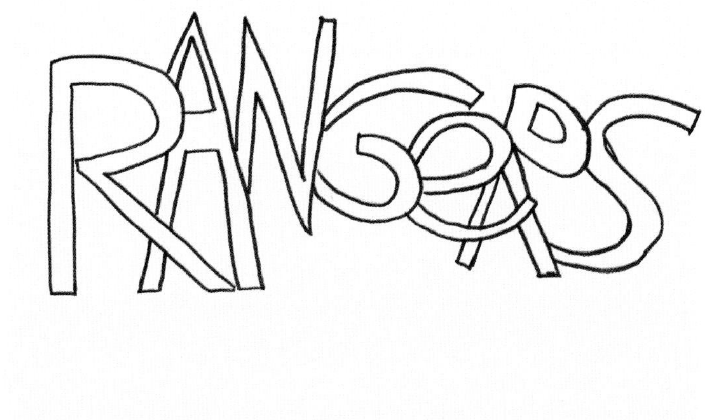

[2]

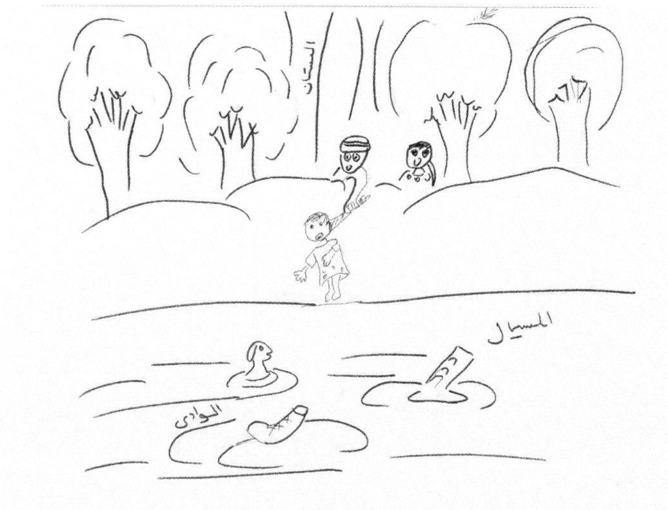

[3]

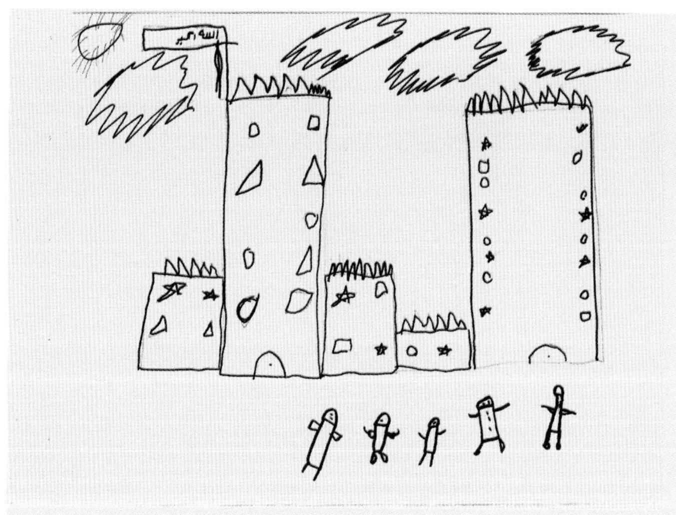

[4]

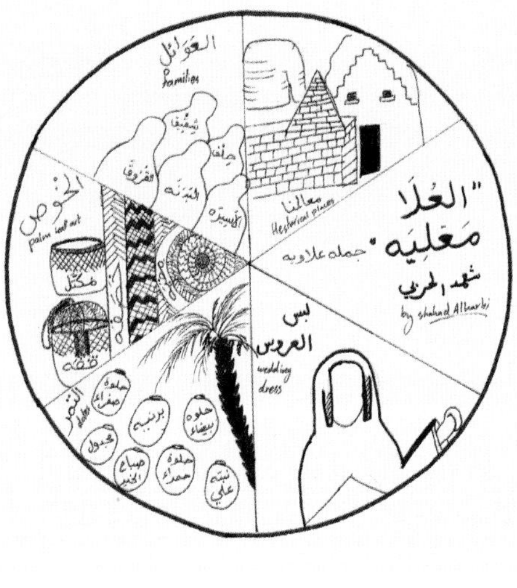

[1] Mohannad Ahmad Alateeq — مهند أحمد العتيق
[2] Anonymous Participant — مجهول
[3] Ahmed Hail Alenzi — أحمد هايل العنزي
[4] Shahad Abdullah Alharbi — شهد عبدالله الحربي

[1]

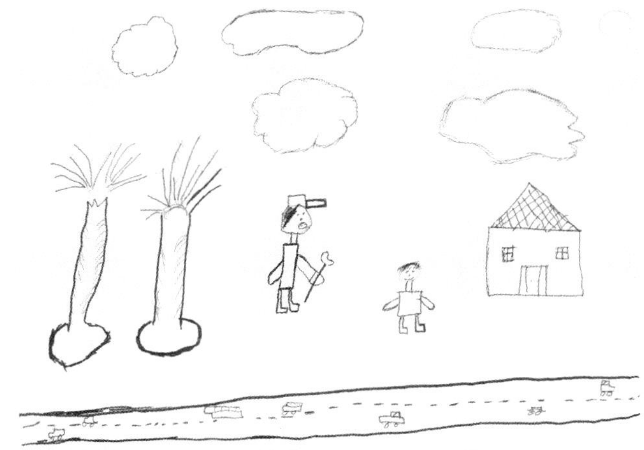

[2]

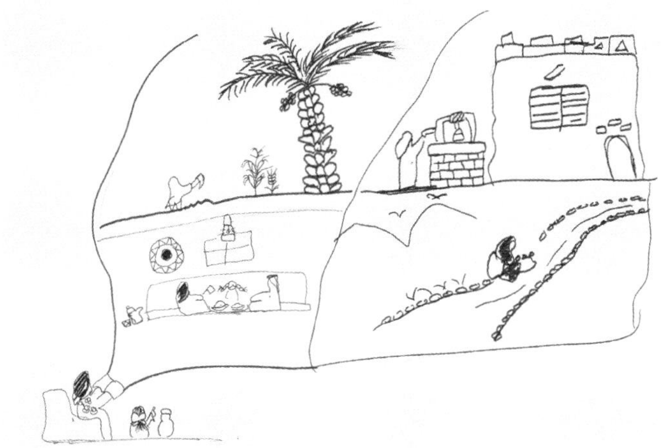

[3]

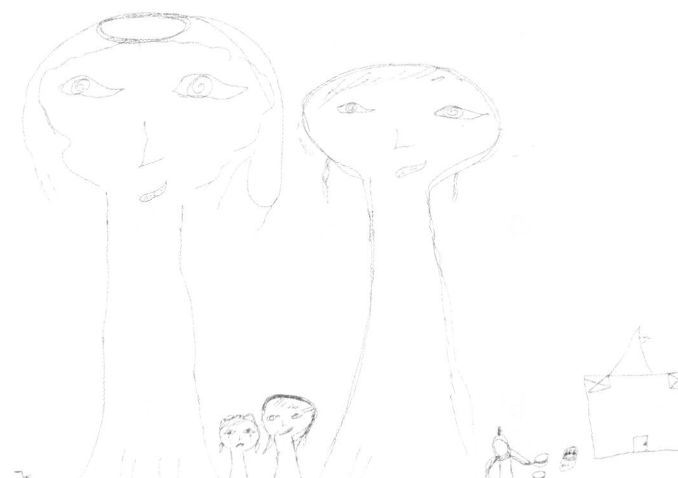

[4]

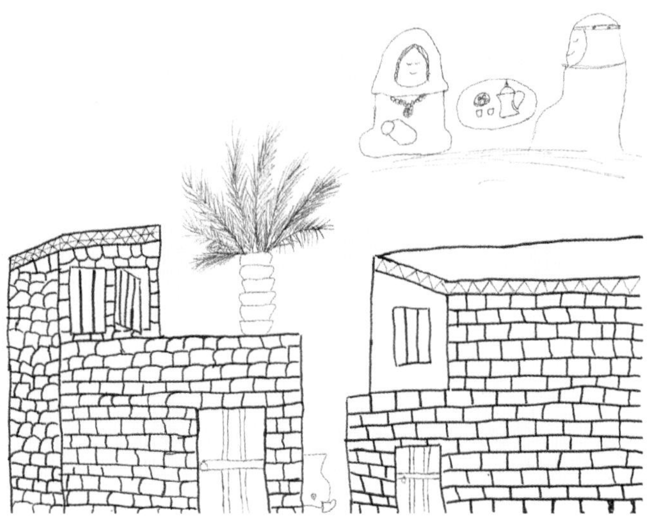

[5]

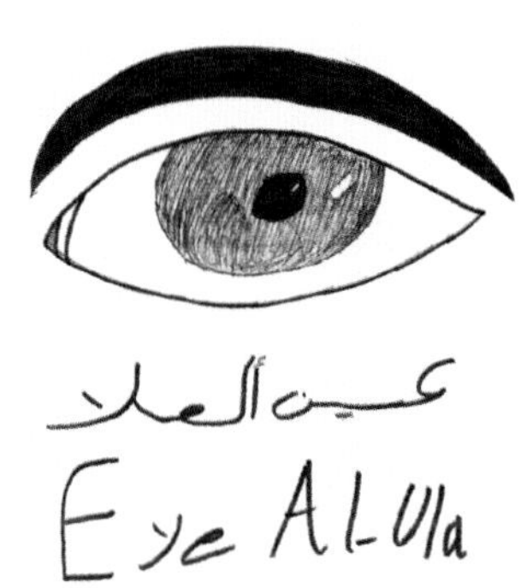

[1] Khaled Mohammed Aldhmeni خالد محمد الضميني
[2] Maimounah Abdullah AlEmam ميمونة عبدالله الإمام
[3] Rehab Khalifa Albalawi رحاب خليفة البلوي
[4] Aya Fahad Mohammad Shukur آية فهد محمد شكر
[5] Abdulraheem Abdulaziz Awadh عبدالرحيم عبدالعزيز عوض

Our Home

These are pictures of our built environment. There are images of the monuments that surround AlUla, its streetscapes and domestic interiors. The drawings depict a wealth of building types that range from the Bedouin tent to adobe houses and stone fortresses. They are in a way a love letter to our ancestral home.

بيوتنا

تظهر هذه الرسومات البيئة المحيطة بنا، بما في ذلك صور الآثار المحيطة بالعُلا والشوارع وديكورات البيوت. كما تصوّر الرسومات مجموعة واسعة من المباني، بدءًا من الخيام البدويّة إلى المنازل المبنيّة من الطوب وكذلك القلاع الحجريّة. هذه الرسومات هي رسالة حبّ إلى بيوت أجدادنا.

’فالعُلا تحفة السعوديّين للعالم التي أبهرت وستبهر في الماضي والحاضر.‘

‘AlUla is Saudi’s masterpiece for the world, a beacon of awe and wonder both in the past and the present.’

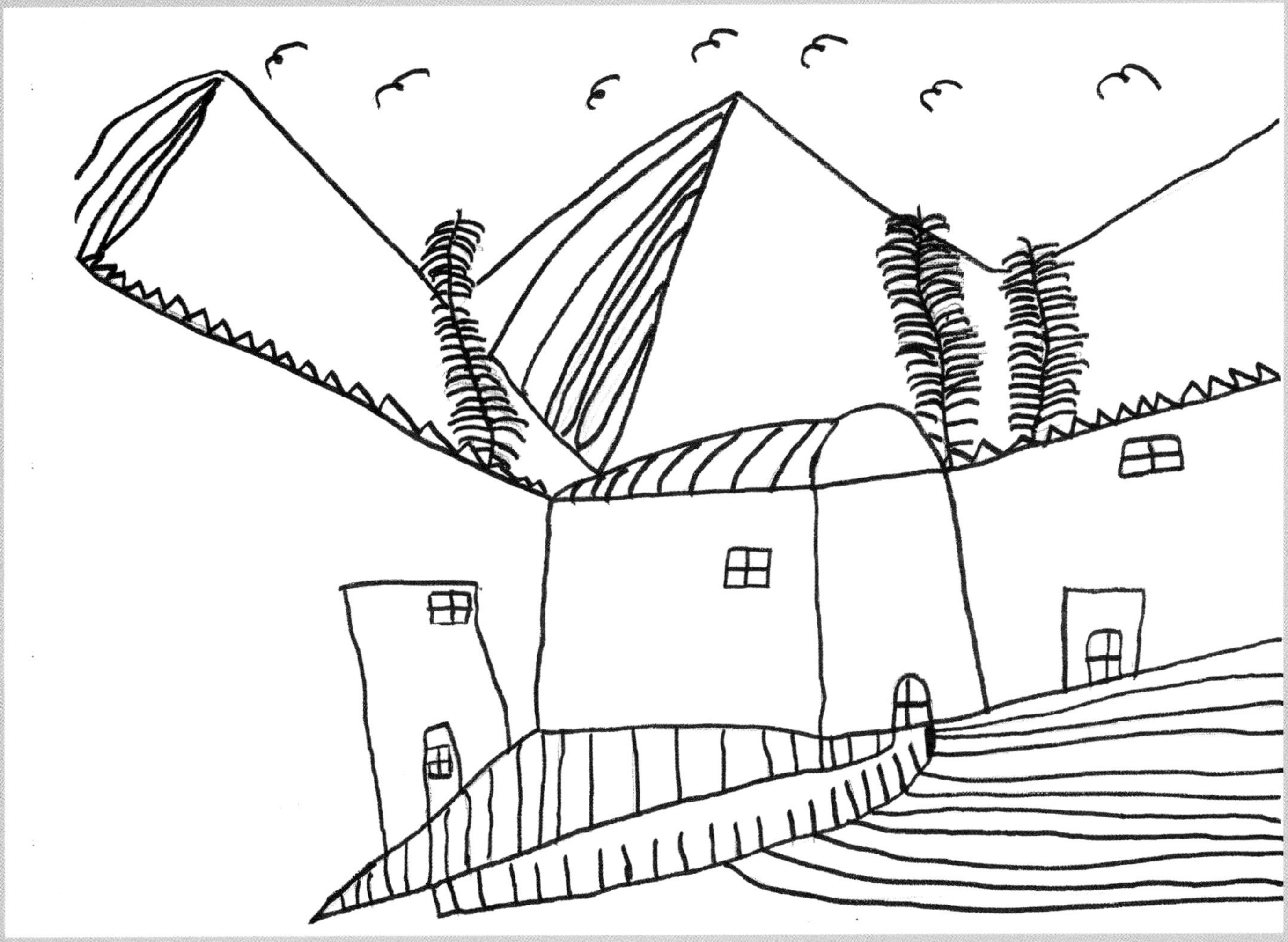

[1]

[1] Abdulmajeed Abdullah Alidaa عبدالمجيد عبدالله الإيداء

[2]

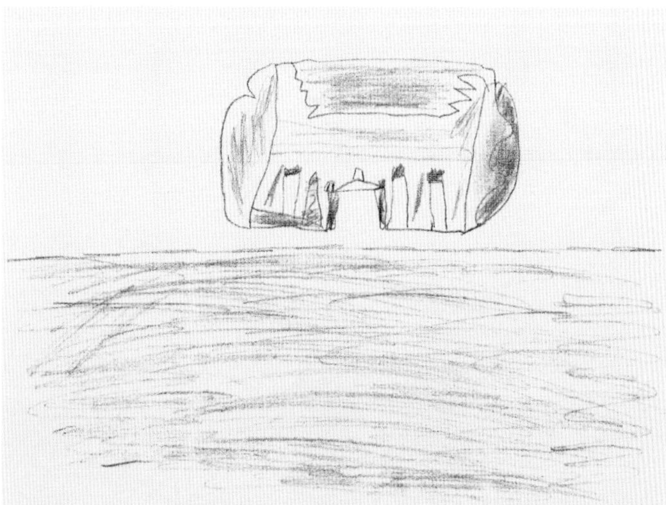

[1]

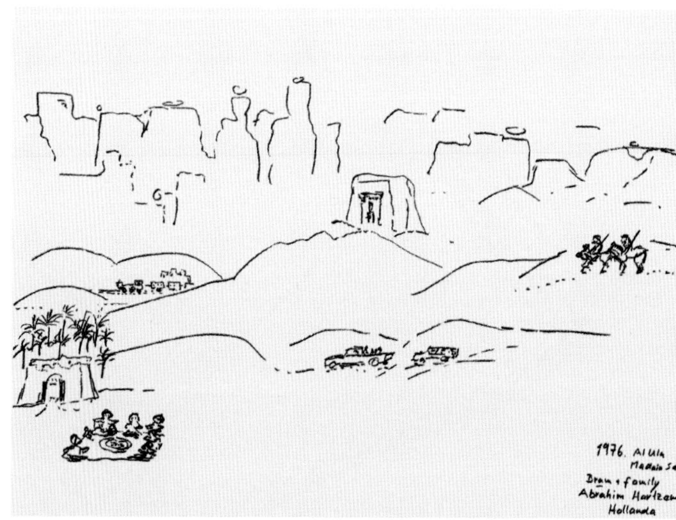

[4]

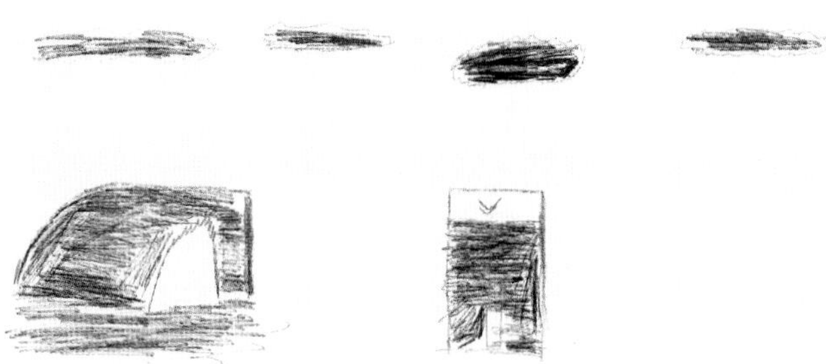

[3]

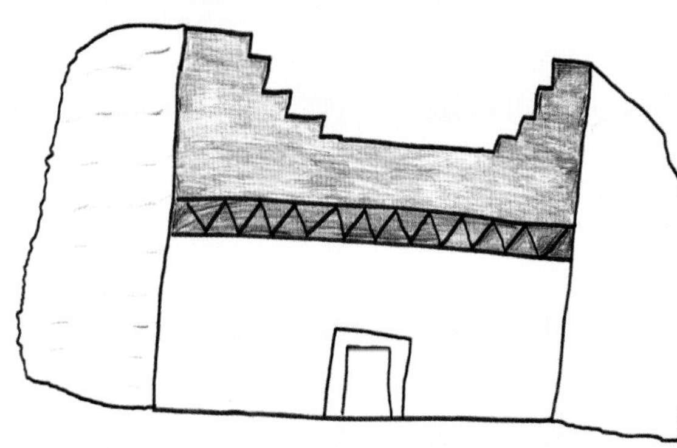

[1] Ebrahim Hartzema
[2] Abdullah Naser Albalawi
[3] Faisal Mohammed Alkhaldi Alenzi
[4] Ebrahim Saud Alenzi

إبراهيم هرتزيما
عبدالله ناصر البلوي
فيصل محمد الخالدي العنزي
إبراهيم سعود العنزي

[2]

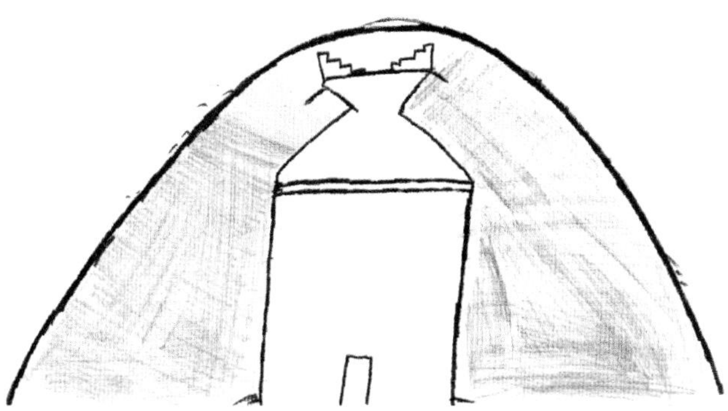

[1]

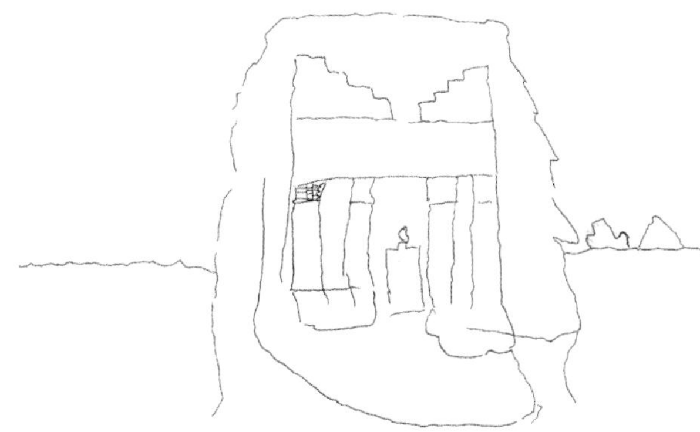

[4]

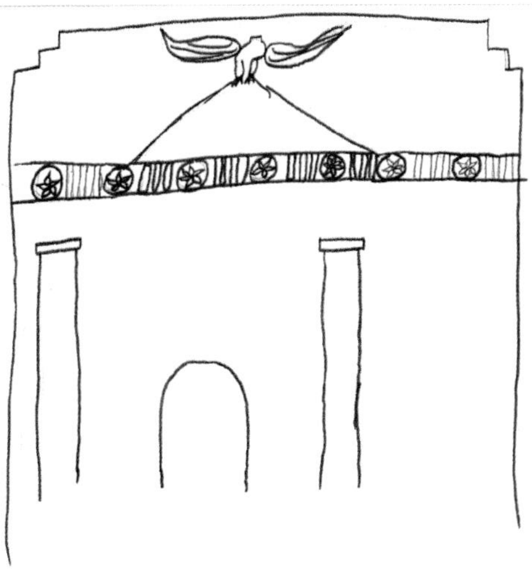

[3]

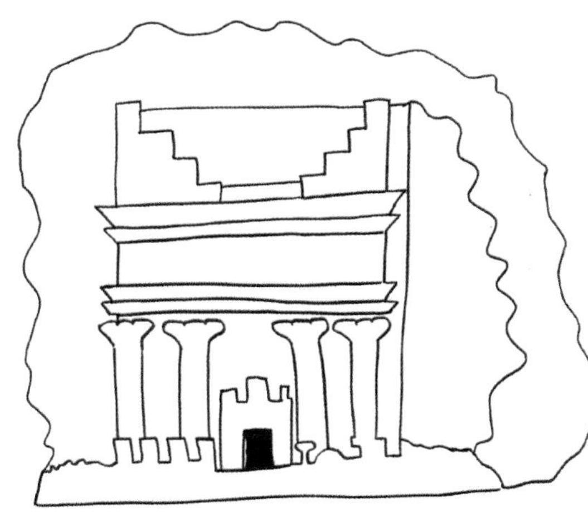

[1] Khadijah Mohsen	خديجة محسن
[2] Faisal Hadi Alenzi	فيصل هادي العنزي
[3] Mohammed Dhaher Alenzi	محمد ظاهر العنزي
[4] Layan Faisal Sabah	ليان فيصل صباح

[1]

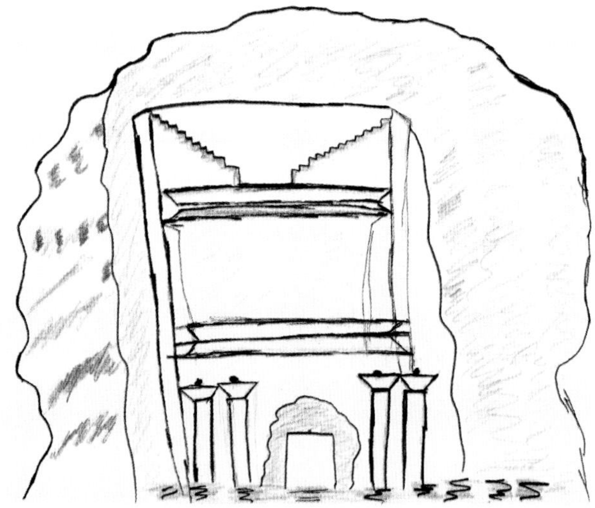

[2]

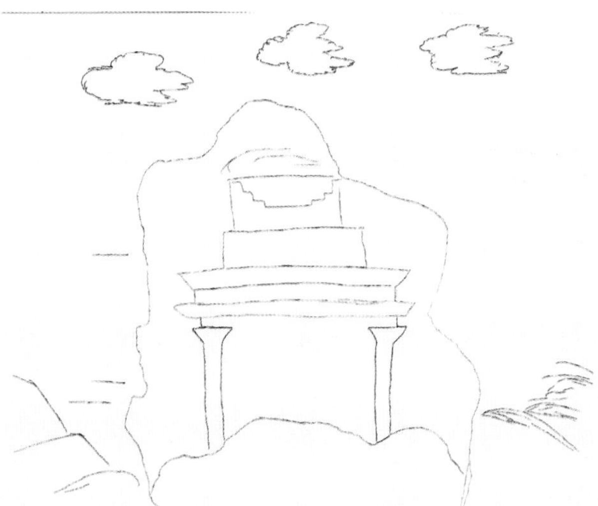

[3]

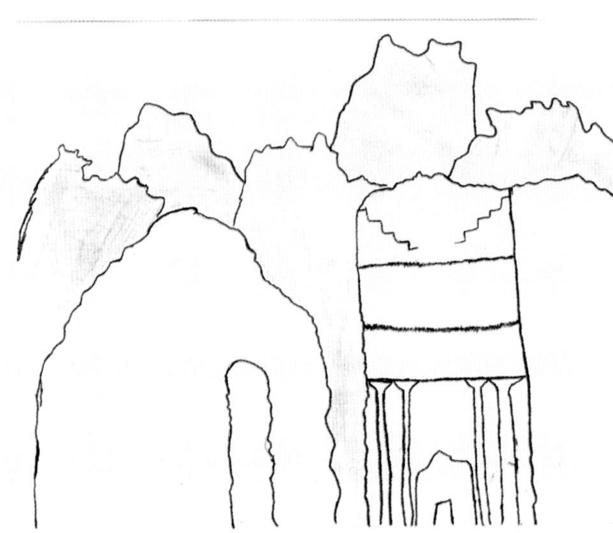

[4]

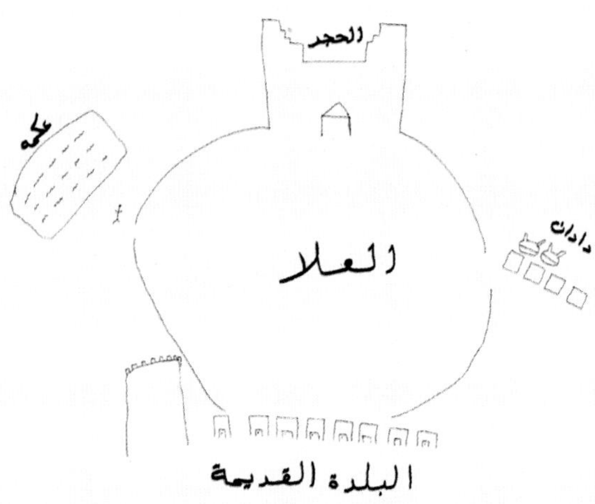

[1] Reem Mohammed Altuwalae ريم محمد الطويلعي
[2] Rahaf Faisal Alidaa رهف فيصل الإيداء
[3] Sara Farah Alenzi سارة فرح العنزي
[4] Mohammed Musaed Alashywe محمد مساعد الاشيوي

[2]

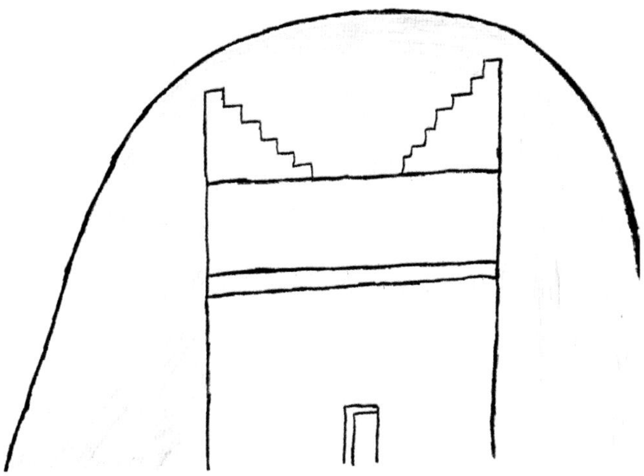

[1]

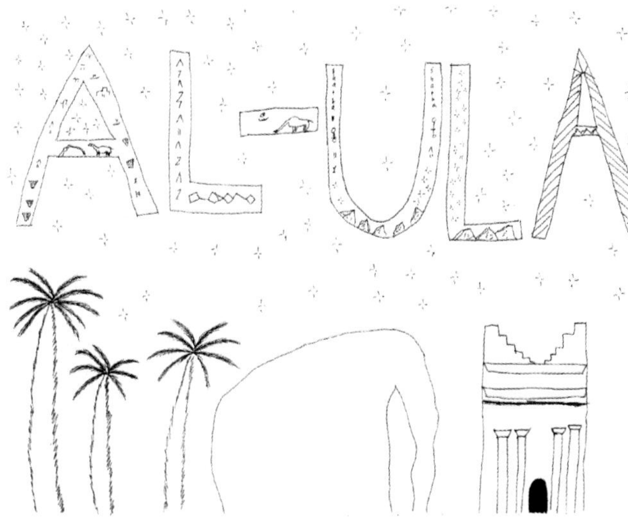

[4]

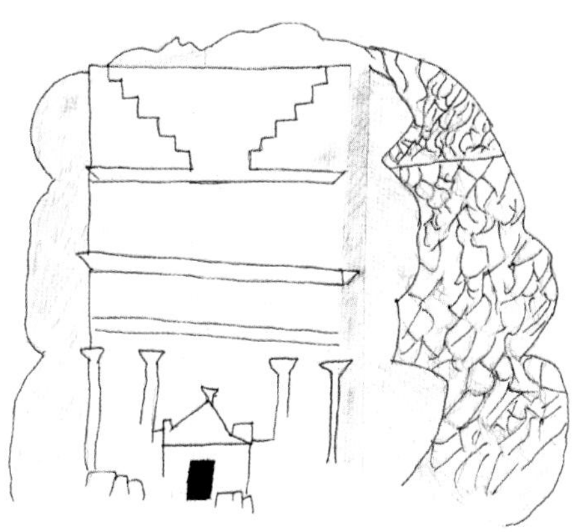

[3]

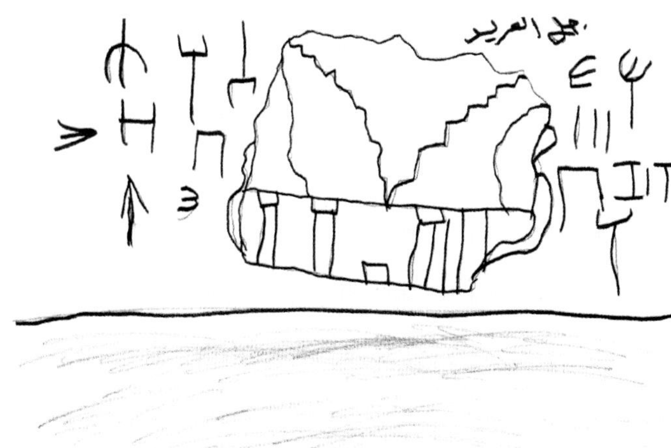

[1] Shatha Fahad Alenzi — شذى فهد العنزي
[2] Saud Mohammed Amer — سعود محمد عامر
[3] Yasir Alenzi — ياسر العنزي
[4] Tahani Aiedh — تهاني عايض

[2]

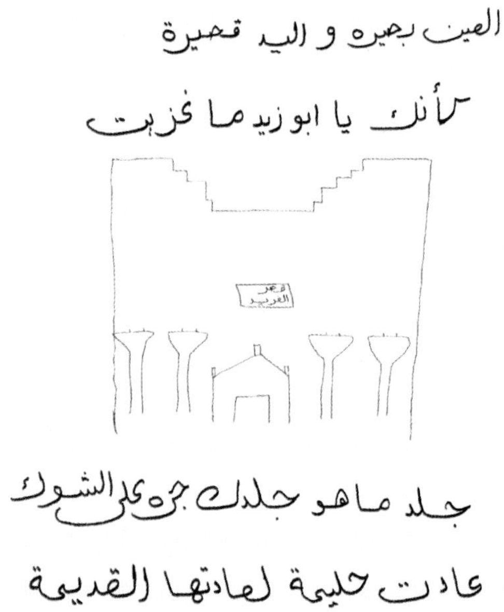

[1]

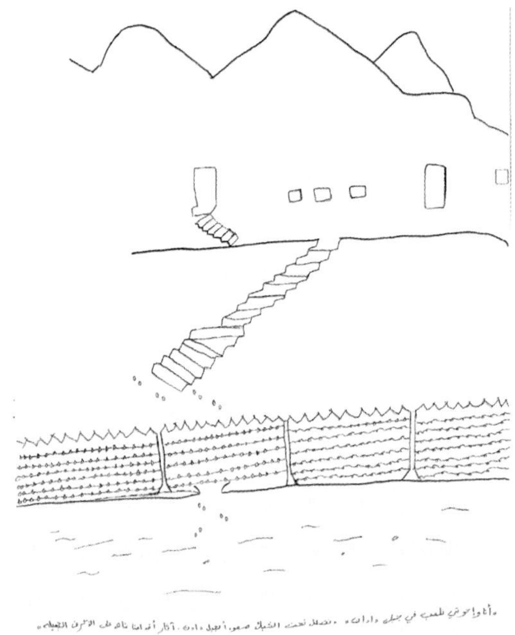

[4]

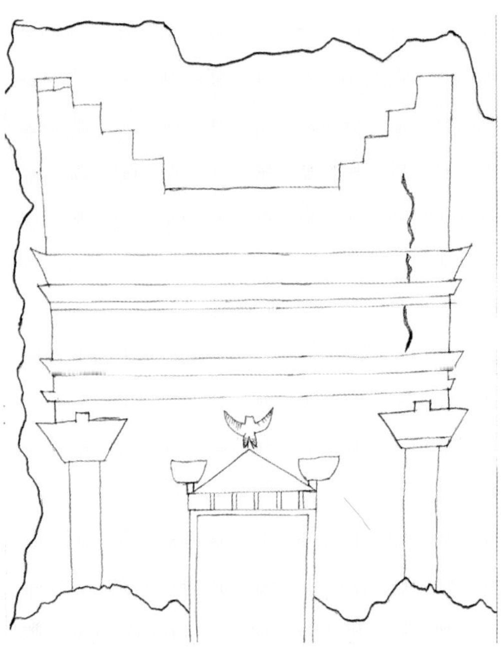

[3]

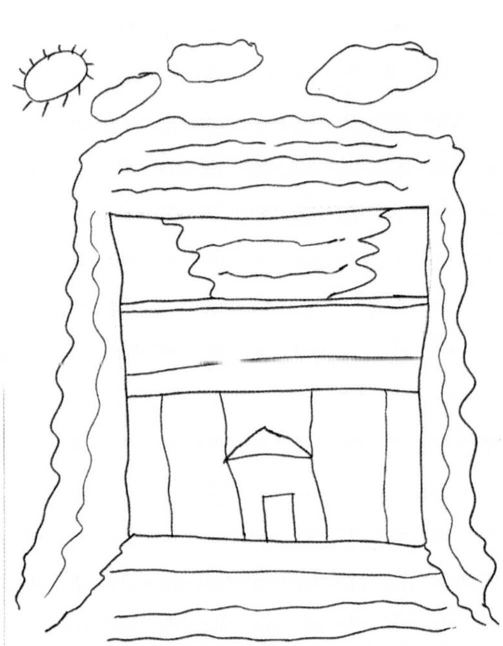

[1] Wedad Sulaiman Yassen — وداد سليمان ياسين
[2] Abdulrahman Fahad Almugren — عبدالرحمن فهد المقرن
[3] Nader Ali Alenzi — نادر علي العنزي
[4] Atef Mohammed Albalawi — عاطف محمد البلوي

[1]

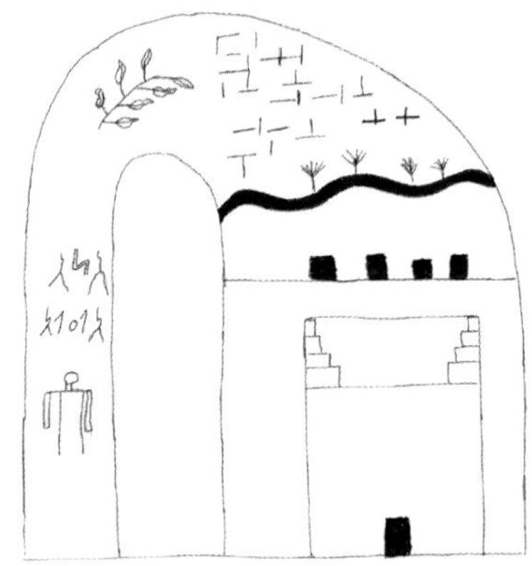

[2]

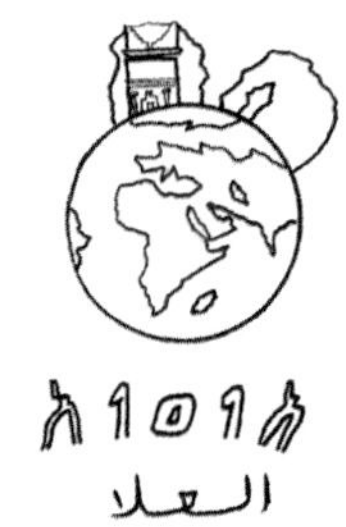

[3]

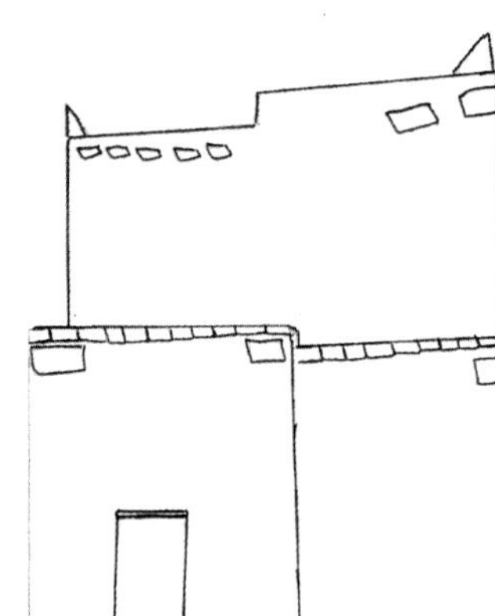

[4]

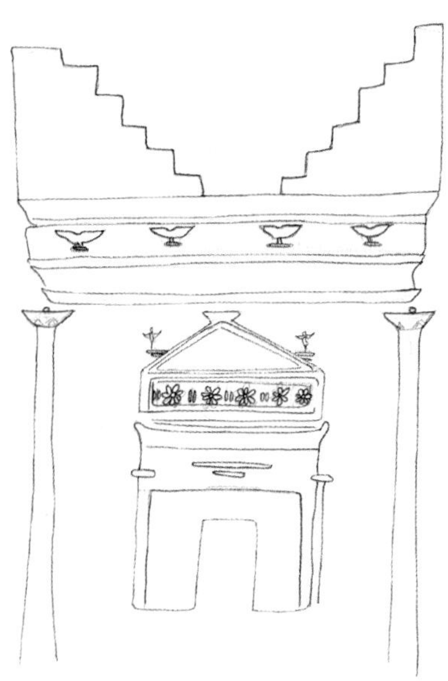

[1] Yusra Saleh Masoud　يسرى صالح مسعود
[2] Turki Saad　تركي سعد
[3] Hinda Atallah Albalawi　هندا عطالله البلوي
[4] Sari Abdulhameed Albalawi　ساري عبدالحميد البلوي

[2]

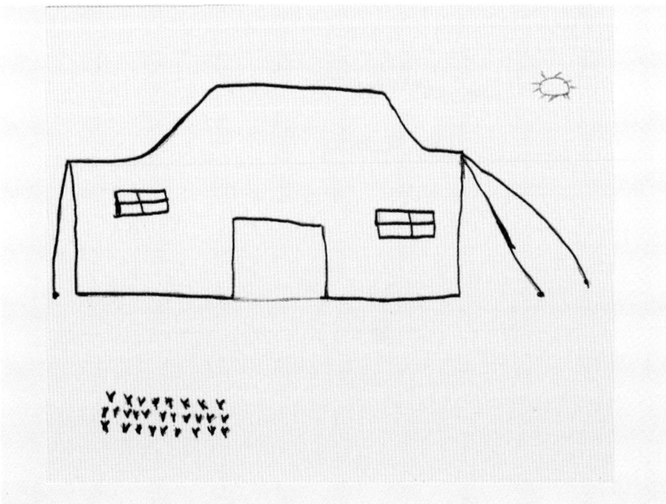

[1]

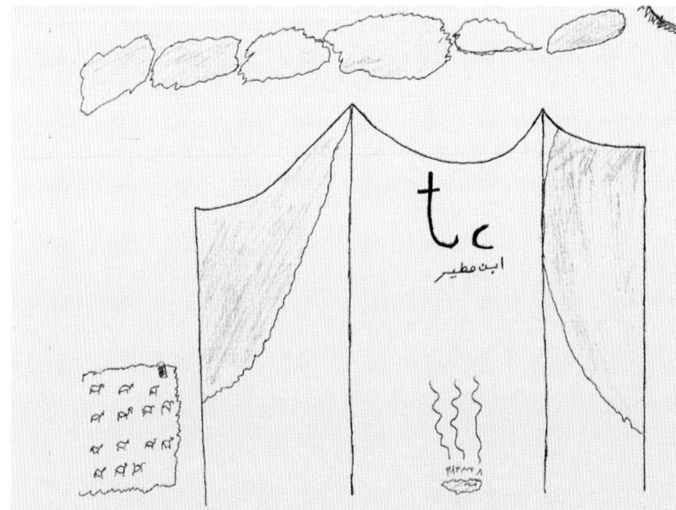

[4]

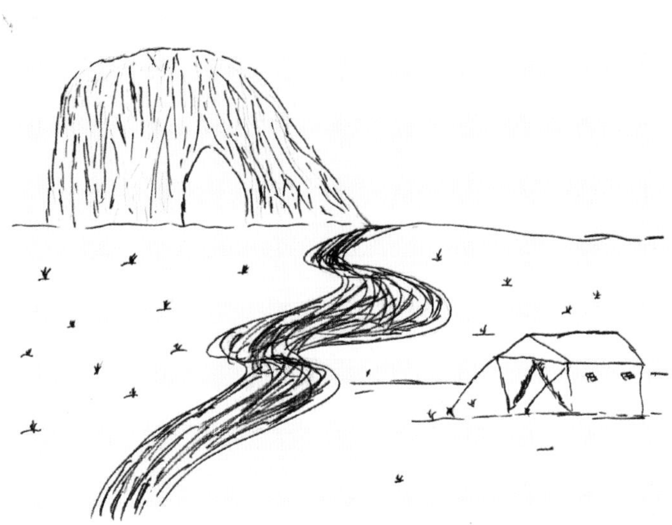

[3]

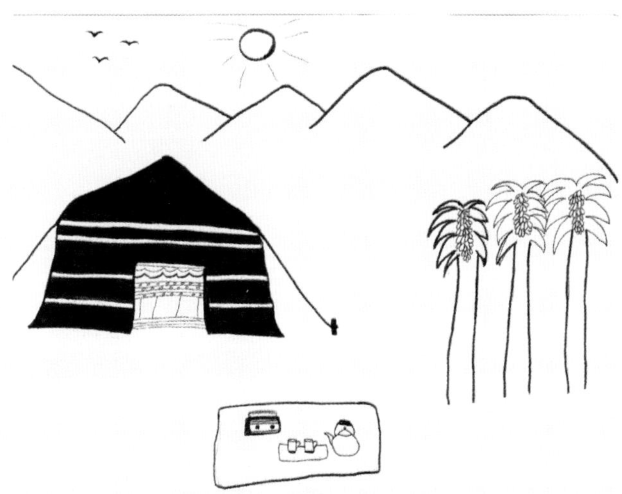

[1] Abdulamjeed Mousa Alenzi عبدالمجيد موسى العنزي
[2] Abdulmajeed Sulaiman Albalawi عبدالمجيد سليمان البلوي
[3] Arwjan Ghalib Ali Naji أرجوان غالب علي ناجي
[4] Aish Hettein Muolla عايش حطين معلا

[2]

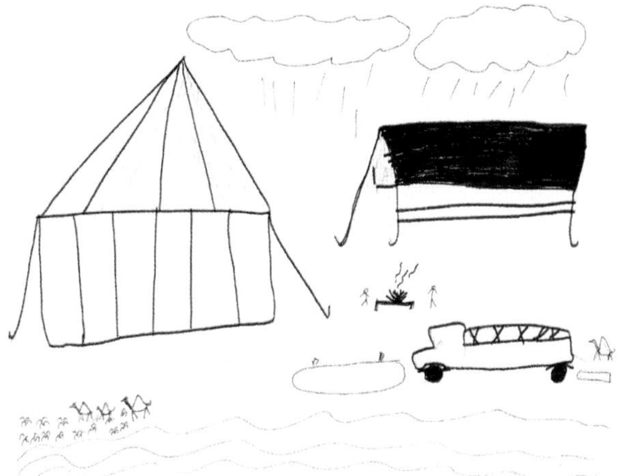

[1]

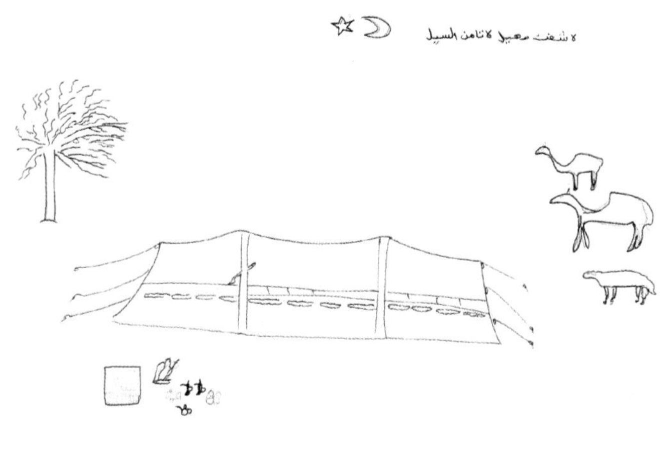

[4]

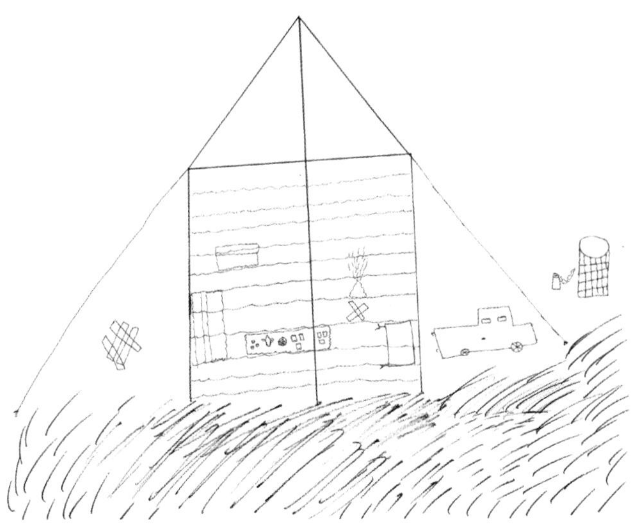

[3]

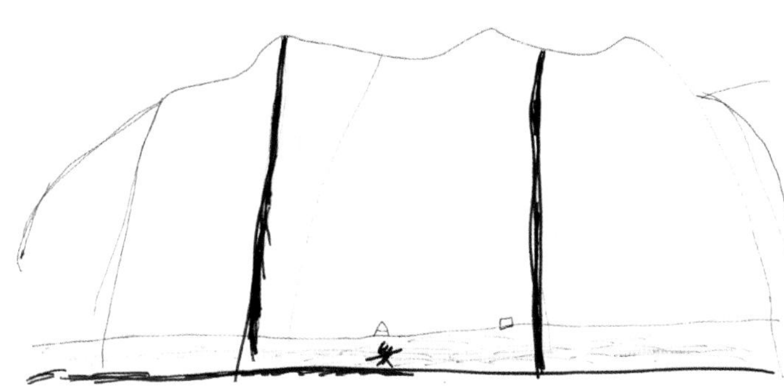

[1] Asem Ahmed Albalawi عاصم أحمد البلوي
[2] Salha Nashi Alfaqeri صالحة ناشي الفقيري
[3] Eissa Ghanem Aljuhani عيسى غانم الجهني
[4] Ashwaq Ali Alenzi أشواق علي العنزي

[1]

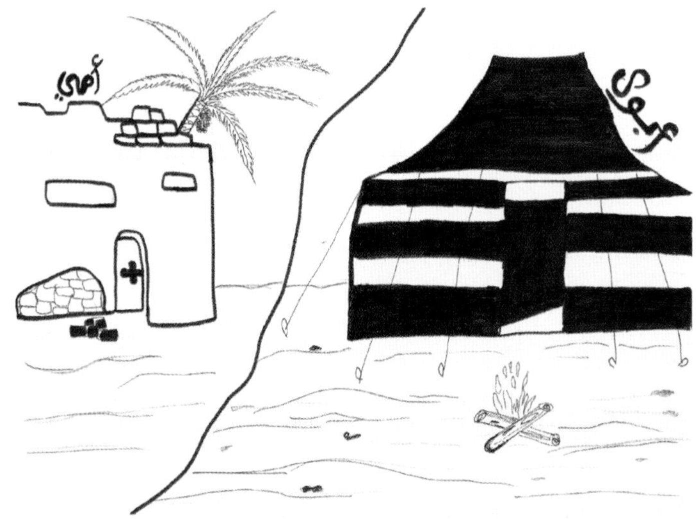

[2]

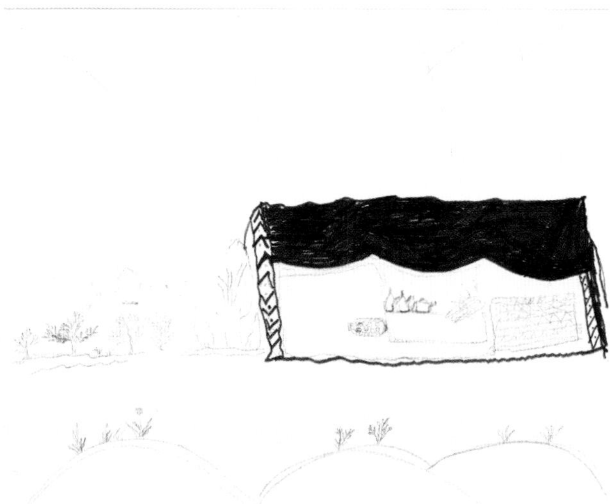

[3]

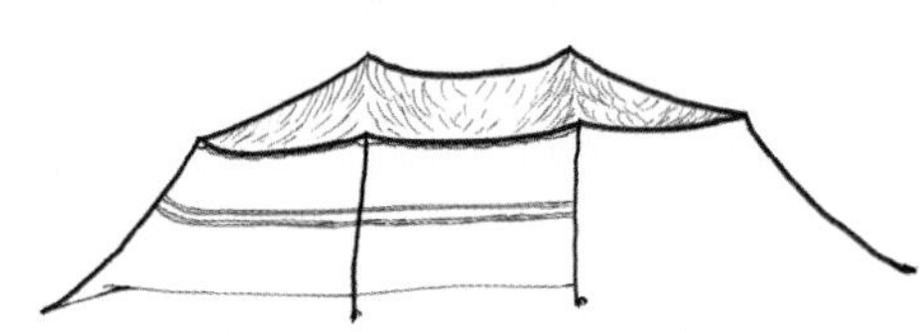

[4]

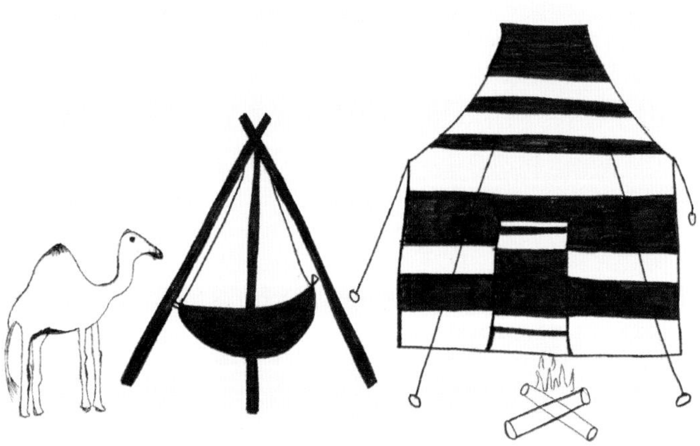

[1] Hanan Ebrahim Albalawi — حنان إبراهيم البلوي
[2] Fidhyah Faraj Albalwi — فضية فرج البلوي
[3] Mishaal Mohammed Alenzi — مشعل محمد العنزي
[4] Mayser Saleh Alkahlani — ميسر صالح الكحلاني

[1]

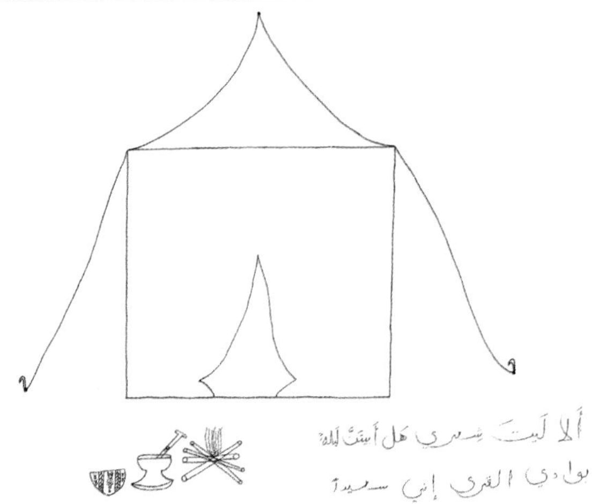

[2]

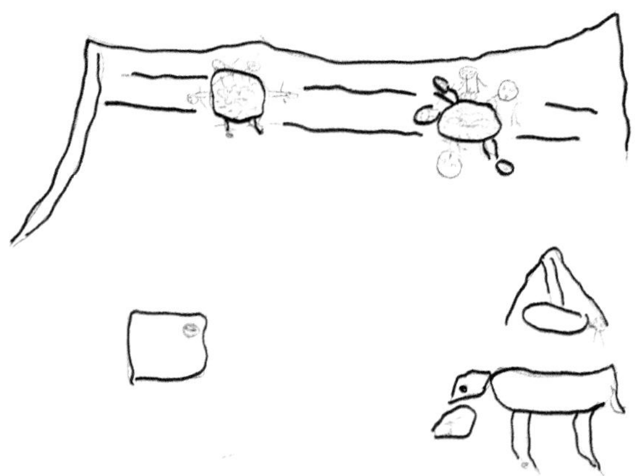

[3]

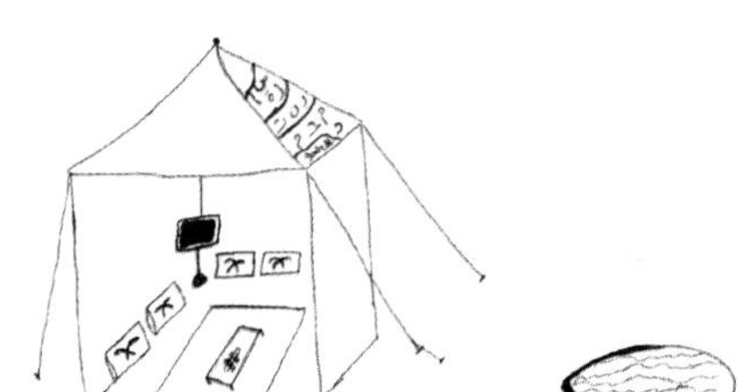

[4]

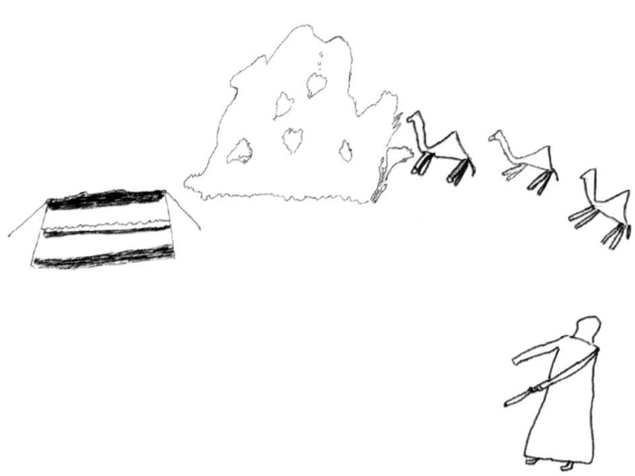

[1] Shahad Khedr Ebrahim — شهد خضر إبراهيم
[2] Othman Hameed Albalwi — عثمان حميد البلوي
[3] Sarah Mohammed Alenzi — سارة محمد البلوي
[4] Seetah Fareegh Alenzi — صيتة فريغ العنزي

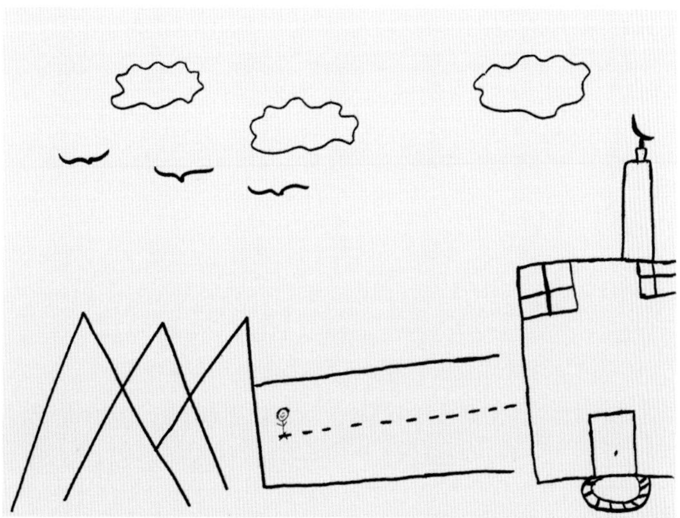

[2]

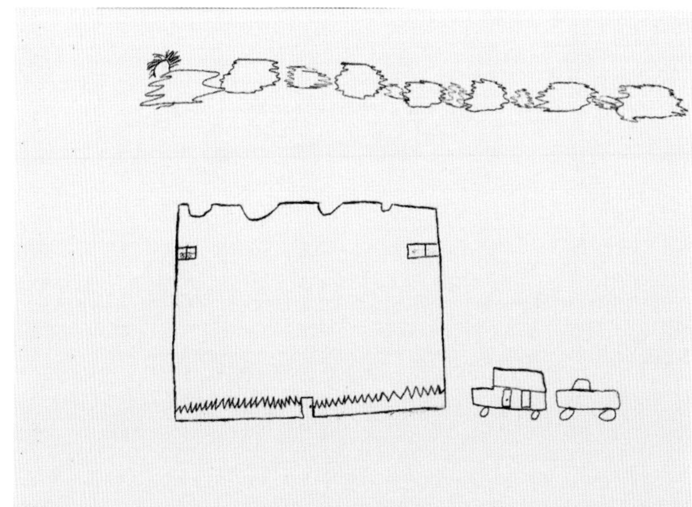

[1]

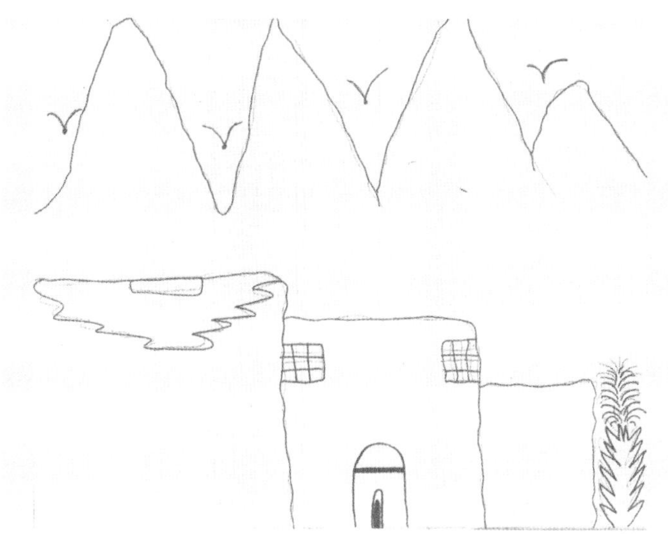

[4]

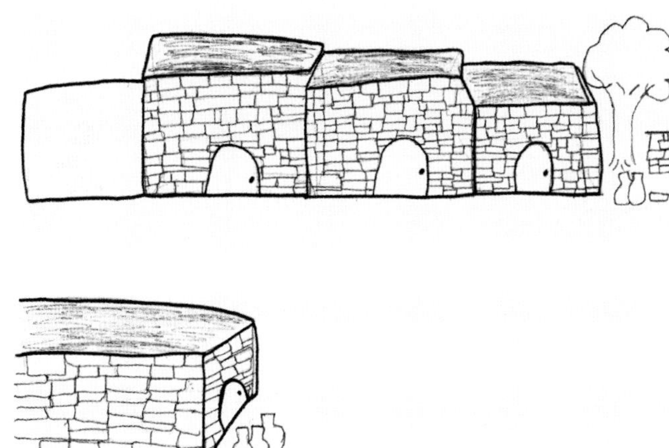

[3]

[1] Abdulaziz Mohammed Alenzi
[2] Amal Salman Alazmi
[3] Areej Saleh Alenzi
[4] Bushra Mohammed Saleh Alhairi

عبدالعزيز محمد العنزي
أمل سلمان العازمي
أريج صالح العنزي
بشري محمد صالح الحايري

[2]

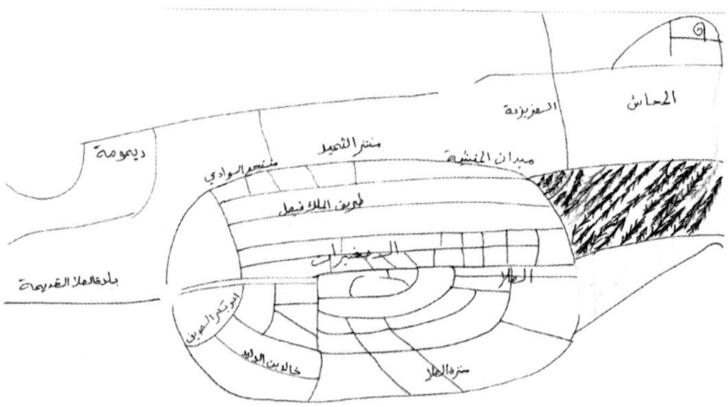

[1]

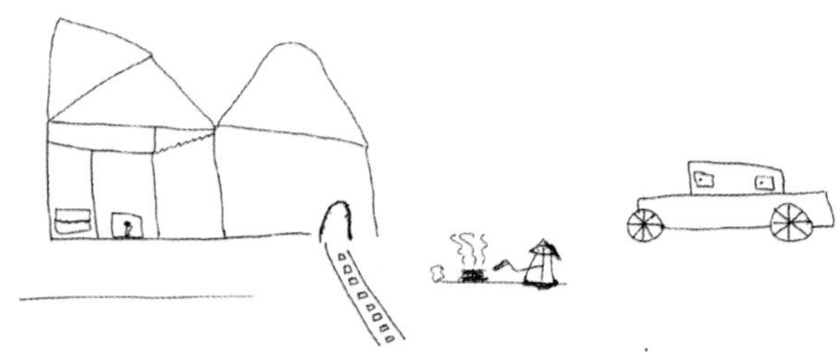

[4]

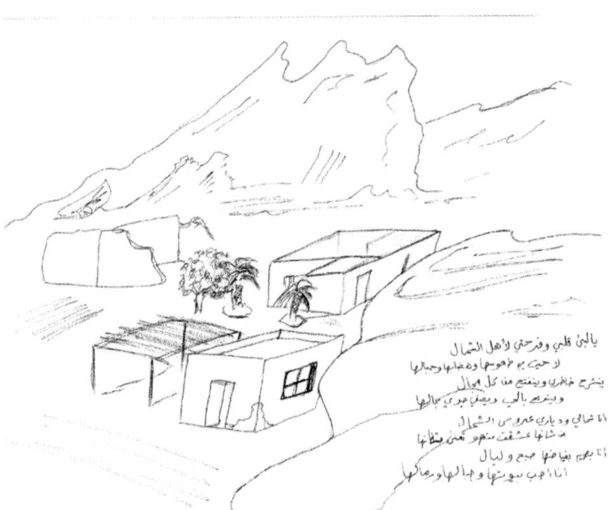

[3]

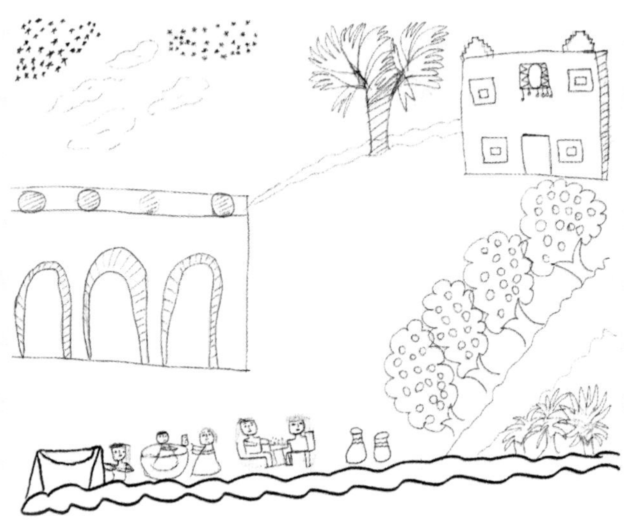

[1] Aryam Mohammed Alrusli
[2] Aseel Adel Alhussaini
[3] Eman Salim Hamada
[4] Emad Ebrahim Altuwalae

أريام محمد الرسلي
أسيل عادل الحسيني
إيمان سالم حماده
عماد إبراهيم الطويلعي

[1]

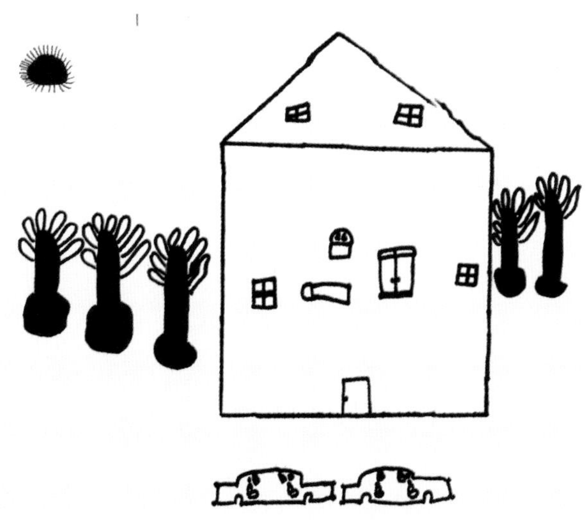

[2]

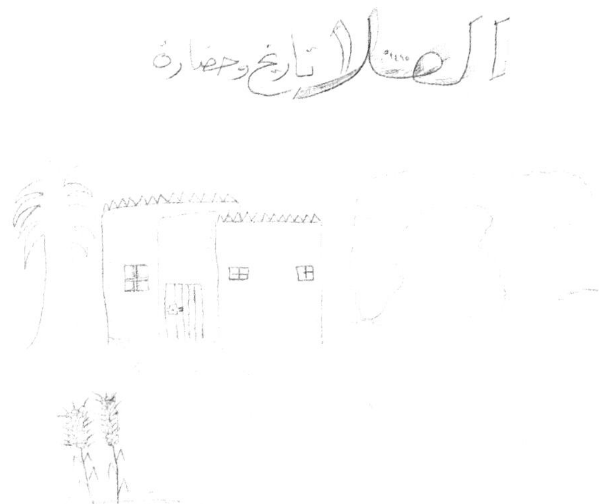

[3]

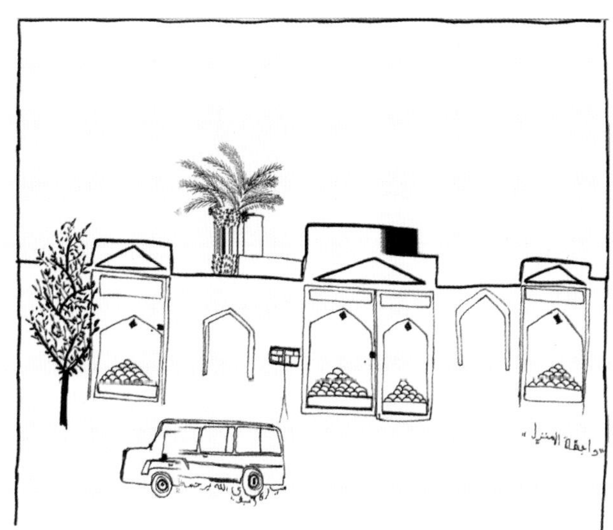

[4]

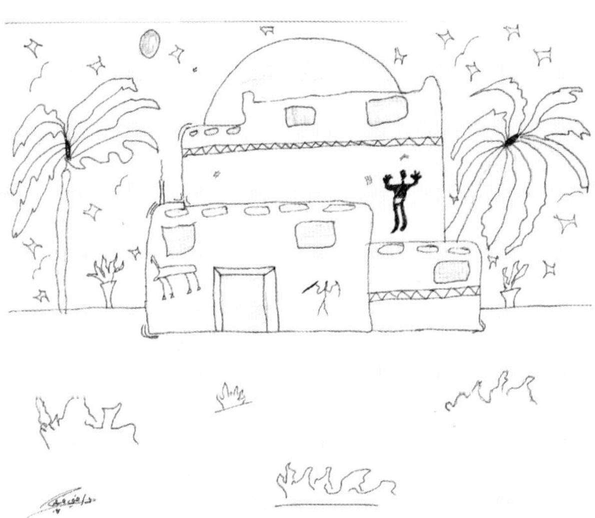

[1] Faris Ahmed Alidaa — فارس أحمد الإيداء
[2] Fatima Sulaiman Ali — فاطمة سليمان علي
[3] Fouzeyah Fayhan Alhowaiti — فوزية فيحان الحويطي
[4] Fai Fahad Alenzi — في فهد العنزي

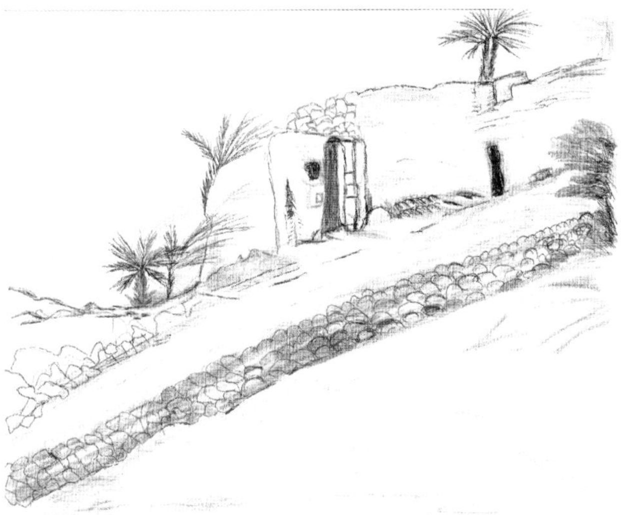

[2]

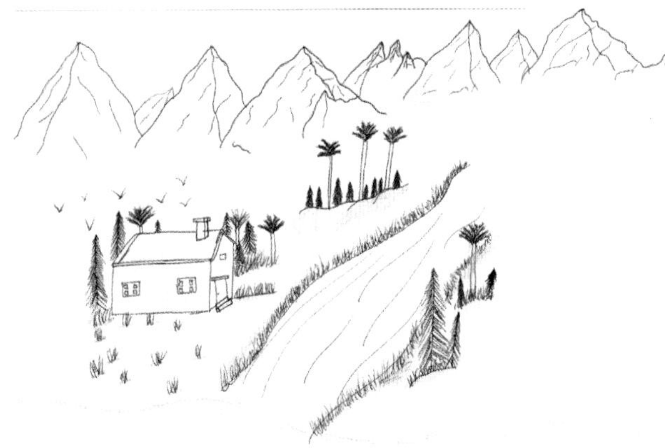

[1]

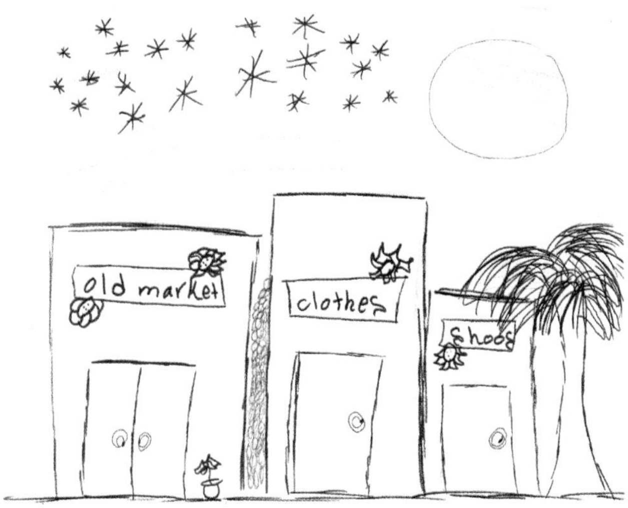

[4]

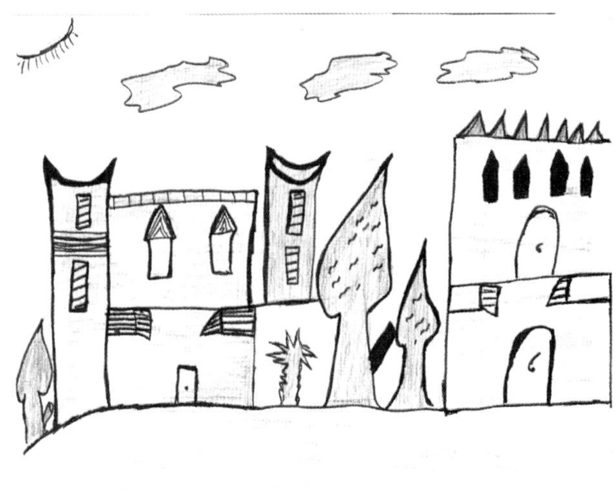

[3]

[1] Maha Alharbi مها الحربي
[2] Heyam Lafi Ahmed Abusaed هيام لافي أحمد ابوسعيد
[3] Jazwah Ali Alidaa جزوى علي الإيداء
[4] Ibrahim Fahad Aljuhani إبراهيم فهد الجهني

[2]

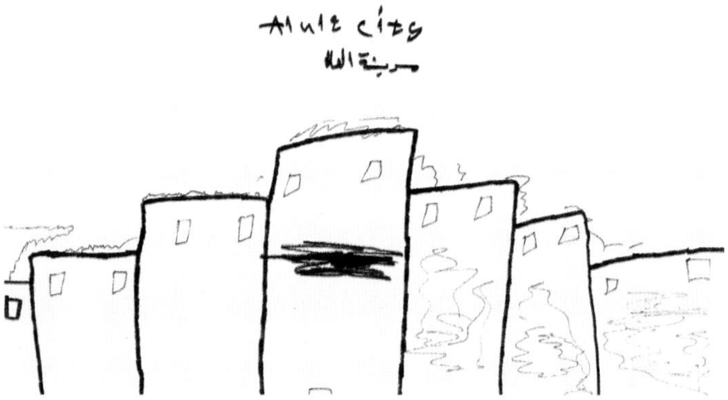

[1]

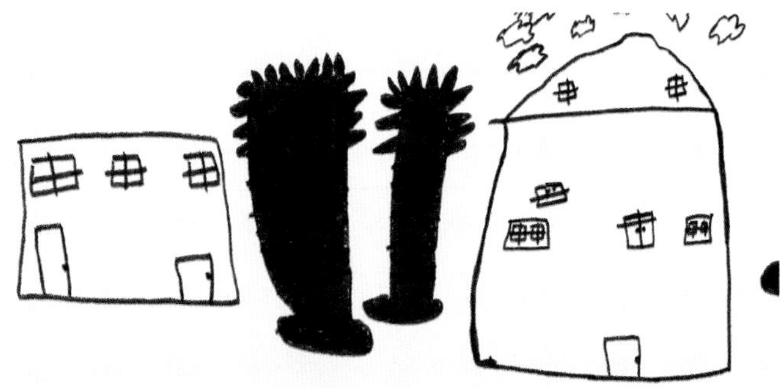

[4]

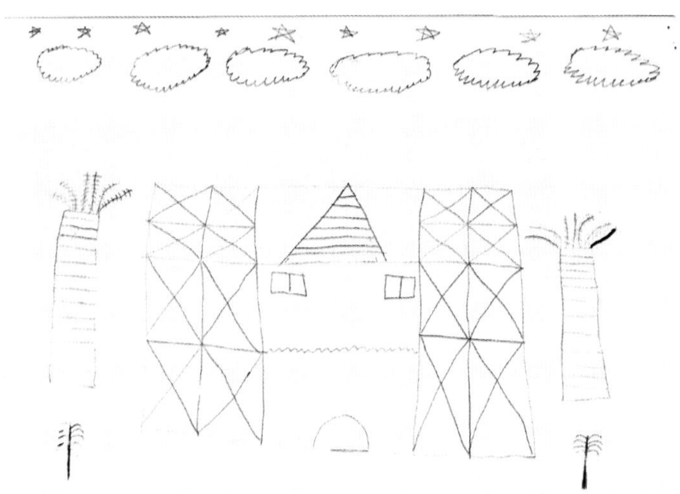

[3]

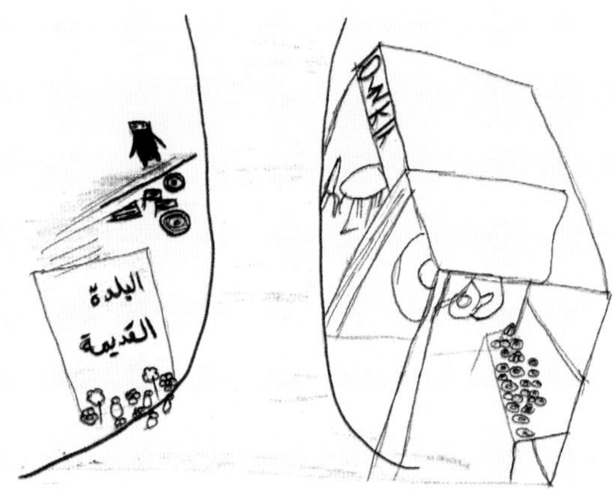

[1] Mohammed Abdulaziz Alidaa — محمد عبدالعزيز الإيداء
[2] Khaled Humood Alenzi — خالد حمود العنزي
[3] Shahad Abdullah Alidaa — شهد عبدالله الإيداء
[4] Mohammed Nasir Alenzi — محمد ناصر العنزي

[1]

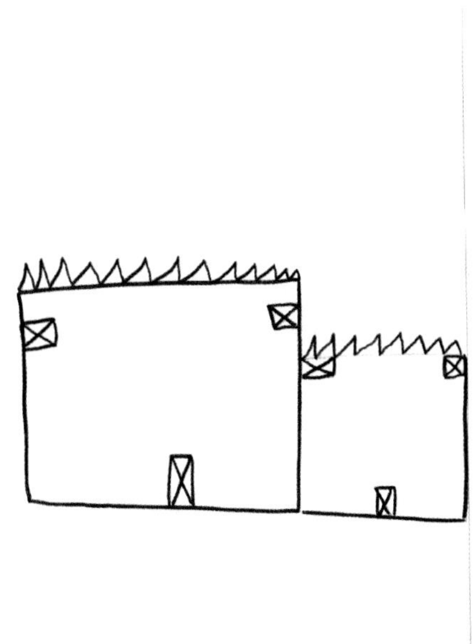

[2]

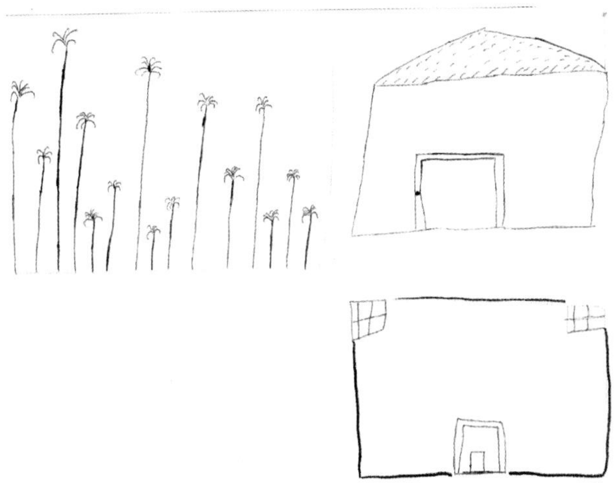

[4]

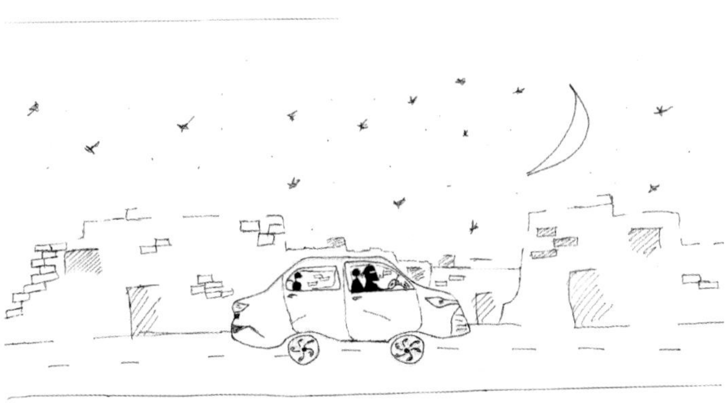

[3]

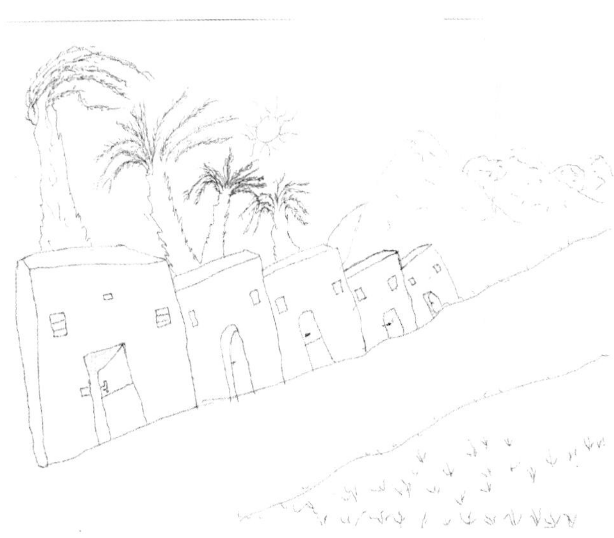

[1] Nawal Dhaher Albalawi نوال ظاهر البلوي
[2] Tarik Mabrook Aljareedi Alenzi طارق مبروك الجريدي العنزي
[3] Zainab Saleh Nasseif زينب صالح نصيف
[4] Shmoukh Badr Alrubaili شموخ بدر الربيلي

[2]

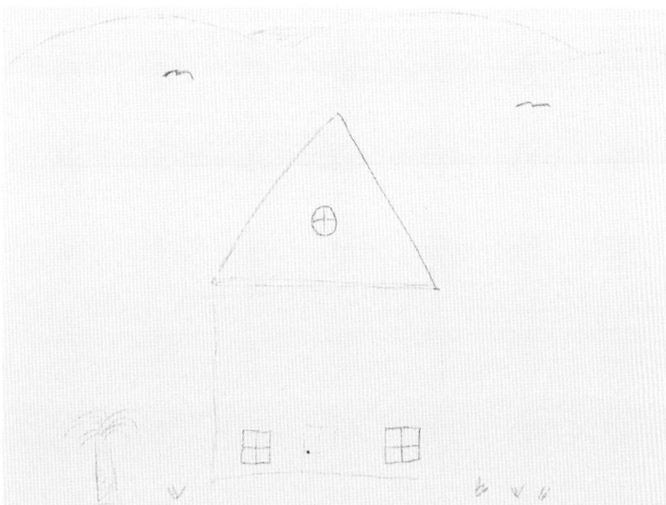

[1]

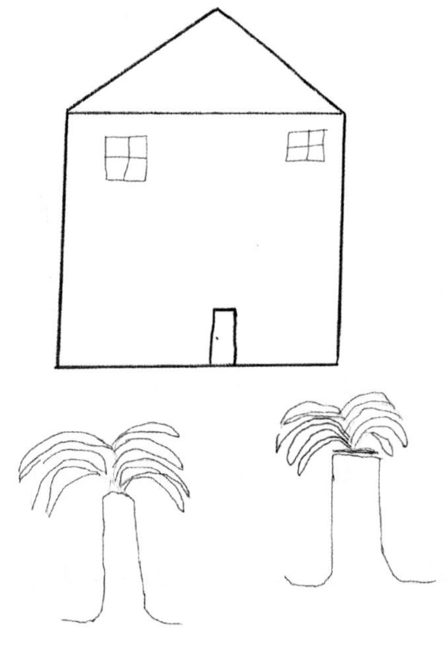

[4]

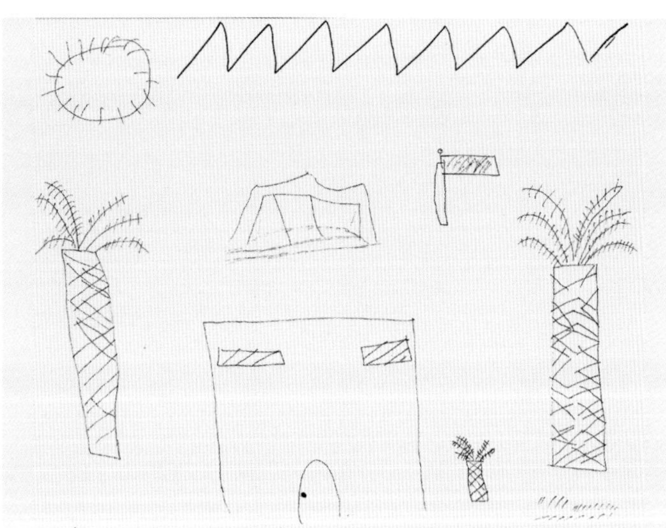

[3]

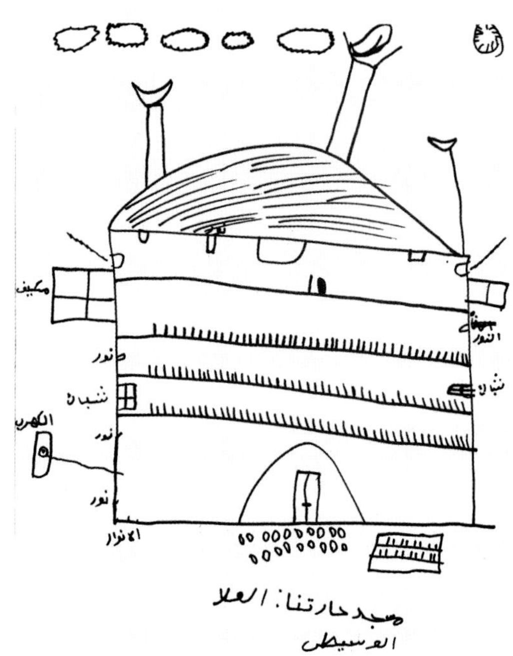

[1] Abdulelah Aqla Alenzi
[2] Abdulaziz Nail Albalawi
[3] Wael Ali Alenzi
[4] Abdulhadi Naif Alidaa

عبدالإله عقلا العنزي
عبدالعزيز نائل البلوي
وائل علي العنزي
عبدالهادي نايف الإيداء

[1]

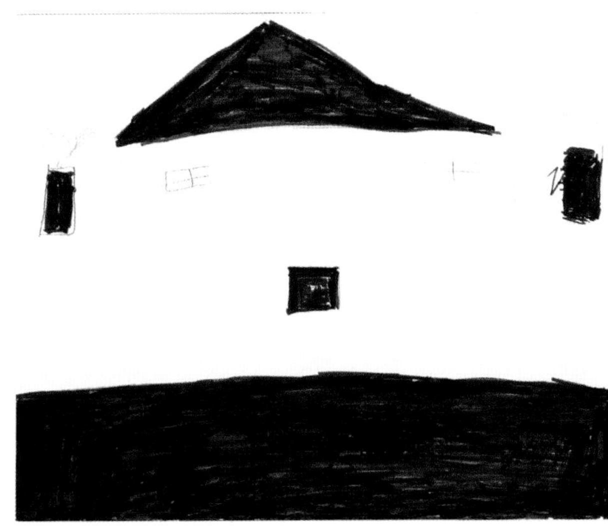

[2]

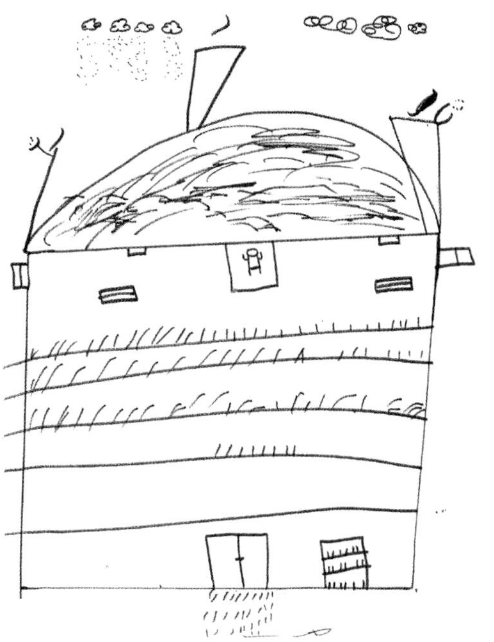

[3]

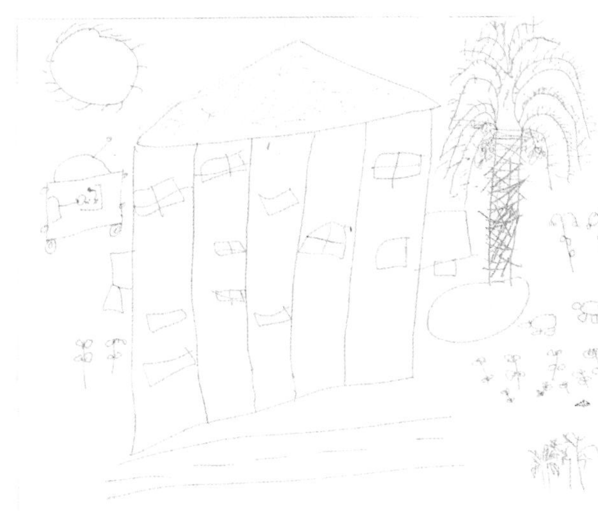

[4]

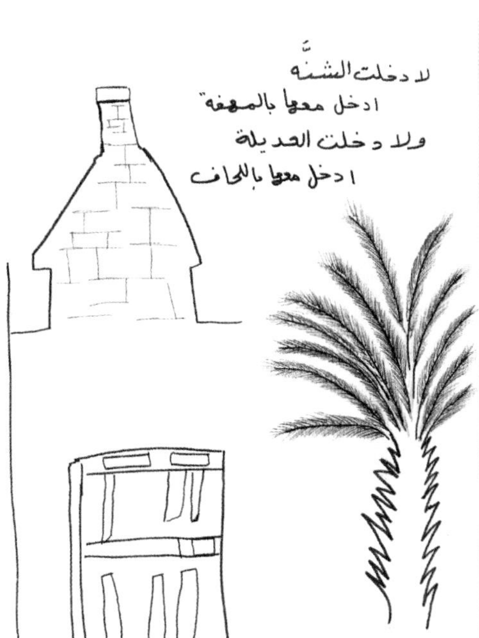

[1] Ahmed Khalaf Alkhaldi Alenzi أحمد خلف الخالدي العنزي
[2] Abdullah Muslim Alenzi عبدالله مسلم العنزي
[3] Aish Abdullah Alenzi عايش عبدالله العنزي
[4] Ahlam Adam Yousuf أحلام آدم يوسف

[1]

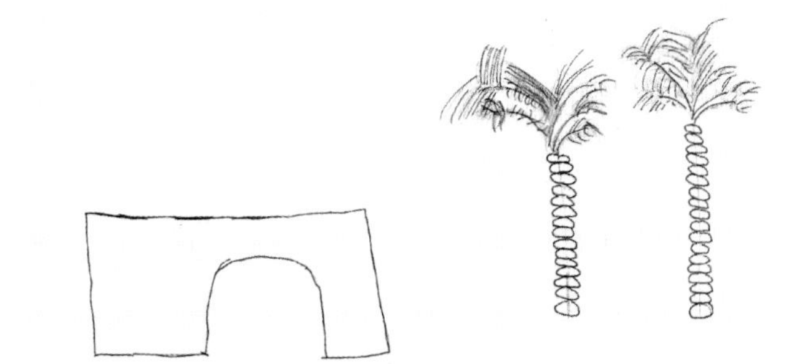

[2]

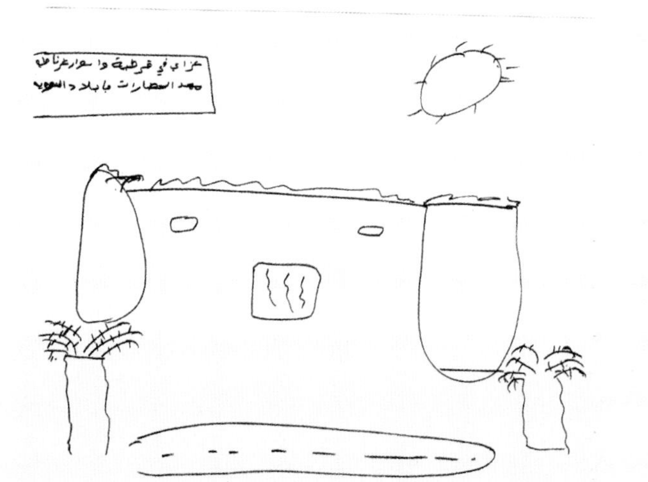

[3]

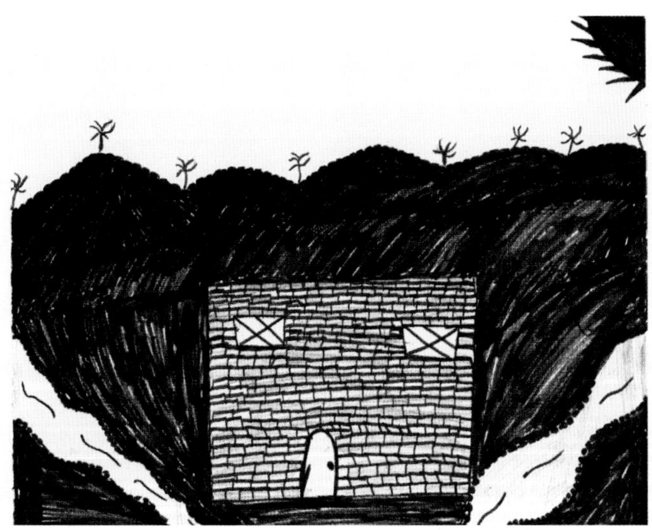

[4]

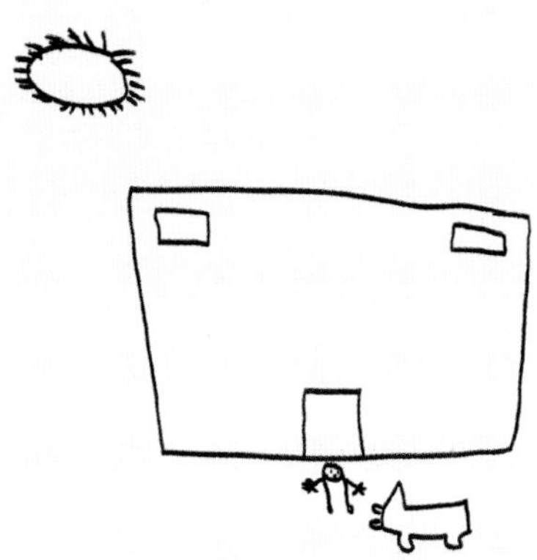

[1] Bandar Yehya Alawadhi بندر يحيى العوضي
[2] Anonymous Participant مجهول
[3] Deema Saqr Alenzi ديما صقر العنزي
[4] Anonymous Participant مجهول

[1]

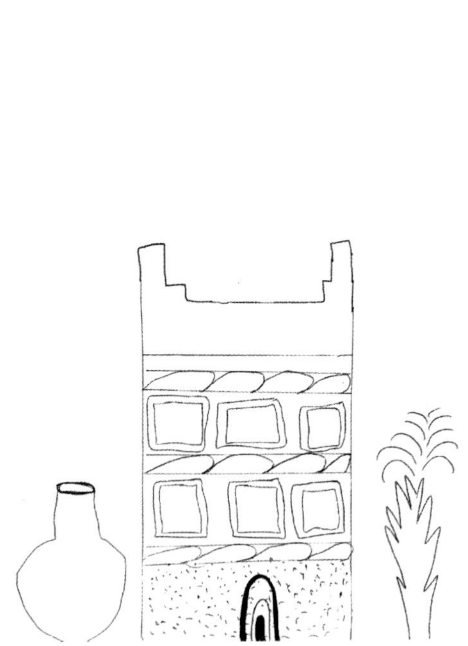

[2]

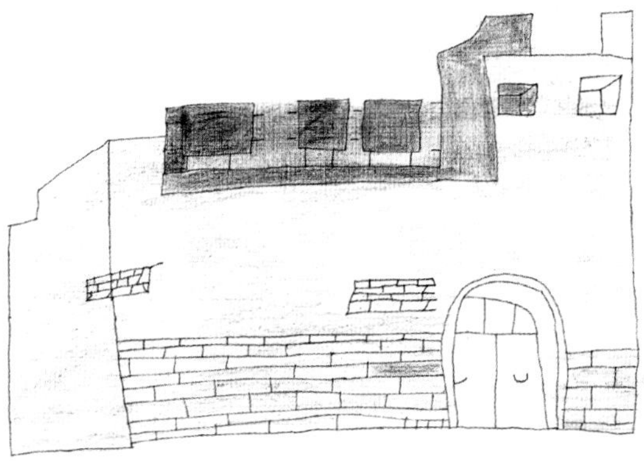

[4]

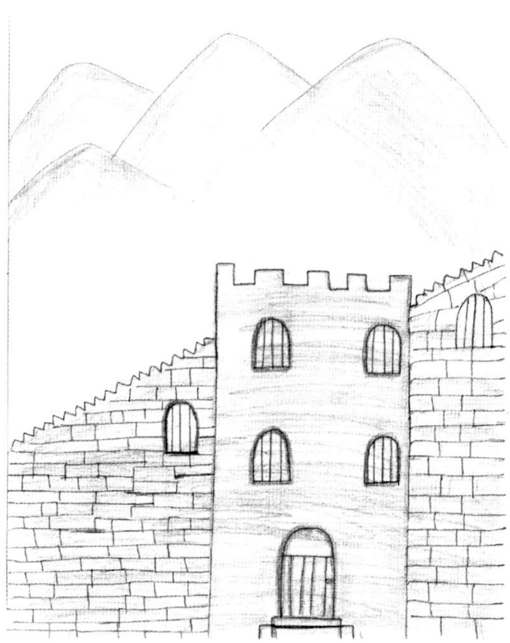

[3]

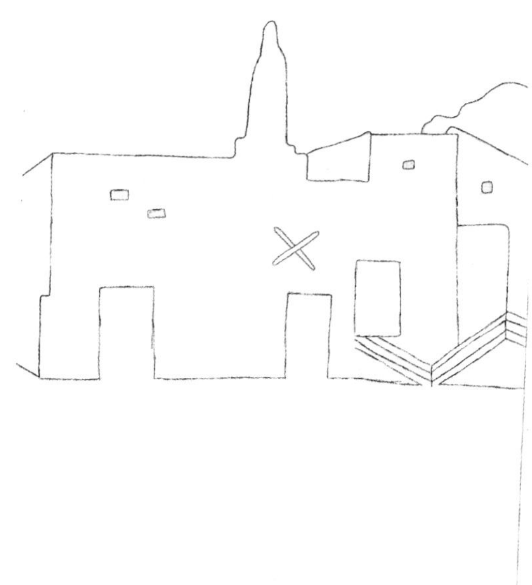

[1] Ashwaq Hasan Abushgair أشواق حسن أبو شقير
[2] Faris Abdulrahman Aqil فارس عبدالرحمن عقيل
[3] Reemas Mohammed Alnajdi ريماس محمد النجدي
[4] Anonymous Participant مجهول

[2]

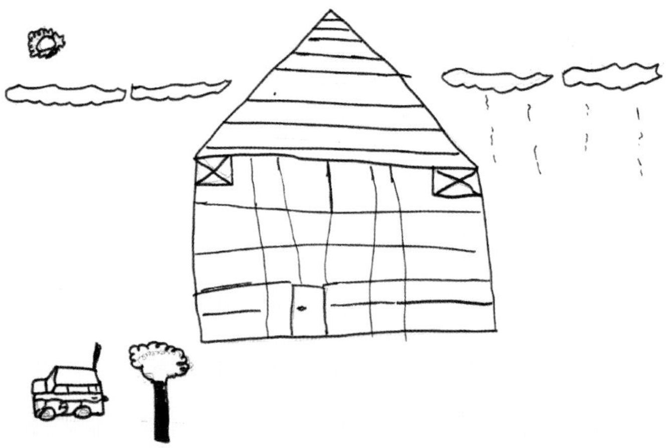

[1]

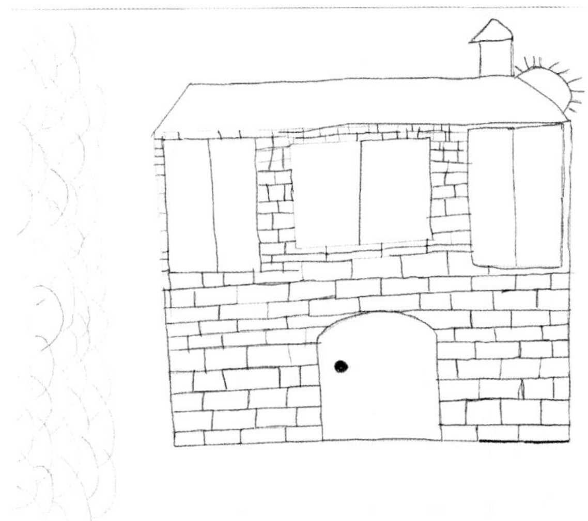

[4]

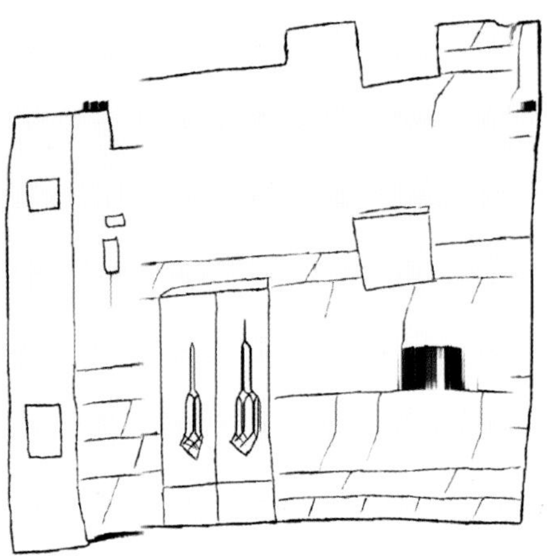

[3]

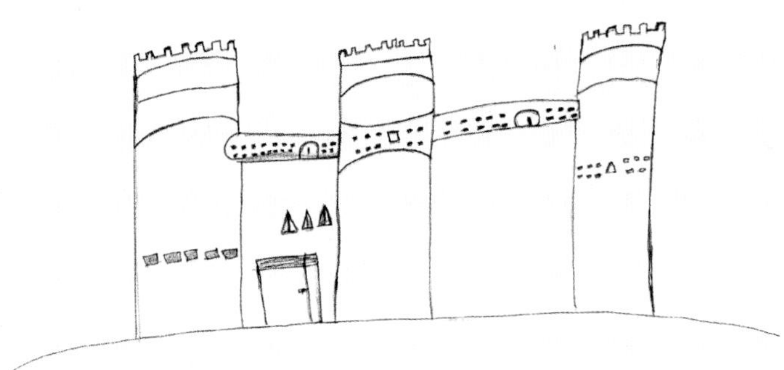

[1] Maha Muqbil Alenzi	مها مقبل العنزي
[2] Khalid Naji Albalawi	خالد ناجي البلوي
[3] Fathya Abdullah Saleh Mahdi	فتحية عبدالله صالح مهدي
[4] Lama Saeed Albalawi	لمى سعيد البلوي

[2]

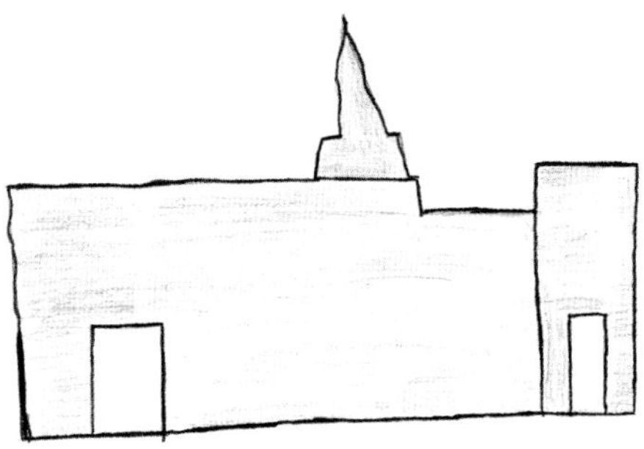

[1]

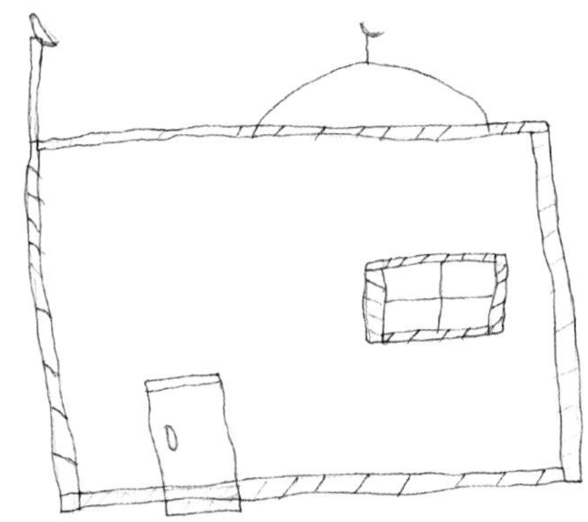

[4]

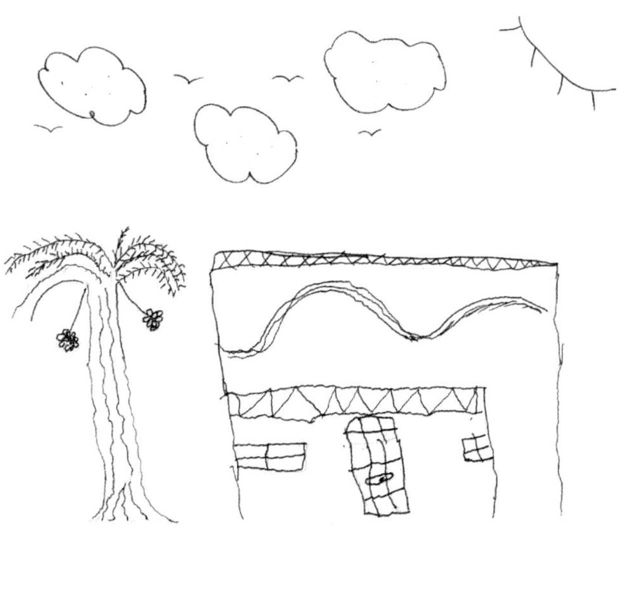

[3]

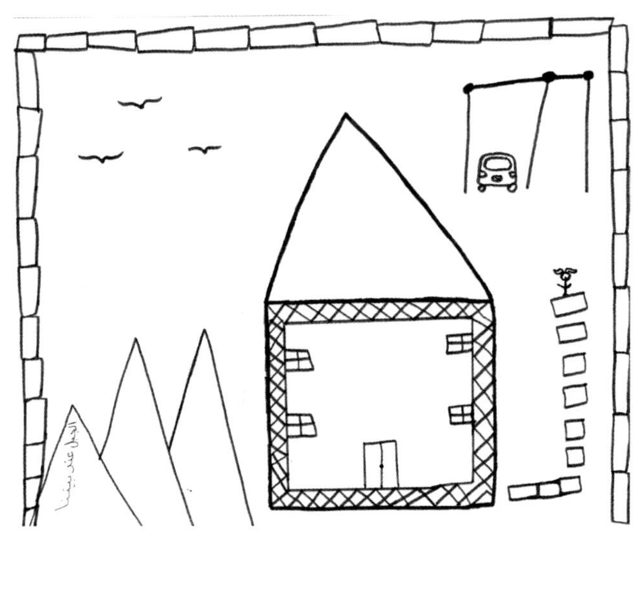

[1] Msaed Aqel Albalawi	مساعد عقيل البلوي
[2] Mazin Jazie Alenzi	مازن جازع العنزي
[3] Omniah Abdullah Alenzi	أمنية عبدالله العنزي
[4] Nawal Mousa Dhahir	نوال موسى ظاهر

[1]

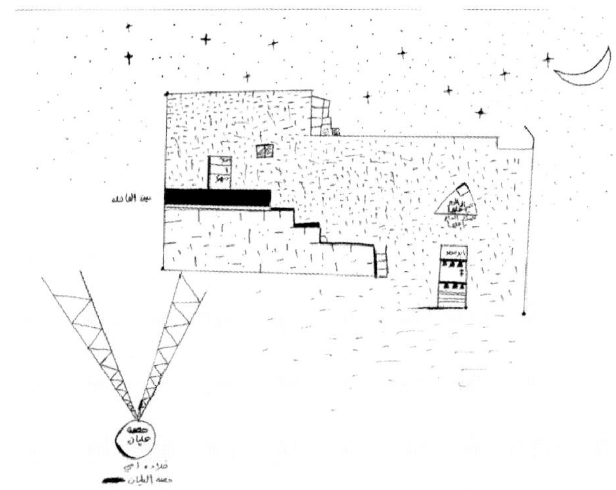

[2]

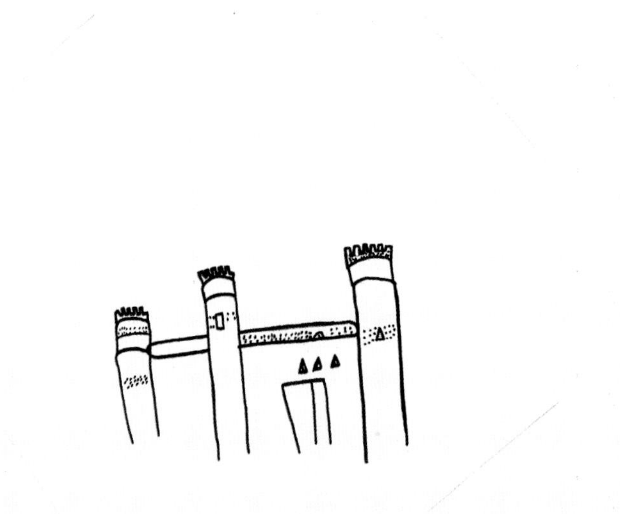

[3]

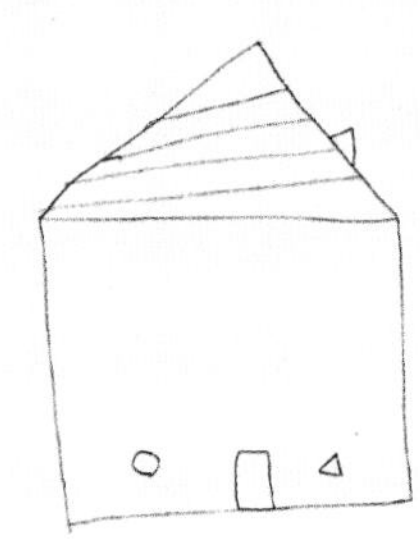

[4]

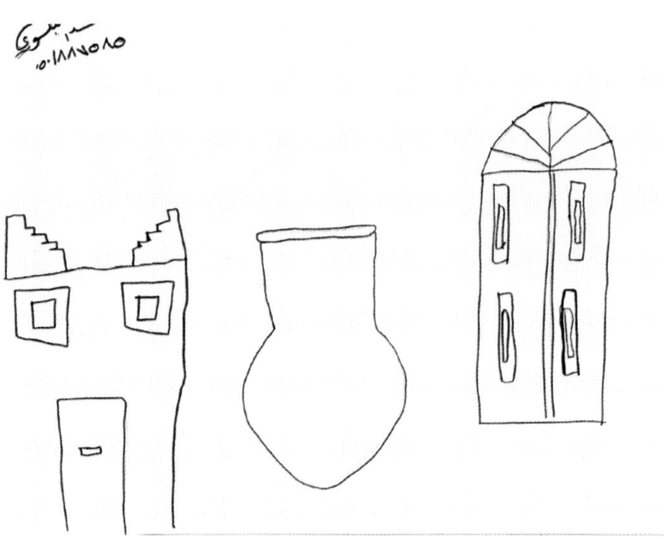

[1] Raghad Abdulaziz Alrubaili — رغد عبدالعزيز الربيلي
[2] Omniah Abdullah Aysh Alenzi — أمنية عبدالله عايش العنزي
[3] Salem Saeed Albalawi — سالم سعيد البلوي
[4] Zainab Mohammed Albalawi — زينب محمد البلوي

[2]

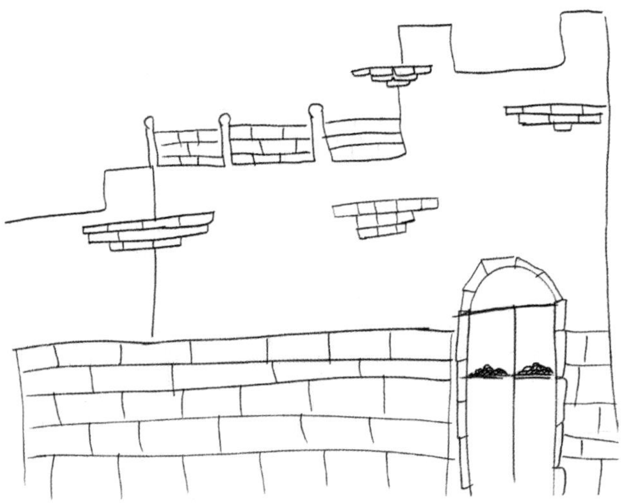

[1]

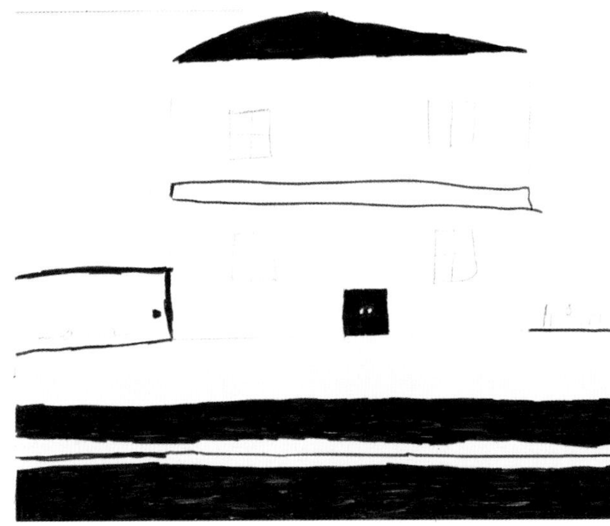

[4]

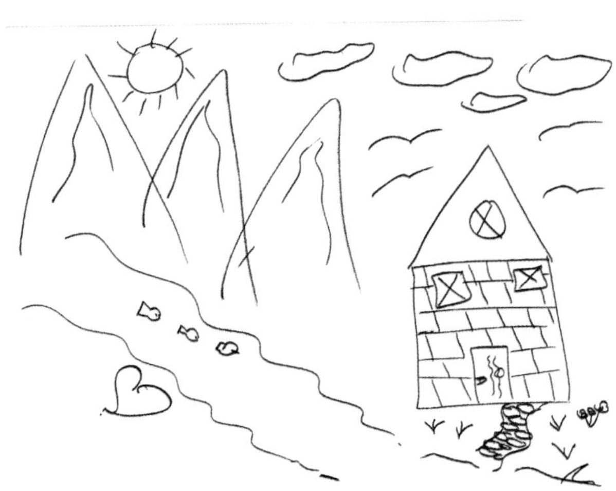

[3]

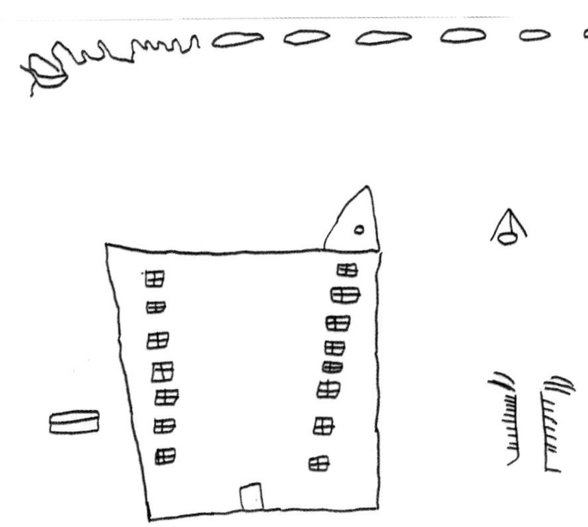

[1] Waleed Abdullah Alkhaldi Alenzi — وليد عبدالله الخالدي العنزي
[2] Zainab Mohammed Albalawi — زينب محمد البلوي
[3] Abdularahman Hameed Albalawi — عبدالرحمن حميد البلوي
[4] Wael Ali Alenzi — وائل علي العنزي

[1]

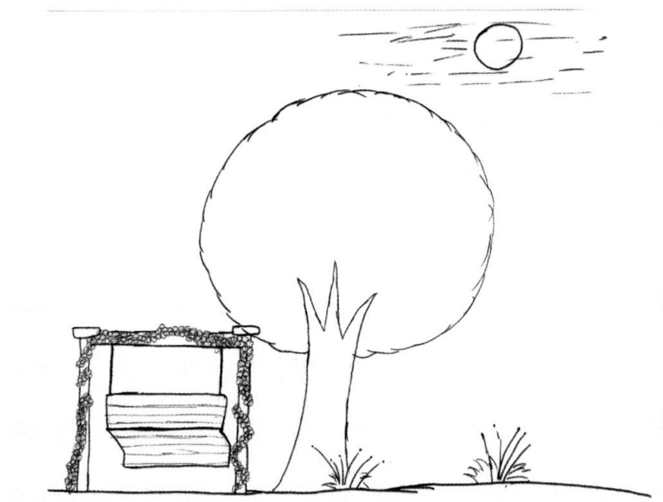

[2]

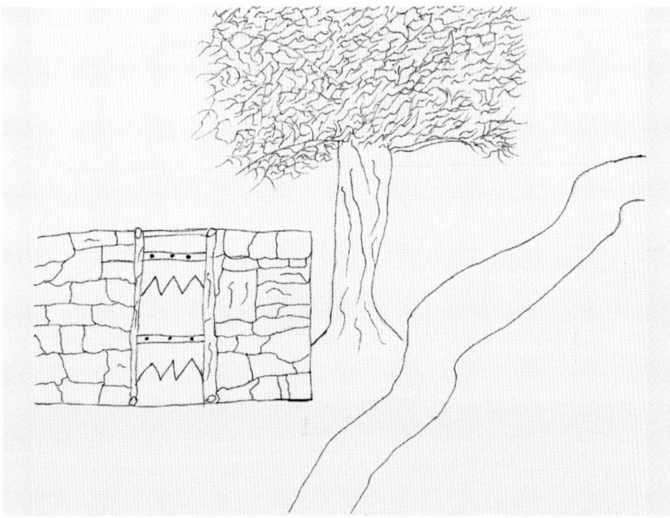

[3]

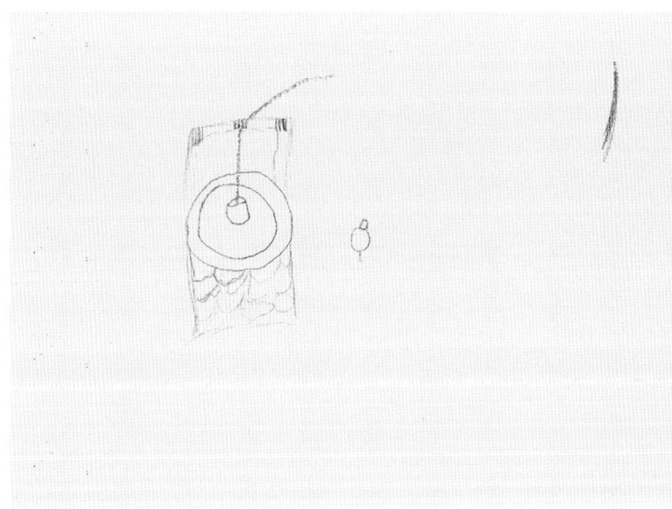

[4]

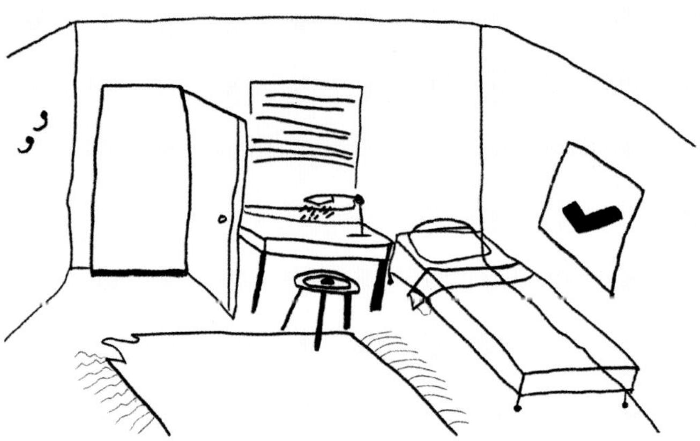

[1] Albatool Abdulrahman Binhussain	البتول عبدالرحمن بن حسين
[2] Abdullah Jumaah Alenzi	عبدالله جمعه العنزي
[3] Abdullah Jadi	عبدالله جدي
[4] Abdulrahman Shawqi Safraji	عبدالرحمن شوقي سفرجي

[2]

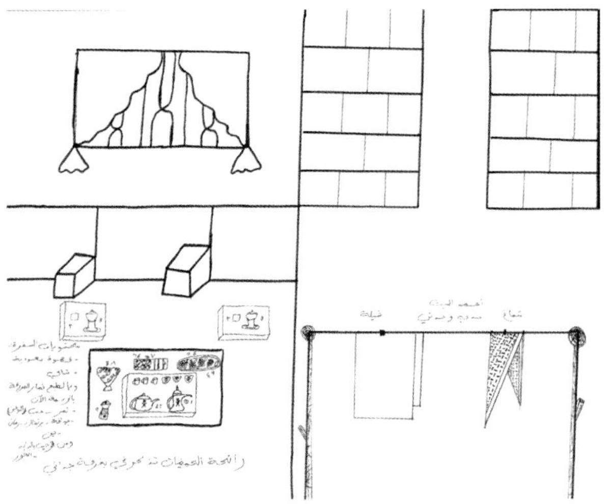

[1]

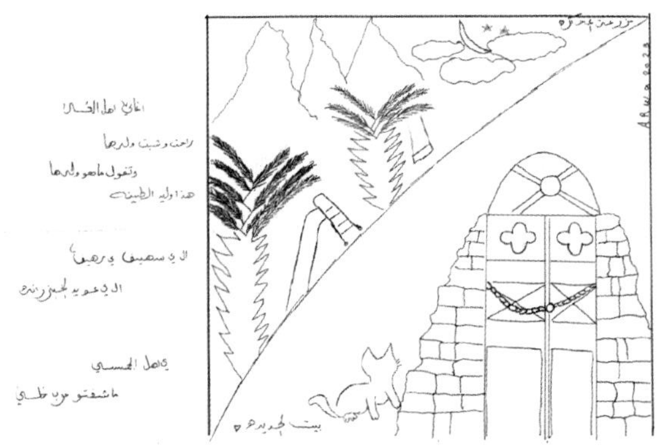

[4]

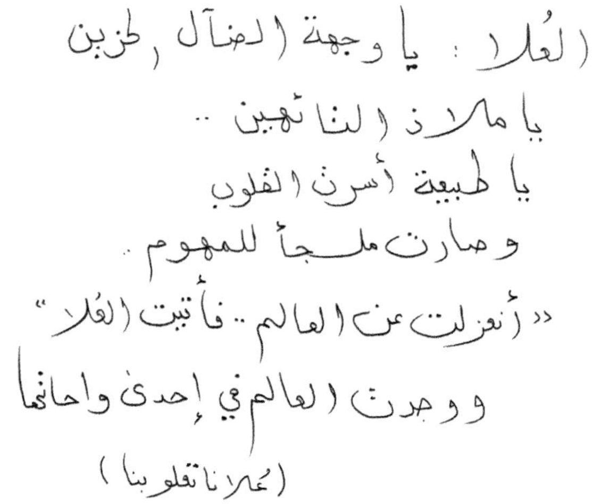

[3]

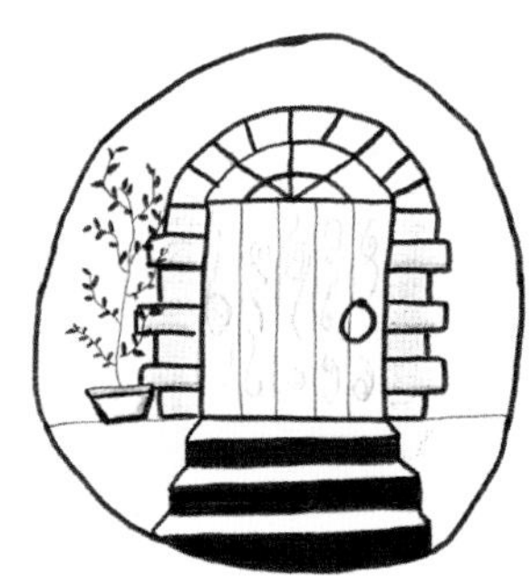

[1] Arwa Hamad Alsubhi أروى حمد الصبحي
[2] Alaa Hakeem Ali Alenzi آلاء حكيم علي العنزي
[3] Atheer Khalaf Alfaqeri أثير خلف الفقيري
[4] Asmaa Mohammad Alghamdi أسماء محمد الغامدي

[1]

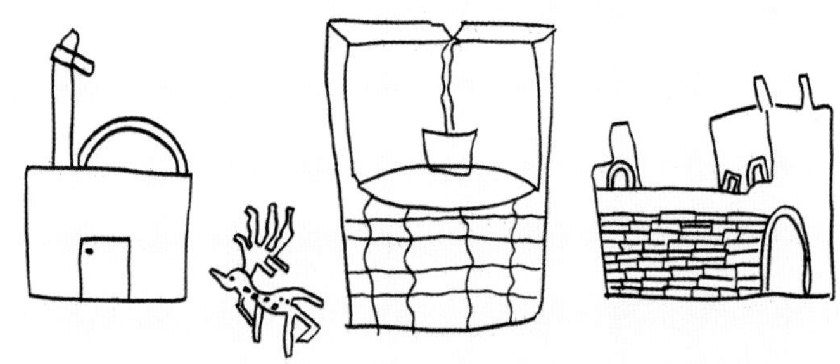

[2]

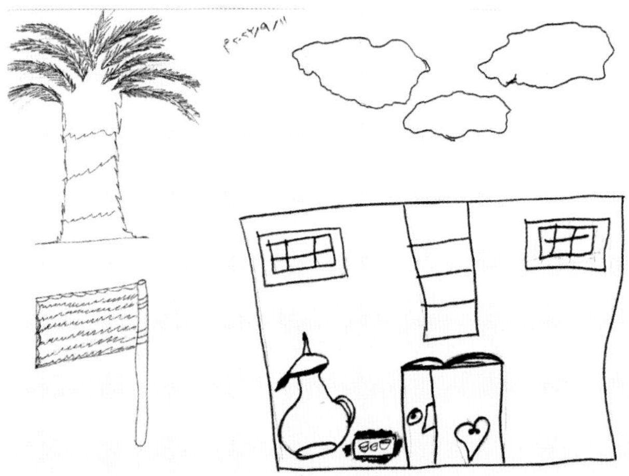

[3]

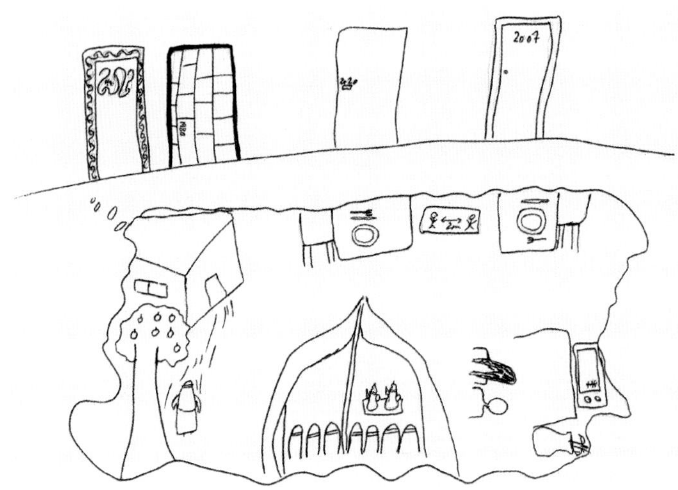

[4]

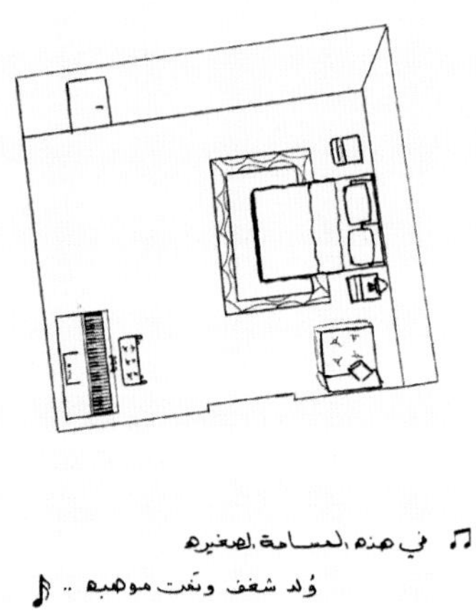

[1] Fatimah Raked Alenzi — فاطمة راكد العنزي
[2] Fatima Ahmed Mohammed Alheeri — فاطمة أحمد محمد الحيري
[3] Bayab Rajaa Alenzi — بياب رجاء العنزي
[4] Hadeel Abdulraheem Bin Qassim — هديل عبدالرحمن بن قاسم

[1]

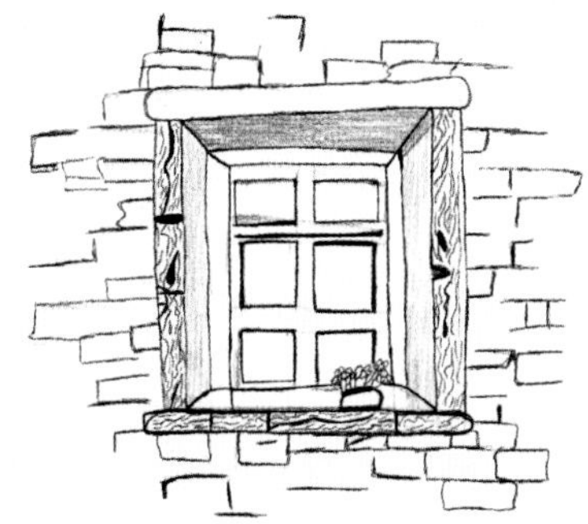

[2]

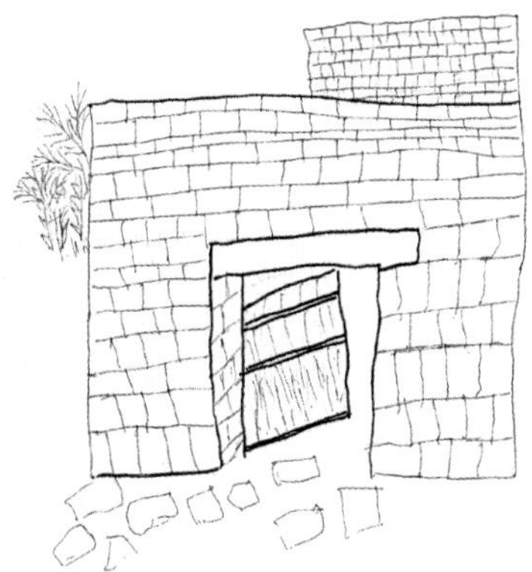

[3]

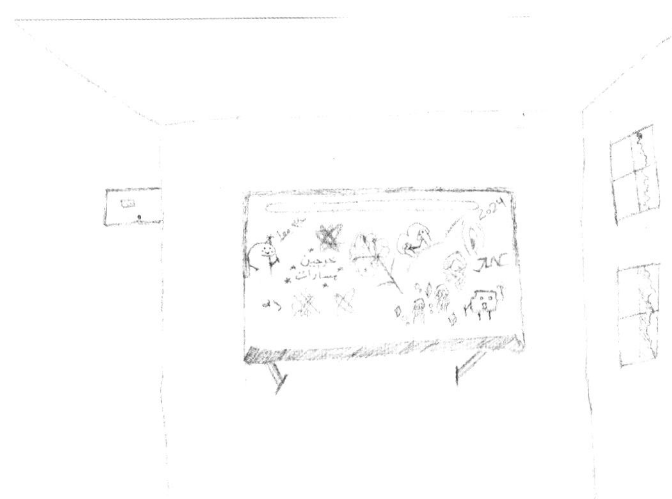

[4]

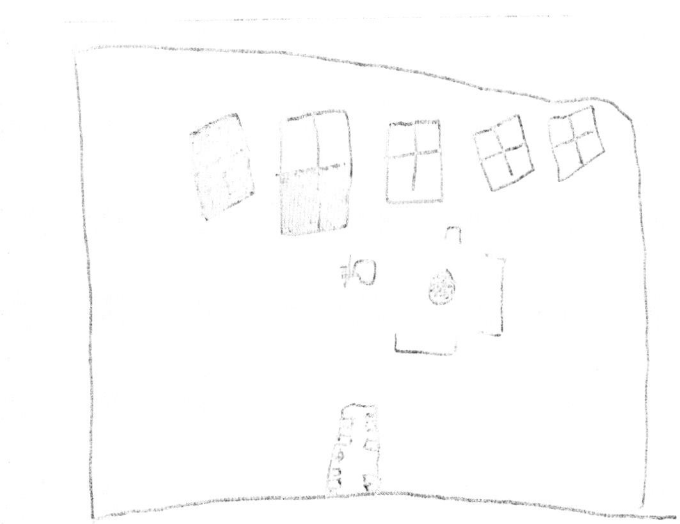

[1] Lamyaa Tarik BinTaleb لمياء طارق بن طالب
[2] Hooryah Abdullah Albalawi حورية عبدالله البلوي
[3] Jana Adel Albudair جنى عادل البدير
[4] Khaled Mosaad Albalwi خالد مساعد البلوي

[1]

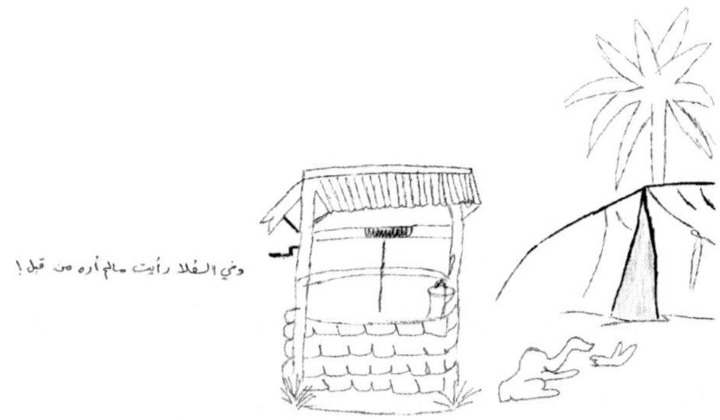

[2]

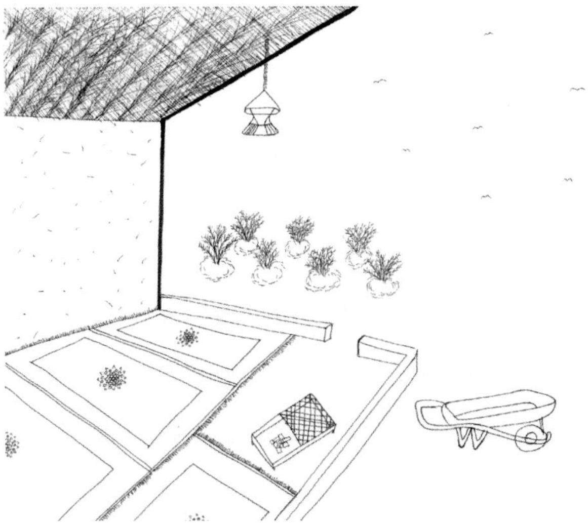

[3]

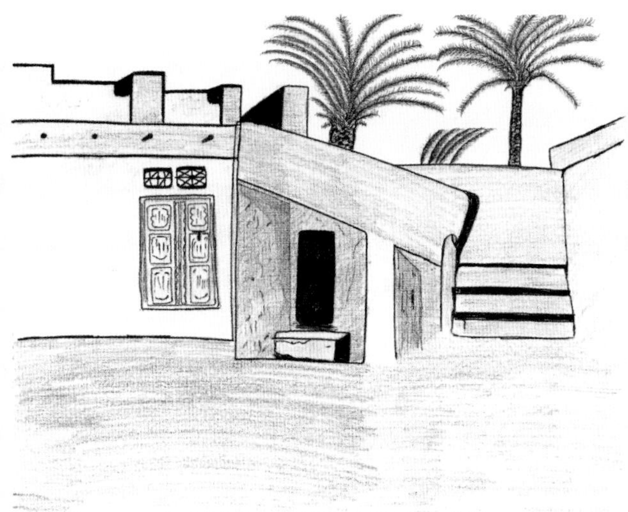

[4]

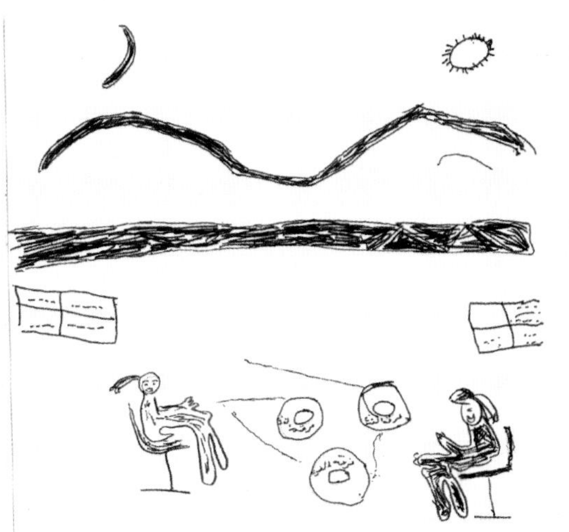

[1] Raghad Awadh Saleh Albalawi رغد عوض صالح البلوي
[2] Lama Abdullah Alhussaini لما عبدالله الحسيني
[3] Rahaf Salem AljarAllah رهف سالم الجارالله
[4] Nawal Musa Twim نوال موسى تويم

[1]

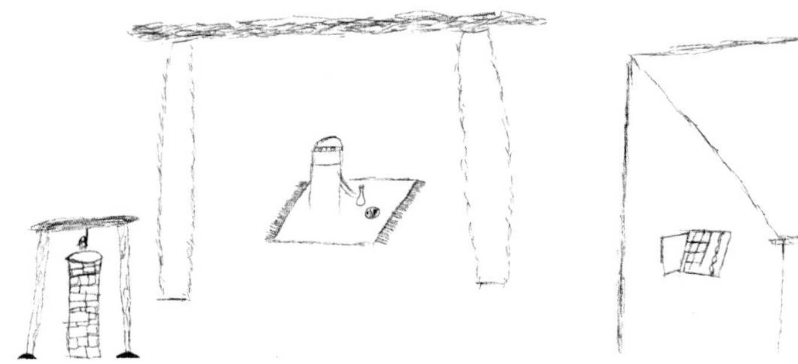

[2]

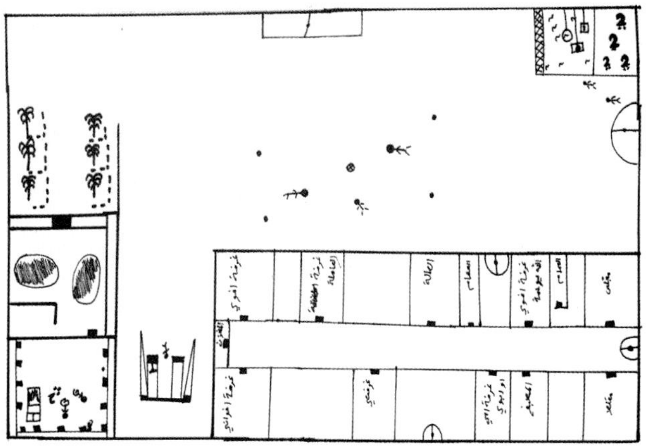

[3]

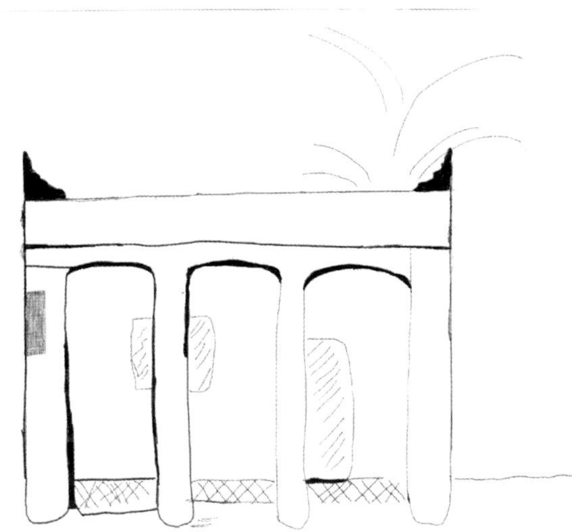

[4]

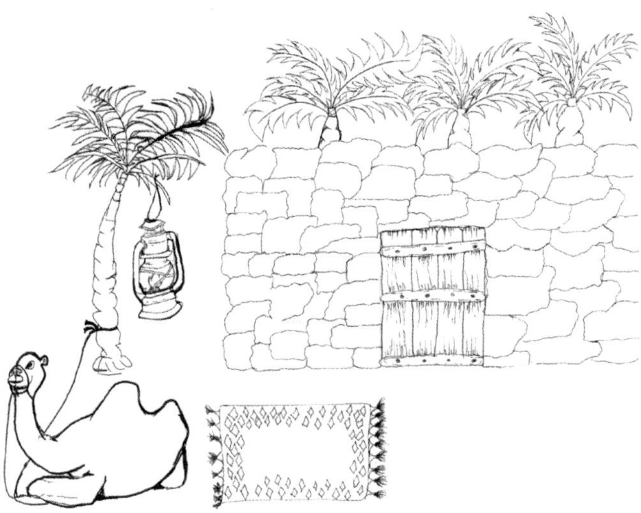

[5]

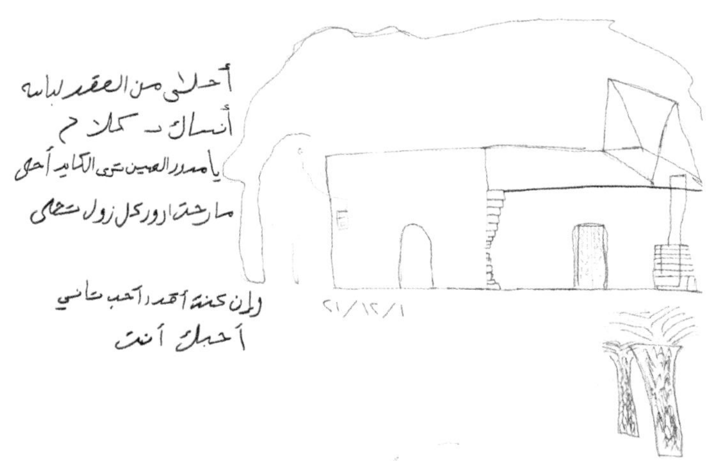

[1] Waad Mohammed Alenzi وعد محمد العنزي
[2] Reemas Abdullah Alenzi ريماس عبدالله العنزي
[3] Sultan Abdullah Alidaa سلطان عبدالله الإيداء
[4] Refan Khaled BinNouh ريفان خالد بن نوح
[5] Omar Abdullah Almarwani عمر عبدالله المرواني

[2]

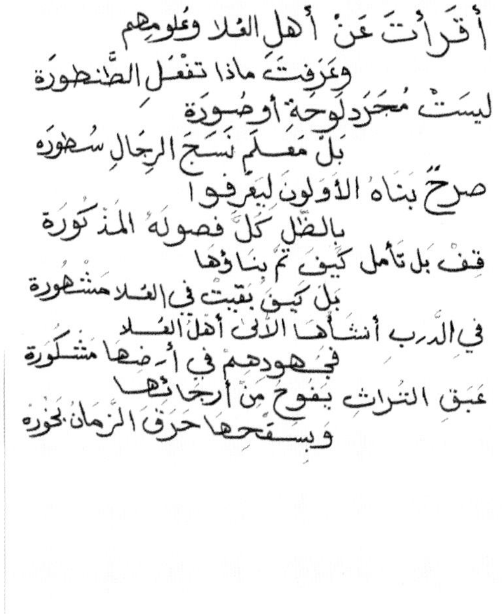
أقرأت عن أهل العلا وعلومهم
وعرفت ماذا تفعل الطنطورة
ليست مجرد لوحة أو صورة
بل معلم نسج الرجال سطوره
صرح بناه الأولون ليعرفوا
بالظل كل فصوله المذكورة
قف بل تأمل كيف تم بناؤها
بل كيف بقيت في العلا مشهورة
في الدرب أنشأها الألى أهل العلا
فجهودهم في أرضها مشكورة
عبق التراث يفوح من أرجائها
وبسقحها حرق الزمان بحوره

[1]

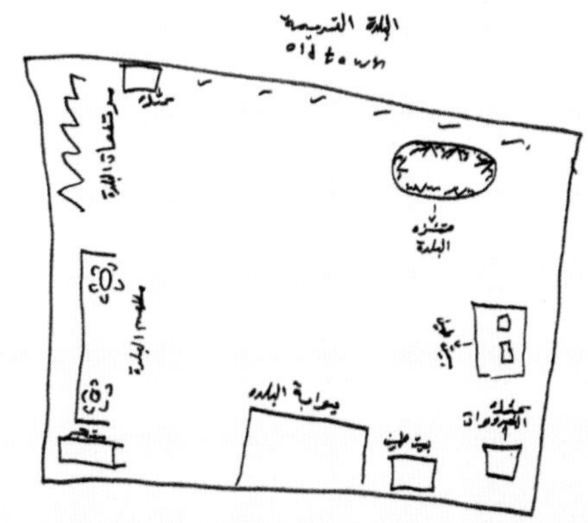

[3]

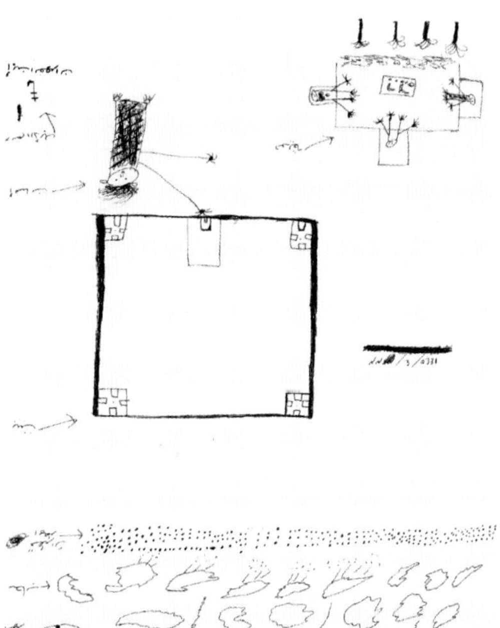

[1] Weam Eissa Aljuhani — وئام عيسى الجهني
[2] Thamer Abdullah Abdulkareem — ثامر عبدالله العبدالكريم
[3] Thamer Humood Alenzi — ثامر حمود العنزي

[1]

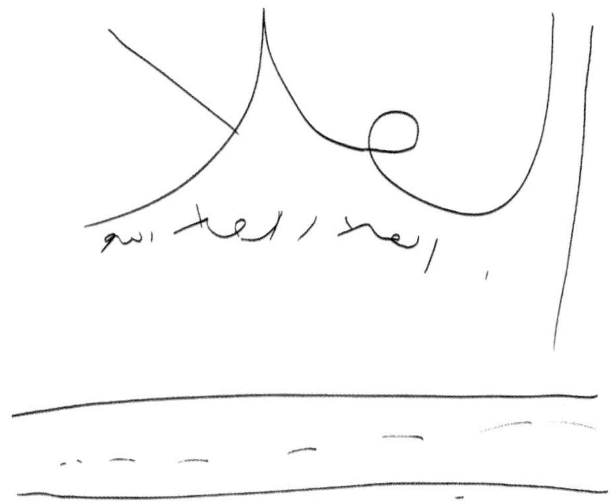

[2]

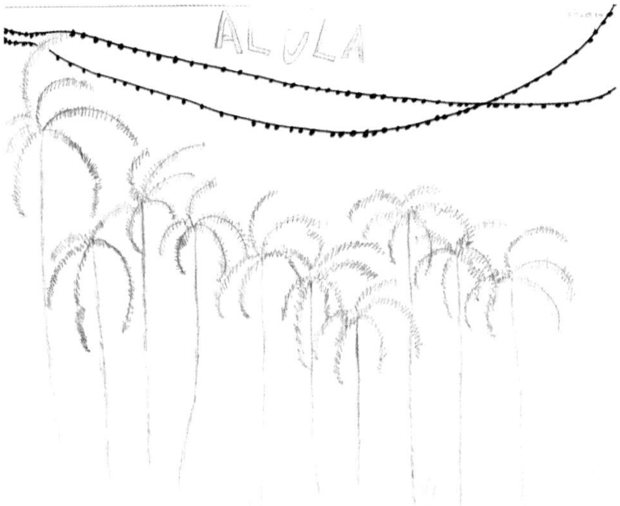

[3]

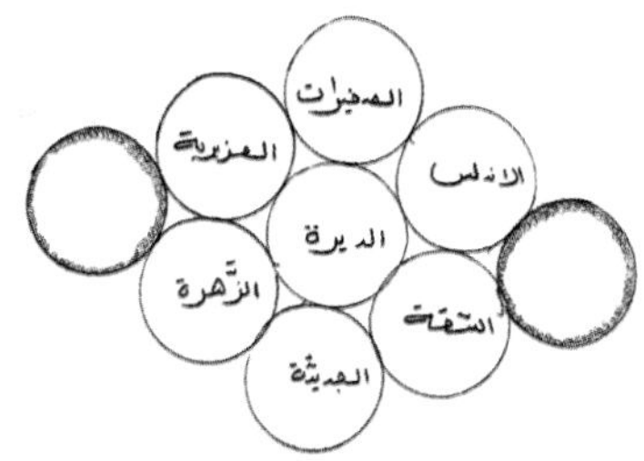

[4]

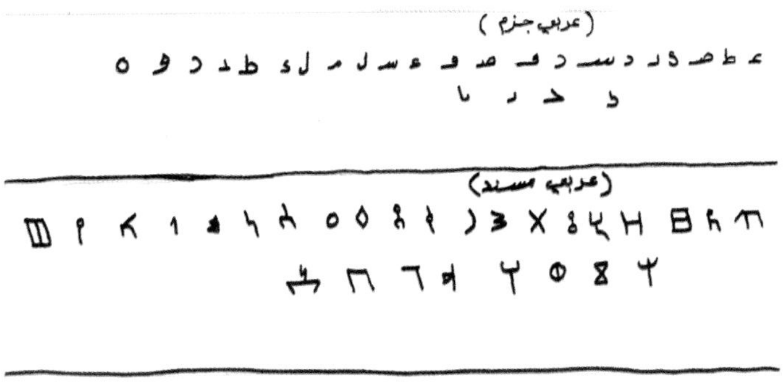

[5]

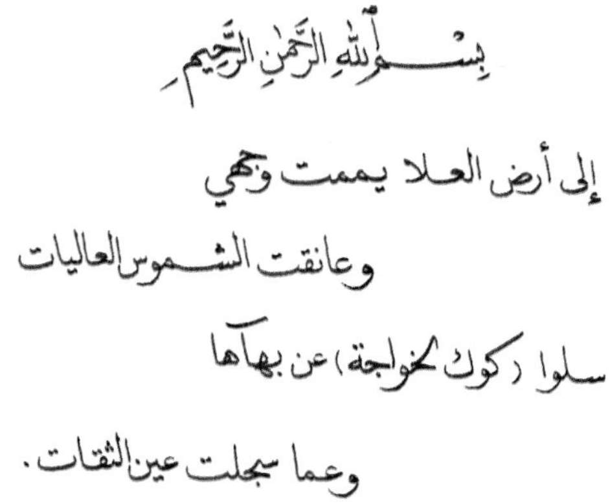

[1] Anonymous Participant مجهول
[2] Bissan Faisal Albalawi بيسان فيصل البلوي
[3] Yusra Saleh Masoud يسرى صالح مسعود
[4] Ali Kareem Alenzi علي كريم العنزي
[5] Ibrahim Mohammad Albalawi إبراهيم محمد البلوي

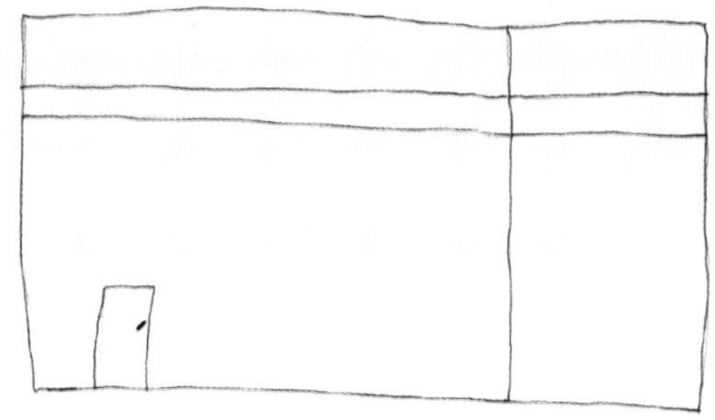

[1]

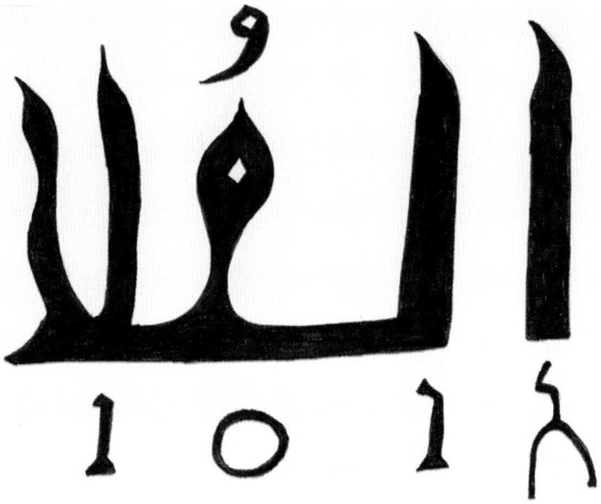

[2]

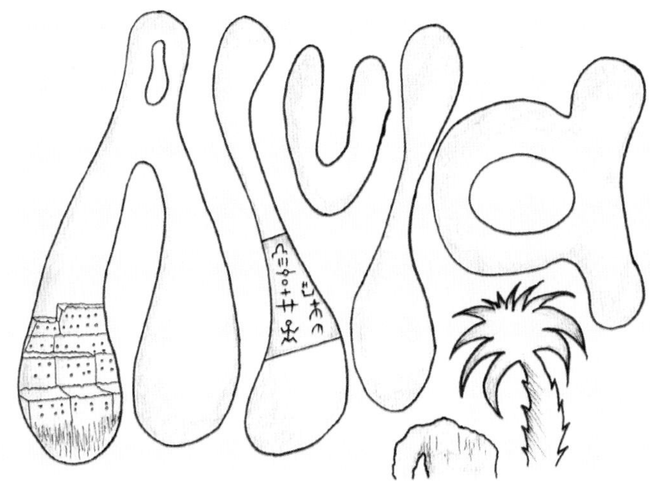

[3]

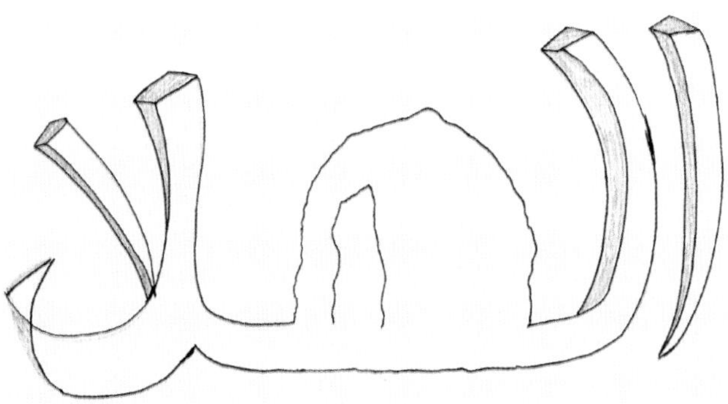

[4]

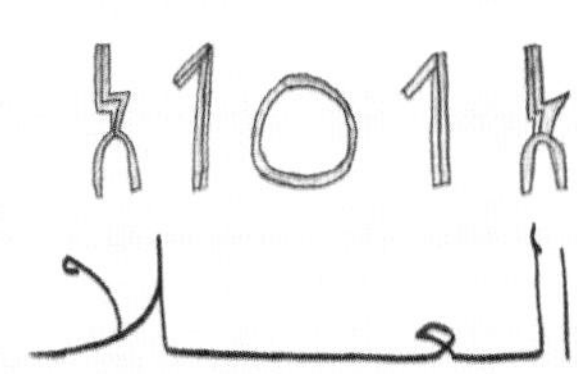

[5]

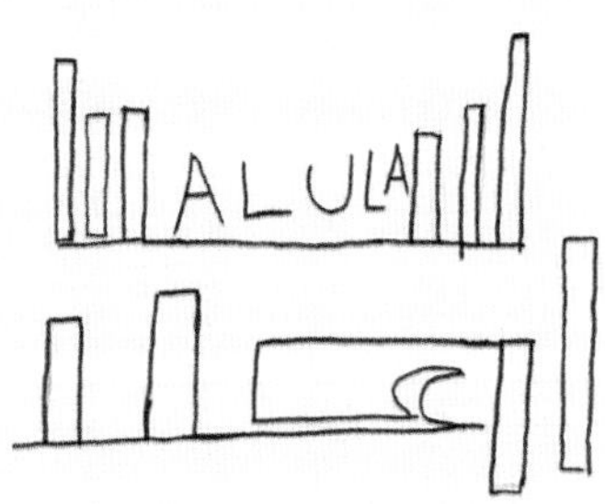

[6]

[1]

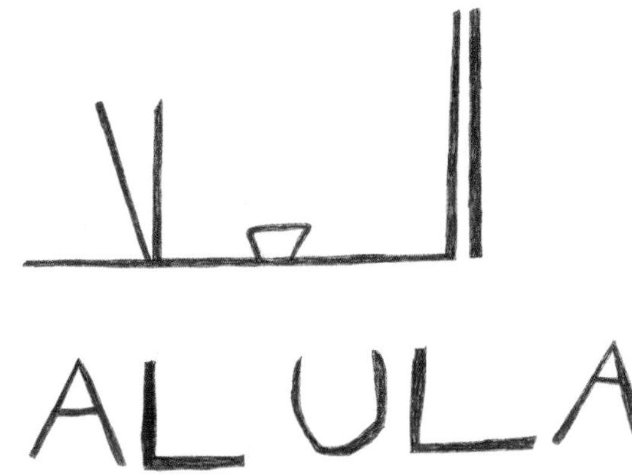

[2]

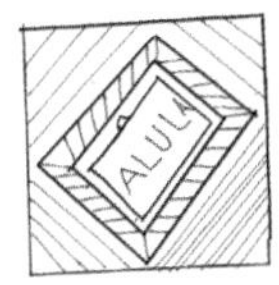

[3]

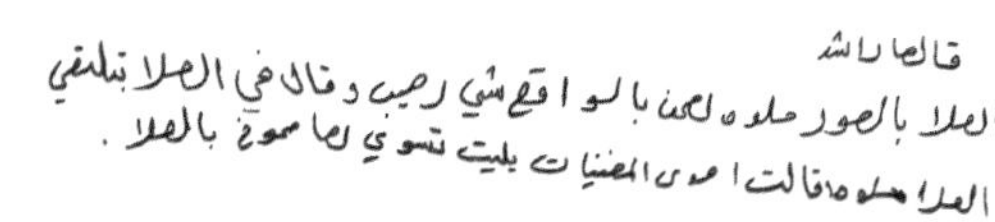

[4]

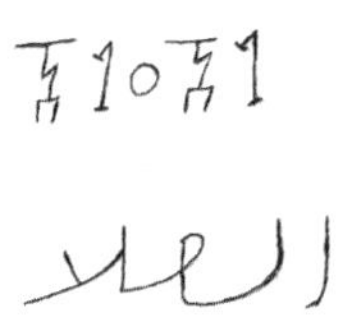

[5]

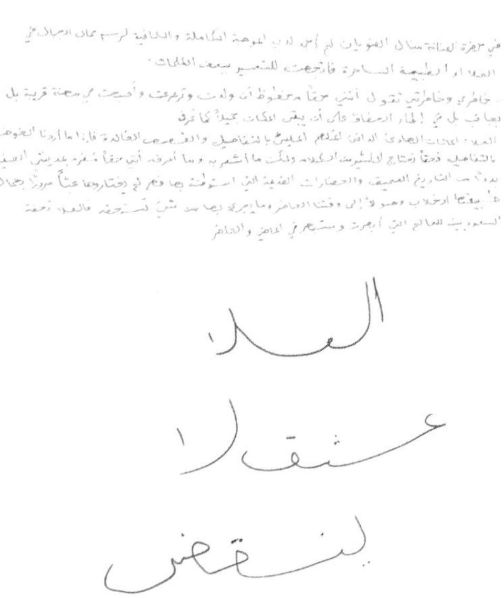

Opposite Page	الصفحة المقابلة
[1] Mesaed Aqeel Albalawi	مساعد عقيل البلوي
[2] Faiz Adam	فايز آدم
[3] Mashael Alrefaee	مشاعل الرفاعي
[4] Mohammad Zaher Albalawi	محمد زاهر البلوي
[5] Samer Abdulaziz Albalawi	سامر عبدالعزيز البلوي
[6] Thikra Awadh Saleh Albalawi	ذكرى عوض صالح البلوي

[1] Munerah Awadh Albalawi	منيره عوض البلوي
[2] Rakan Ali Alidaa	راكان علي الإيداء
[3] Nada Hamad Albalawi	ندى حمد البلوي
[4] Samer Abdulaziz Albalawi	سامر عبدالعزيز البلوي
[5] Abdulrahman Mohammed Albalawi	عبدالرحمن محمد البلوي

[1]

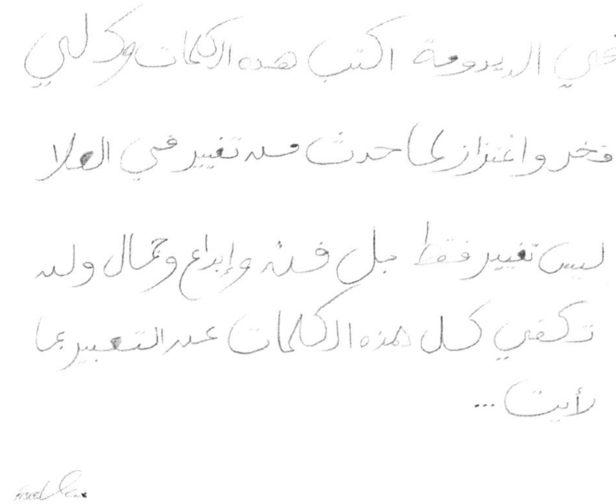

[2]

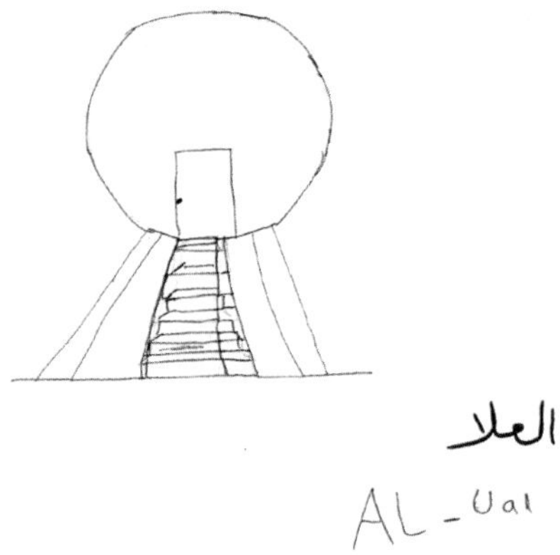

[3]

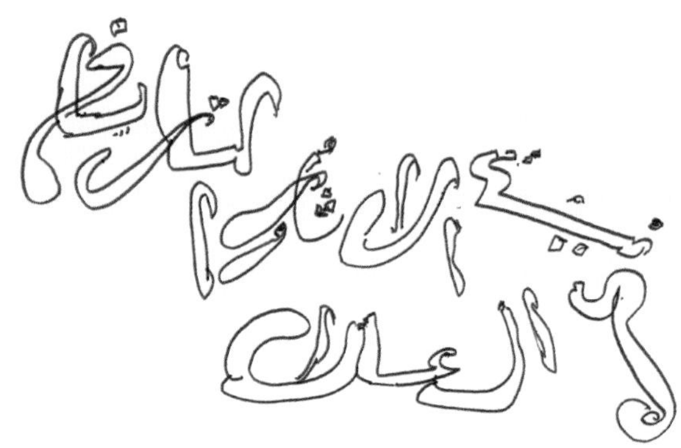

[4]

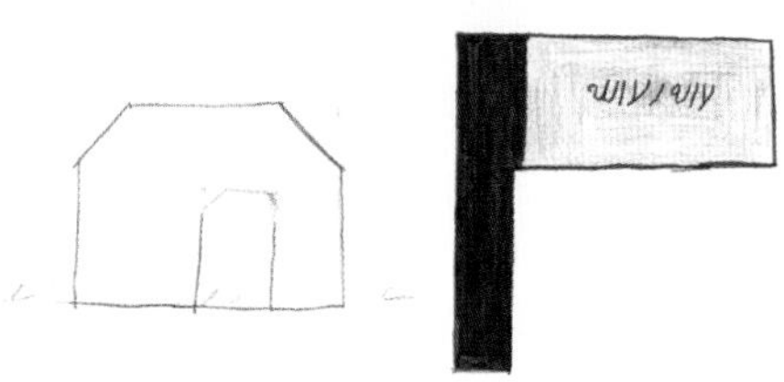

[1] Aseel Hasan Alshahrani أسيل حسن الشهراني
[2] Shmou Nasir Alenzi شموع ناصر العنزي
[3] Waneesah Mowadh Alswerhi ونيسة معوض السويرحي
[4] Sultan Farhan Alenzi سلطان فرحان العنزي

[2]

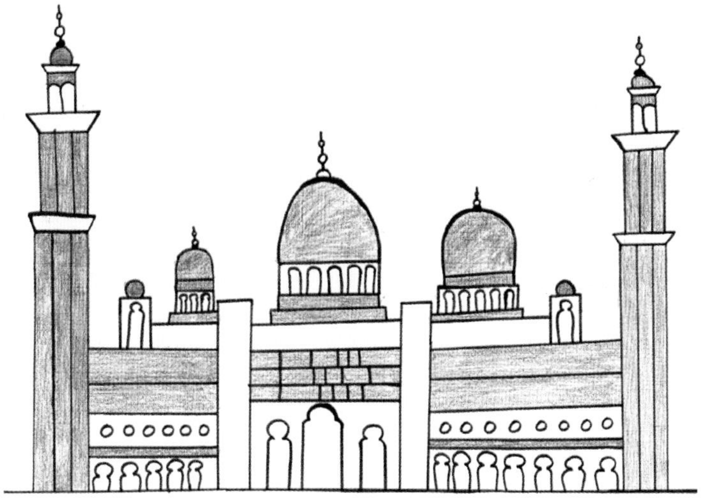

[1]

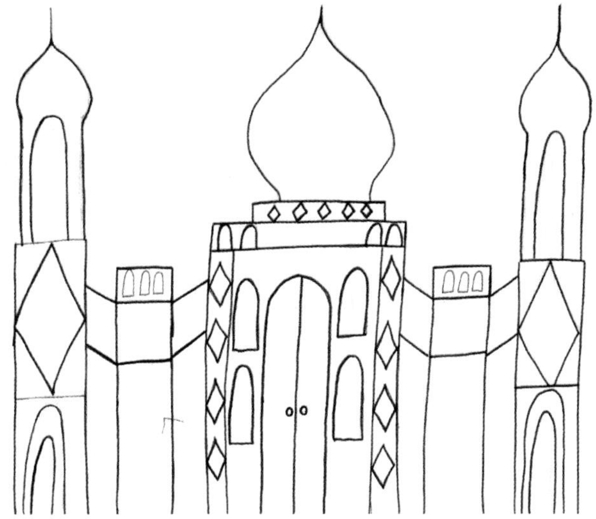

[4]

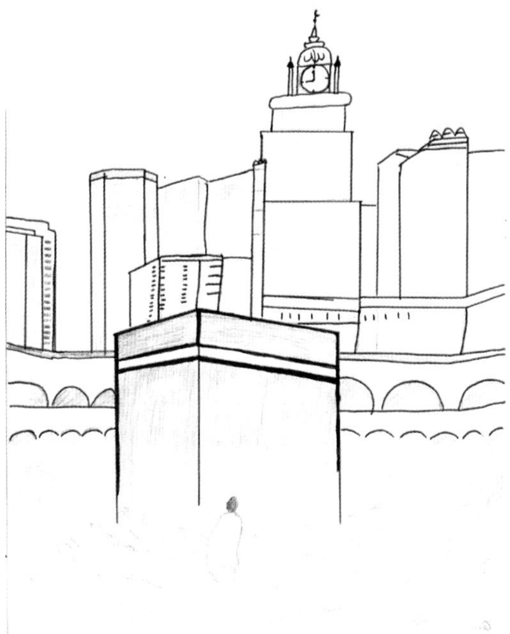

[3]

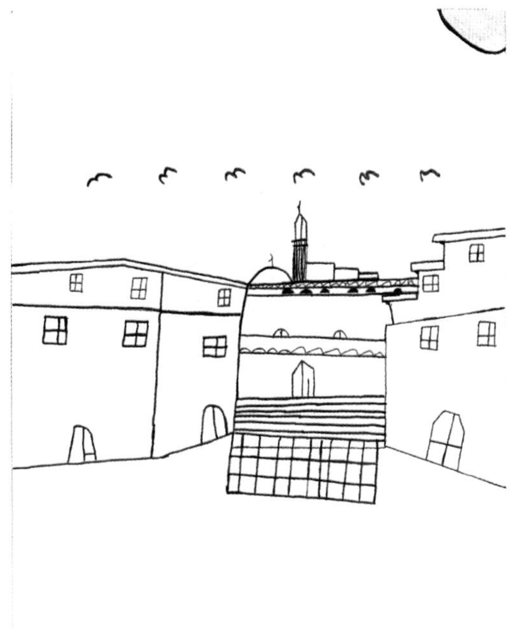

[5]

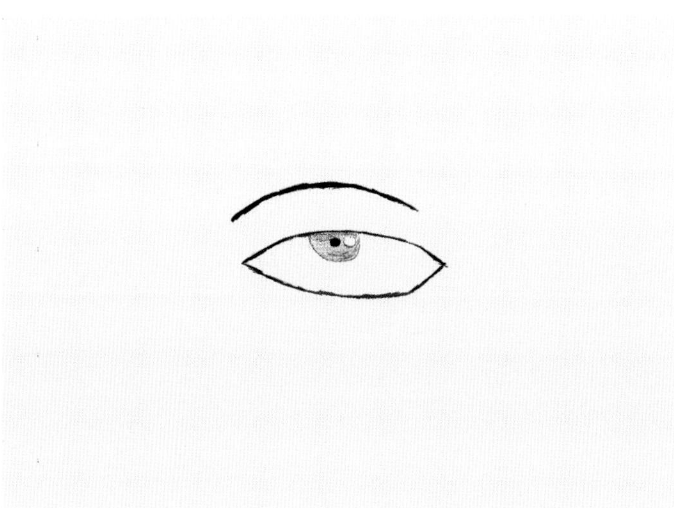

[1] Tahani Mohsen Alenzi	تهاني محسن العنزي
[2] Anoud Adnan Kurdi	عنود عدنان كردي
[3] Yazeed Katib Alenzi	يزيد كاتب العنزي
[4] Qi Yue	قوي يوي
[5] Abdularahman Saeed Alhazmi	عبدالرحمن سعيد الحازمي

Our Landscape

The wonders of the desert and the oasis inspire these drawings. Among the many mountain-scapes the Elephant Rock emerges as an icon, as does the date palm that sustains our community. Images of the night sky and of different weather systems can be seen alongside fantastical landscapes of islands and rivers. Flying, grazing or running, animals appear everywhere.

طبيعتنا

استلهمت الرسومات هذه من جمال الصحراء والواحة المحيطة بها. ومن بين العديد من المشاهد الجبليّة الطبيعيّة، تظهر صخرة الفيل كرمز، والنخلة التي نراها دعمًا لمجتمعنا. وعلاوة على ذلك، يمكن رؤية السماء في الليل، وحالات الطقس المتنوّعة، إلى جانب المناظر الطبيعيّة الخياليّة للجزر والأنهار. كما تظهر الحيوانات في الرسومات بأشكالها المختلفة في مواقع متنوّعة في أثناء التحليق أو الرعي أو الركض.

’لا جيت يم طعومها وهضابها وجبالها، ينشرح خاطري وينفتح من كل مجال، ويستريح بالي ويصفى جوّي بمجالها...‘

‘When I come to embrace its plateaus, hills and mountains, my mind finds peace and my spirit is refreshed.’

[1]

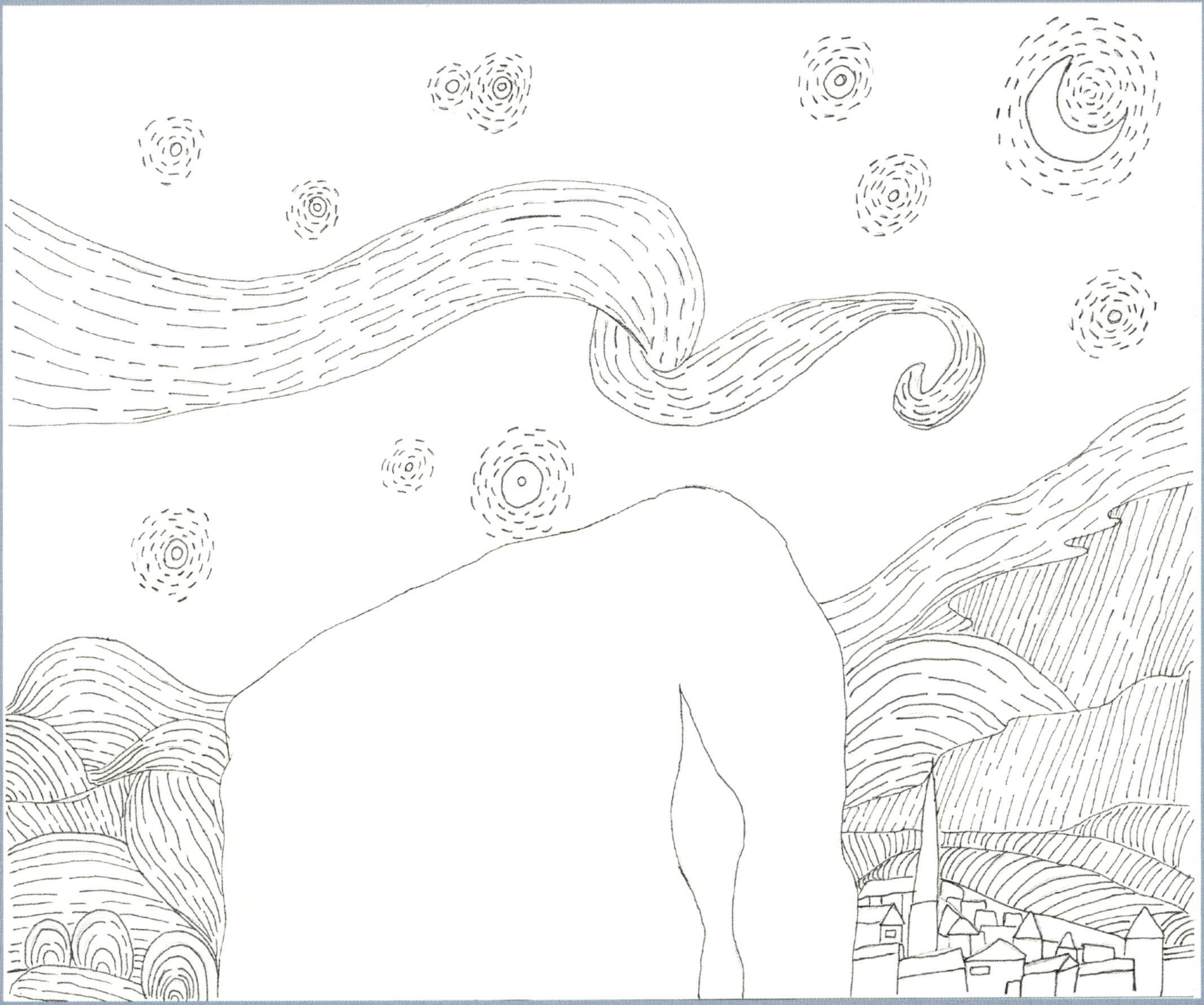

[1] Deem Ahmed Alshareef ديم أحمد الشريف

[1]

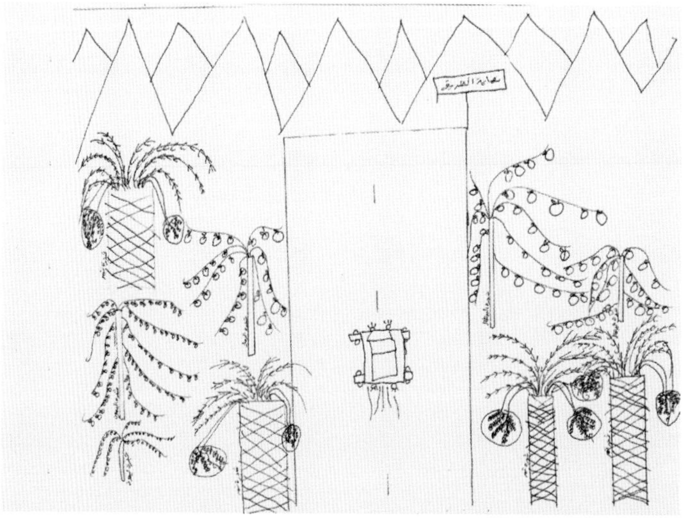

[2]

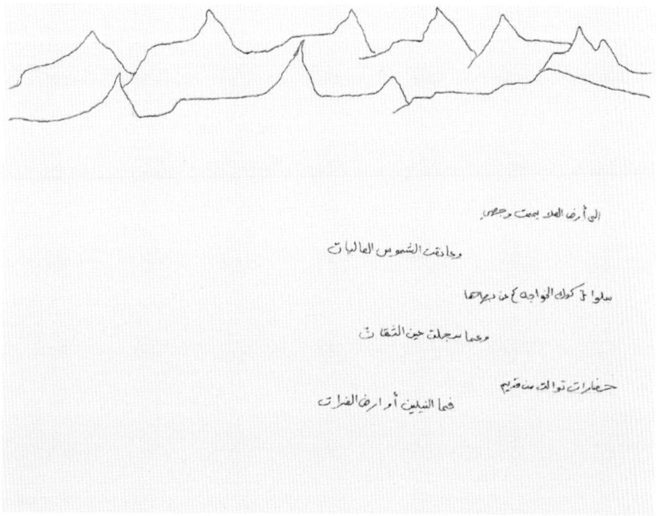

[3]

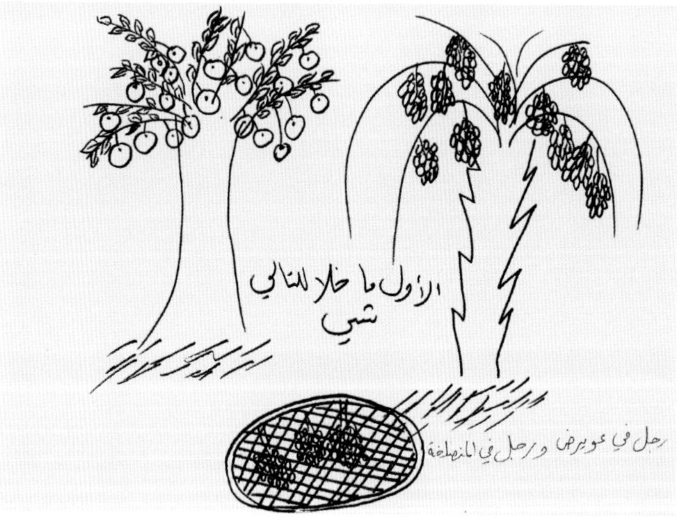

[4]

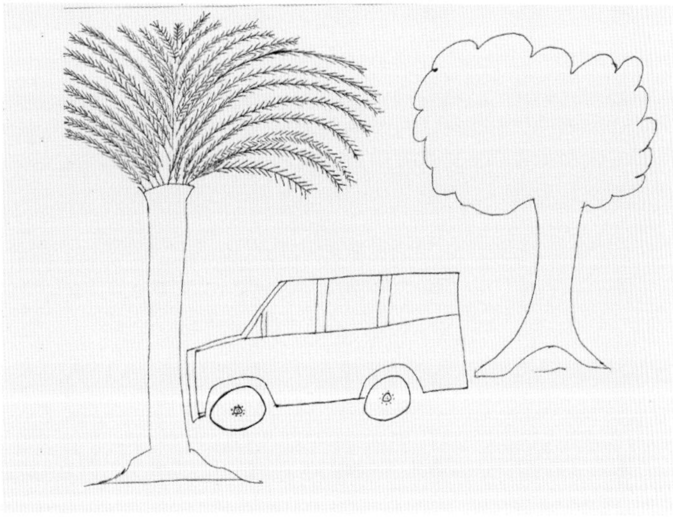

[1] Abdulamjeed Ali Ghaleb Alidaa عبدالمجيد علي غالب الإيداء
[2] Abdulaziz Abdullah Alsubhi عبدالعزيز عبدالله الصبحي
[3] Abeer Abdullah Aleissa عبير عبدالله العيسى
[4] Abdulhakeem Abdulrahman عبدالحكيم عبدالرحمن

[1]

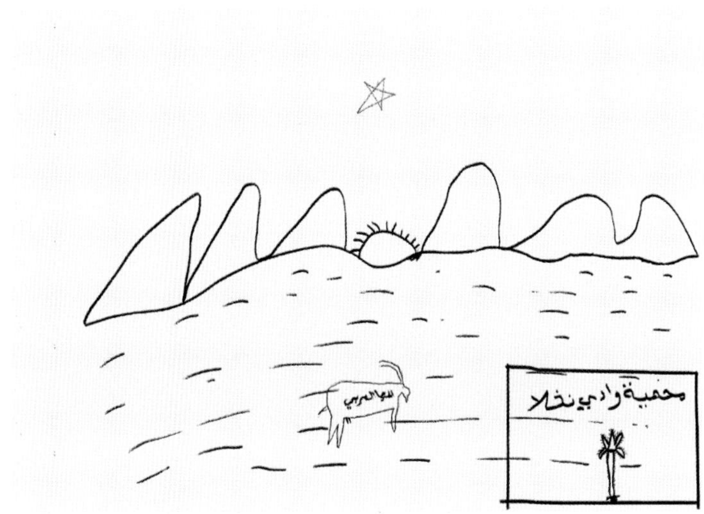

[2]

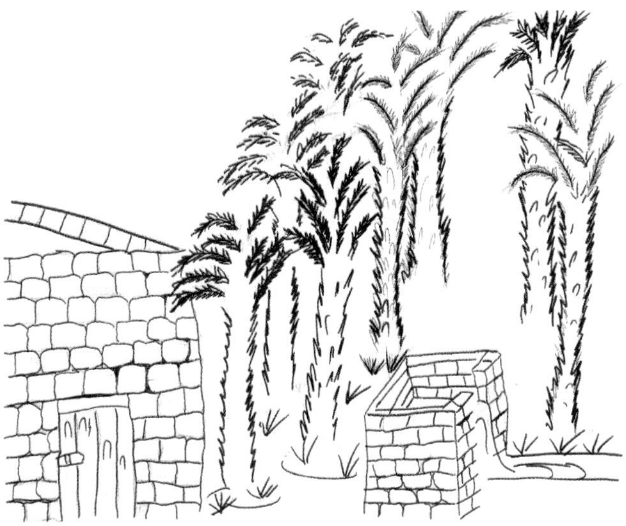

[3]

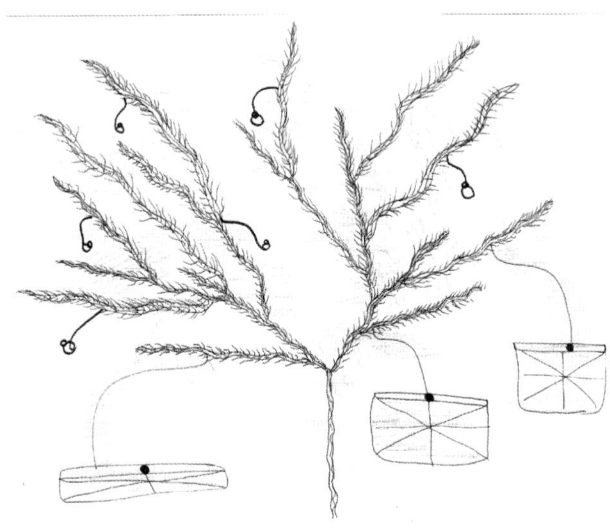

[4]

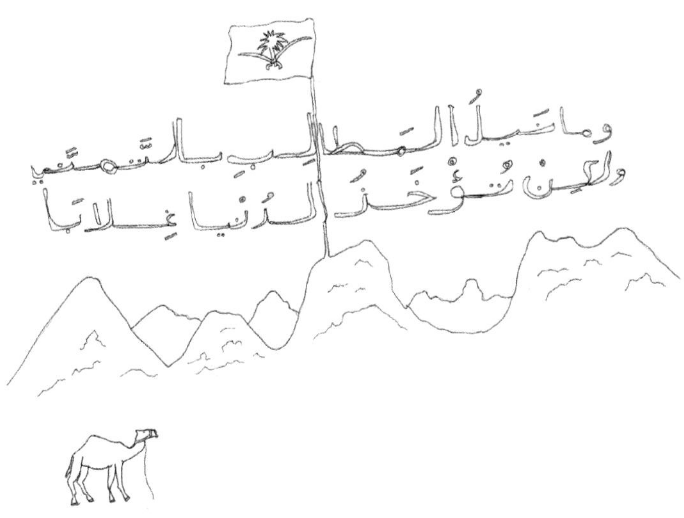

[1] Abdulmajeed Salem Saadon	عبدالمجيد سالم سعدون
[2] Ameera Ahmed Yaseen	أميرة أحمد ياسين
[3] Alanoud Hadi Alenzi	العنود هادي العنزي
[4] Areej Saad Aljuhani	أريج سعد الجهني

[1]

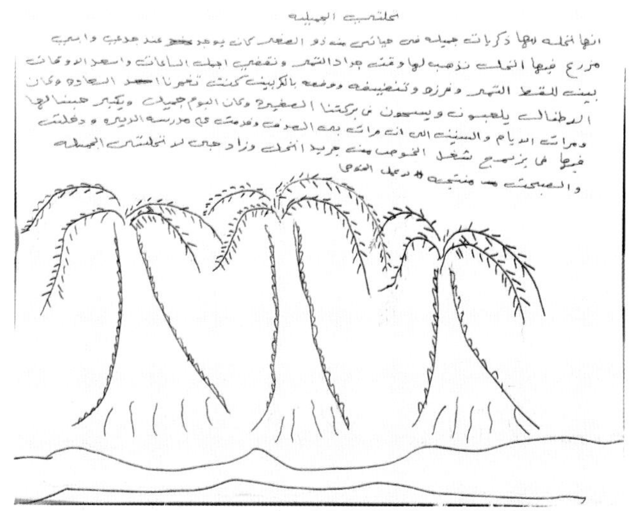

[2]

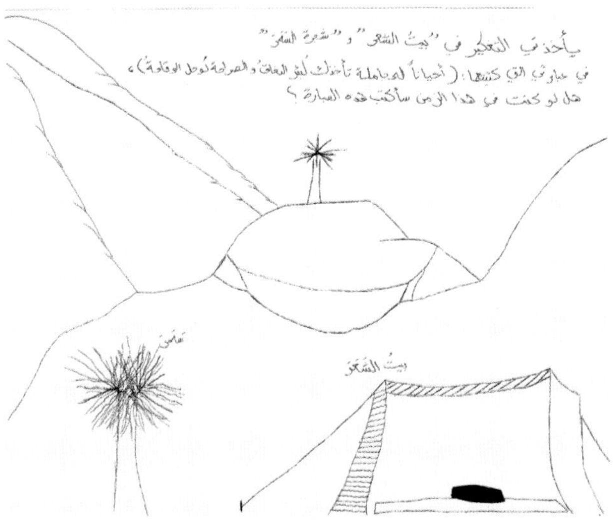

[3]

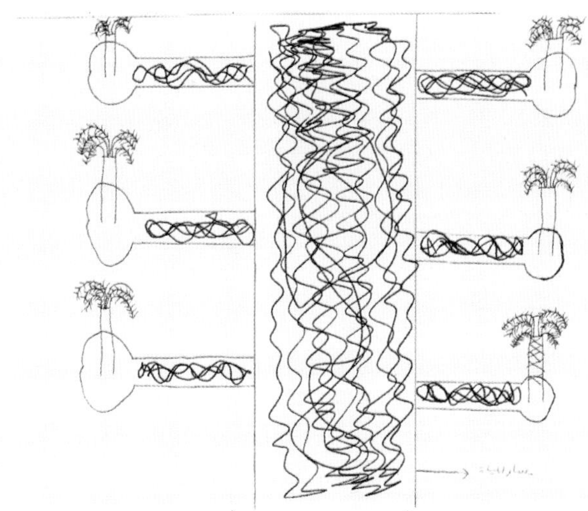

[4]

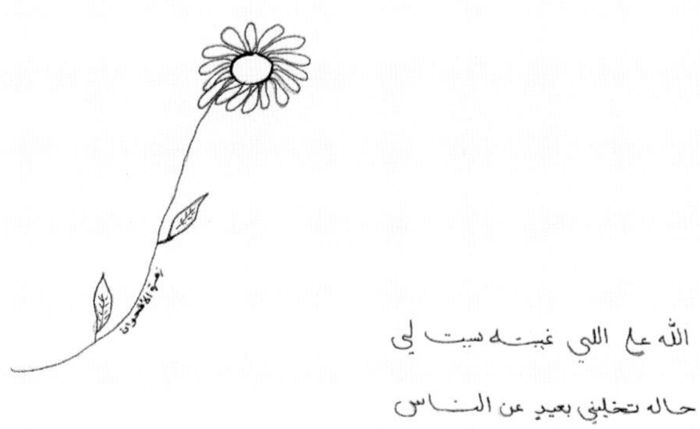

[1] Dalal Abdullah Albalawi — دلال عبدالله البلوي
[2] Ebrahim Fahad Aljuhani — إبراهيم فهد الجهني
[3] Malik Meshaan Alidaa — مالك مشعان الإيداء
[4] Bandar Faleh Alhareeri — بندر فالح الحريري

[2]

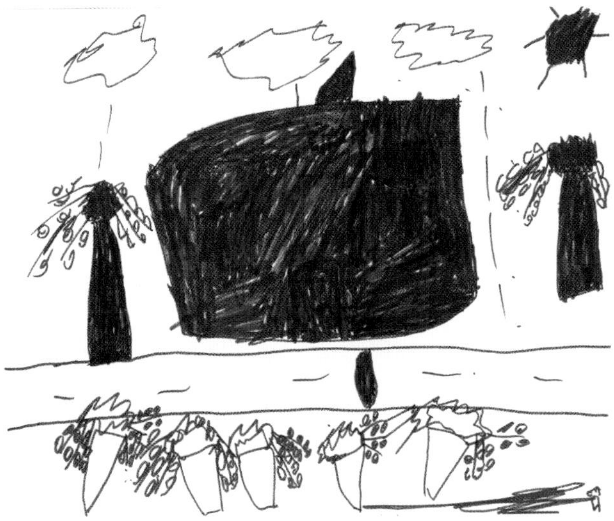

[1]

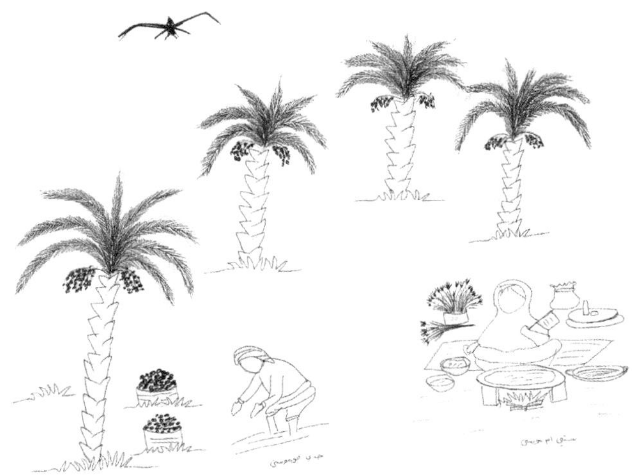

[4]

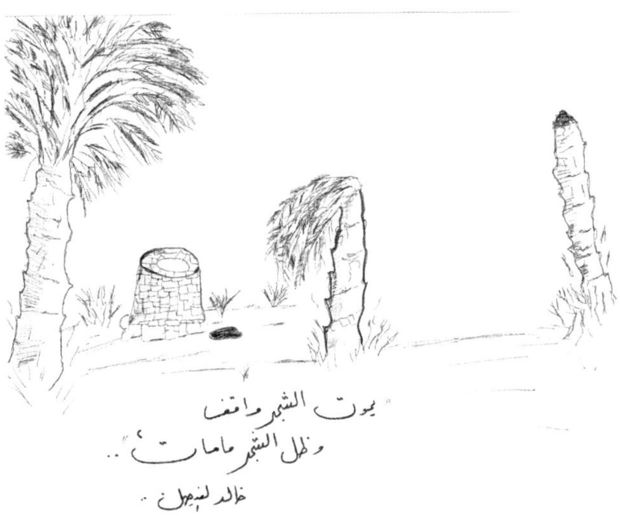

[3]

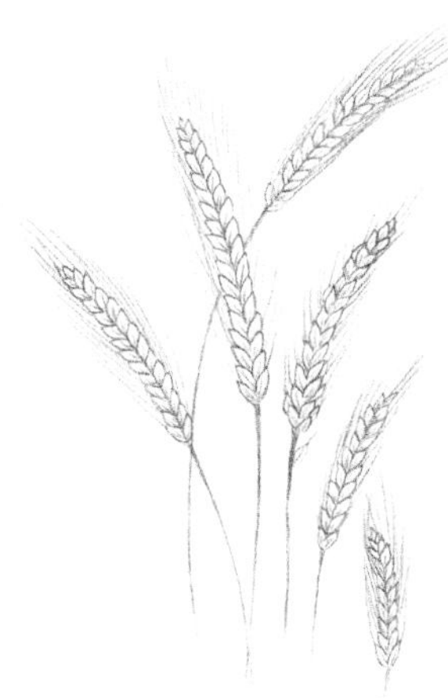

[1] Mashael Makki مشاعل مكي
[2] Mohammed محمد
[3] Rawan Mohammad Jumaa روان محمد جمعة
[4] Naifa Saleh Alenzi نايفه صالح العنزي

[1]

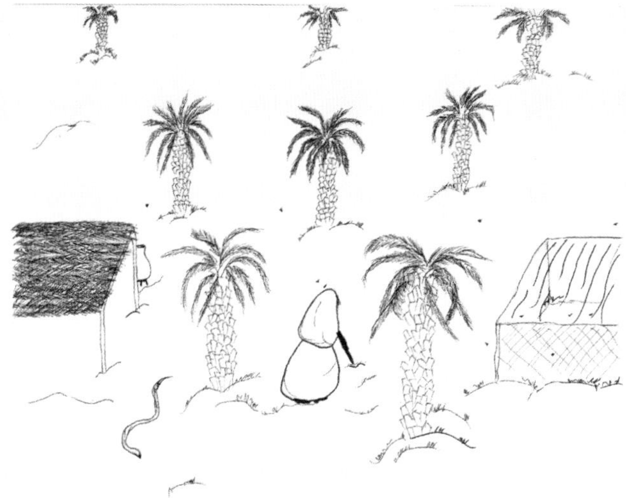

[2]

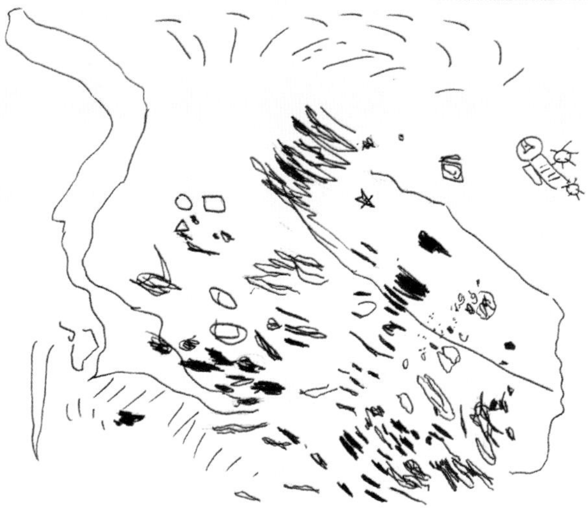

[3]

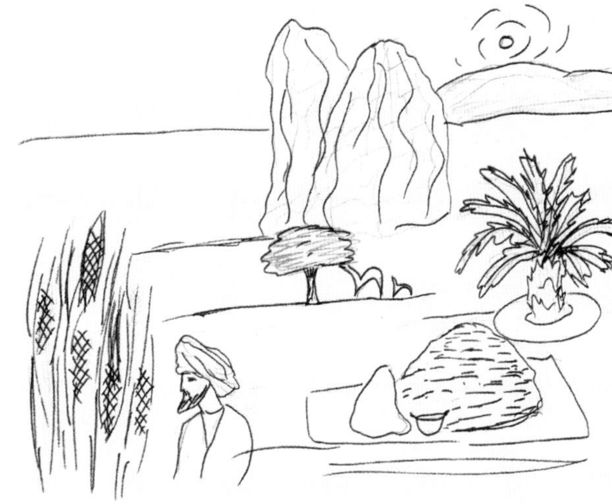

[4]

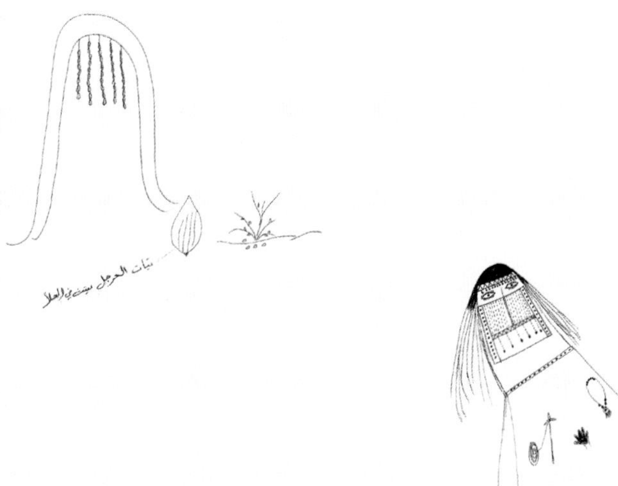
نبات العرجل ينبت في العلا

[5]

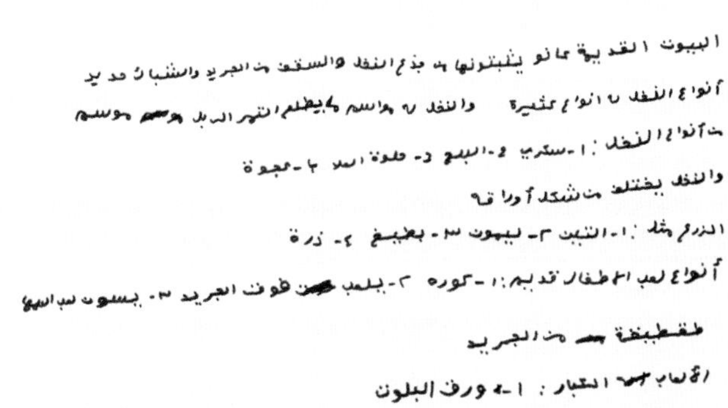
البيوت القديمة كانو يبنونها من جذع النخل والسقف من الجريد والشباك حديد
والنخل يختلف من شكل أوراقه
الزرع مثل: ١-التين ٢-ليمون ٣-بطيخ ٤-ذرة
من الجريد
ورق البلوت

[6]

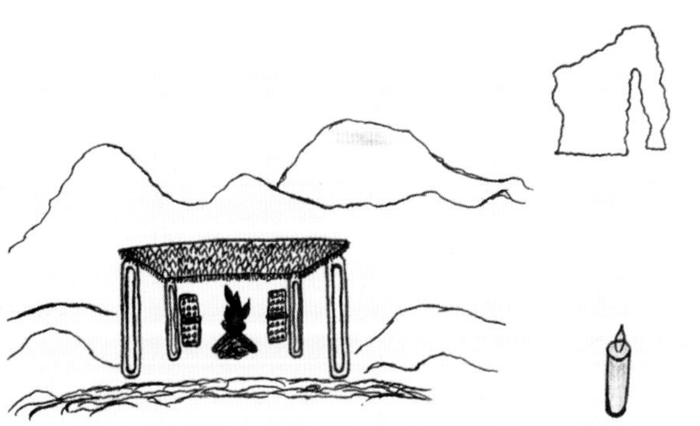

[2]

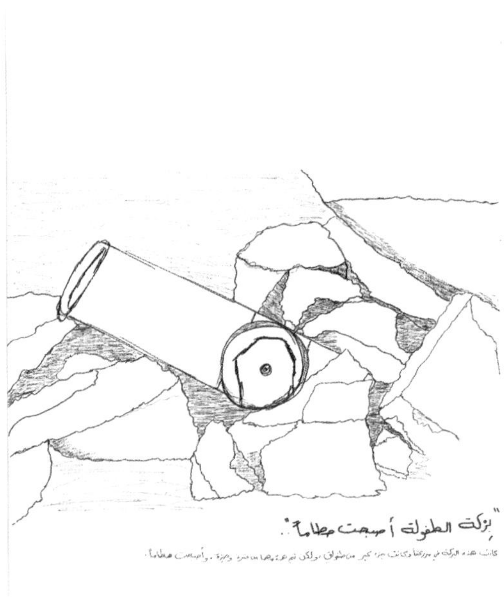

[1]

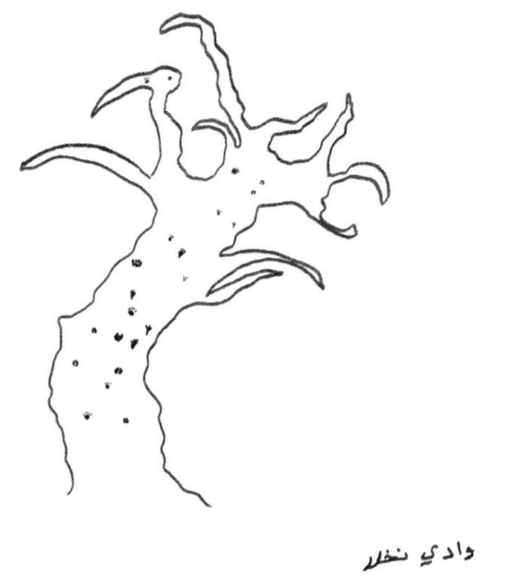

[4]

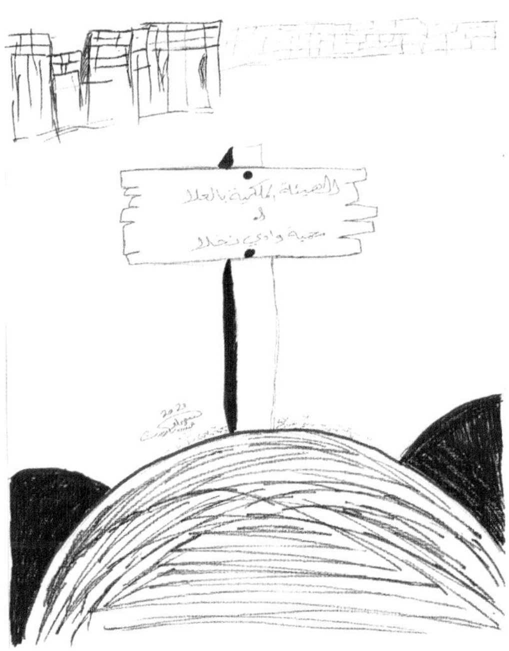

[3]

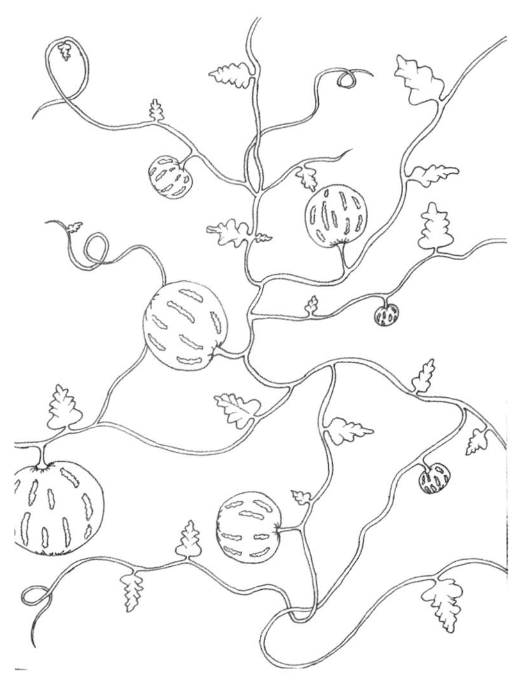

[1] Bassam Sulaiman Albalawi بسام سليمان البلوي
[2] Fatimah Abdullah Aljoud فاطمة عبدالله الجود
[3] Hajer Salman Alhujaili هاجر سلمان الحجيلي
[4] Abdulsalam Olayan Alenzi عبدالسلام عليان العنزي

Opposite Page الصفحة المقابلة
[1] Rajaa Mohamad Hamad Alharbi رجا محمد حمد الحربي
[2] Shadi Salman Albalawi شادي سلمان البلوي
[3] Zainab Farhan Mubarak زينب فرحان مبارك
[4] Turki Fahad Alenzi تركي فهد العنزي
[5] Rasha Saad Alenzi رشا سعد العنزي

[2]

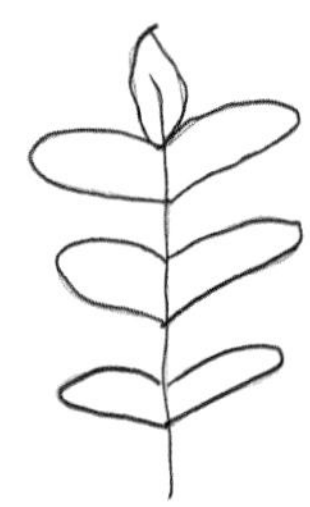

[1]

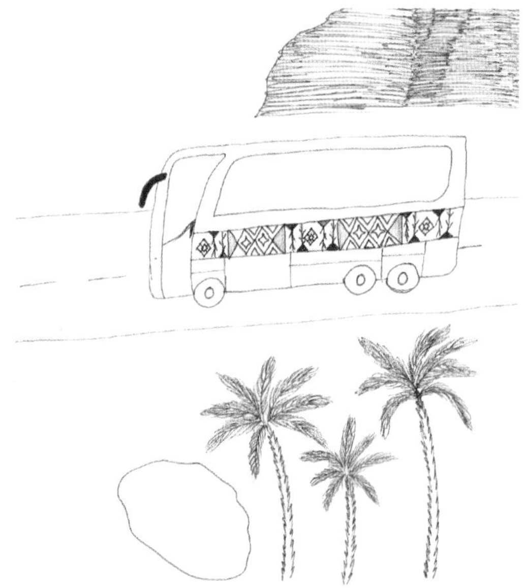

[4]

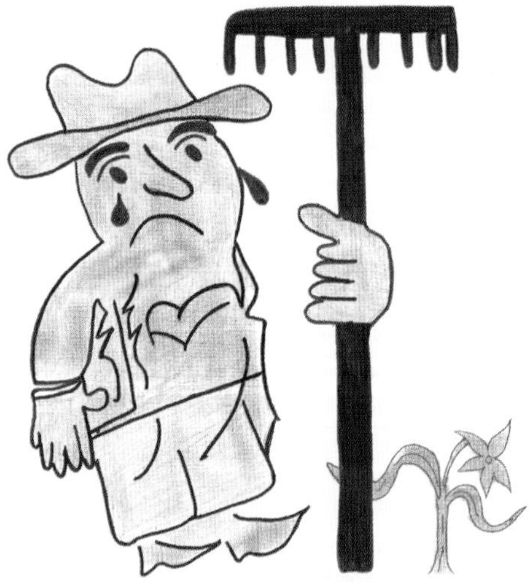

[3]

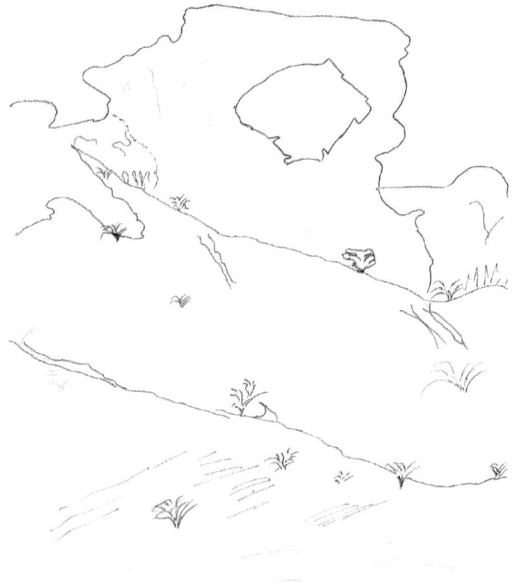

[1] Sarah Abdullah Aseeri سارة عبدالله عسيري
[2] Hanadi Rafea Albalawi هنادي رافع البلوي
[3] Yasir Ali Mohammad Albalawi ياسر علي محمد البلوي
[4] Mohammed Khalaf Alharbi محمد خلف الحربي

[2]

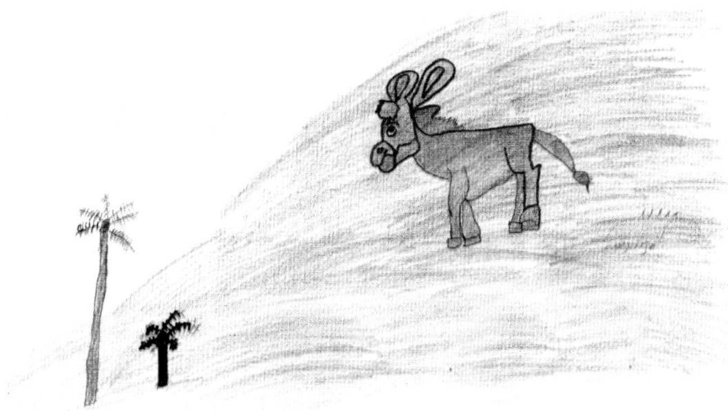

[1]

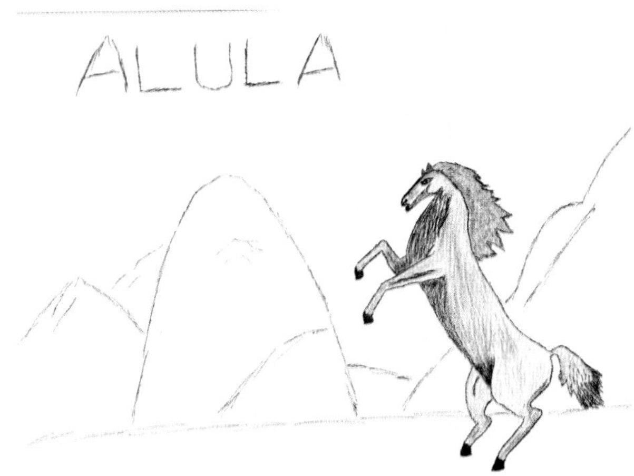

[4]

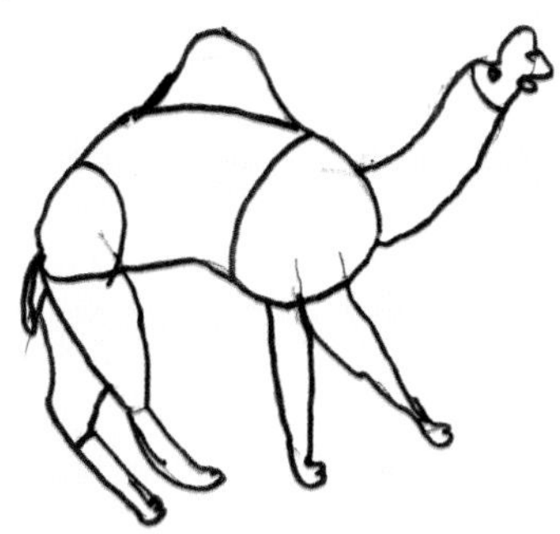

[3]

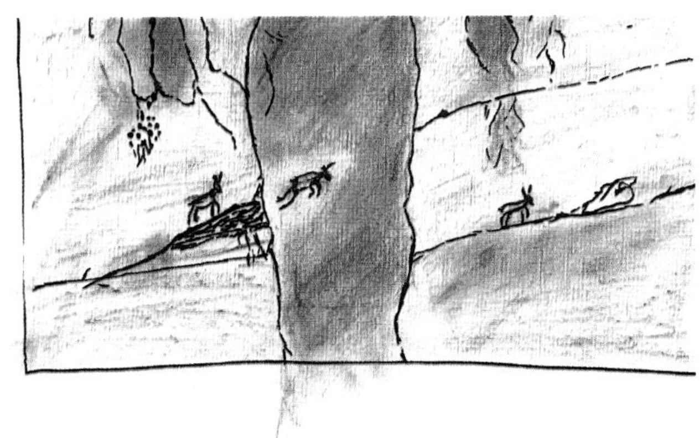

[1] Fahad Salem Alhaneni فهد سالم الحنيني
[2] Khaled Abdullah Albalawi خالد عبدالله البلوي
[3] Abdulaziz Mohammed Alqaji عبدالعزيز محمد القاجي
[4] Yousuf Alothmani يوسف العثماني

[1]

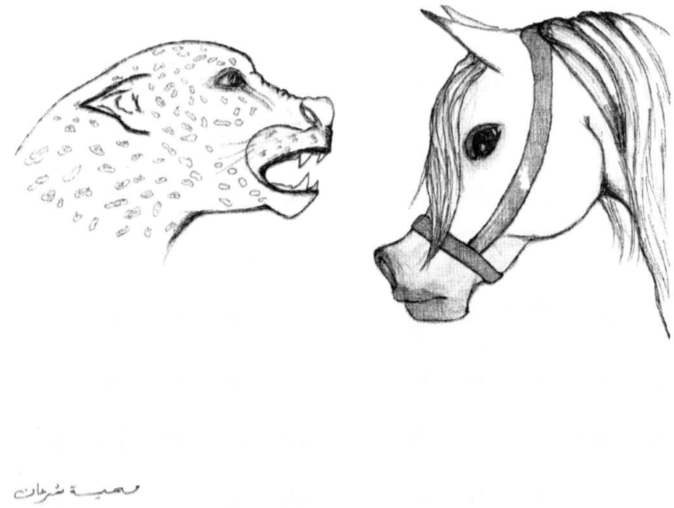

[2]

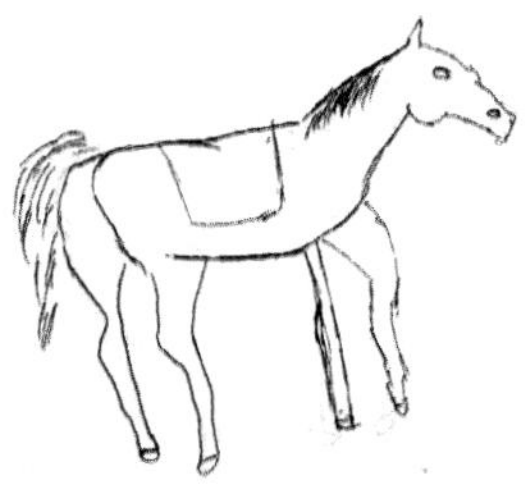

[3]

[4]

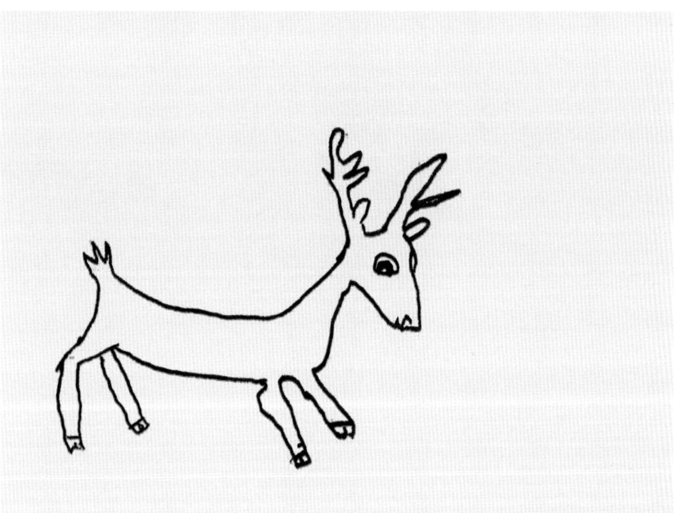

[1] Abdulaziz Saud Albalawi عبدالعزيز سعود البلوي
[2] Ghadeer Mohammed Alenzi غدير محمد العنزي
[3] Abdulakhaliq Awadh Alhariri عبدالخالق عوض الحريري
[4] Abdulhadi Aljabel عبدالهادي الجابل

[1]

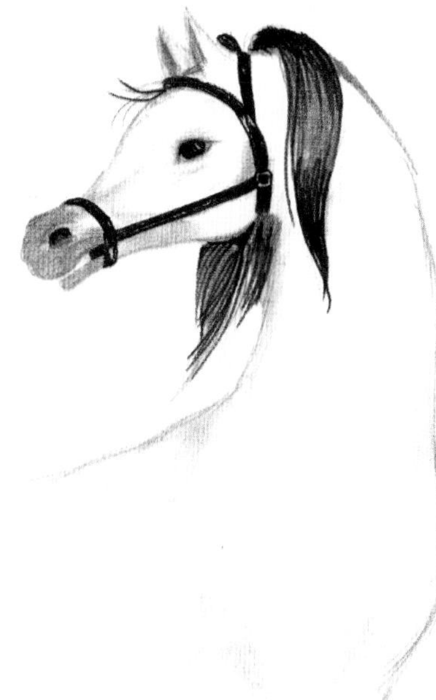

[2]

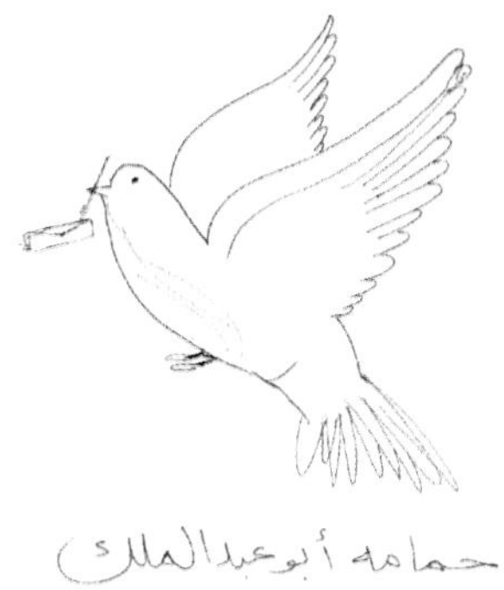

[3]

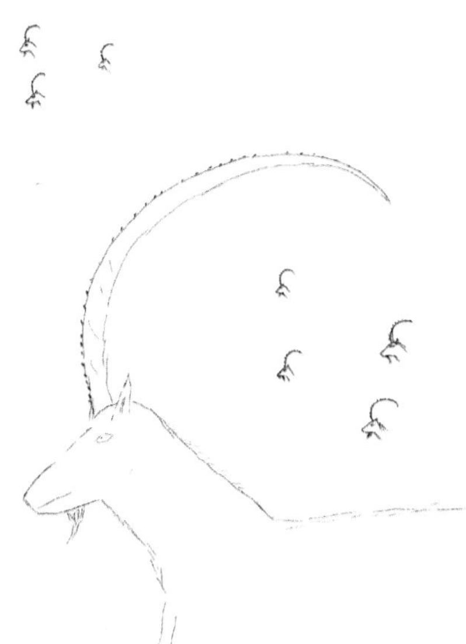

[4]

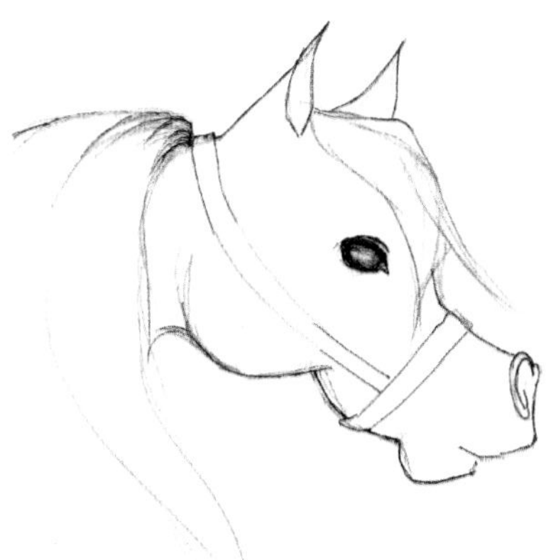

[1] Talal Awad Alhuwaiti طلال عواد الحويطي
[2] Anonymous Participant مجهول
[3] Rakan Zain Hamdan Albalawi راكان زين حمدان البلوي
[4] Waleed Marzouq Albadiwni وليد مرزوق البدويني

[2]

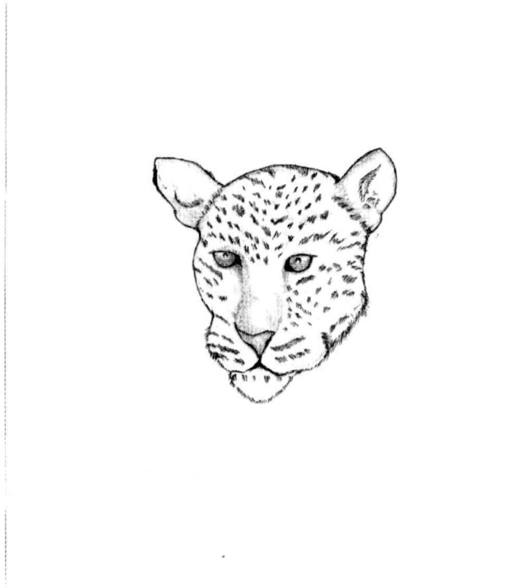

[1]

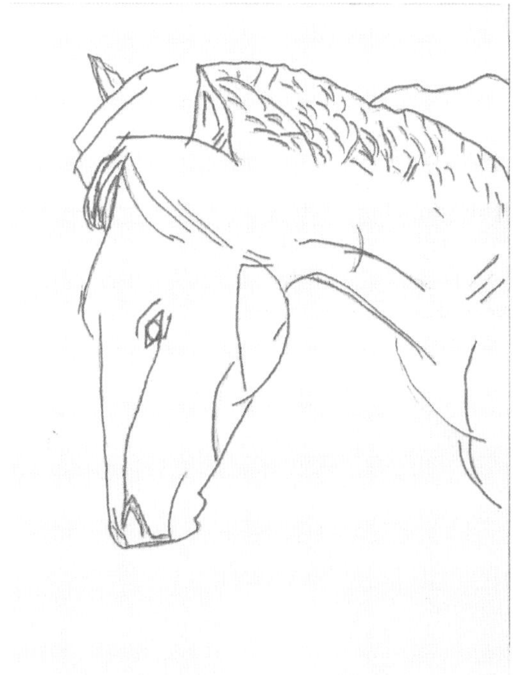

[4]

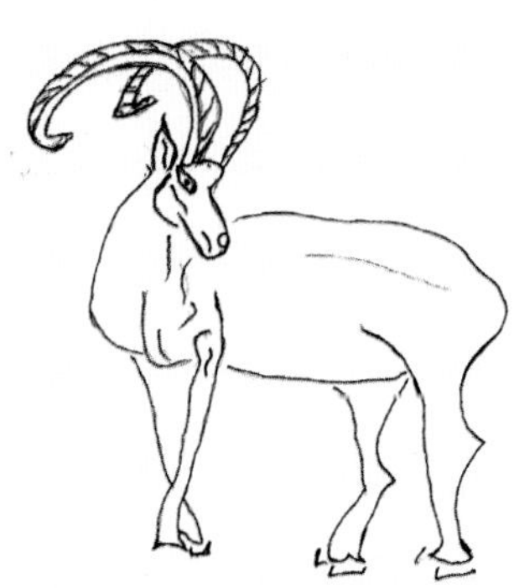

[3]

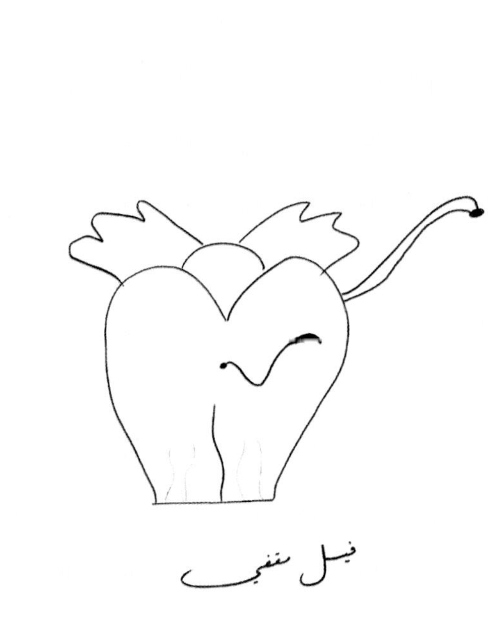

[1] Sada Tarik — صدى طارق
[2] Abdulaziz Saud Albalawi — عبدالعزيز سعود البلوي
[3] Thamer Fahad Alqahtani — ثامر فهد القحطاني
[4] Shujaa Alenzi — شجاع العنزي

[1]

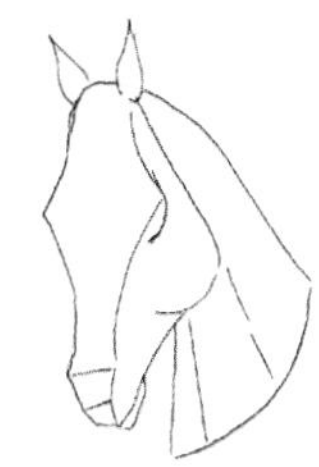

[2]

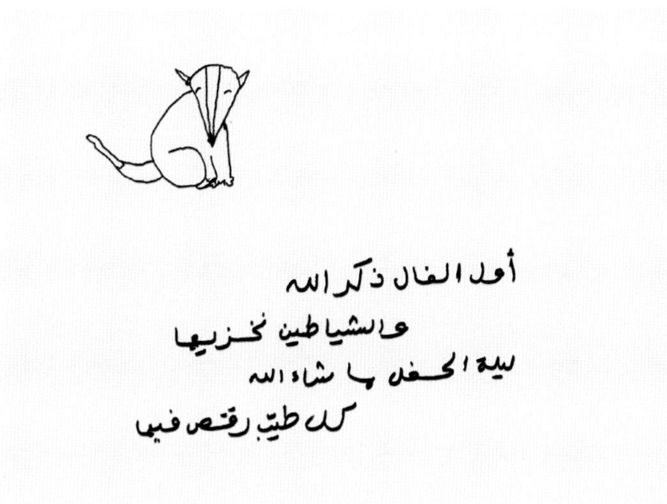

[3]

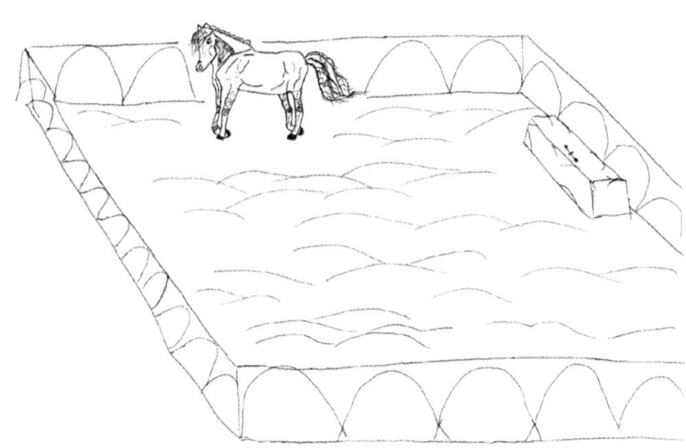

[4]

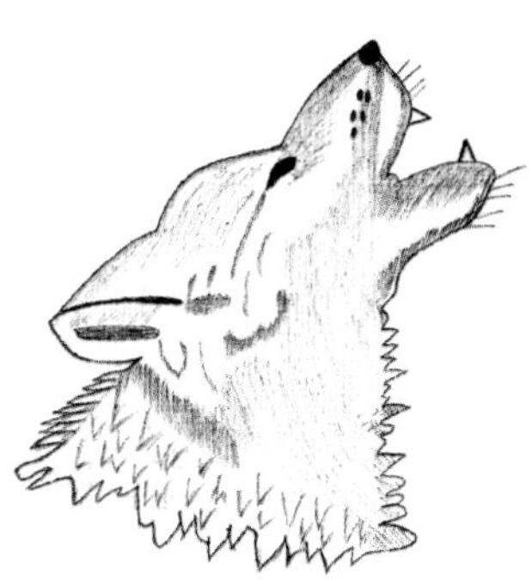

[1] Hajer Enizan Albalawi هاجر عنيزان البلوي
[2] Abdulrahman Mouteq Albalawi عبدالرحمن معتق البلوي
[3] Mashael Sulaiman Alnafee مشاعل سليمان النافع
[4] Ahmed Mohammed Alaradi أحمد محمد العرادي

[1]

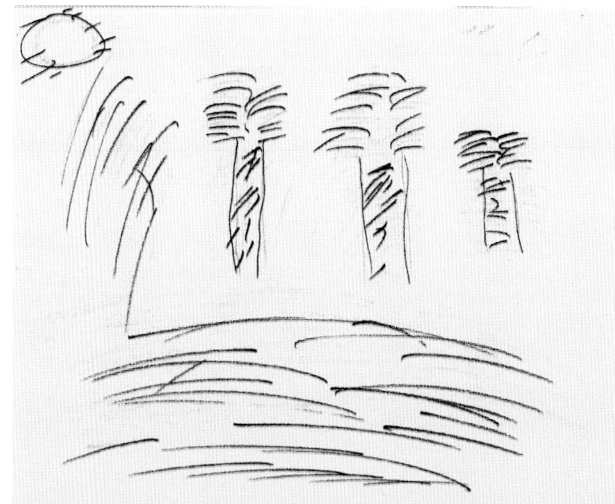

[2]

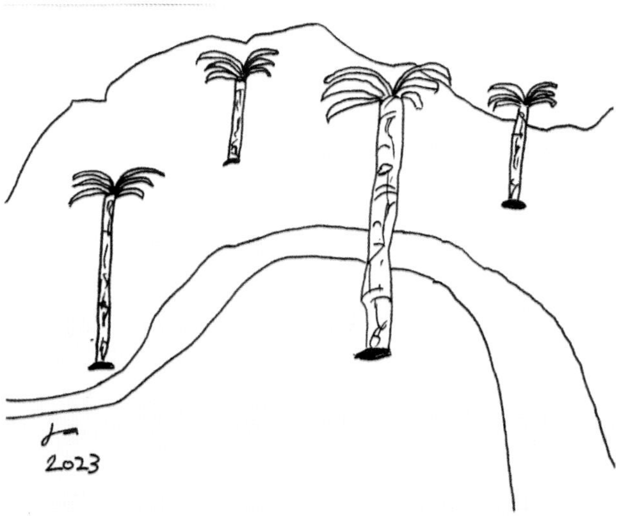

[3]

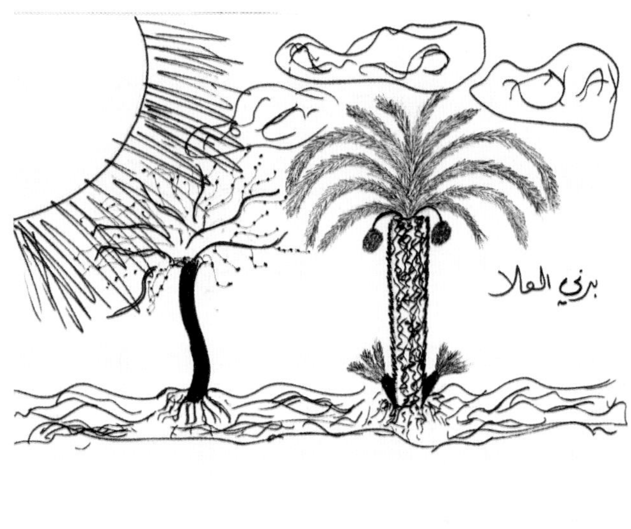

[4]

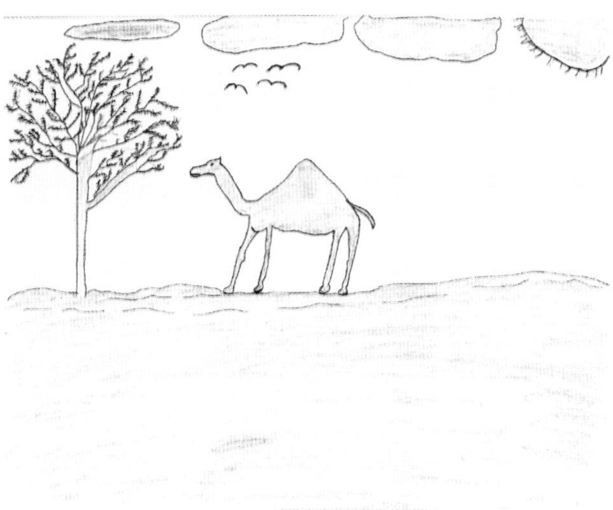

[1] Abdullah Ayar — عبدالله عيار
[2] Tamim Ali Albalawi — تميم علي البلوي
[3] Ahmed Humood Alsawan — أحمد حمود الصوان
[4] Faris Nael Alenzi — فارس نائل العنزي

[2]

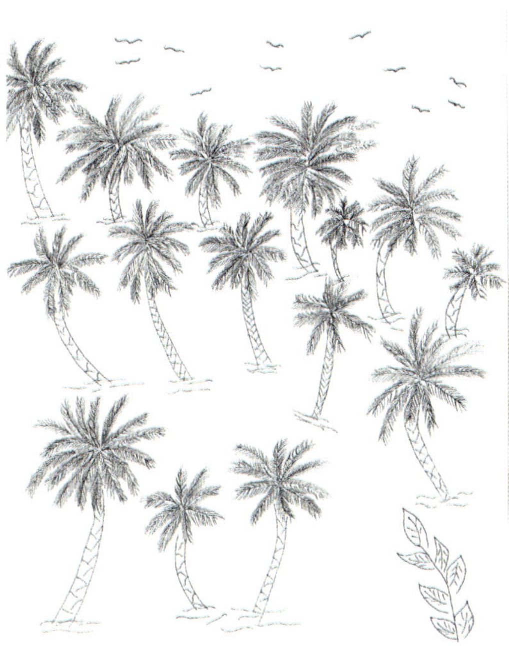

[1]

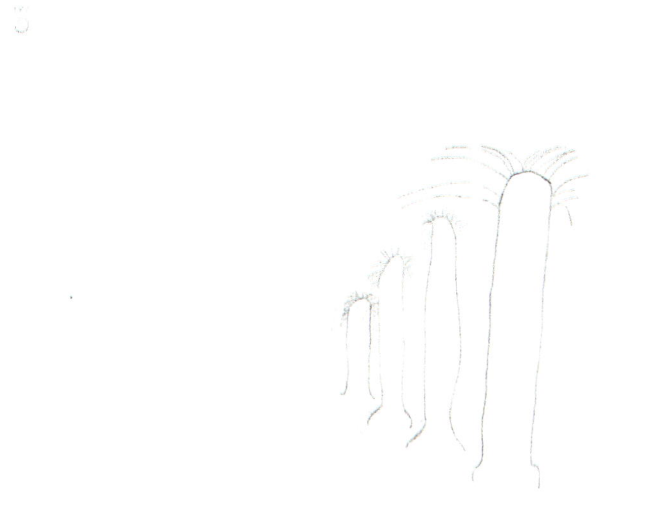

[4]

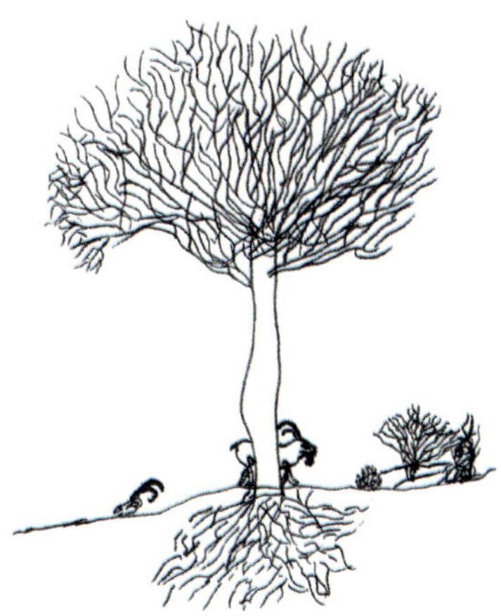

[3]

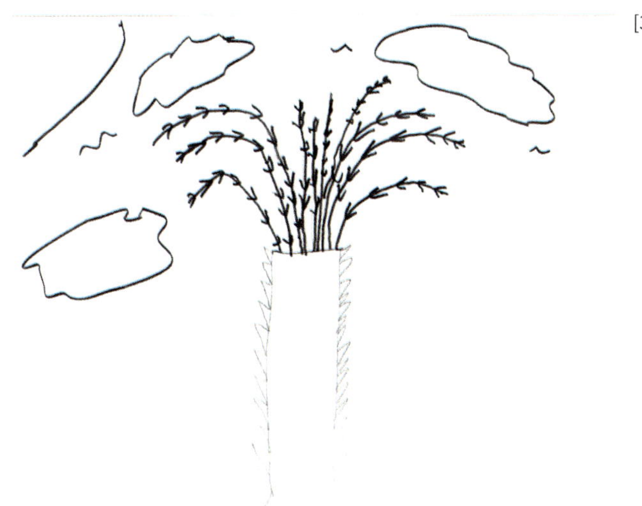

[1] Abdulmajeed Mowadh Albalawi عبدالمجيد معوض البلوي
[2] Lamya Saud Masoud لميا سعود مسعود
[3] Aiedh Abdullah Alenzi عايض عبدالله العنزي
[4] Mohammed Kareem Alfaqir محمد كريم الفقير

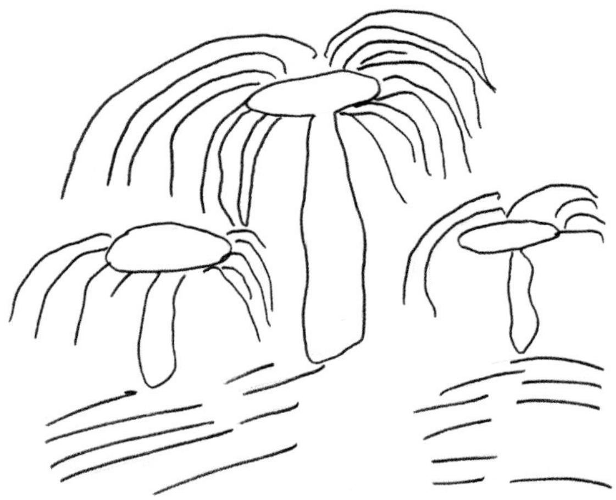

[2]

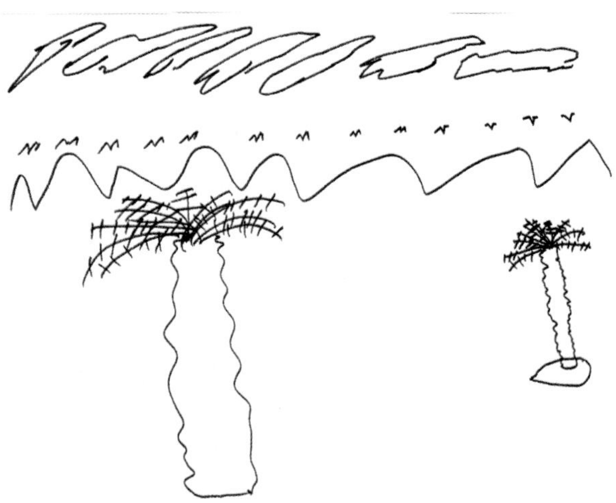

[1]

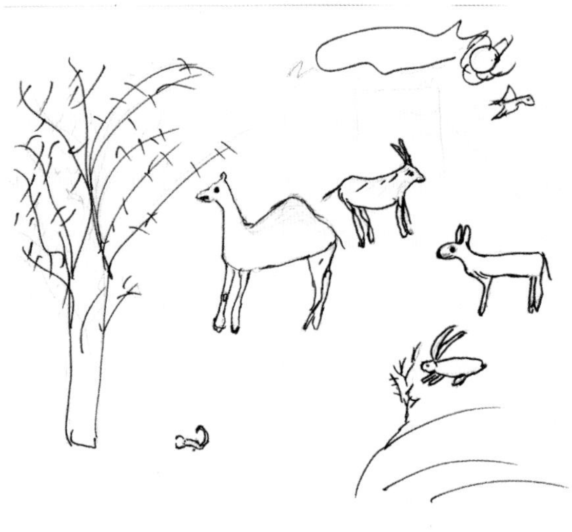

[4]

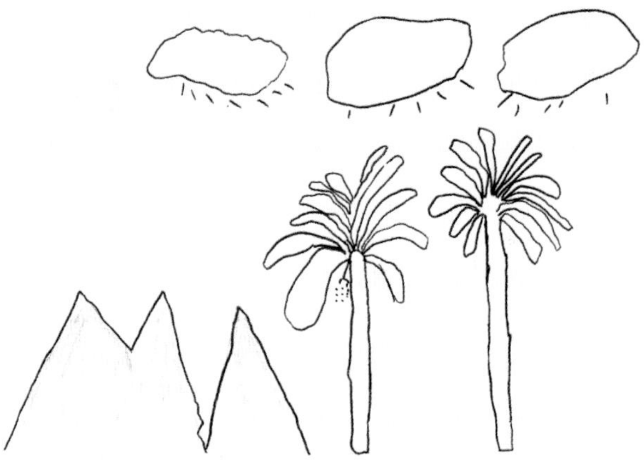

[3]

[1] Saad Awad Albalawi سعد عواد البلوي
[2] Salman Mathal Alenzi سلمان مثال العنزي
[3] Saadi Humood Alenzi سعدي حمود العنزي
[4] Faiz Salman Albalawi فايز سلمان البلوي

[2]

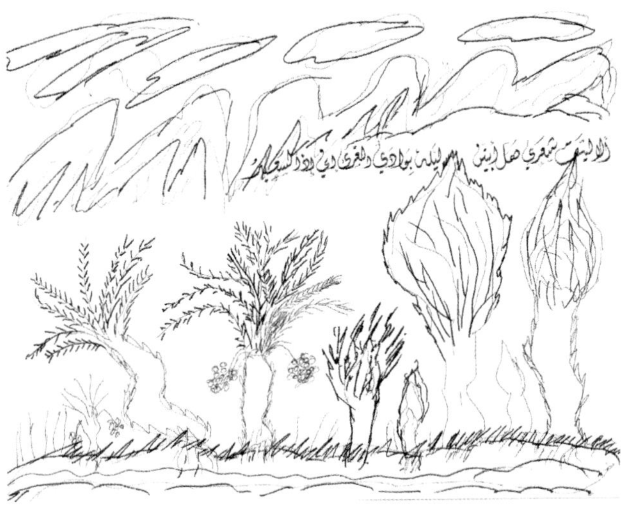

[1]

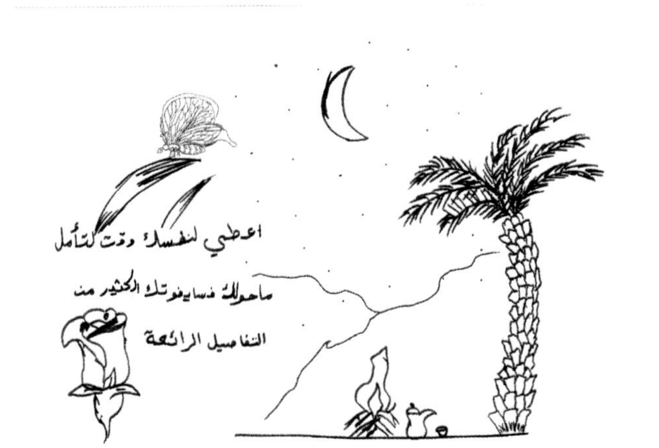

[4]

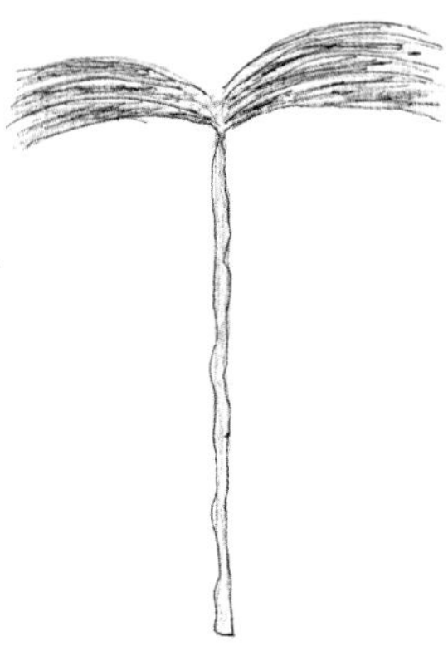

[3]

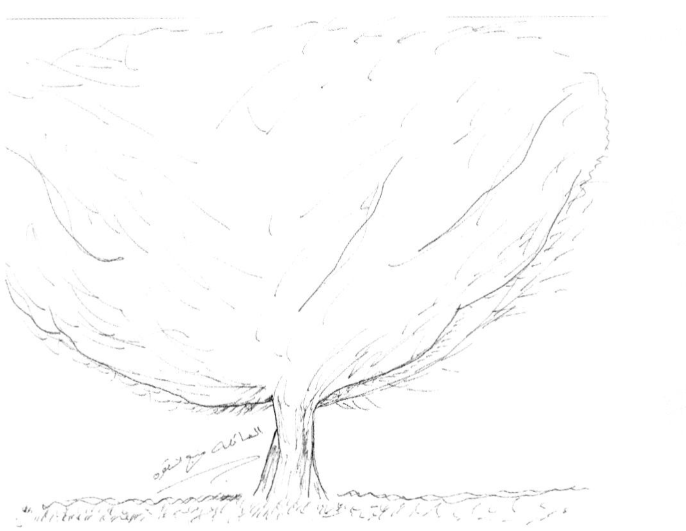

[1] Maimounah Abdullah Alimam ميمونة عبدالله الامام
[2] Fatimah Adam Mohammed فاطمة آدم محمد
[3] Layla Adwan ليلى عدوان
[4] Meqrin Albalawi مقرن البلوي

[1]

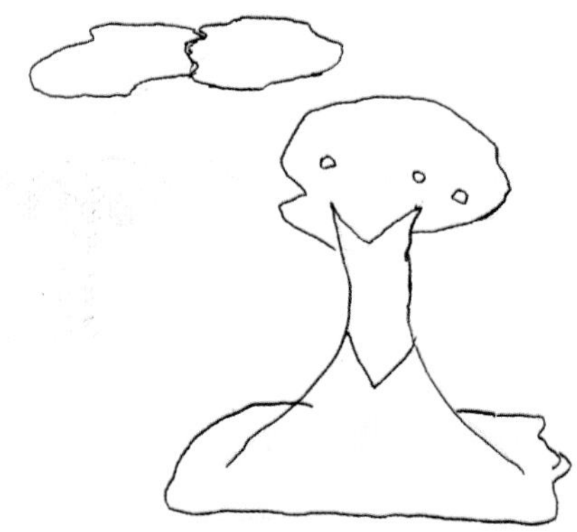

[2]

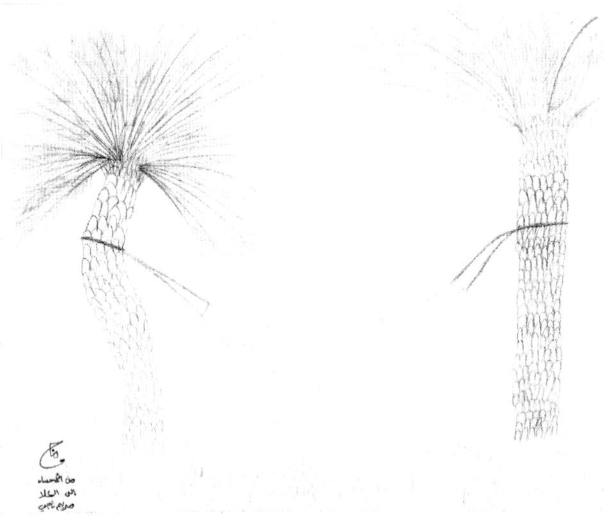

[3]

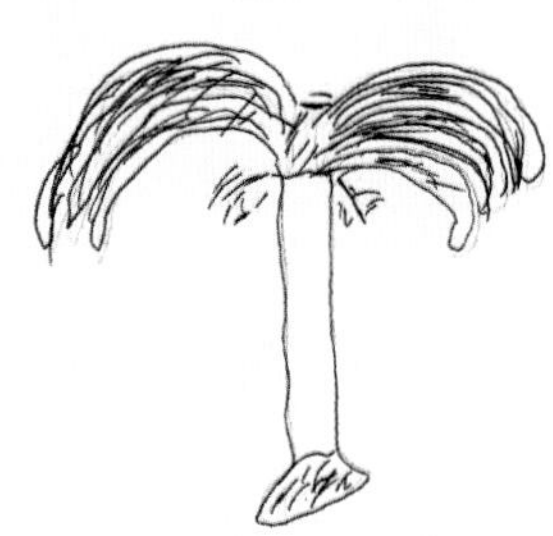

[4]

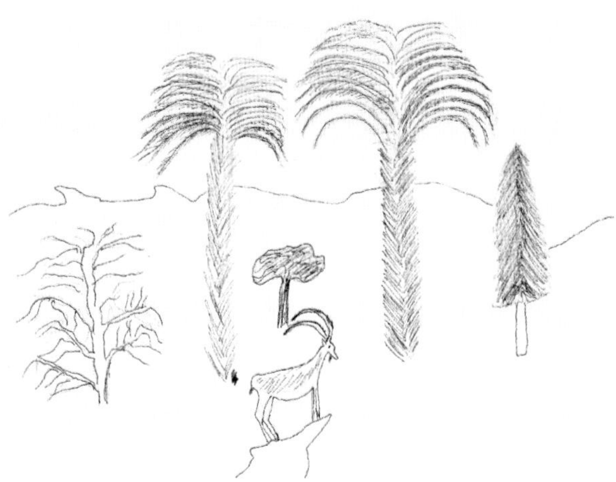

[1] Rajaallah Abdrabo Alenzi رجاء الله عبدربه العنزي
[2] Maryam Naji مريم ناجي
[3] Yousuf Albalawi يوسف البلوي
[4] Meshari Ibrahim Albalawi مشاري إبراهيم البلوي

[1]

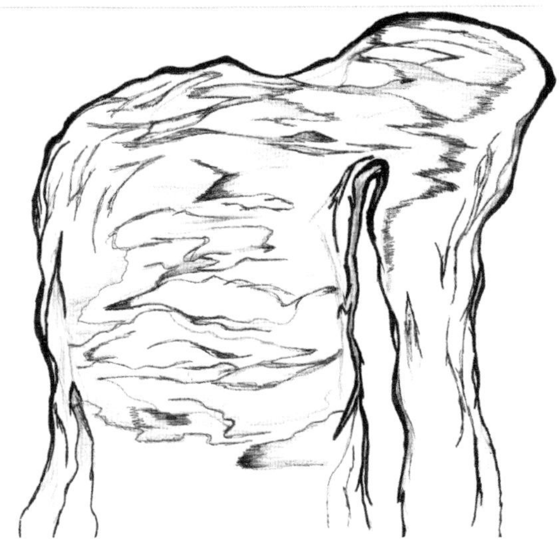

[2]

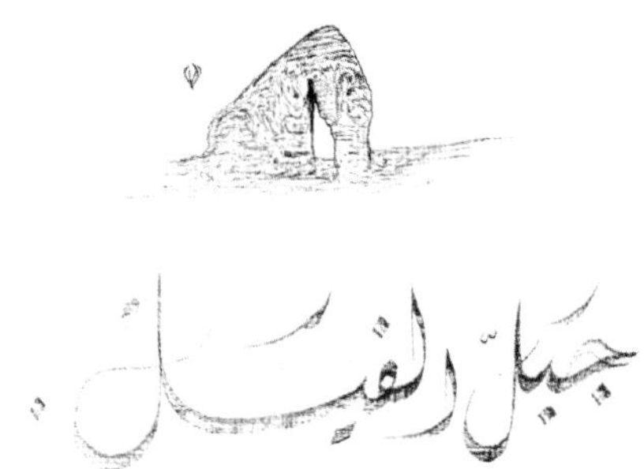

[3]

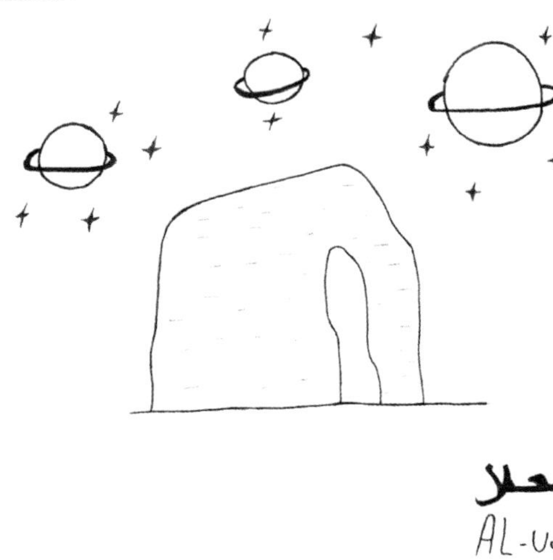

[4]

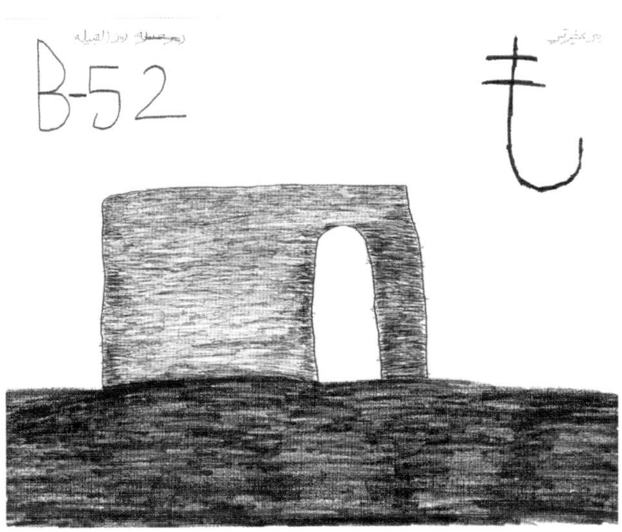

[1] Amani Ahmed Aljoud أماني أحمد الجود
[2] Mohammed Yousef Alenzi محمد يوسف العنزي
[3] Rahaf Murdhi Alidaa رهف مرضي الإيداء
[4] Mounir Saeed Mnwer منير سعيد منور

[2]

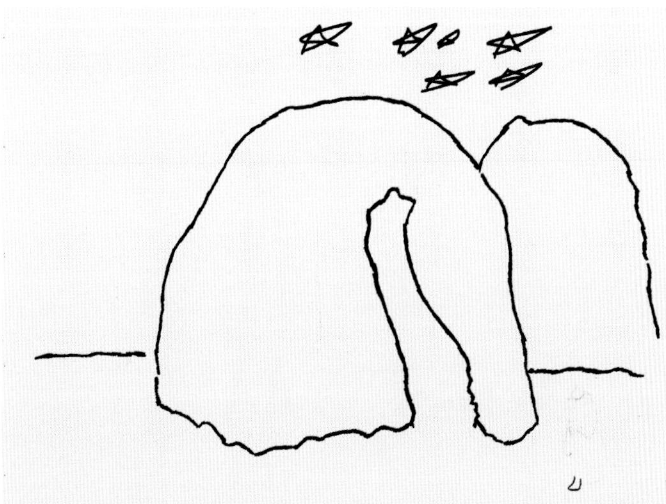

[1]

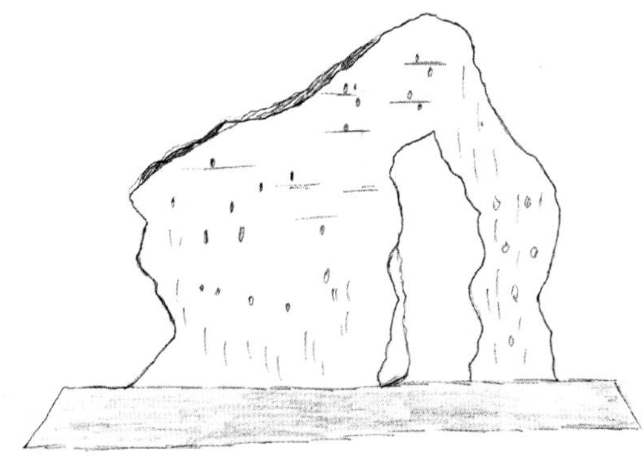

[4]

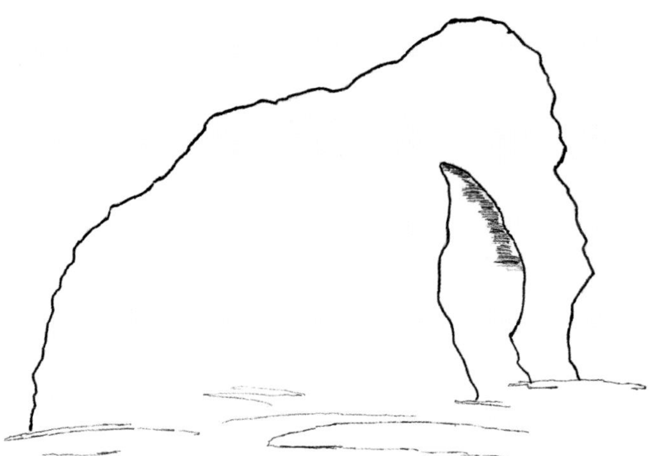

[3]

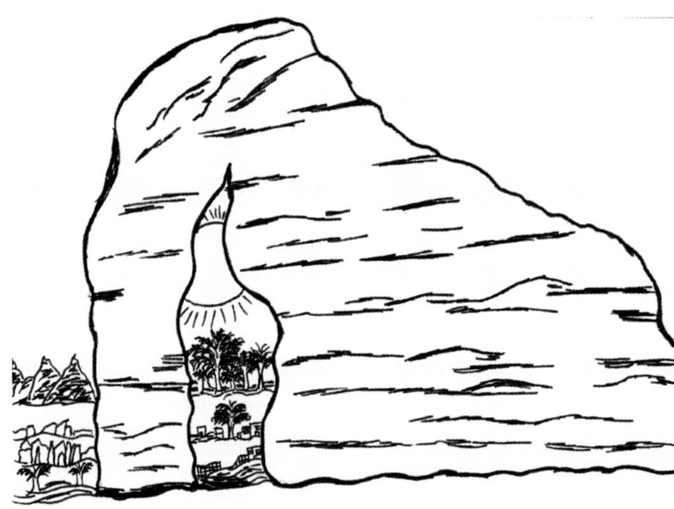

[1] Muneerah Saleh Alenzi منيرة صالح العنزي
[2] Abdulaziz Mohammed Alenzi عبدالعزيز محمد العنزي
[3] Shemah Abd Rbu شيمه عبدربه
[4] Anonymous Participant مجهول

[1]

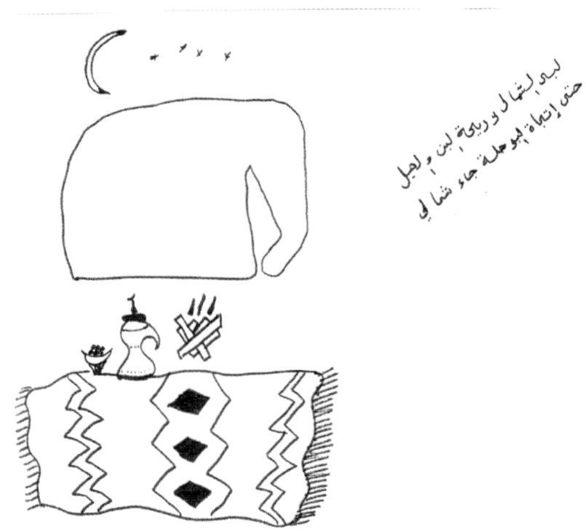

[2]

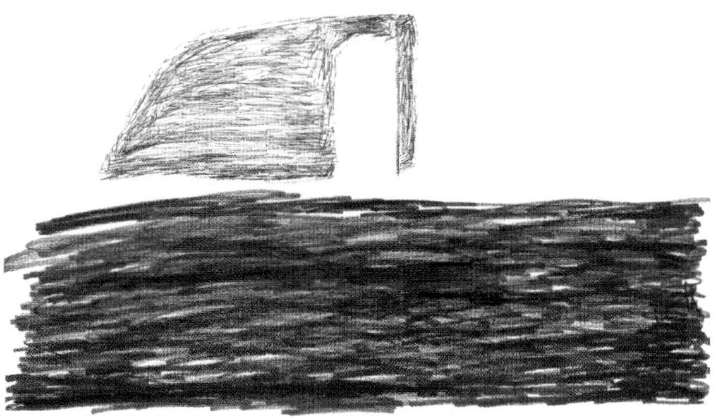

[3]

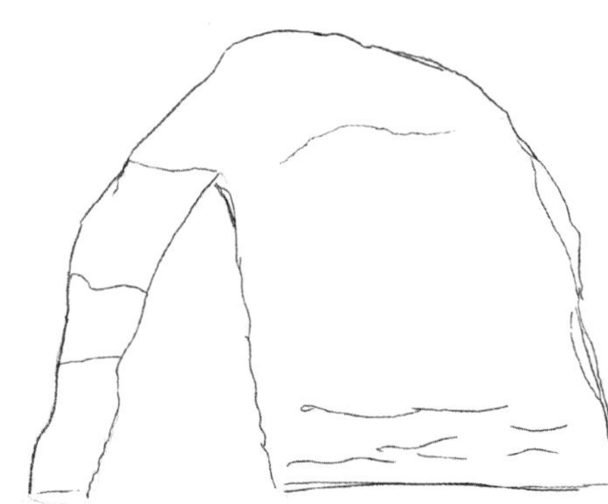

[4]

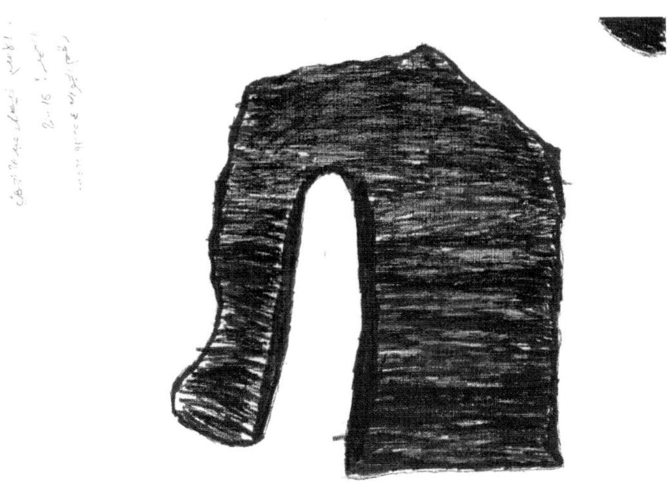

[1] Bina Abdullah Albalawi — بنا عبدالله البلوي
[2] Ebrahim Saud Alenzi — إبراهيم سعود العنزي
[3] Fahad Ebrahim Aljuhani — فهد إبراهيم الجهني
[4] Faisal Abdullah Aljuhani — فيصل عبدالله الجهني

[1]

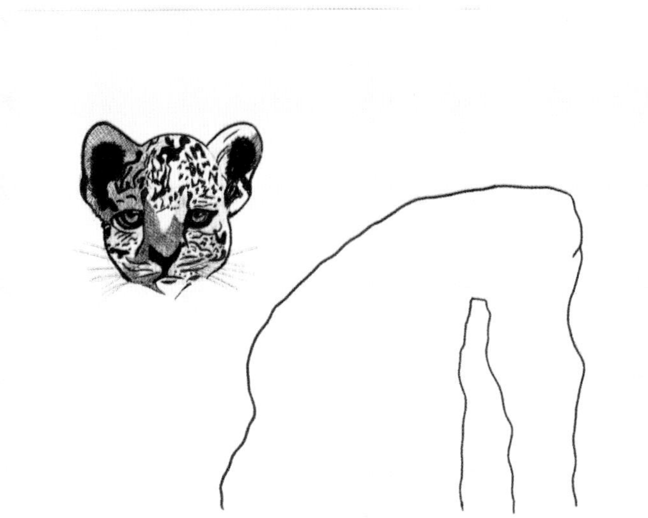

[2]

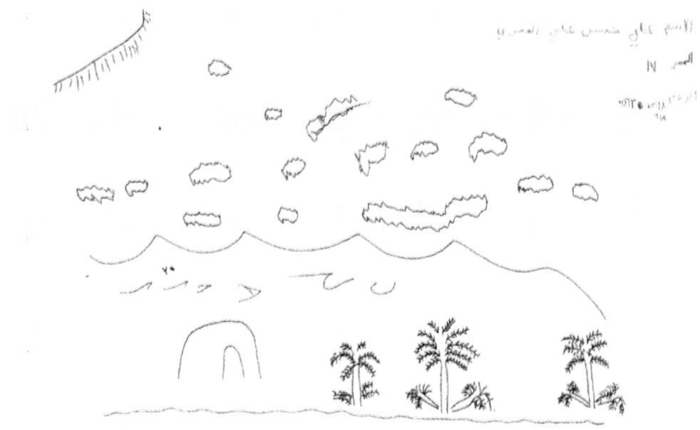

[3]

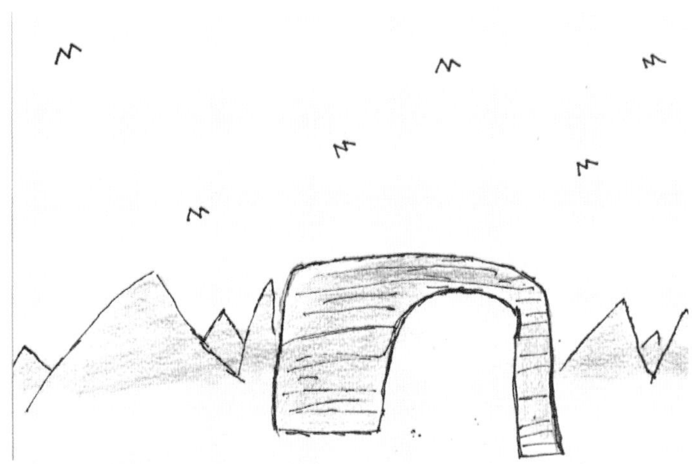

[4]

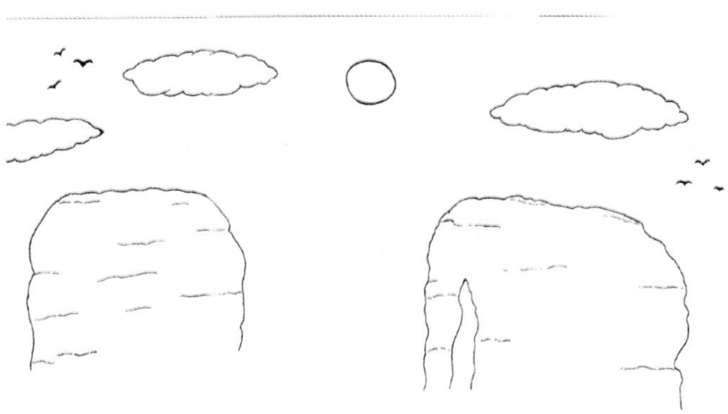

[5]

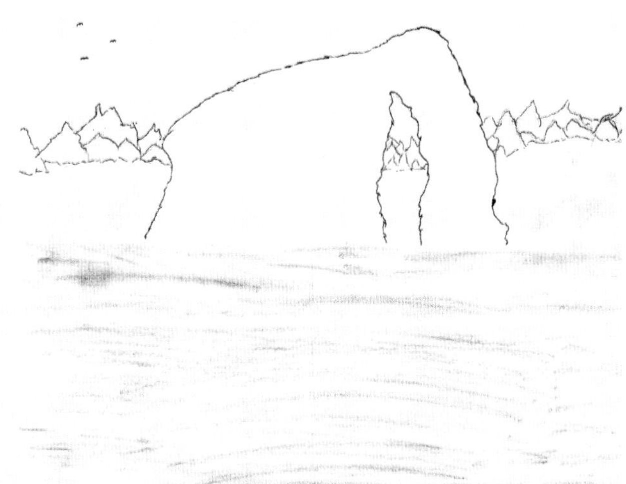

[6]

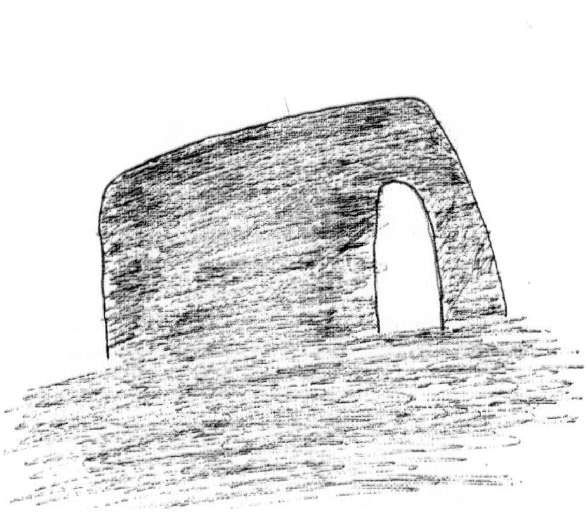

[1]

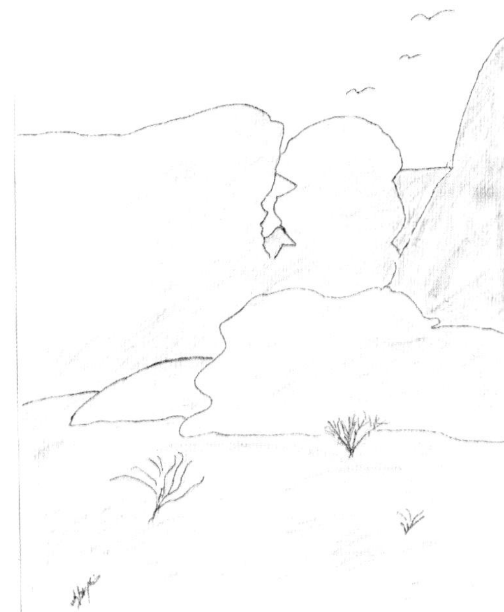

[2]

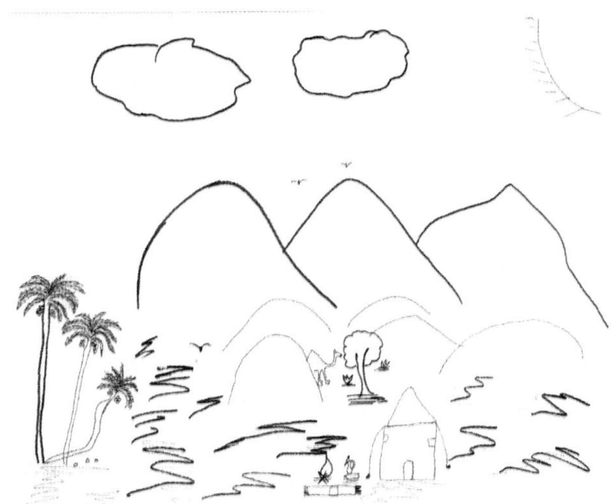

[4]

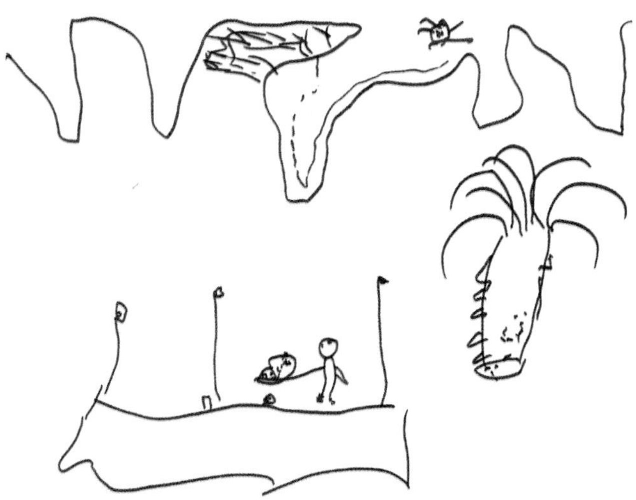

[3]

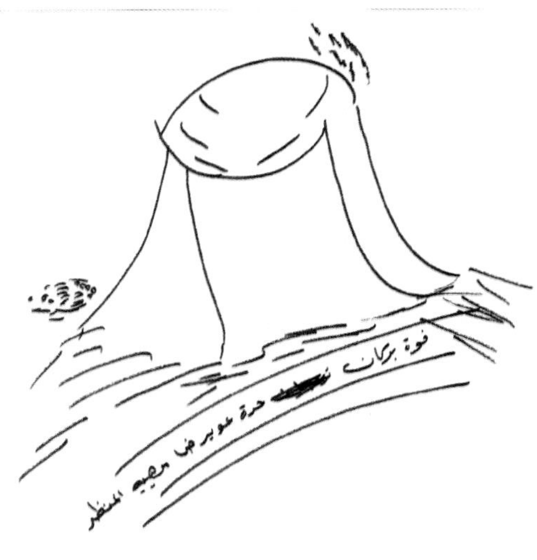

[1] Yasir Ali Albalawi ياسر علي البلوي
[2] Khadijah Faraj Albalawi خديجة فرج البلوي
[3] Omar Rafie AbuKhatam عمر رافع ابو خاتم
[4] Mohammed Hameed Albalwi محمد حميد البلوي

Opposite Page الصفحة المقابلة
[1] Rahaf Salem AljarAllah رهف سالم الجارالله
[2] Ali Hasan Ali Alenzi علي حسن علي العنزي
[3] Yasser Faleh Alidaa ياسر فالح الإيداء
[4] Orjwan Ghalib Althifani أرجوان غالب الذيفاني
[5] Saad Ali Alshamri سعد علي الشمري
[6] Saleh Ghanim Alenzi صالح غانم العنزي

[1]

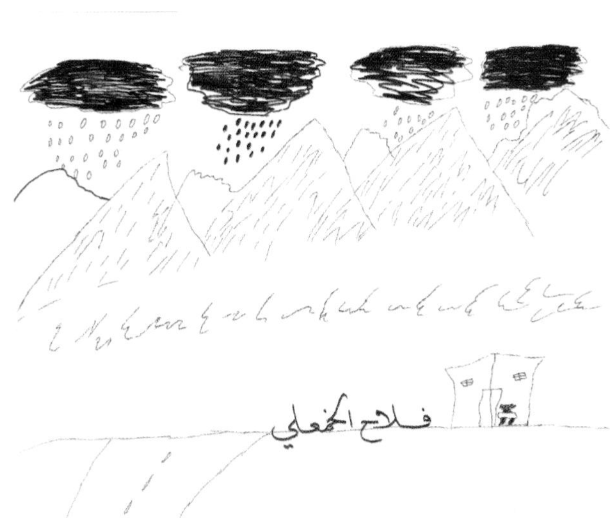

[2]

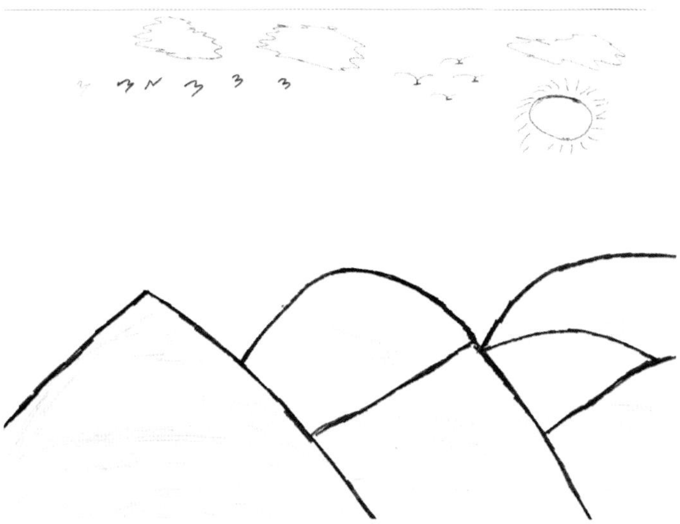

[3]

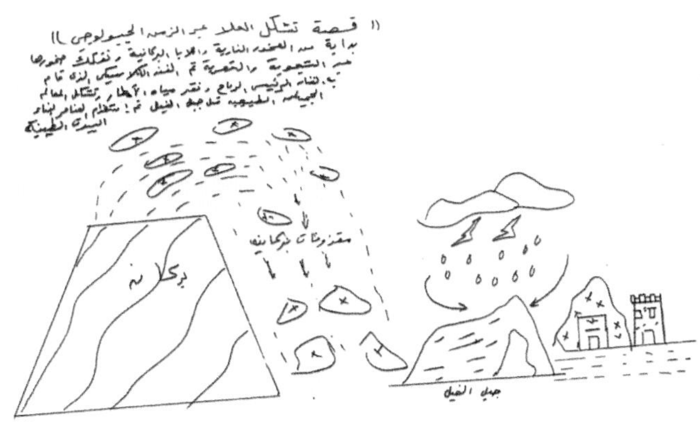

[4]

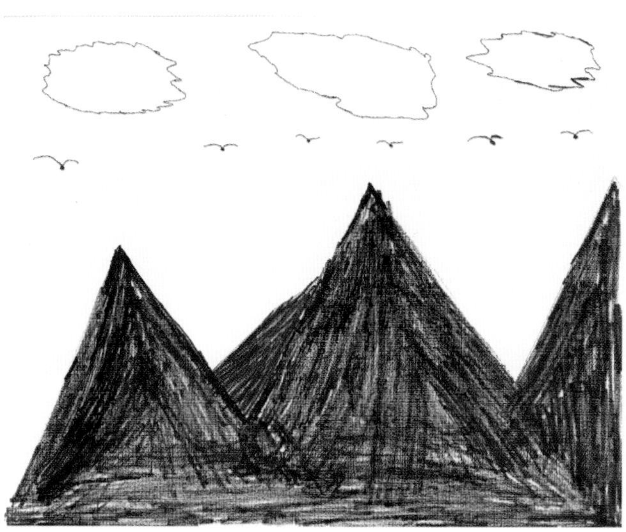

[1] Falah Raheel Alenzi
[2] Mansour Hadi Alenzi
[3] Mohammed Abdullah Almarwani
[4] Saleem Saeed Alazmi

فلاح رحيل العنزي
منصور هادي العنزي
محمد عبدالله المرواني
سليم سعيد العازمي

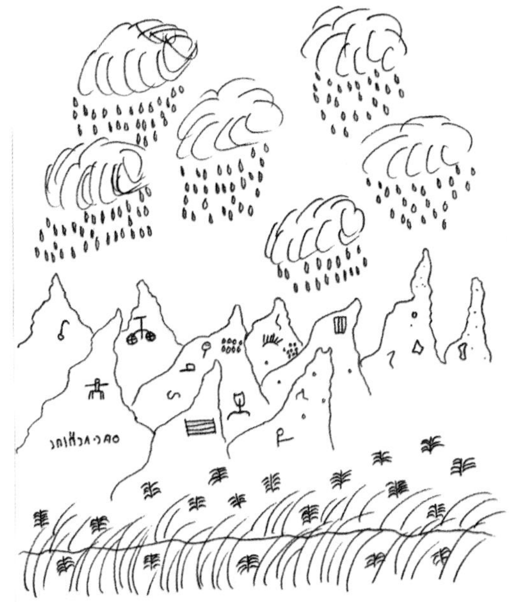

[1]

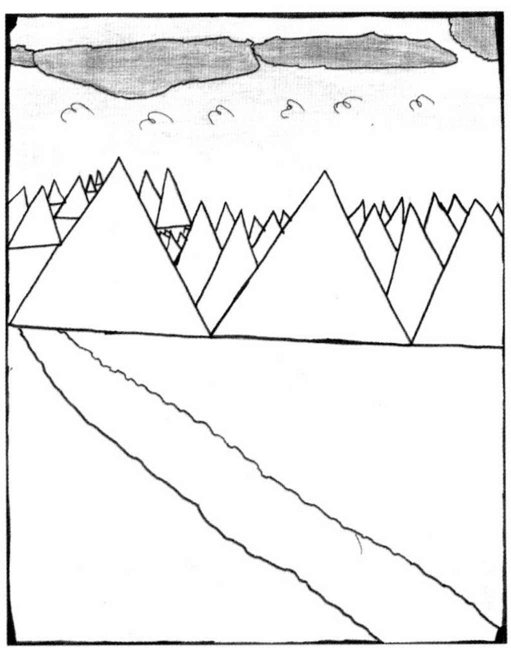

[2]

[3]

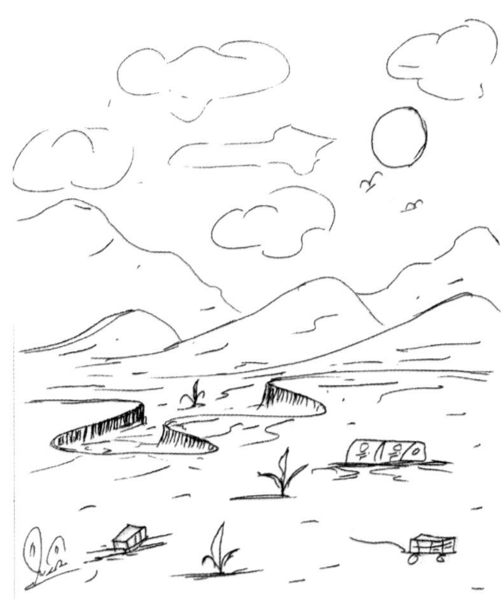

[1] Rana Banan Alenzi رنا بنان العنزي
[2] Omar Khaled Alidaa عمر خالد الإيداء
[3] Abdulrahman Adam Hayz عبدالرحمن آدم حايز

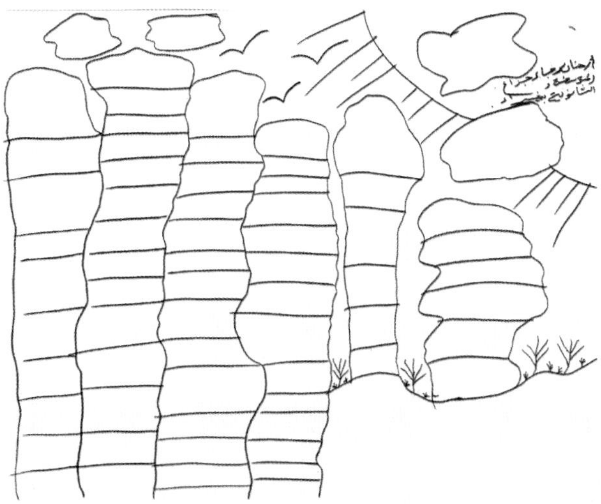

[2]

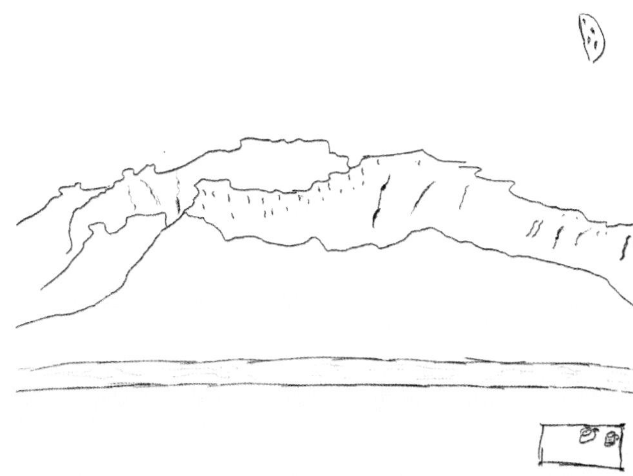

[1]

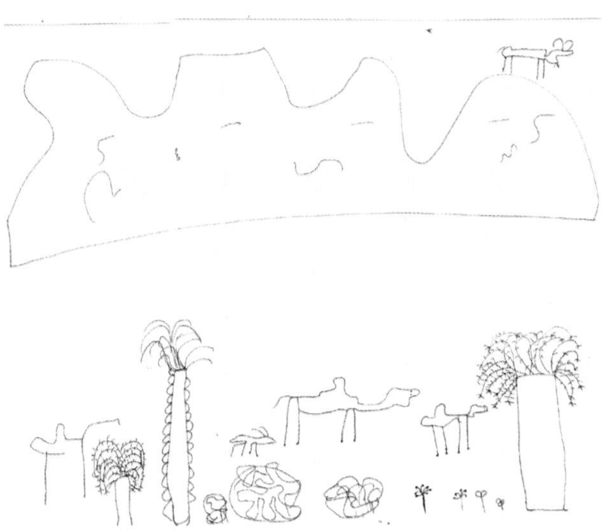

[4]

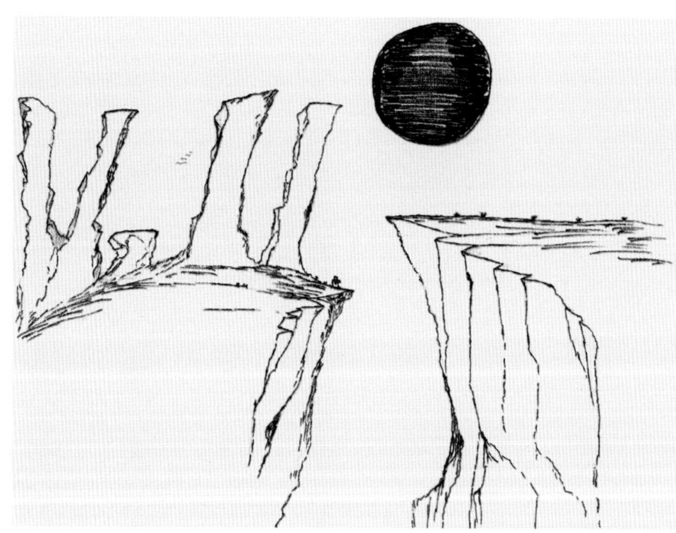

[3]

[1] Salem Mahmoud Alzahoufi سالم محمود الزحوفي
[2] Hanan Rajaa Alenzi حنان رجاء العنزي
[3] Abdulrahman Fagh Alidaa عبدالرحمن فاغ الإيداء
[4]Ahmed Meshwah Alhejri أحمد مشوح الحجري

[2]

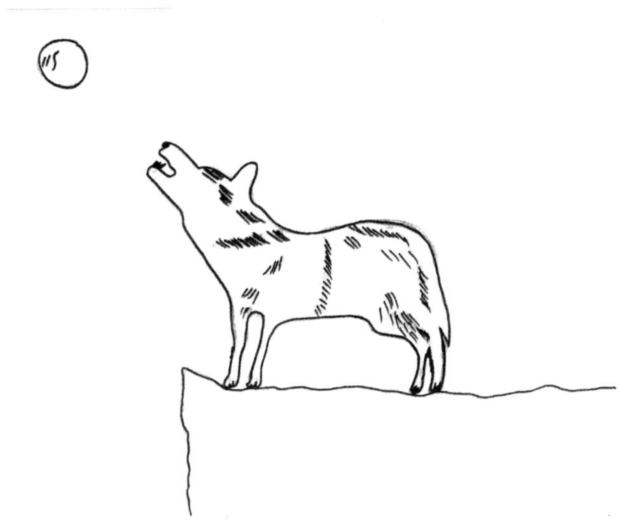

[1]

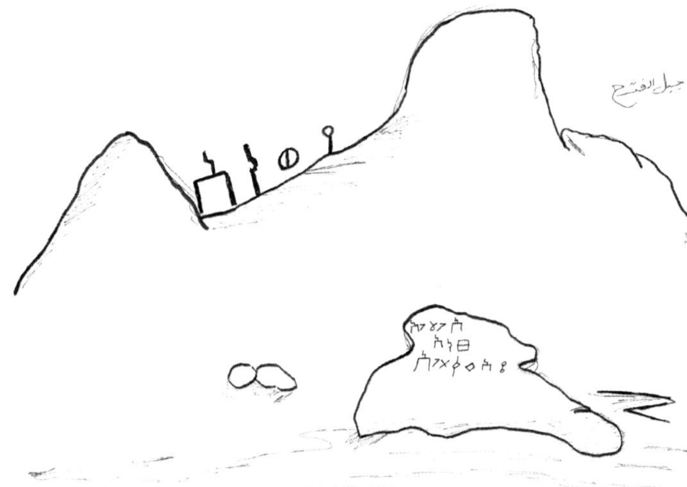

[4]

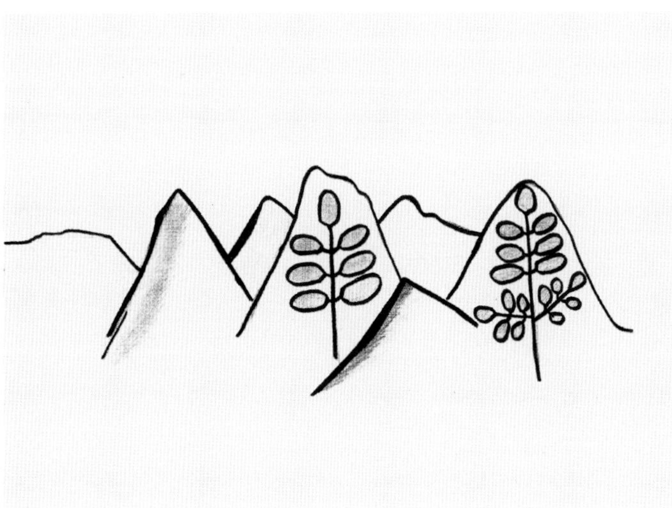

[3]

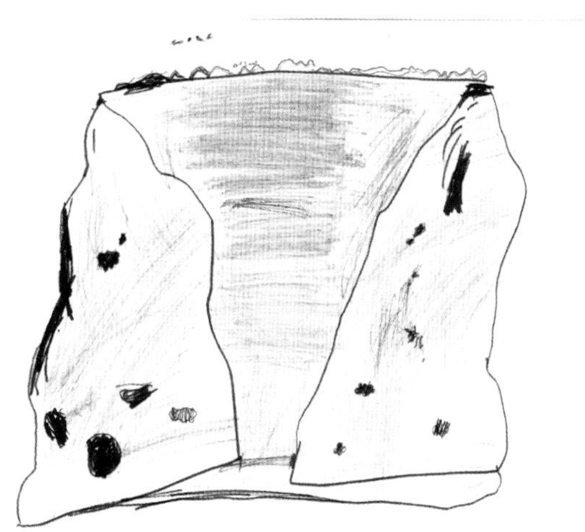

[1] Arwa Rakan Alidaa	أروى راكان الإيداء
[2] Mohannad Ahmad Alateeq	مهند أحمد العتيق
[3] Sanaa Saleh Shukr	سناء صالح شكر
[4] Abeer Sair Alenzi	عبيرساير العنزي

[1]

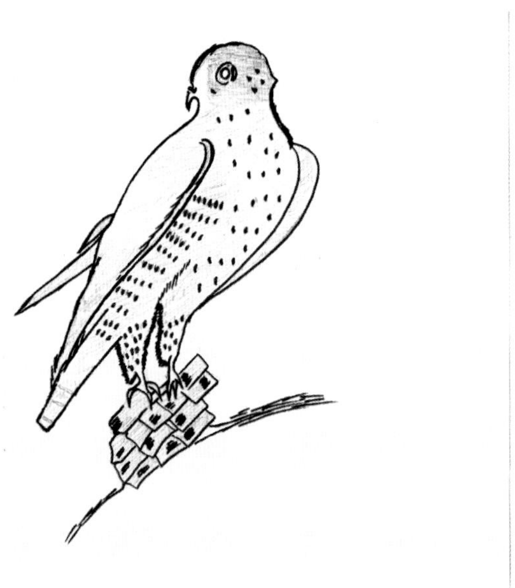

[2]

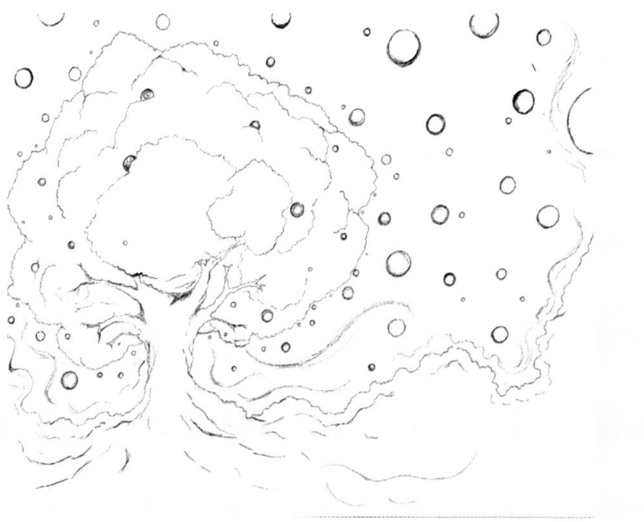

[4]

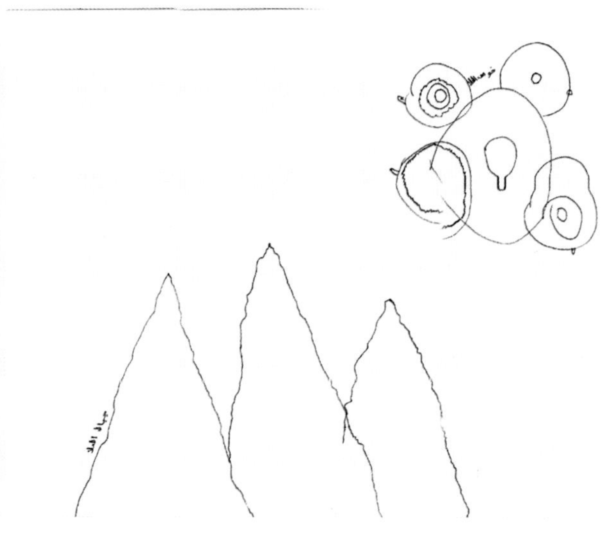

[3]

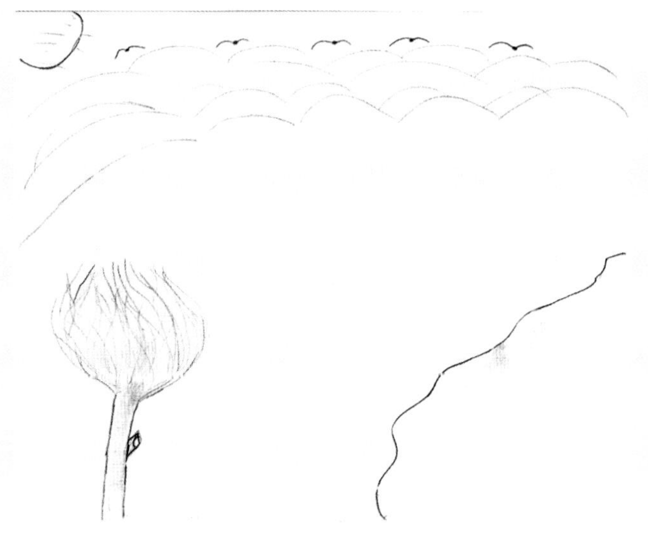

[1] Maha Hameed Alharbi مها حميد الحربي
[2] Ghada Rajaa Alenzi غادة رجاء العنزي
[3] Mohammed Eid Alenzi محمد عيد العنزي
[4] Layan Faleh Alrubaili ليان فالح الربيلي

[2]

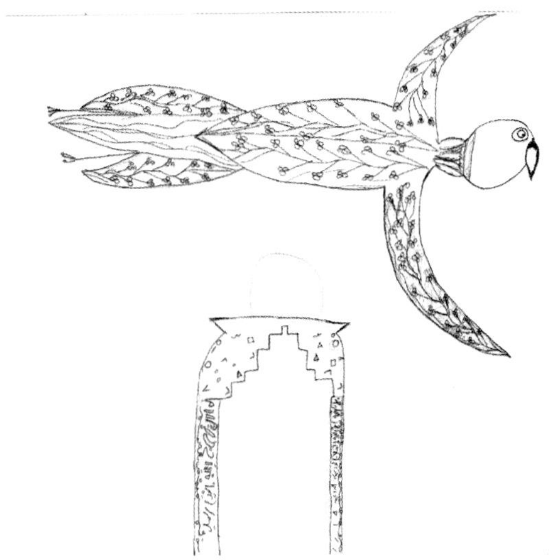

[1]

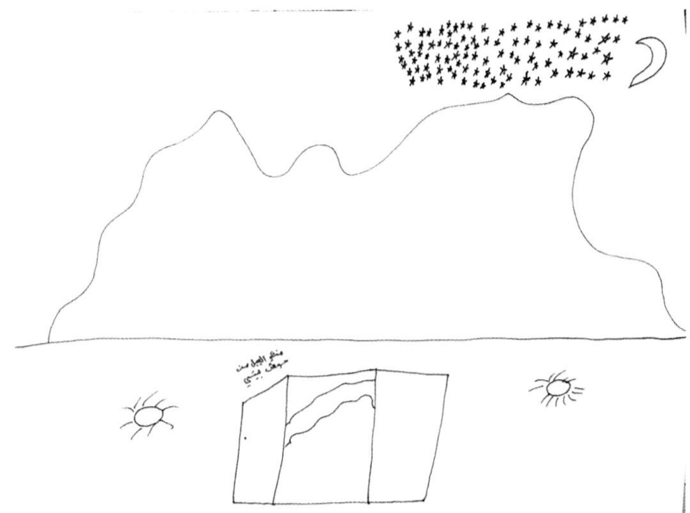

[4]

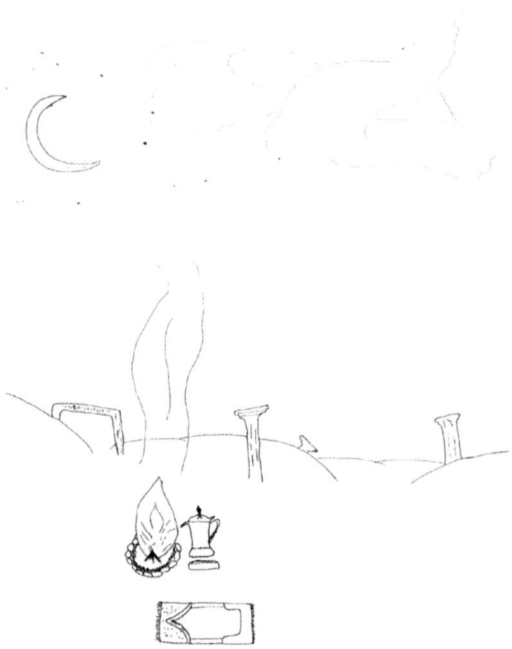

[3]

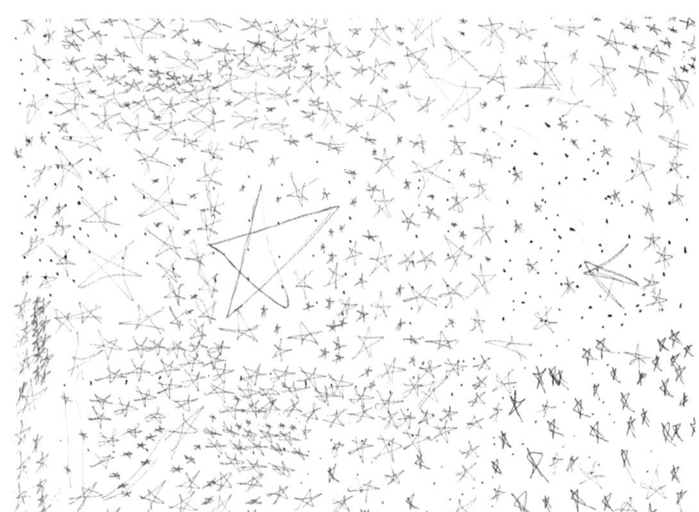

[1] Manal Ayedh Alenzi	منال عايض العنزي
[2] Najla Nasir Alidaa	نجلاء ناصر الإيداء
[3] Mashael Mansour Alqahtani	مشاعل منصور القحطاني
[4] Rakan Saud Alharbi	راكان سعود الحربي

[1]

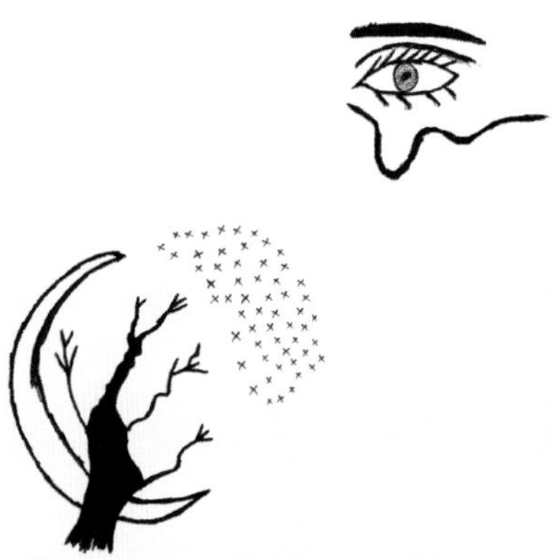

[2]

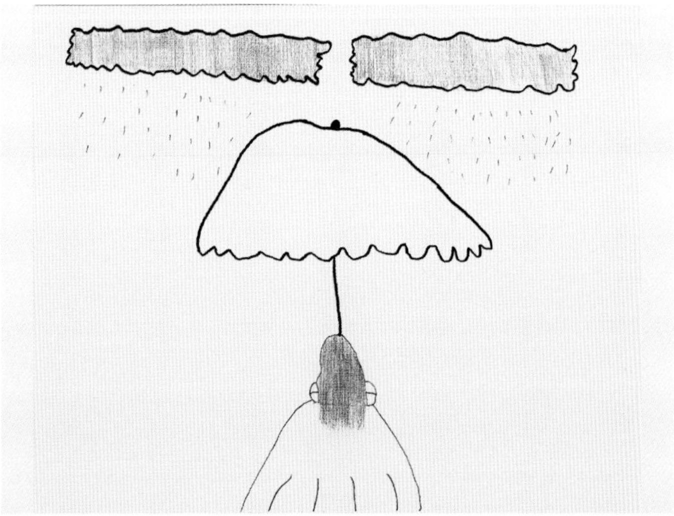

[3]

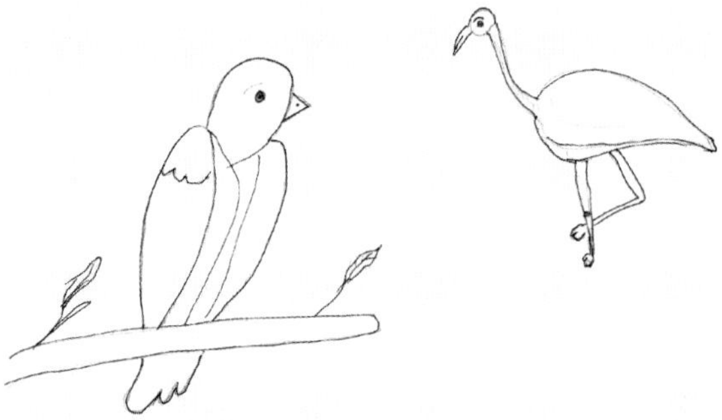

[4]

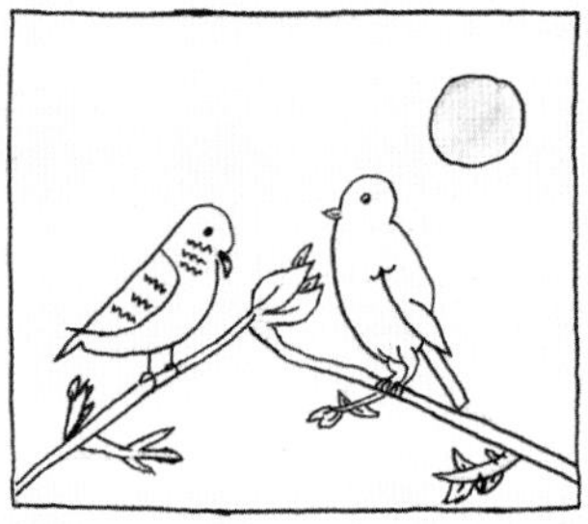

[1] Maryam Ayed Alalawi مريم عايض العلوي
[2] Abdulmajeed Abdullah Alidaa عبدالمجيد عبدالله الإيداء
[3] Faiz Salman Albalawi فايز سلمان البلوي
[4] Alanoud Mohammad Algadi العنود محمد القاضي

[1]

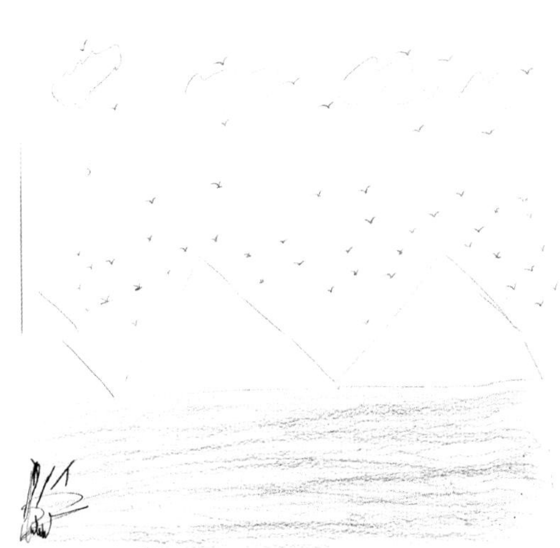

[2]

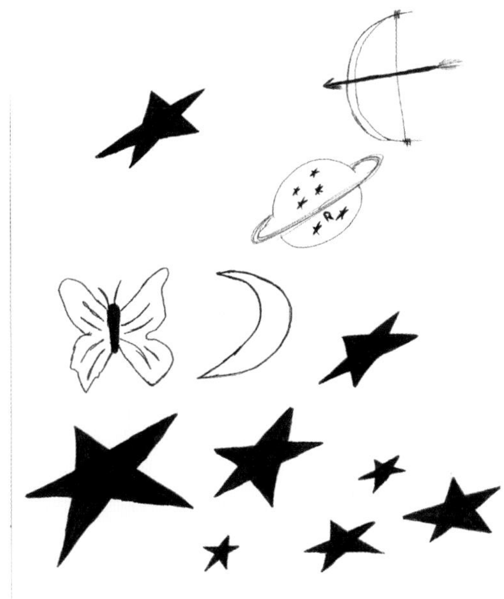

[3]

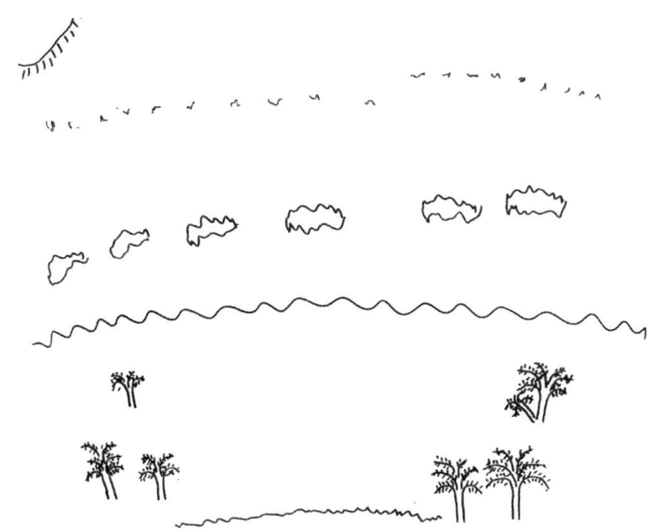

[4]

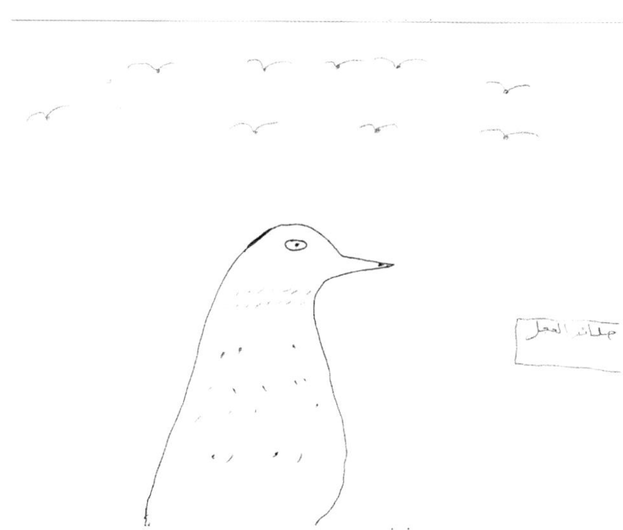

[1] Jawad Abdulrahman جواد عبدالرحمن
[2] Raghad Abdullah Alenzi رغد عبدالله العنزي
[3] Ali Hasan Ali Alenzi علي حسن علي العنزي
[4] Yousuf Marwan Aljehani يوسف مروان الجهني

[1]

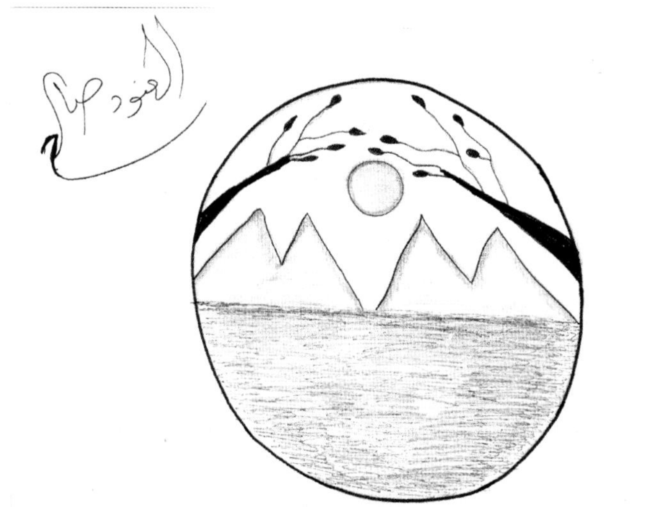

[2]

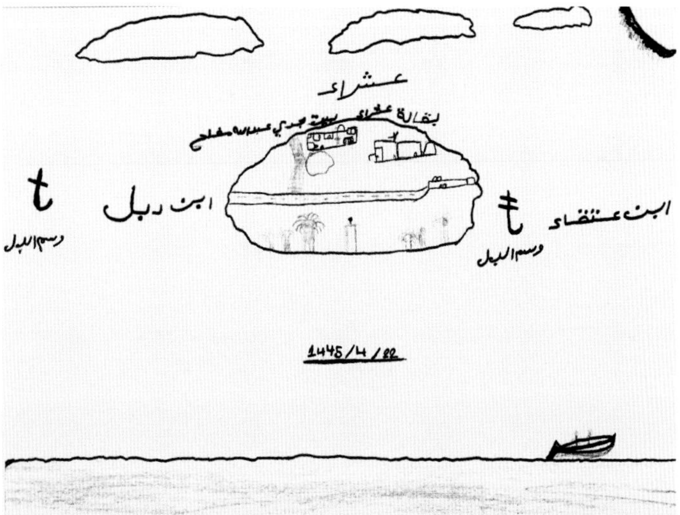

[3]

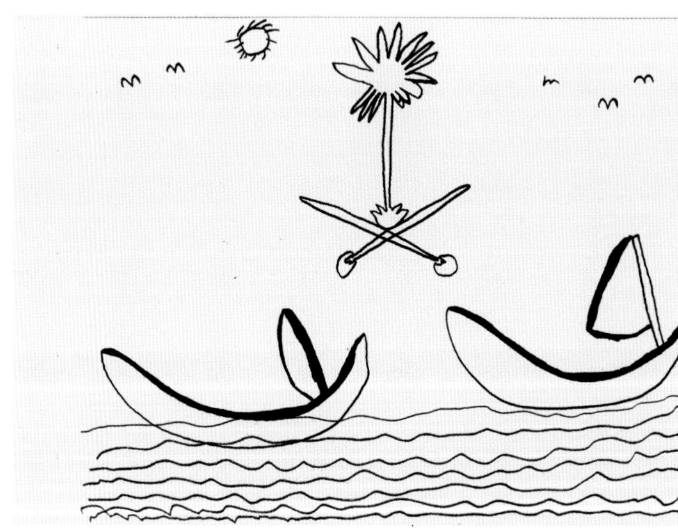

[4]

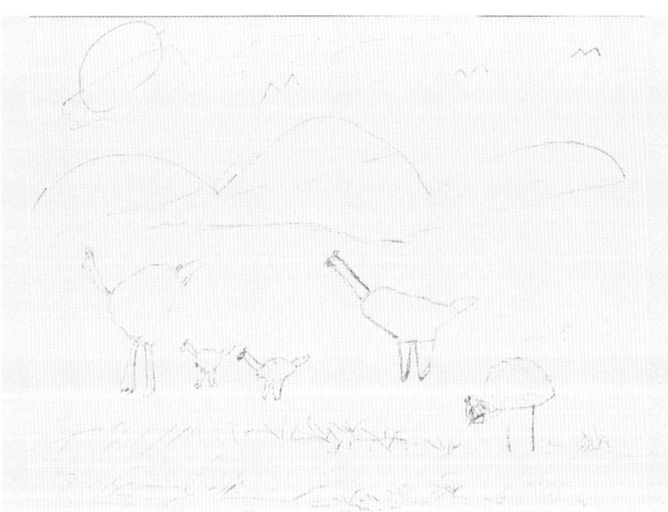

[1] Alanoud Saleh Alkahlani العنود صالح الكهلاني
[2] Abdrabo Basher Alrubaili عبدربه بشير الربيلي
[3] Abdulaziz Ghalib Ali Naji عبدالعزيز غالب علي ناجي
[4] Abdulrahman Obadah Aljumaali عبدالرحمن عباده الجمعلي

[1]

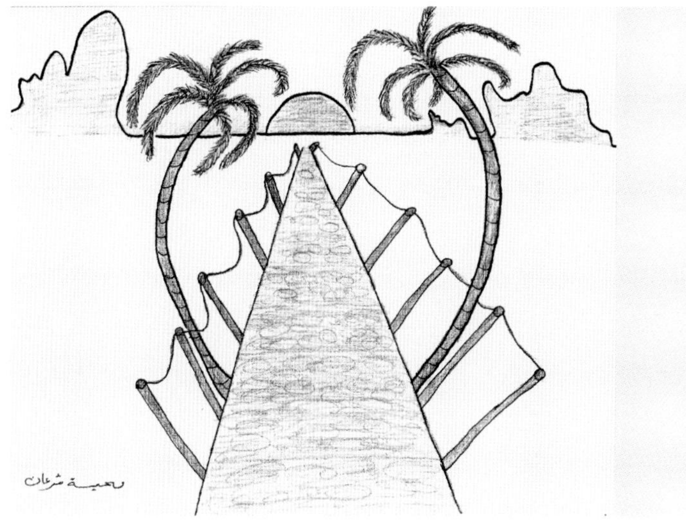

[2]

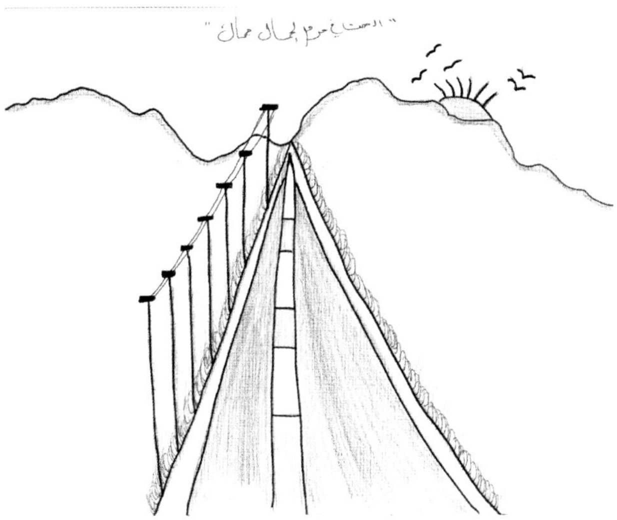

[3]

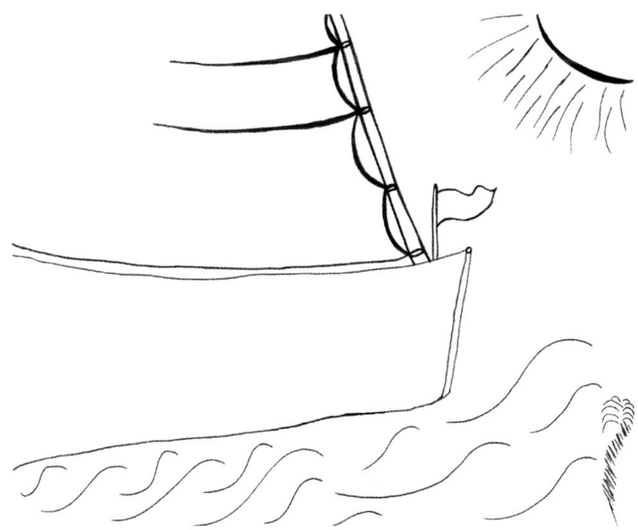

[4]

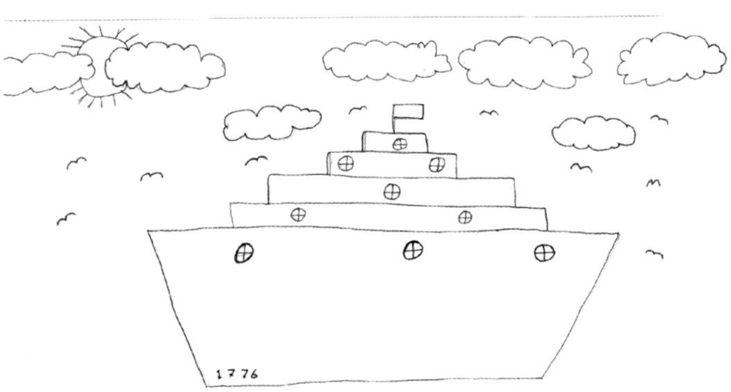

[1] Ahmad Mohammad Enad أحمد محمد عناد
[2] Anhar Hamed Alsubhi أنهار حامد الصبحي
[3] Ashwaq Hasan Abushgair أشواق حسن أبو شقير
[4] Bandar Falih Alhariri بندر فالح الحريري

[2]

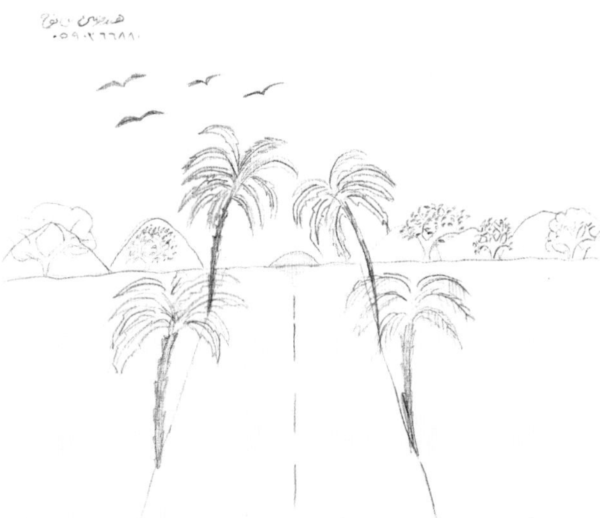

[1]

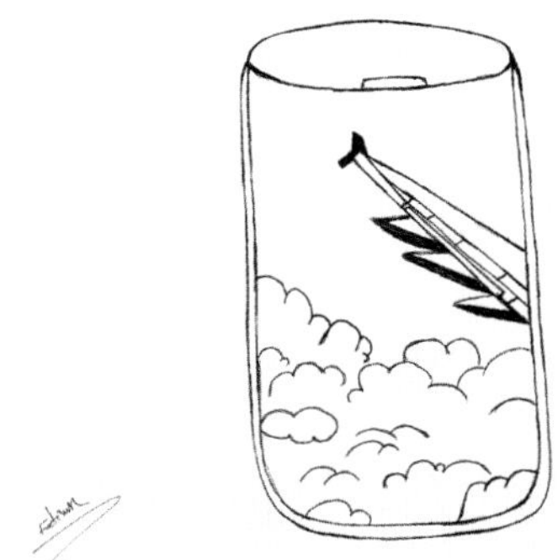

[4]

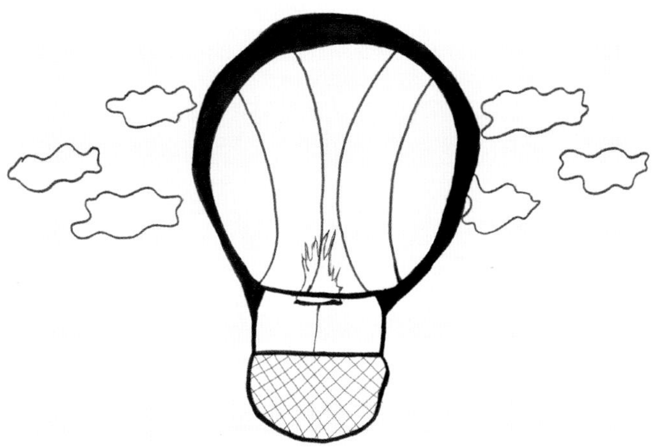

[3]

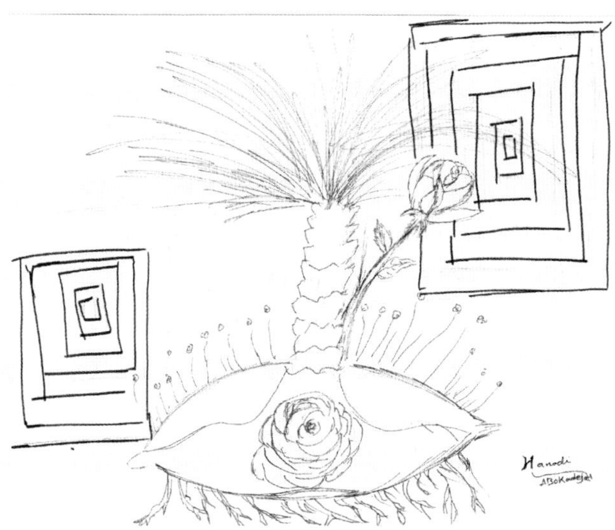

[1] Fatimah Ghanem Alenzi	فاطمة غانم العنزي
[2] Hind Mousa BinNouh	هند موسى بن نوح
[3] Hanadi Ebrahim AbuKhraiba	هنادي إبراهيم ابوخريبه
[4] Elaf Mohammed Alenzi	إيلاف محمد العنزي

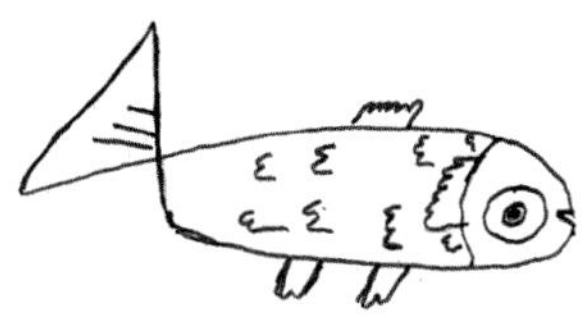

[2]

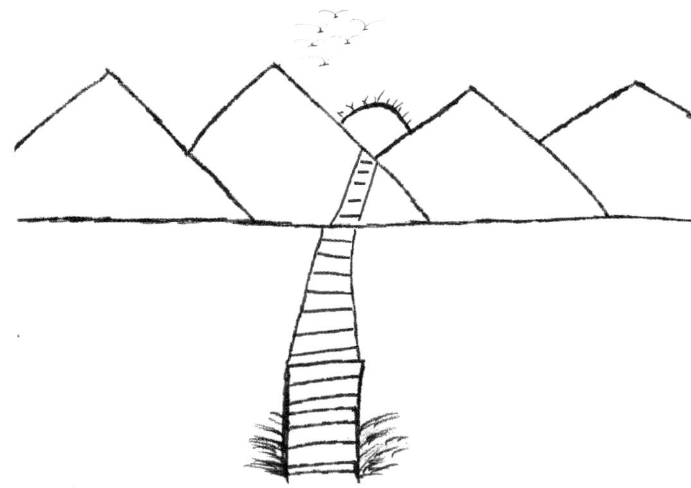

[1]

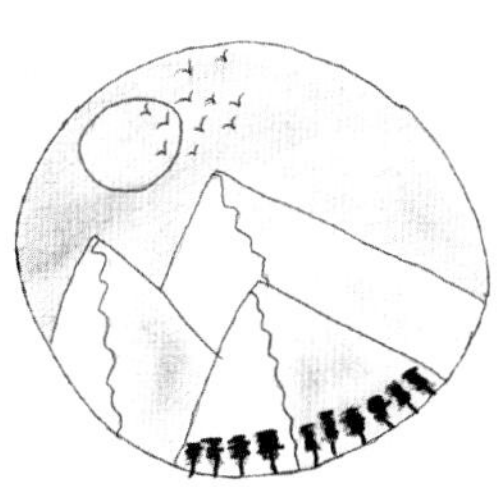

[4]

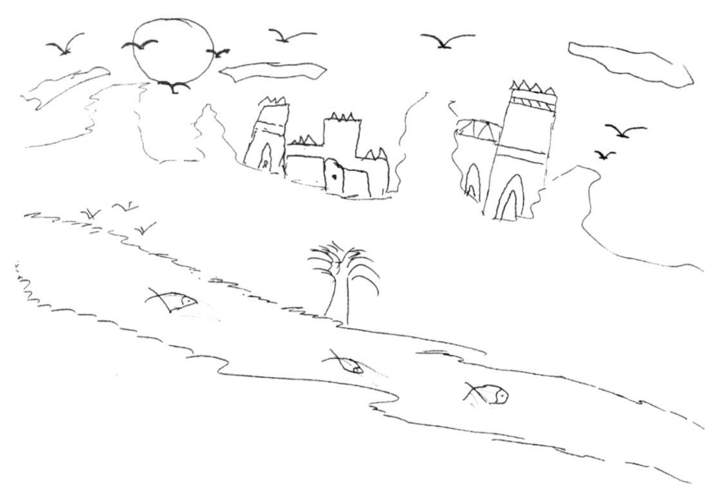

[3]

[5]

[1] Mohammed Ali Alenzi Alhareeri محمد علي العنزي الحريري
[2] Mohammad Almaari محمد المعاري
[3] Manal Mohammed Altouwalae منال محمد الطويلعي
[4] Jawad Abdulrahman جواد عبدالرحمن

[1]

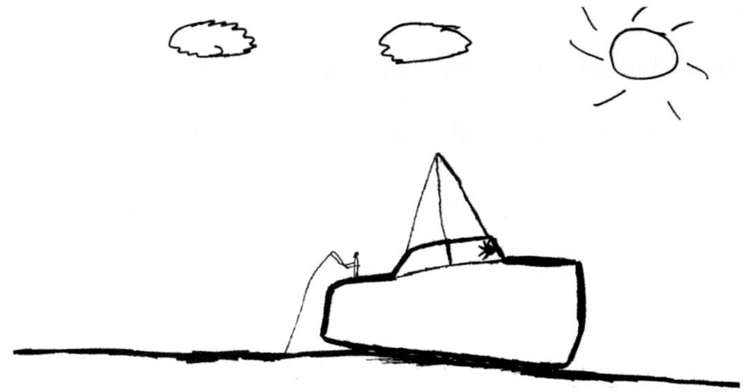

[2]

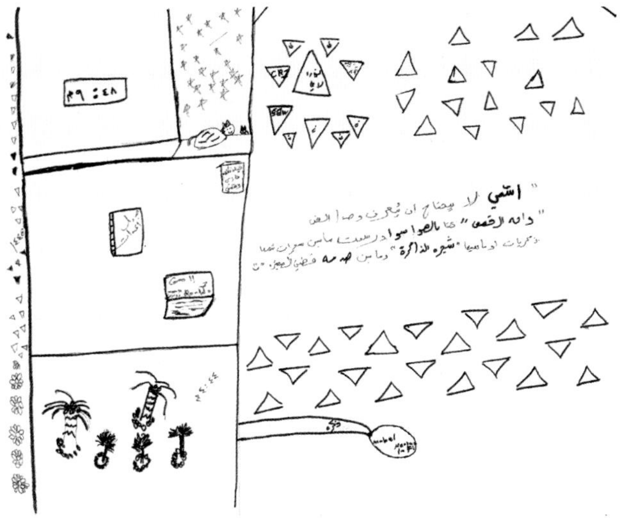

[3]

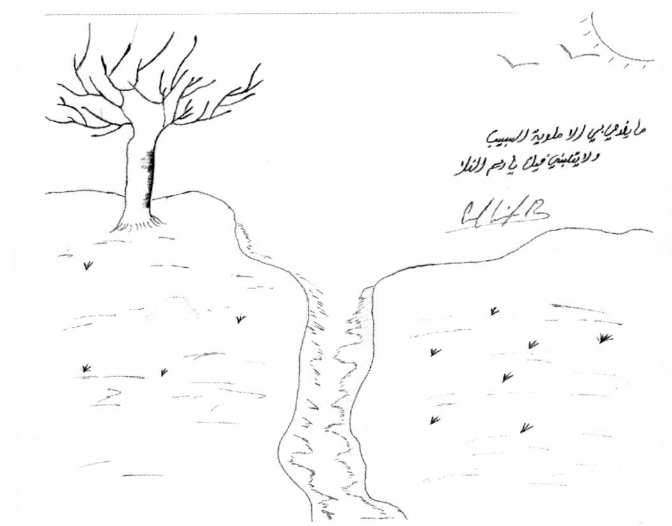

[4]

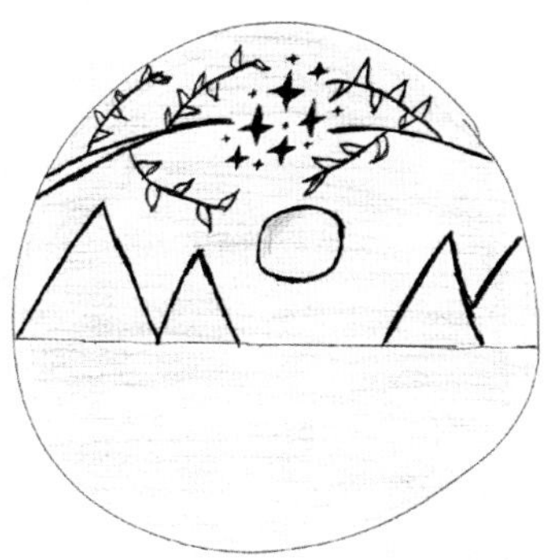

[5]

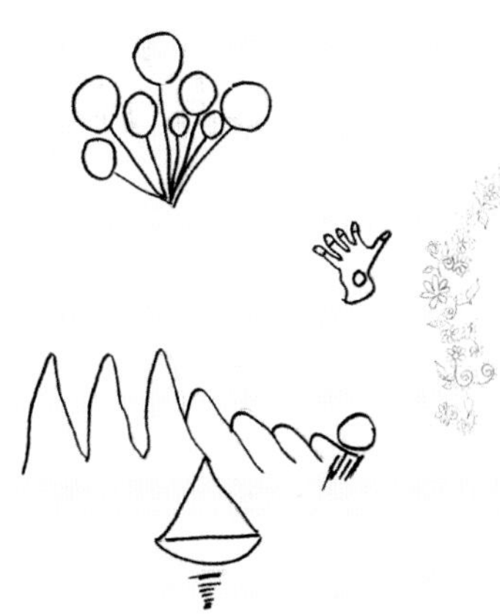

[6]

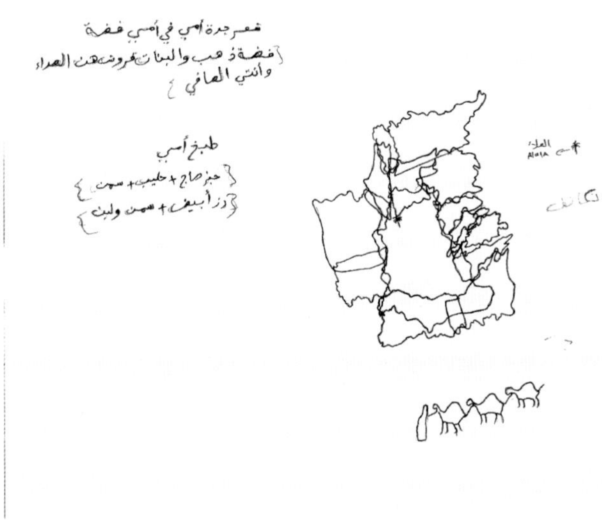

[3]

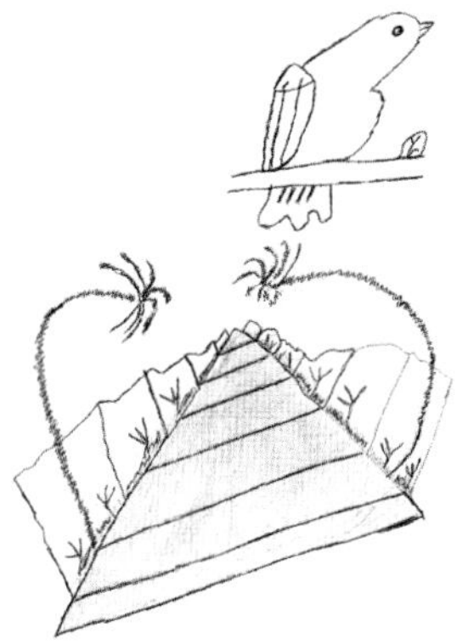

[2]

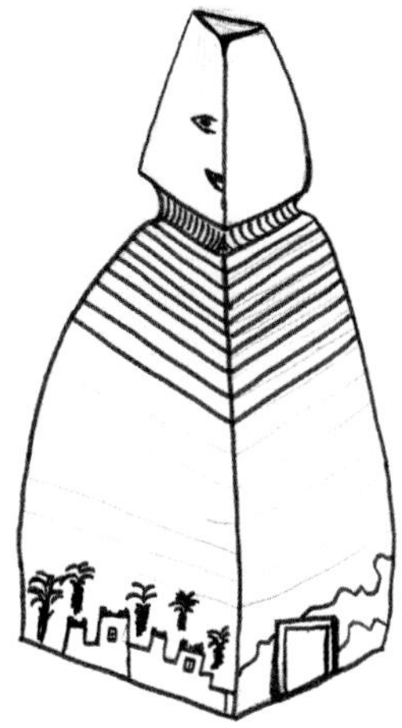

[1]

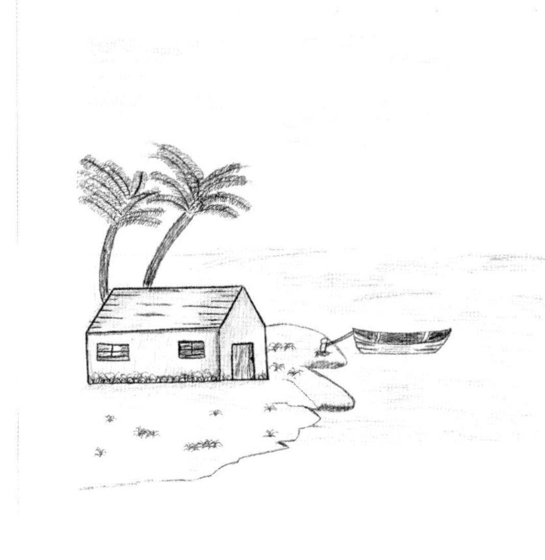

[5]

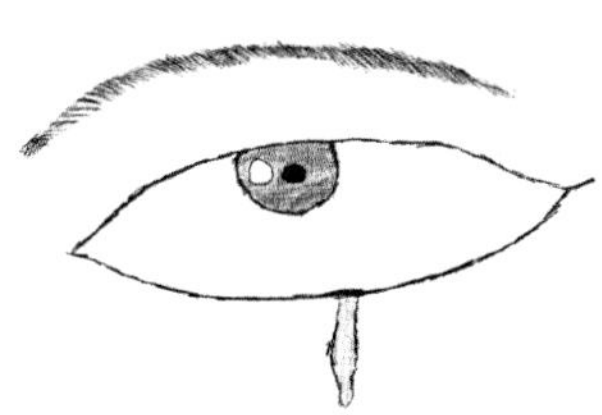

[4]

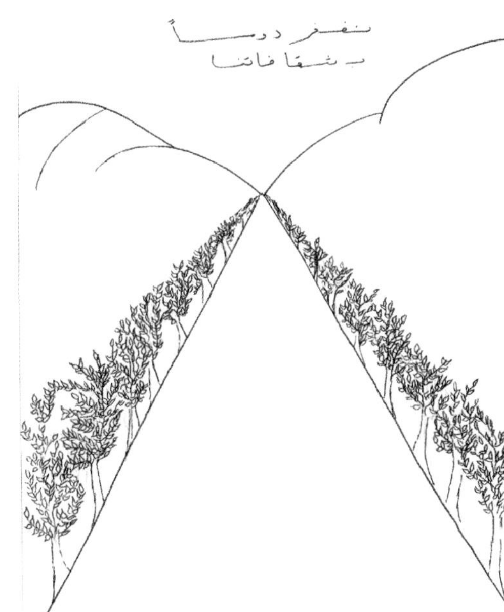

[1] Ghada Musleh Alsadi	غاده مصلح السادي
[2] Abdulakareem Hamad Obaid	عبدالكريم حمد عبيد
[3] Omar Fawaz Alidaa	عمر فواز الإيداء
[4] Maha Mahdi Alenzi	مها مهدي العنزي
[5] Saad Aqla Awad	سعد عقلا عواد

Opposite Page	الصفحة المقابلة
[1] Mutlaq Hais Alidaa	مطلق حايس الإيداء
[2] Nourah Lafi Aljouri	نوره لافي الجوري
[3] Mousa Adel Almansour	موسى عادل المنصور
[4] Mozn Mohammad Algadi	مزن محمد القاضي
[5] Waad Hasan Abushgair	وعد حسن أبو شقير
[6] Shouq Saud Alenzi	شوق سعود العنزي

Our Art & Culture

We have a strong tradition of crafts in AlUla including palm weaving, ceramics, stone carving, jewellery and aromatics. Tools are pictured alongside artisanal objects ranging from a ceremonial dagger to a musical instrument. Designs can be inspired by our historic sites, by Islamic motifs or plants. Ephemeral forms like poetry, story telling, dance and music are also a vital part of our culture. This drawing shows music wafting across the canyons uniting ancient and modern cultures.

فنوننا وثقافتنا

تتميّز العُلا بتراث متنوّع من الحرف اليدويّة، حيث تشمل مهاراتنا الفنيّة الخوص والسدو والخزف والنحت على الحجر وصناعة الحليّ والعطور. وقد عبّروا عن هذه الفنون في الرسومات من خلال رسم الأدوات الحرفيّة المتنوّعة، مثل الخنجر والآلات الموسيقيّة. كما استوحت الرسومات من المواقع التاريخية أو الزخارف الإسلاميّة والنباتات. وبالإضافة إلى ذلك، من الفنون غير الملموسة مثل الشعر وروآية القصص والرقص والموسيقى التي تعتبر أيضًا جزءًا حيويًّا من ثقافتنا. ويتجلّى هذا الترابط بين الموسيقى والرسم في تجاوز الحدود الزمنيّة والجمع بين الثقافات القديمة والحديثة.

’الربابة هي واحدة من الأدوات الموسيقيّة القديمة... الربابة كانت تستخدم كأداة للتعبير عن أعمق الأحزان والأفراح من خلال موسيقاها...‘

‘...the profound transformation that has embraced AlUla... is not merely change but an exquisite infusion of art, creativity and beauty...’

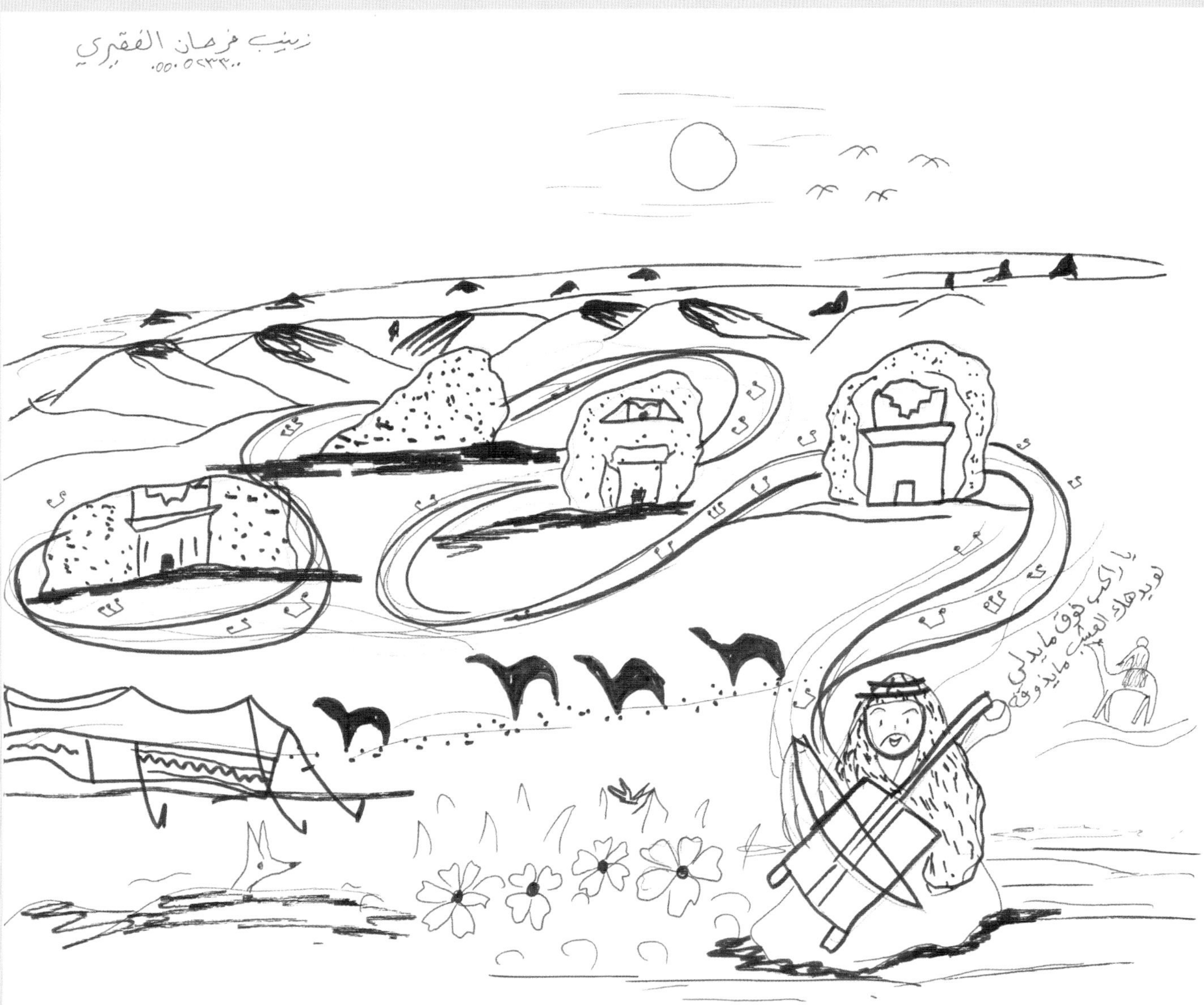

[1]

[1] Zainab Farhan Alfageeri — زينب فرحان الفقيري

[1]

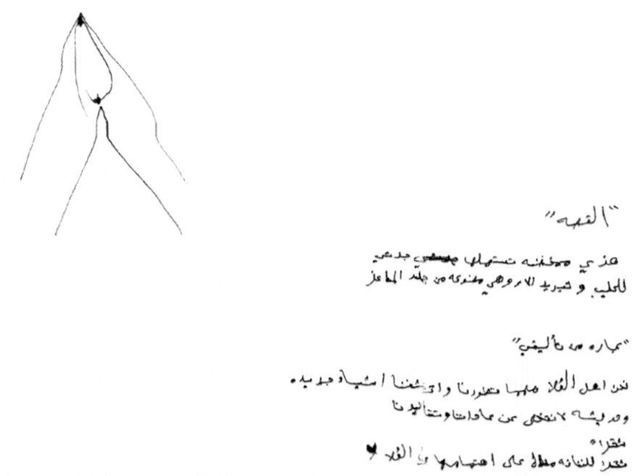

[2]

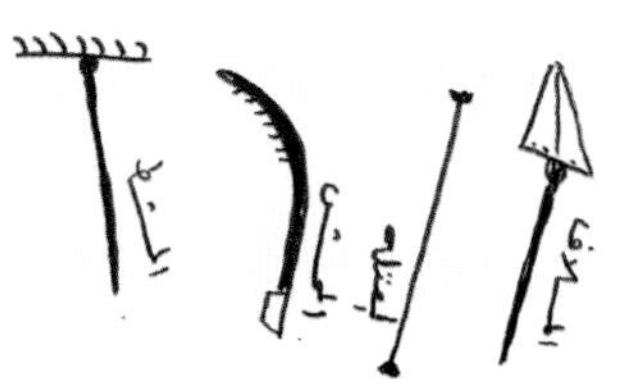

[3]

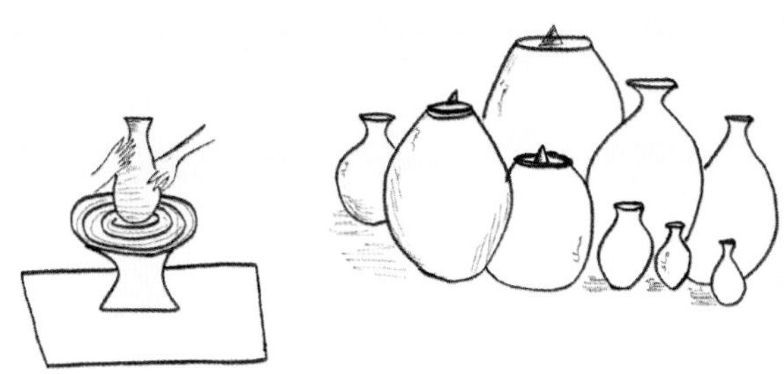

[4]

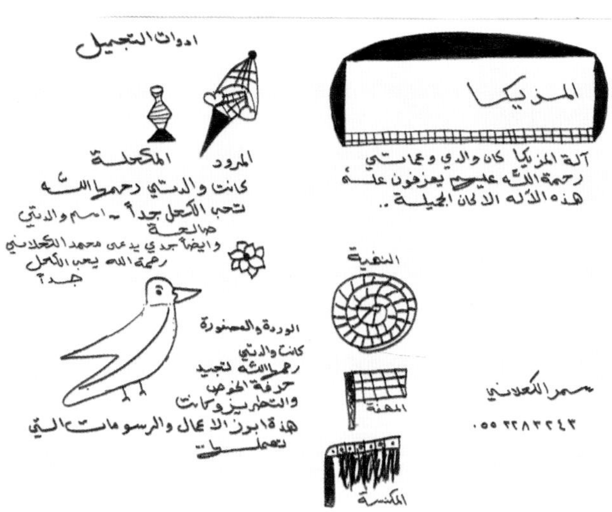

Opposite Page
[1] Shouq Ahmed Suqair
[2] Talal Mansour Alzhoufi
[3] Obaidah Sulaiman Alenzi
[4] Maram Makki Abdullah
[5] Hadeel Abdullah Aqil

الصفحة المقابلة
شوق أحمد صقير
طلال منصور الزحوفي
عبيده سليمان العنزي
مرام مكي عبدالله
هديل عبدالله عقيل

[1] Arwa Fahad Alenzi
[2] Ebrahim Mohammed Abdulkareem
[3] Maram Maki Maki
[4] Samar Saleh Alkahlani

أروى فهد العنزي
إبراهيم محمد عبدالكريم
مرام مكي مكي
سمر صالح الكهلاني

[1]

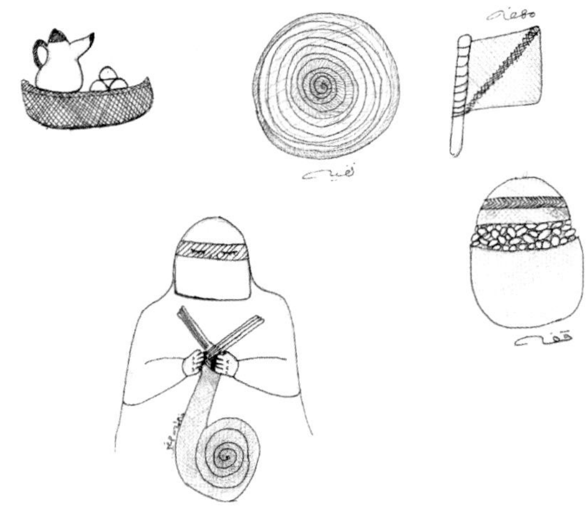

[2]

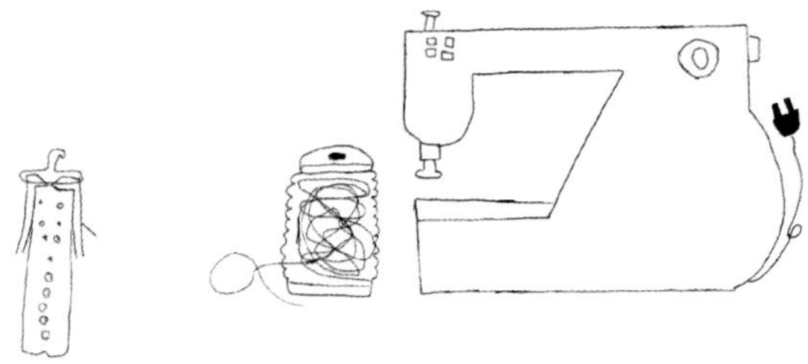

[3]

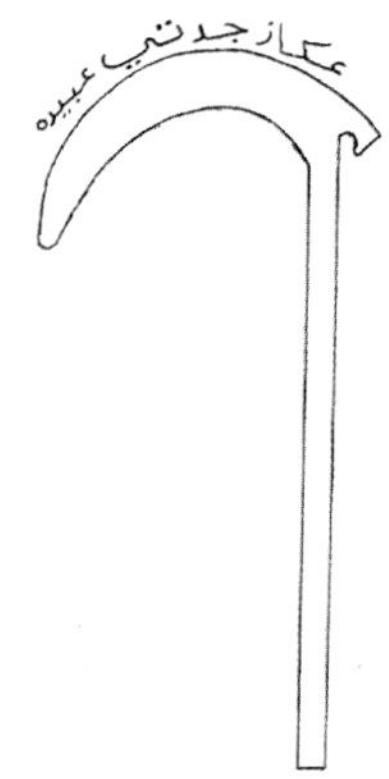

[4]

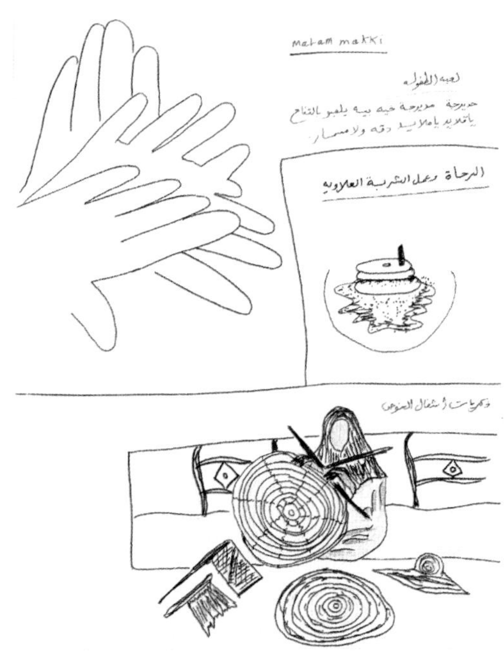

[5]

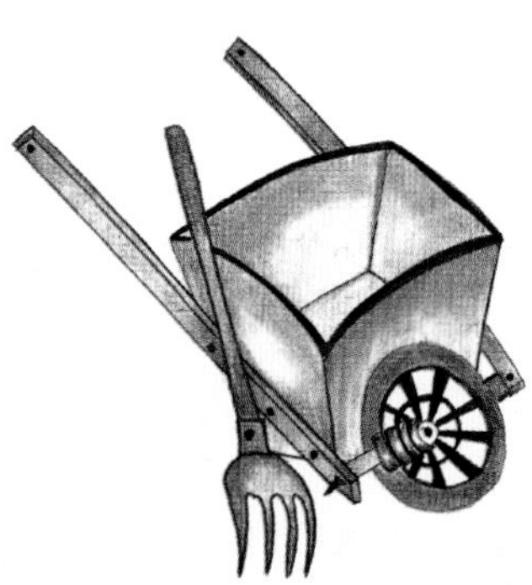

[1]

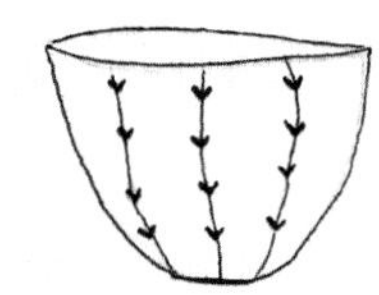

[2]

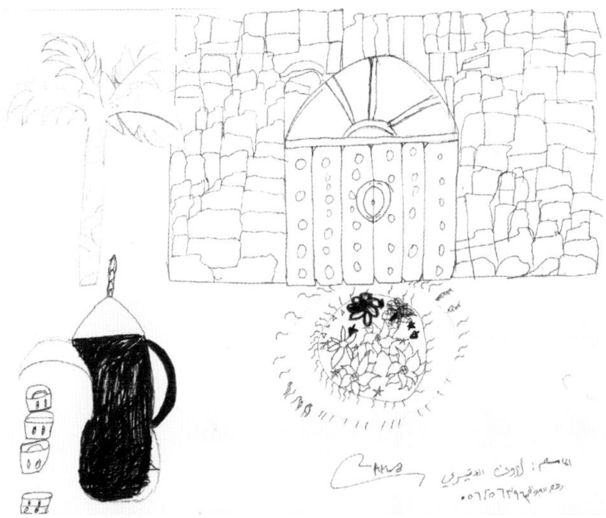

[3]

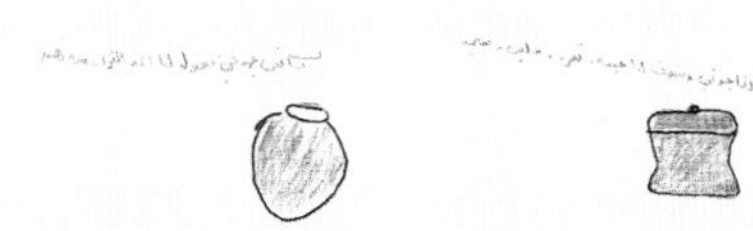

[4]

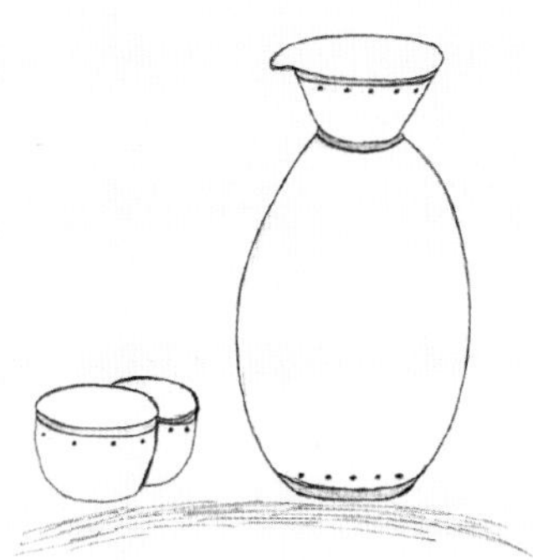

[1] Aryaf Saleh Alenzi أرياف صالح العنزي
[2] Arwa Aldhufairi د الظفيري
[3] Aryam Salem Albalawi أريام سالم البلوي
[4] Ghadeer Ahmed غدير أحمد

[2]

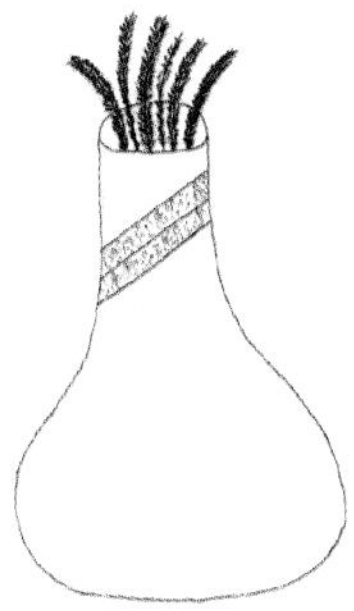

[1]

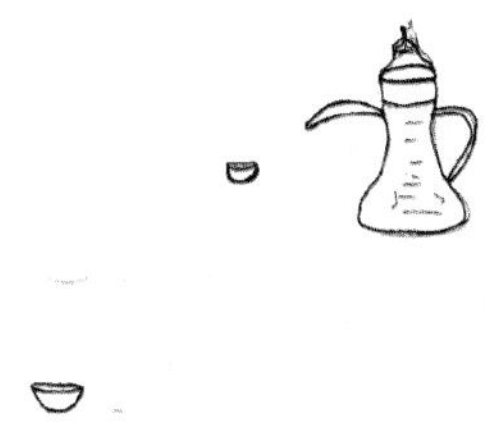

[4]

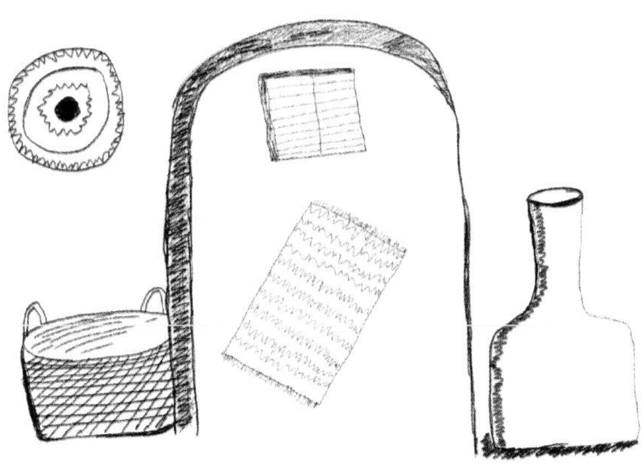

[3]

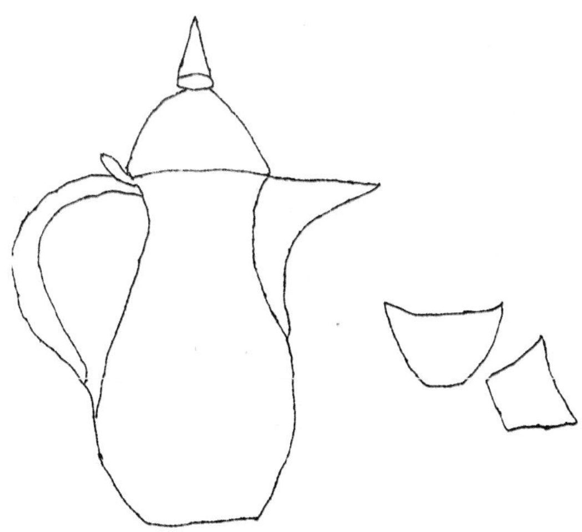

[1] Khaled Naji Albalawi	خالد ناجي البلوي
[2] Layali Mohammed Alidaa	ليالي محمد الإيداء
[3] Maali Mahajaa Alenzi	معالي مهاجع العنزي
[4] Majedah Alhazmi	ماجدة الحازمي

[1]

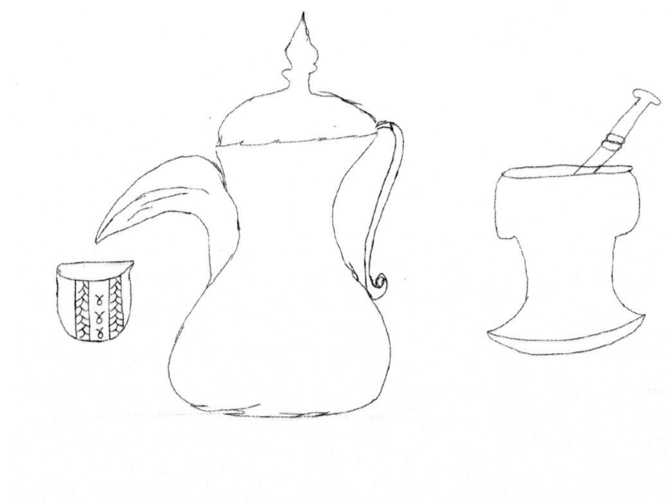

[2]

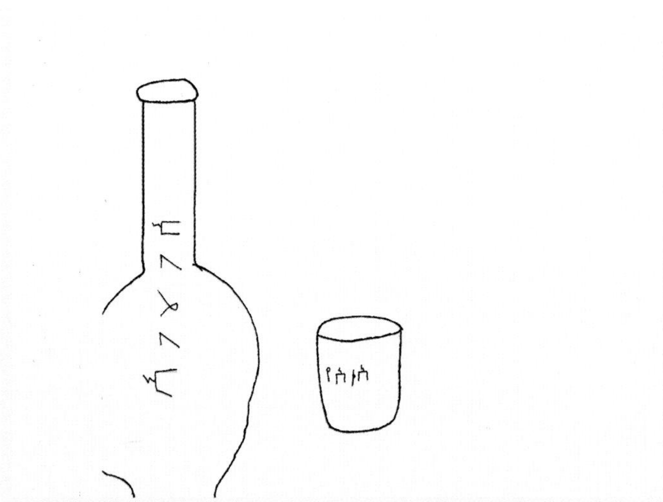

[3]

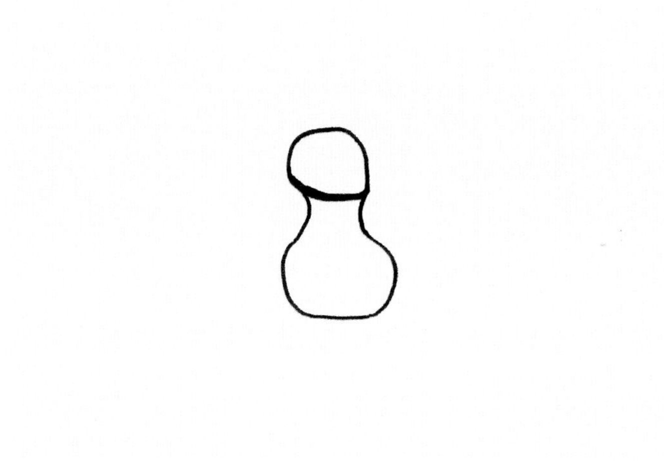

[4]

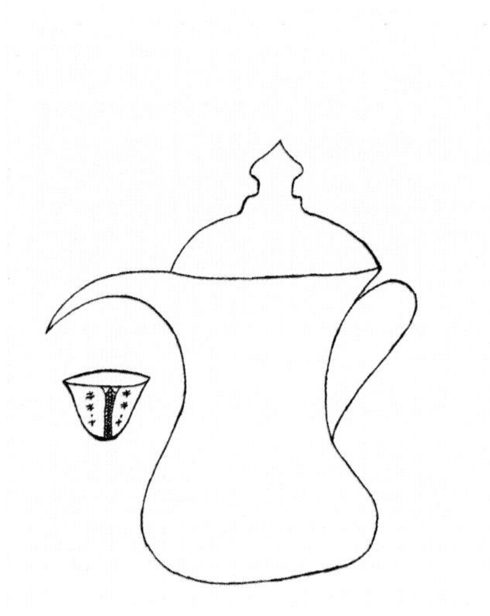

[1] Shatha Khalaf Alenzi — شذى خلف العنزي
[2] Yara Abdulaziz Alidaa — يارا عبدالعزيز الإيداء
[3] Abdulhadi Aljubail Albalawi — عبدالهادي الجبيل البلوي
[4] Azzah Khalaf Albalawi — عزة خلف البلوي

[2]

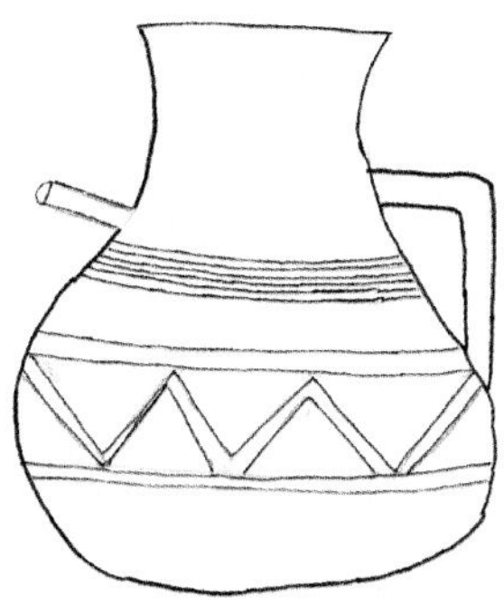

[1]

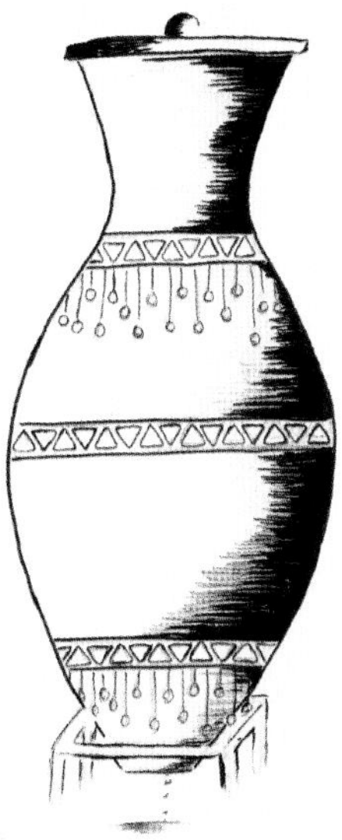

[5]

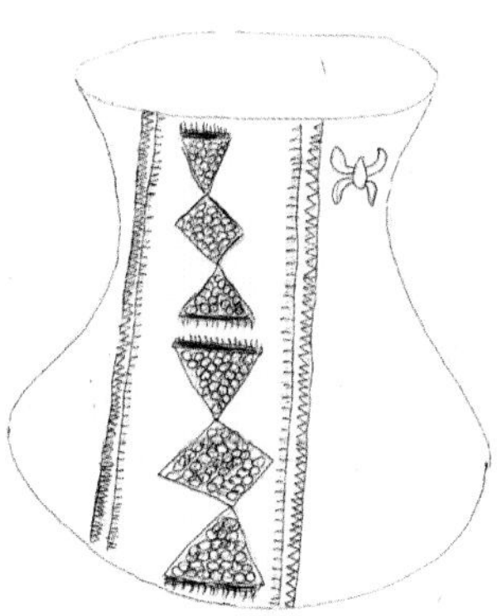

[4]

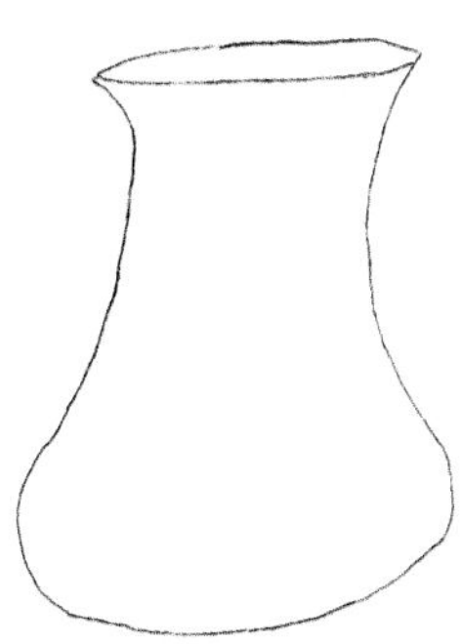

[3]

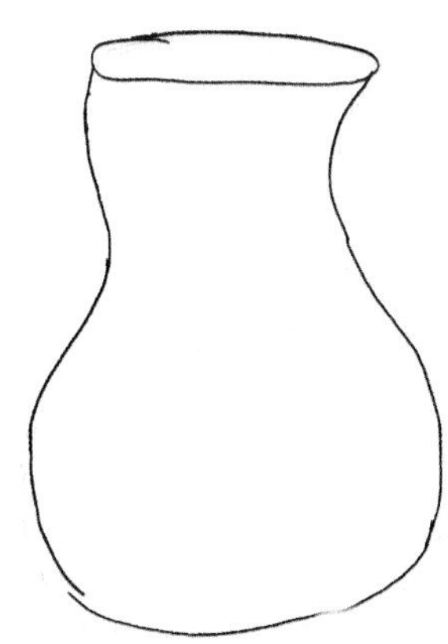

[1] Fatimah Ali Abdulkareem فاطمة علي عبدالكريم
[2] Asayel Salem Albalawi أصايل سالم البلوي
[3] Maram Ali Albalawi مرام علي البلوي
[4] Neamah Alenzi نعمة العنزي
[5] Reem Mohammed Albalawi ريم محمد البلوي

[2]

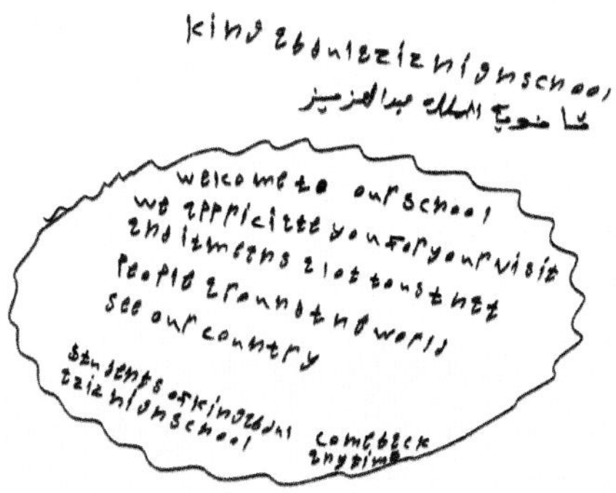

[1]

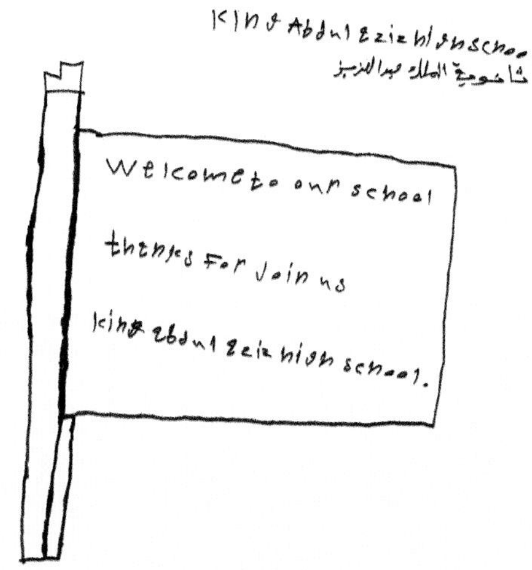

[4]

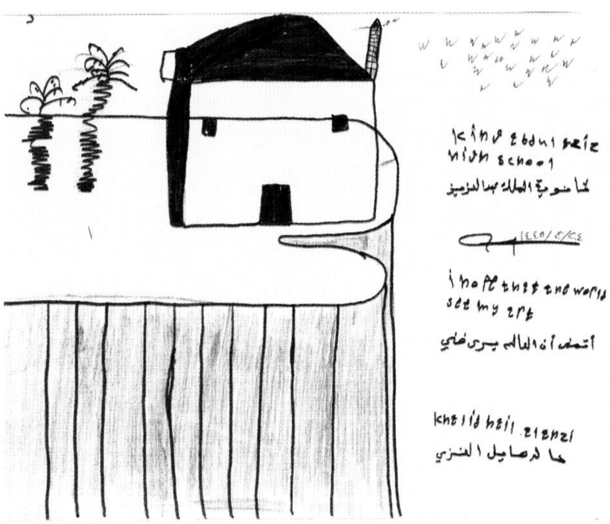

[3]

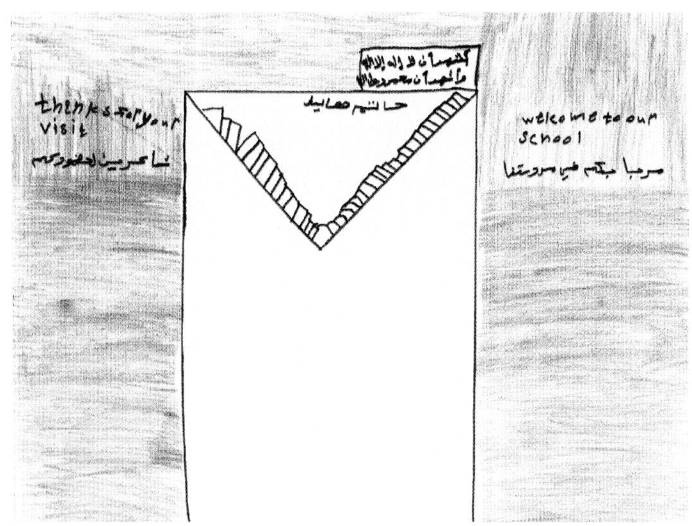

[1] Ahmed Rabeh Alenzi	أحمد رابح العنزي
[2] Weam Eissa Aljuhani	وئام عيسى الجهني
[3] Hatim Hail Alenzi	حاتم هايل العنزي
[4] Khaled Hail Alenzi	خالد هايل العنزي

[2]

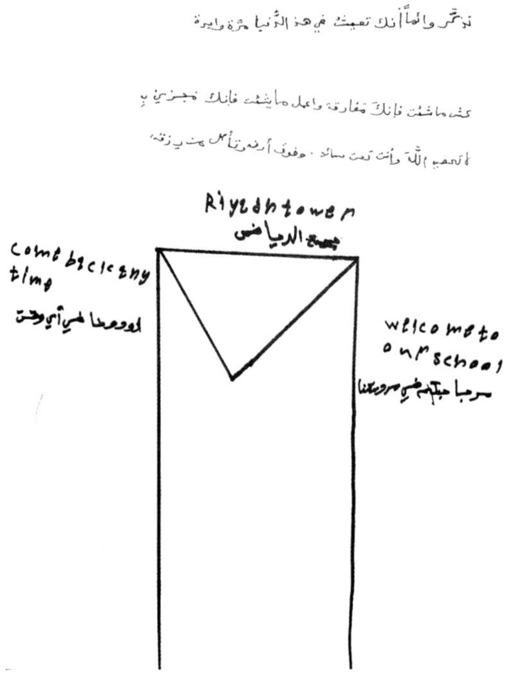

[1]

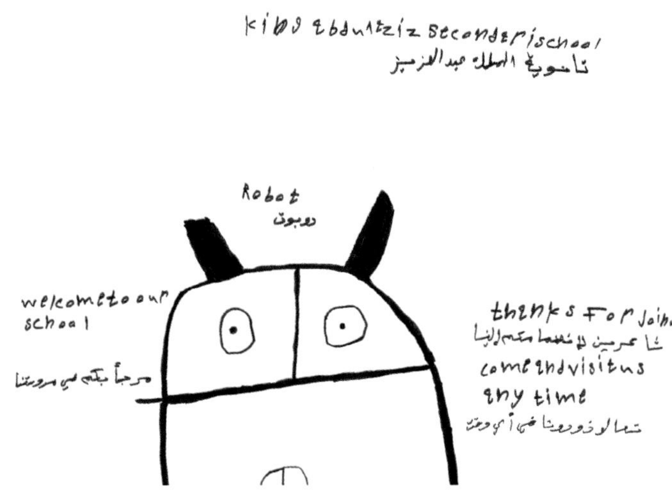

[4]

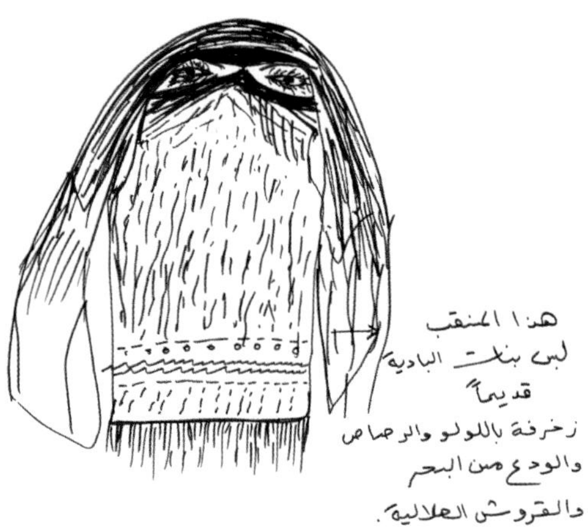

[3]

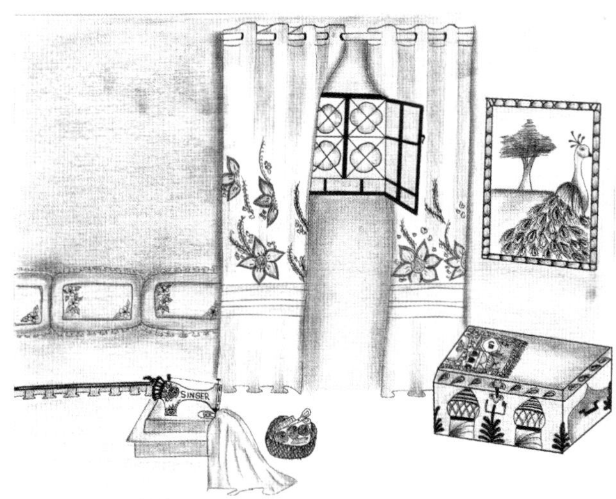

[1] Mousa Abdulraheem Alenzi موسى عبدالرحيم العنزي
[2] Omar Ebrahim Alenzi عمر إبراهيم العنزي
[3] Hadeel Abdullah Aqil هديل عبدالله عقيل
[4] Noura Ali Alwabli نورة علي الوابلي

[2]

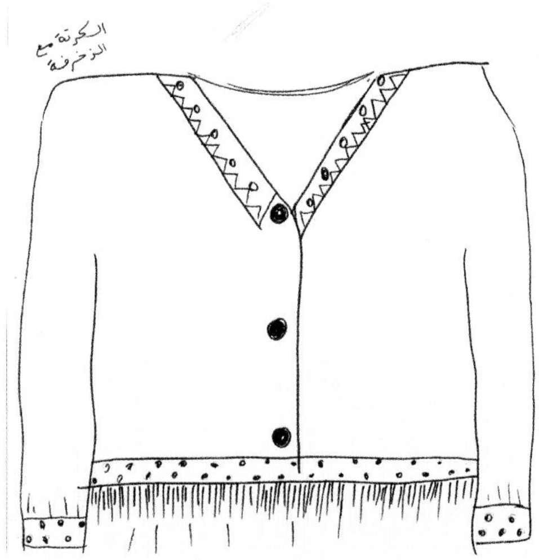

[1]

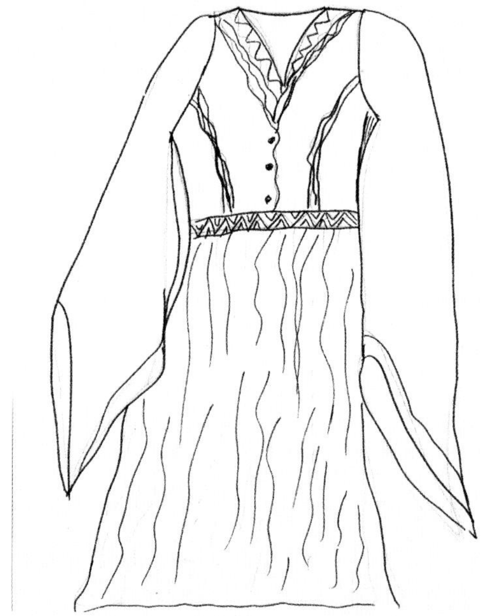

[2]

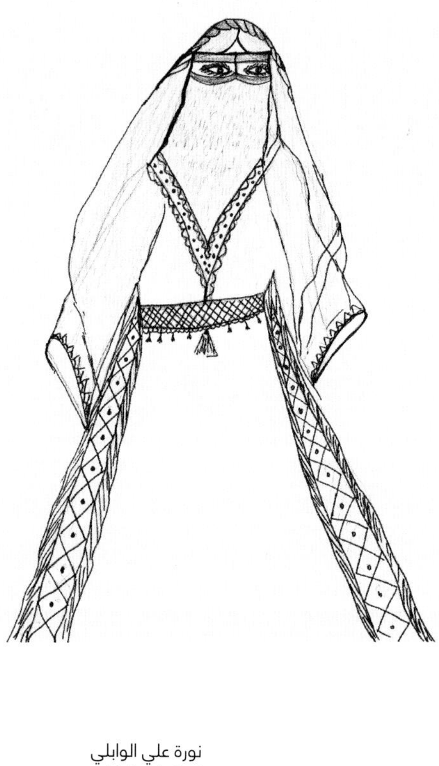

[1]

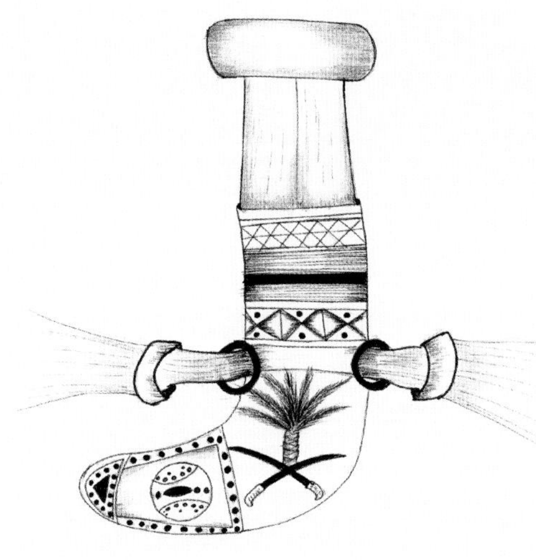

[1] Noura Ali Alwabli نورة علي الوابلي
[2] Noura Ali Alwabli نورة علي الوابلي
[3] Hadeel Abdullah Aqeel هديل عبدالله عقيل
[4] Nourah Ali Albalawi نورة علي البلوي

[1]

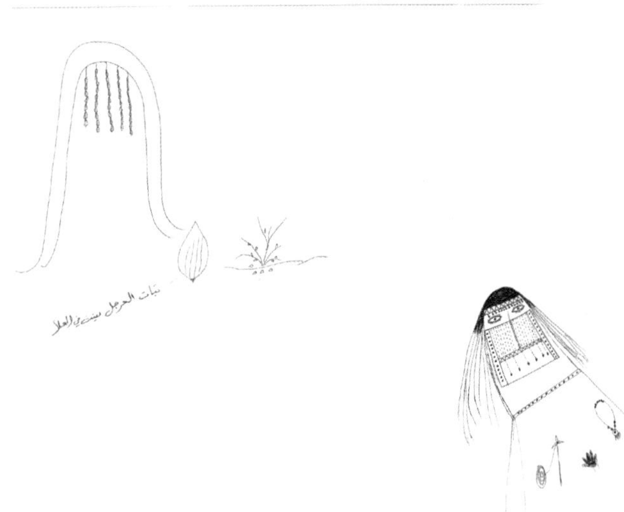

[2]

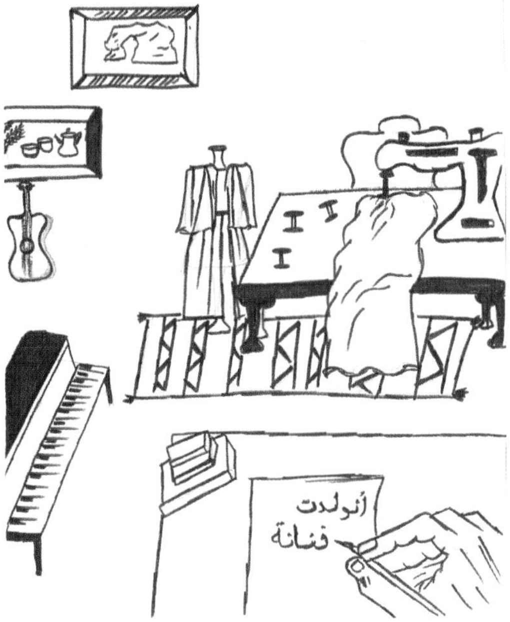

[3]

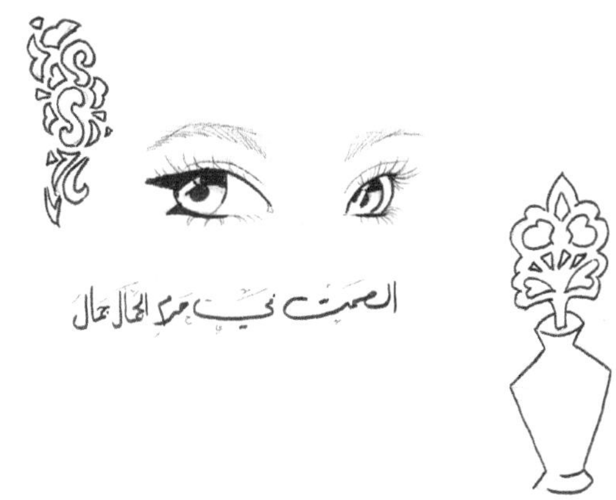

[4]

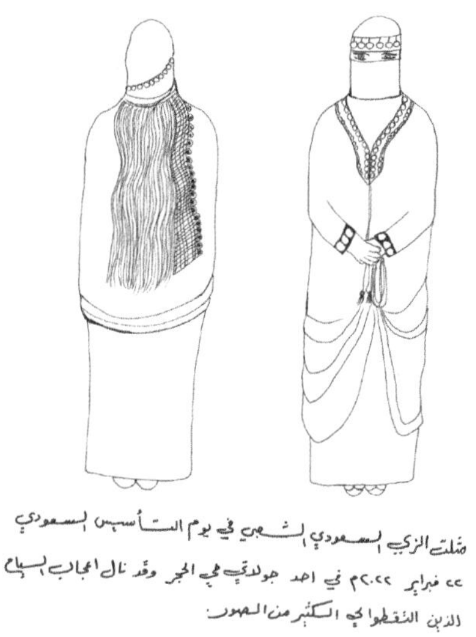

[5]

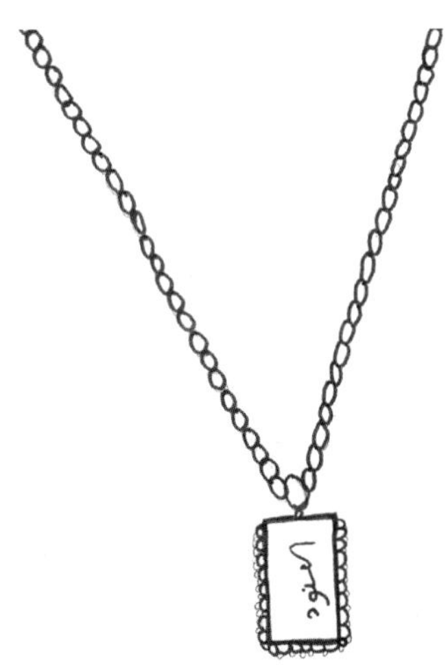

[1] Sarah Mohammed Albalawi — سارة محمد البلوي
[2] Wejdan Lafi Alharbi — وجدان لافي الحربي
Reem Sulaiman Hamed Albalawi — ريم سليمان حمد البلوي
[3] Areej Abdulmalik Alimam — أريج عبدالملك الامام
[4] Reem Sulaiman Hamed Albalawi — ريم سليمان حمد البلوي
[5] Alanoud Rajaa Alenzi — العنود رجا العنزي

[1]

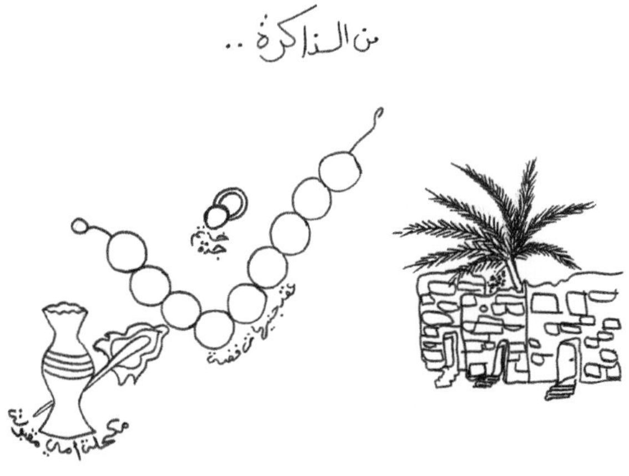

[2]

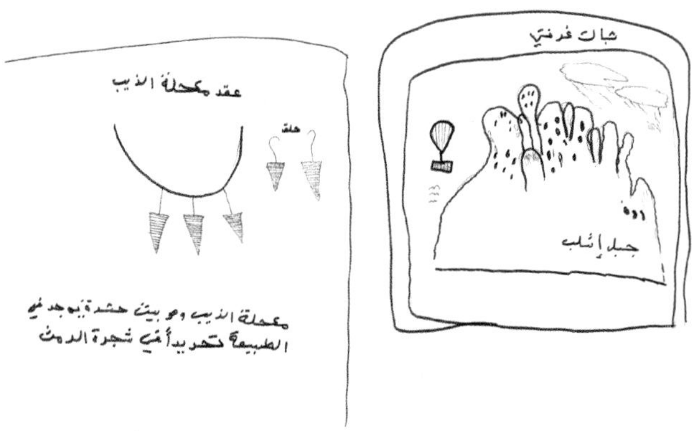

[3]

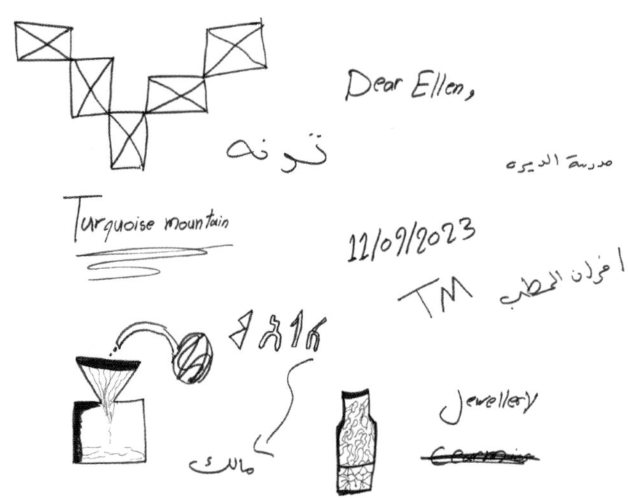

[4]

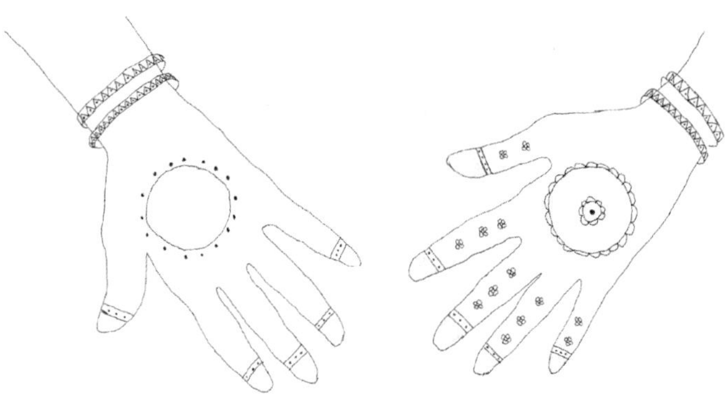

[1] Hanan Ibrahim Albalawi — حنان إبراهيم البلوي
[2] Jameelah Farhan Alenzi — جميلة فرحان العنزي
[3] Malik Khalid Alahmadi — مالك خالد الأحمدي
[4] Mariam Albalawi — مريم البلوي

[2]

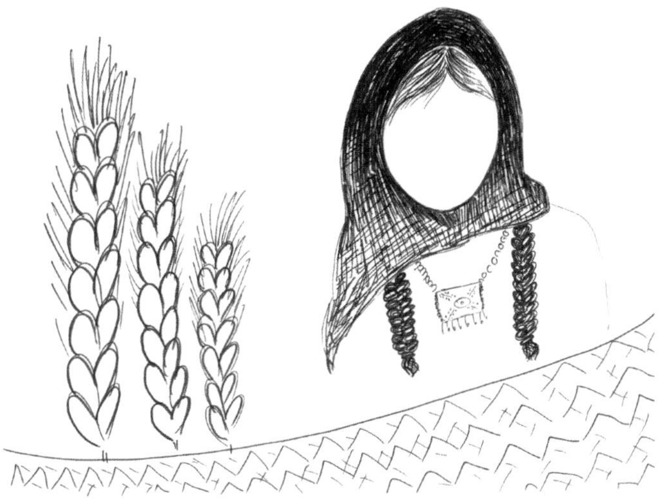

[1]

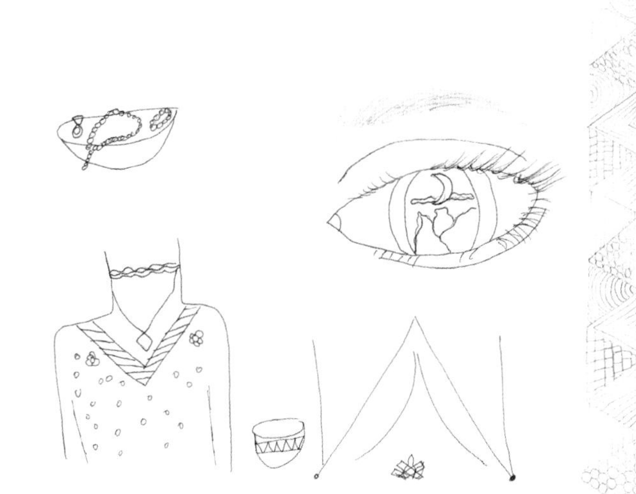

[4]

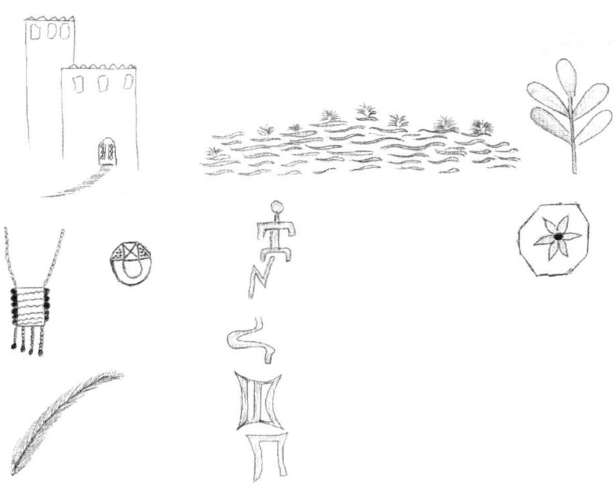

[3]

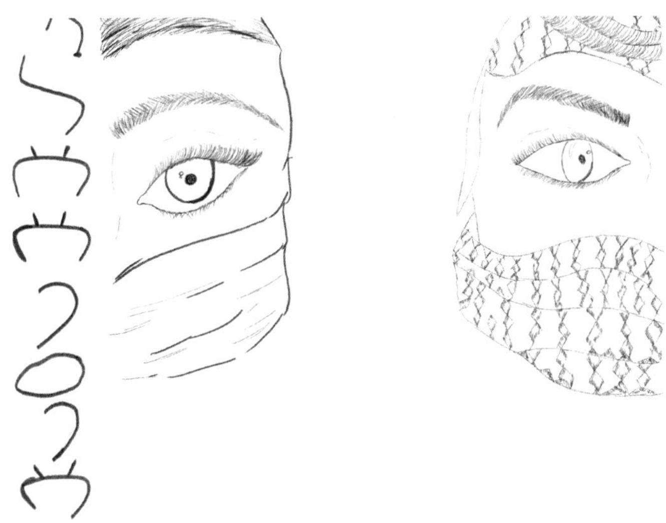

[1] Nawal Khalid Algadi نوال خالد القاضي
[2] Ola Mousa Abdulwahed علا موسى عبدالواحد
[3] Rajaa Mohammed Alharbi رجاء محمد الحربي
[4] Sara Mohammed Albalawi سارة محمد البلوي

[2]

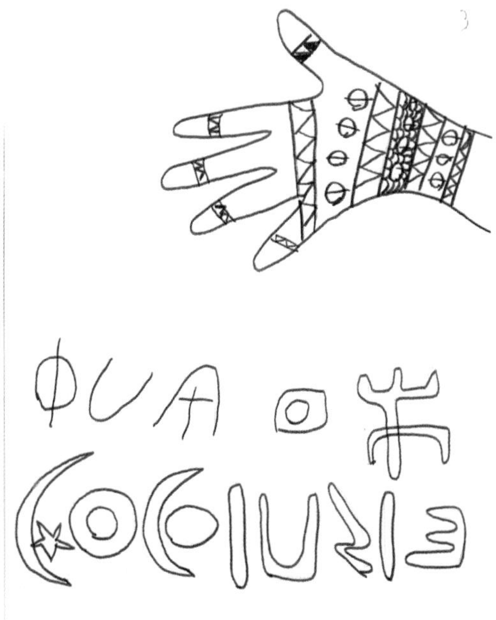

[1]

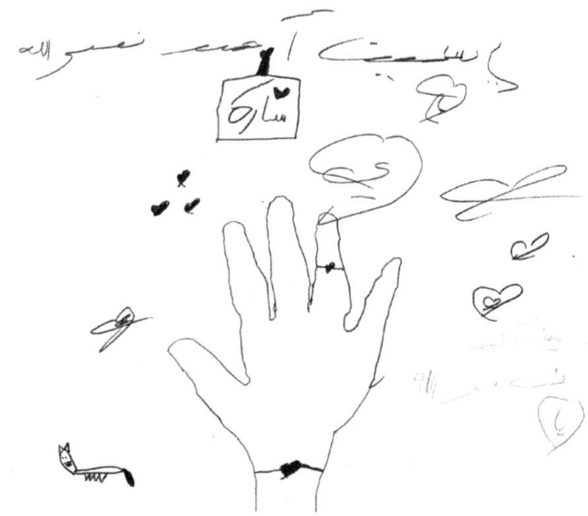

[4]

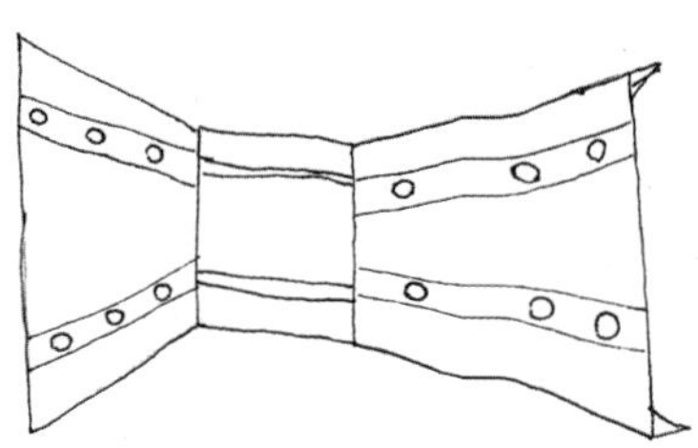

[3]

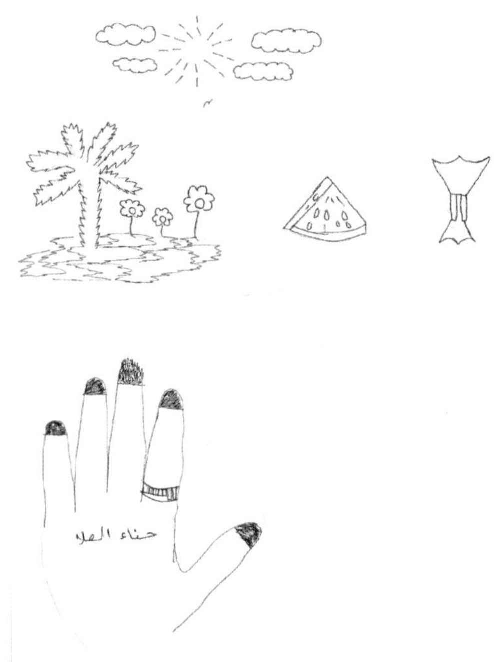

[1] Yasmeen Ahmed Nasrallah ياسمين أحمد نصرالله
[2] Anwar Atyah أنوار عطية
[3] Huda Frahan Mubarak Alenzi هدى فرحان مبارك العنزي
[4] Shouq Aziz Alenzi شوق عزيز العنزي

[1]

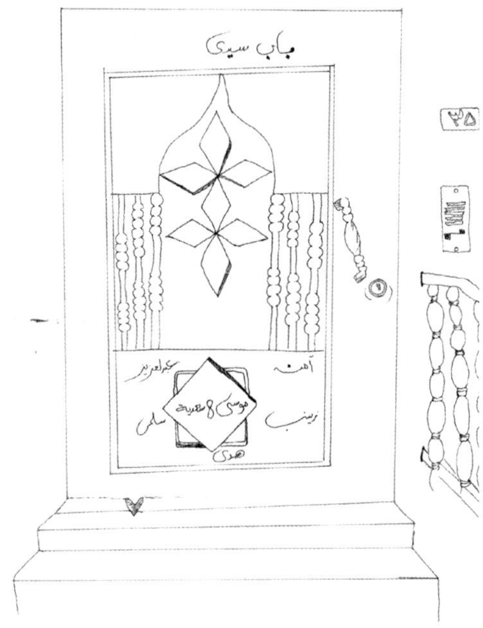

[2]

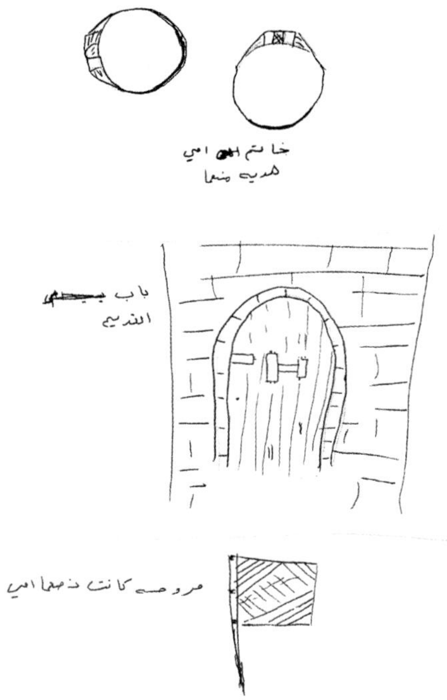

[3]

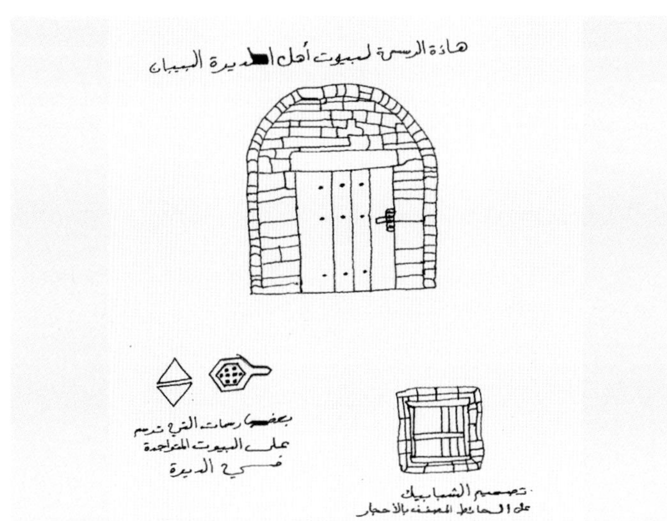

[4]

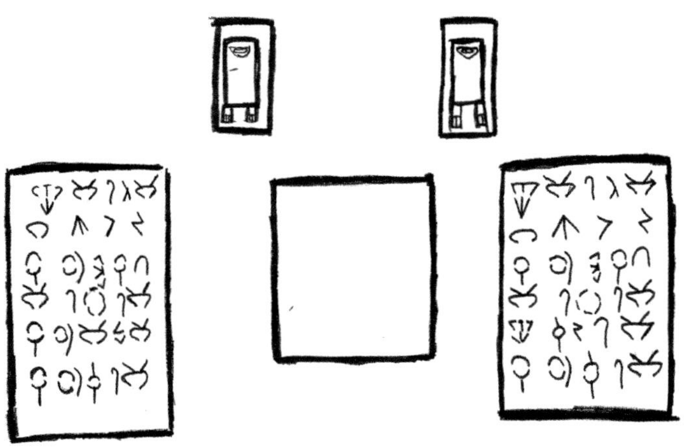

[1] Amjad Abdulrahman Sabbah أمجاد عبدالرحمن صباح
[2] Angham Abdullah أنغام عبدالله
[3] Abdulrahman Ahmed Alnasser عبدالرحمن أحمد الناصر
[4] Almuhannad Abdulaziz Alnajem المهند عبدالعزيز الناجم

[2]

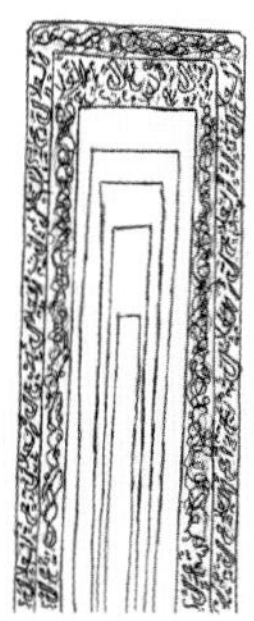

[1]

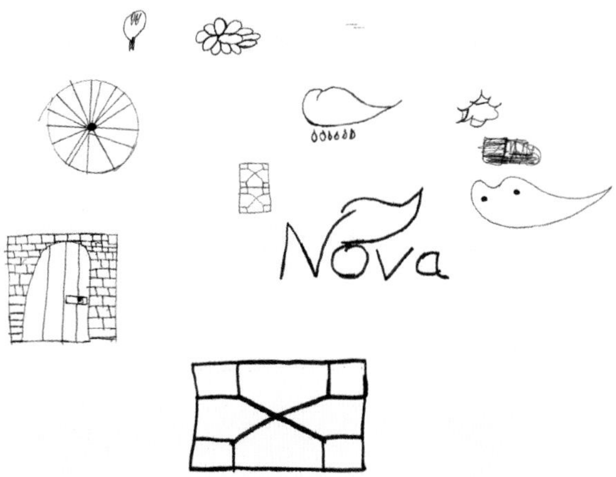

[4]

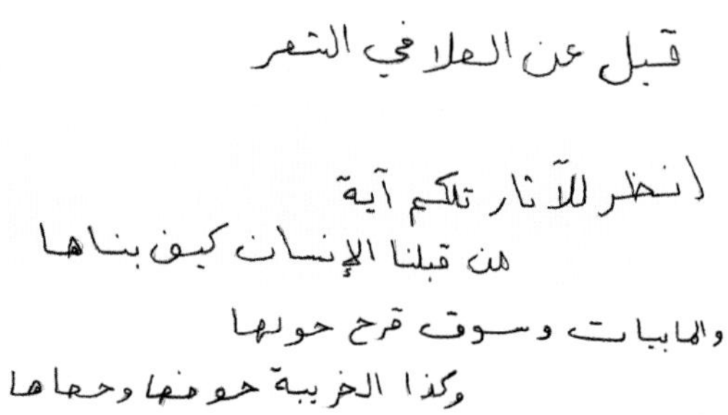
قبل عن العلا في الشعر

انظر للآثار تلكم آية
من قبلنا الإنسان كيف بناها
والمابيات وسوق قرح حولها
وكذا الخريبة حومها وحماها

[3]

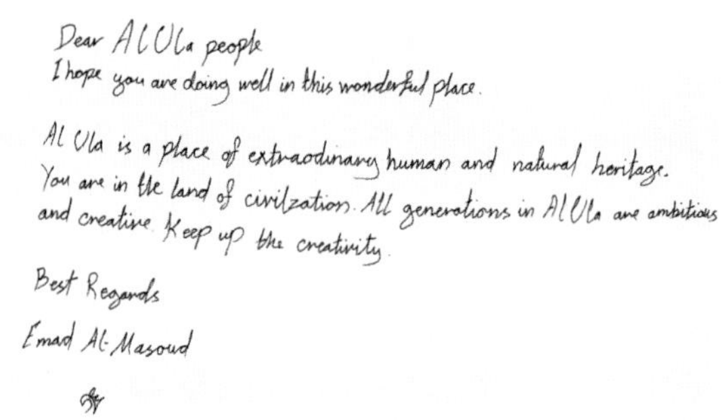
Dear Al Ula people
I hope you are doing well in this wonderful place.

Al Ula is a place of extraordinary human and natural heritage.
You are in the land of civilzation. All generations in Al Ula are ambitious
and creative. Keep up the creativity.

Best Regards

Emad Al-Masoud

[1] Saleh Muhammed Altowalae — صالح محمد الطويلعي
[2] Sama Meshaan Alidaa — سما مشعان الإيداء
[3] Emad Abdulrahman Al Masoud — عماد عبدالرحمن آل مسعود
[4] Mohammad Eid Alenzi — محمد عيد العنزي

[2]

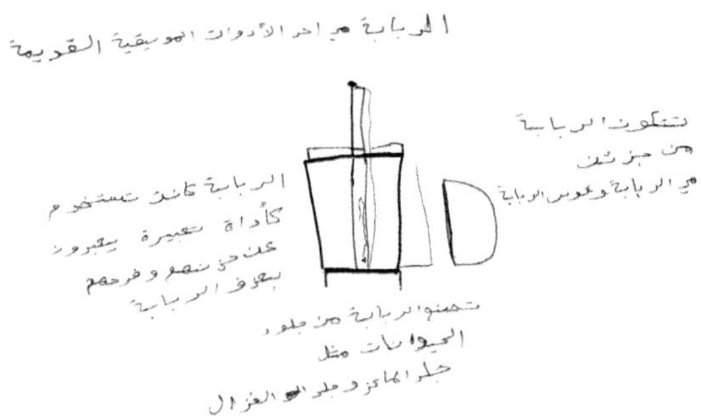

[1]

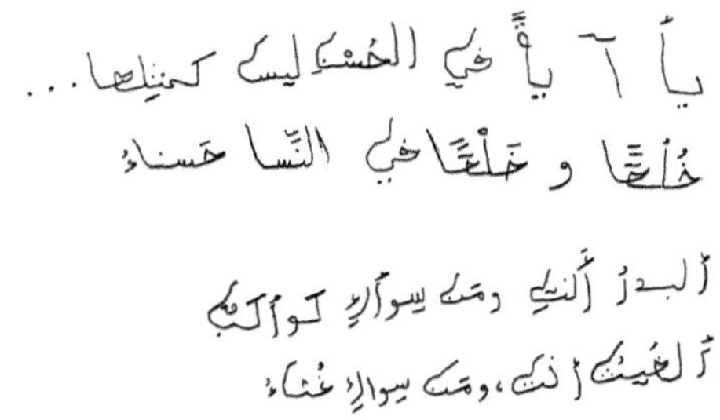

[4]

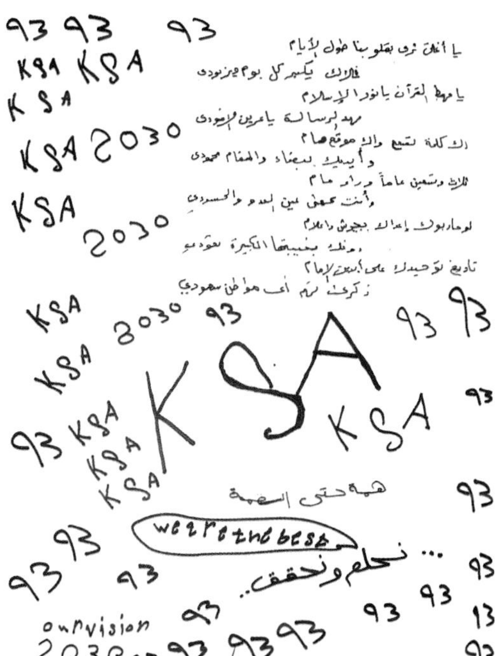

[3]

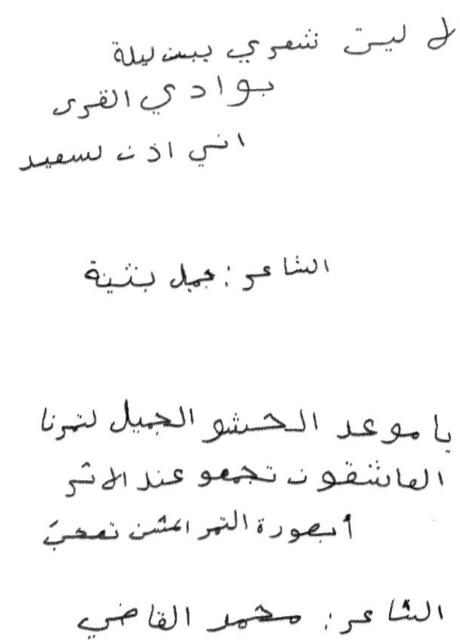

[1] Renad Mansoor ريناد منصور
[2] Saleh Falah Akenzi صالح فالح اكينزي
[3] Abdulaziz Mohammed Alenzi عبدالعزيز محمد العنزي
[4] Anonymous Participant مجهول

[1]

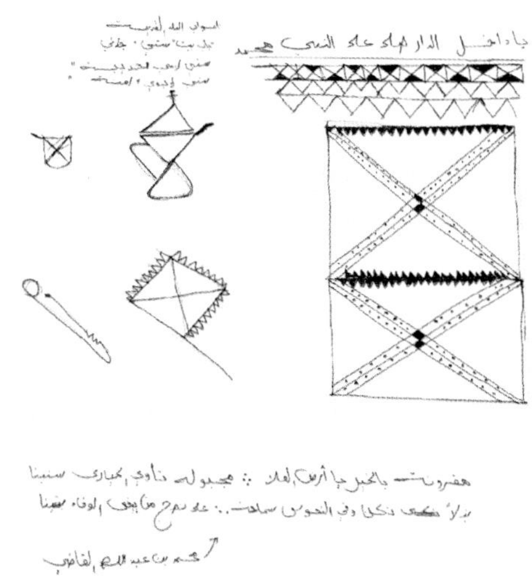

[2]

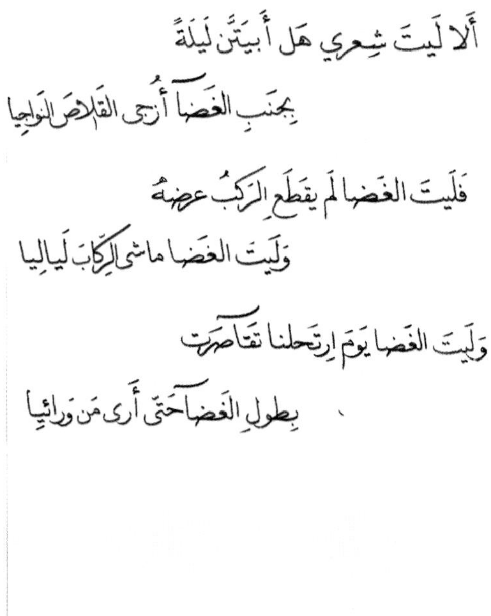

[3]

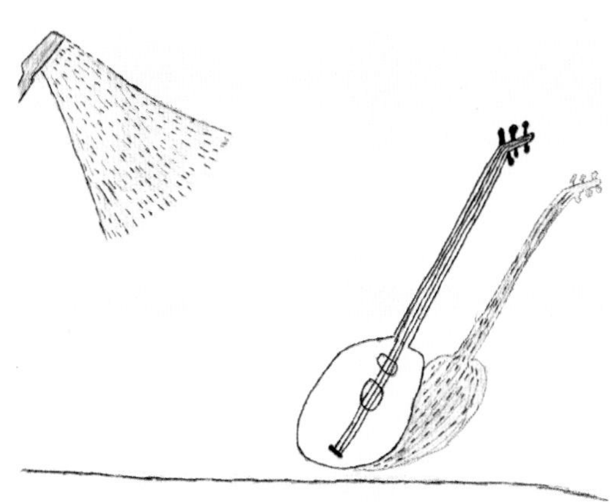

[4]

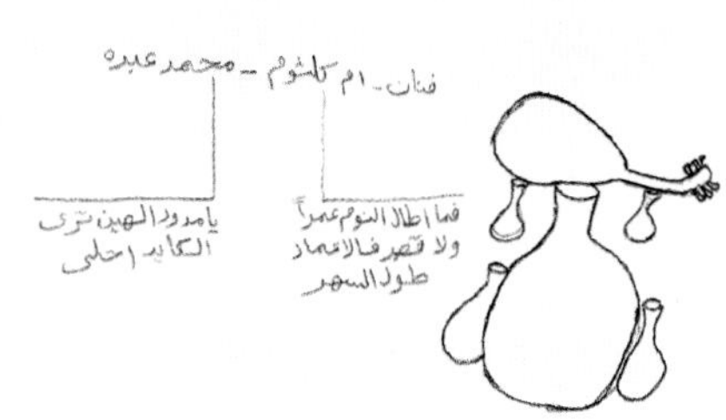

[1] Bayan Saud Nasser — بيان سعود ناصر
[2] Ebrahim Mohammed Bin Madhhar — إبراهيم محمد بن مظهر
[3] Mohammed Abdullah Alidaa — محمد عبدالله الإيداء
[4] Nawaf Mohammed Aljuhani — نواف محمد الجهني

[1]

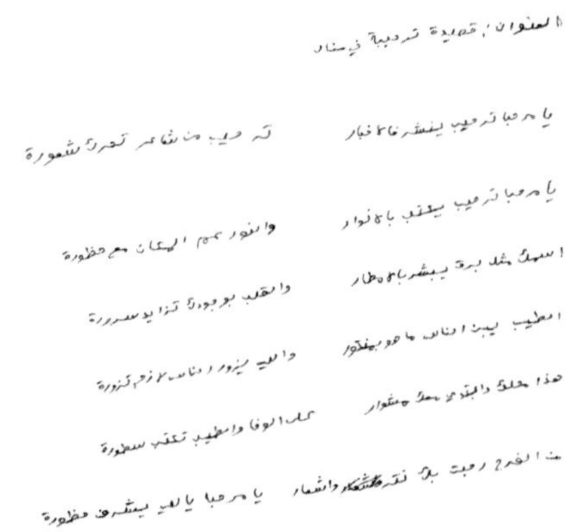

[2]

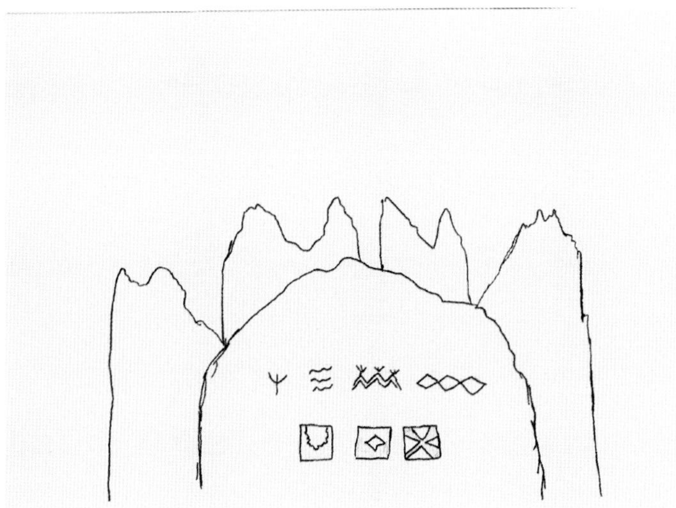

[3]

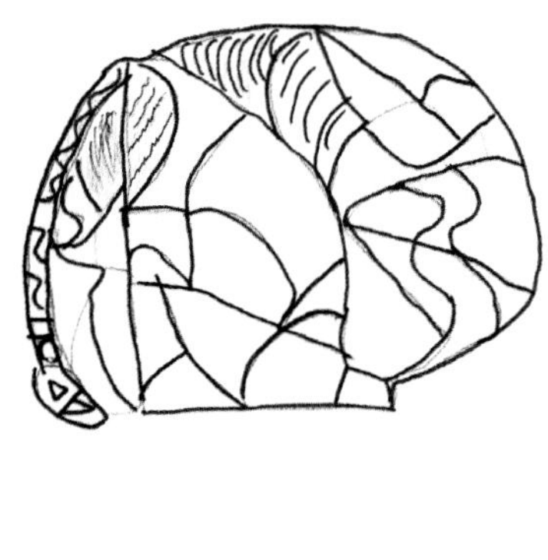

[4]

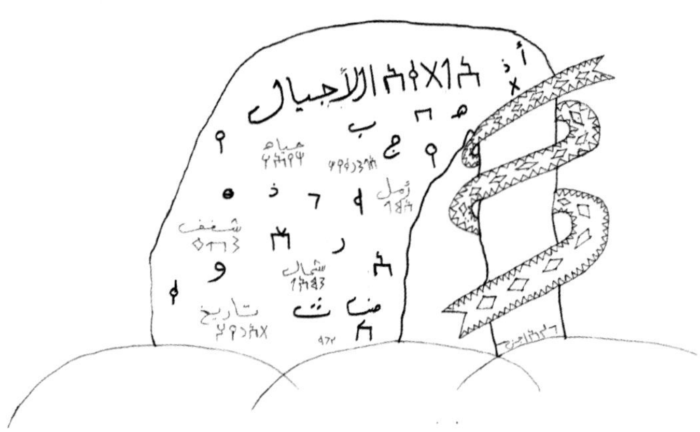

[1] Turki Fahad Mutlaq Alezni — تركي فهد مطلق العنزي
[2] Deema Naif Alidaa — ديما نايف الإيداء
Daniah Abdullah Alenzi — دانية عبدالله العنزي
Sarah Farah Alenzi — سارة فرح العنزي
Raneem Rajaa Alidaa — رنيم رجاء الإيداء
[3] Gharam Hussain Aqeel — غرام حسين عقيل
[4] Jana Mohammed Alothmani — جنى محمد العثماني

[2]

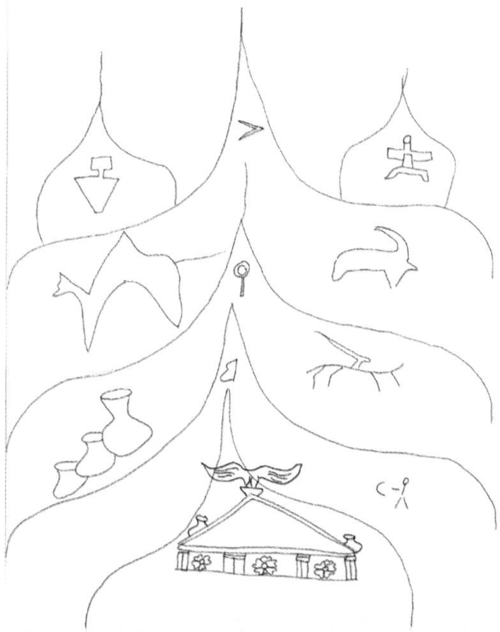

[1]

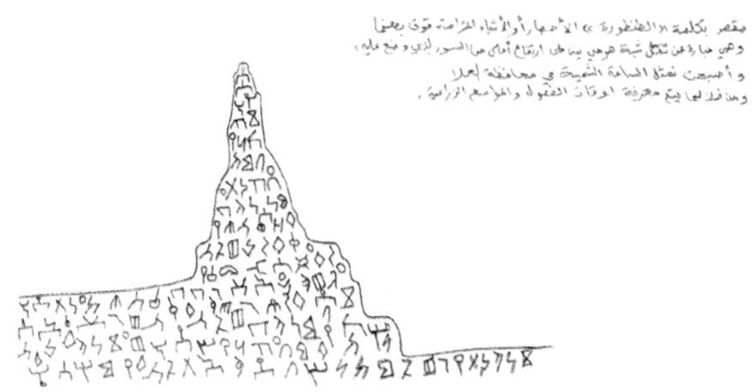

[4]

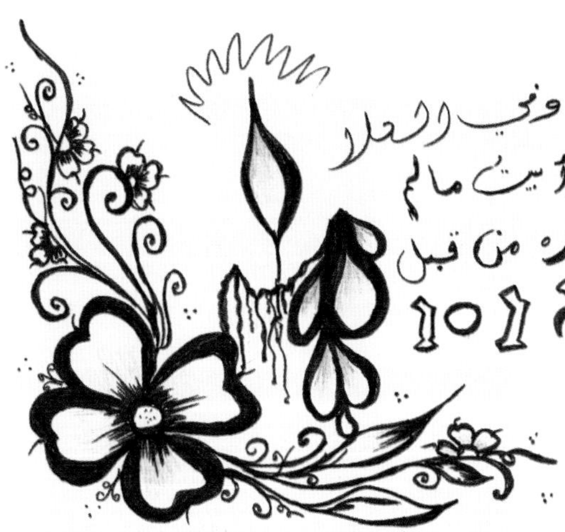

[3]

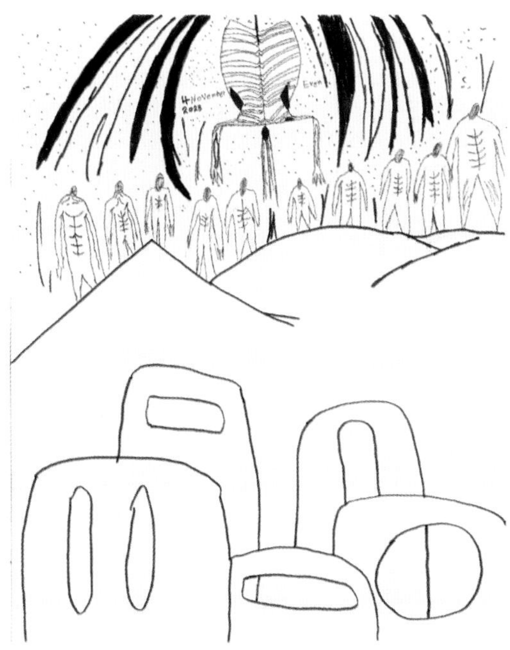

[1] Khalid Abdullah Mohammed Alboush — خالد عبدالله محمد البوش
[2] Reem Mohammed Albalawi — ريم محمد البلوي
[3] Wejdan Nasir Albalawi — وجدان ناصر البلوي
[4] Amal Adam — أمل آدم

[2]

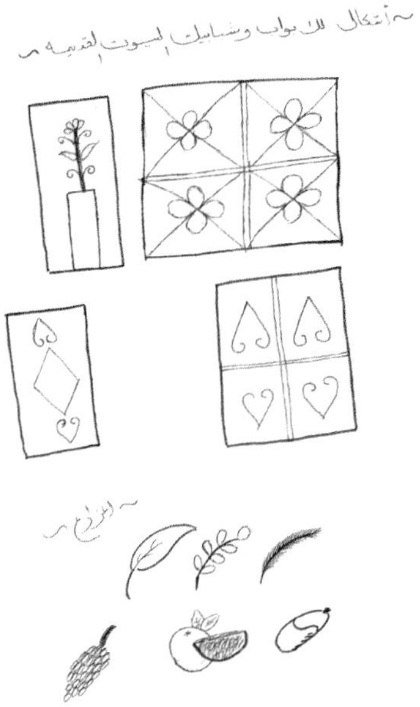

[1]

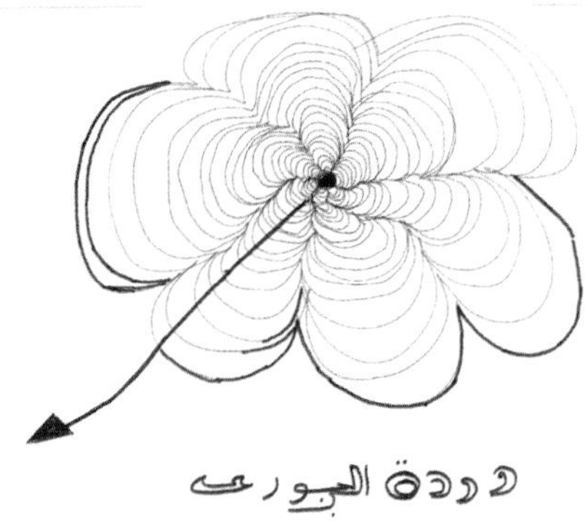

[4]

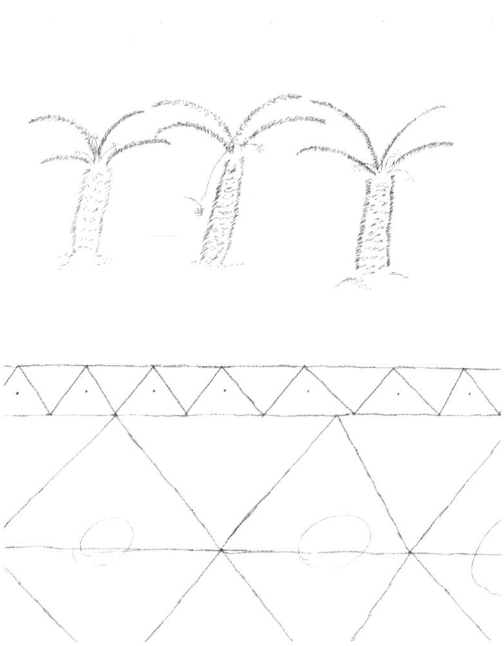

[3]

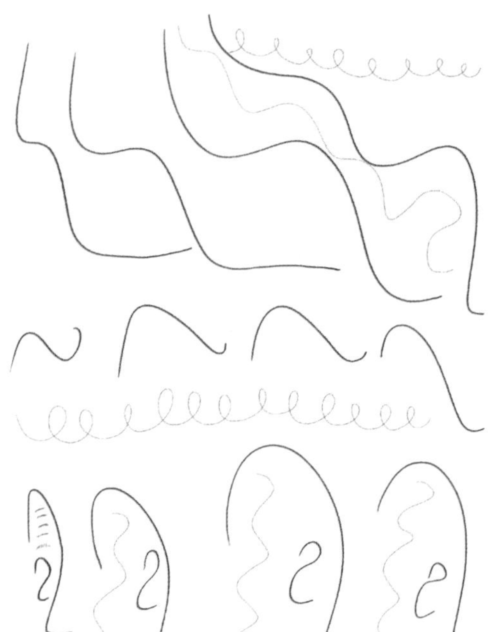

[1] Nourah Eid Alenzi نورة عيد العنزي
[2] Ashwag Saud Nasser أشواق سعود ناصر
[3] Jaser Naser Saud جاسر ناصر سعود
[4] Majed Mohammed Zeer ماجد محمد زير

[2]

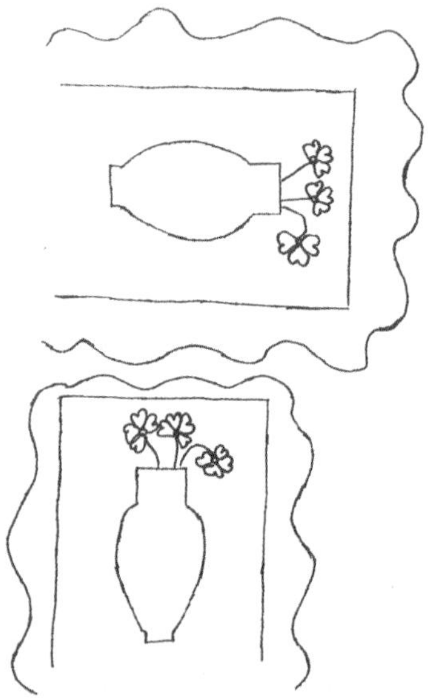

[1]

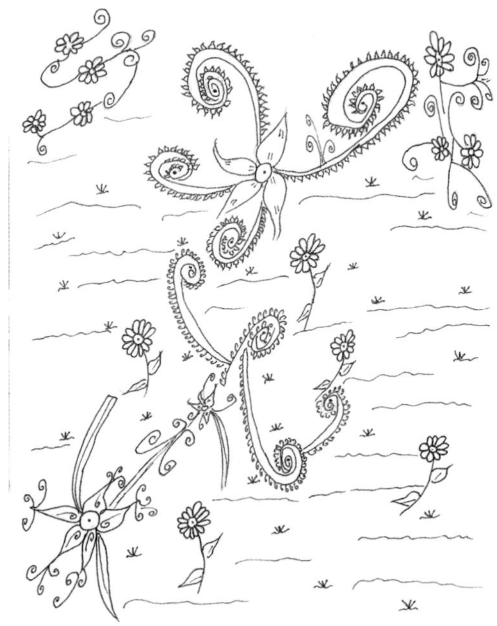

[3]

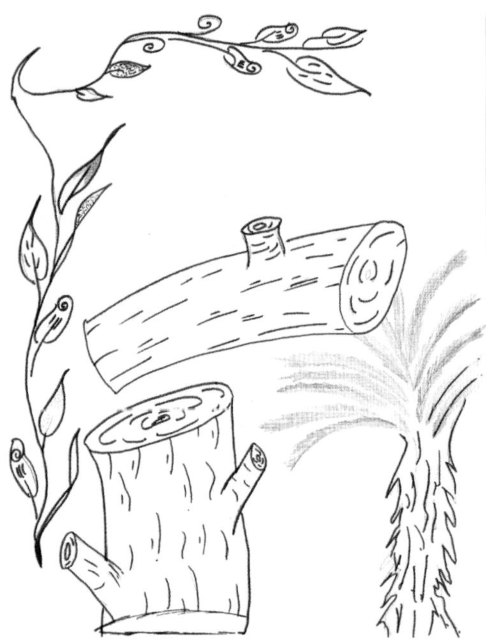

[1] Rana Banan Alenzi رنا بنان العنزي
[2] Razan Mayof Alenzi رزان معيوف العنزي
[3] Shareefa Musa Alidaa شريفة موسى الإيداء

[2]

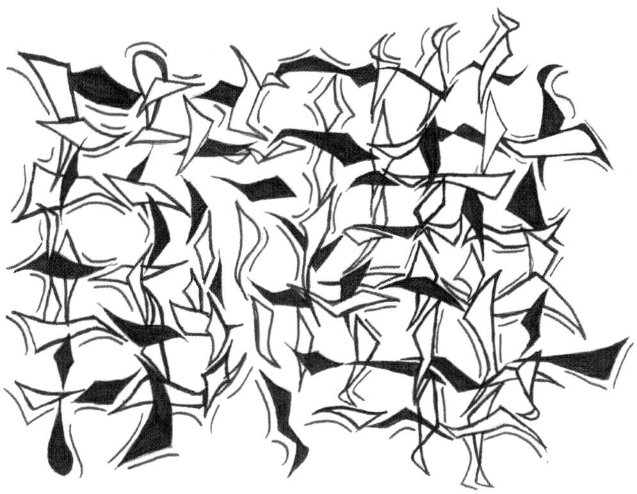

[1]

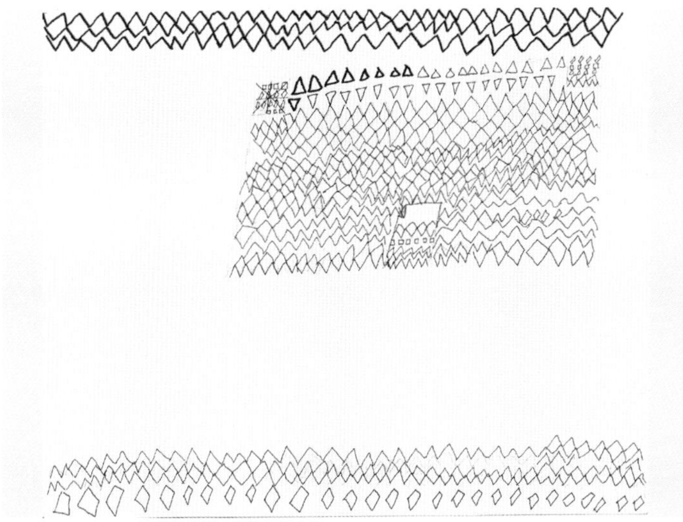

[4]

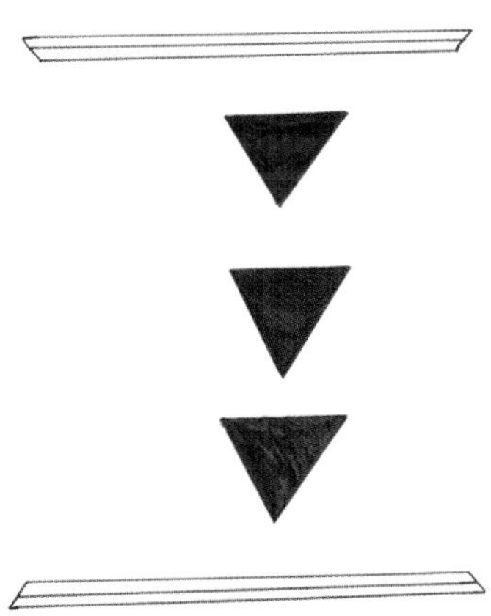

[3]

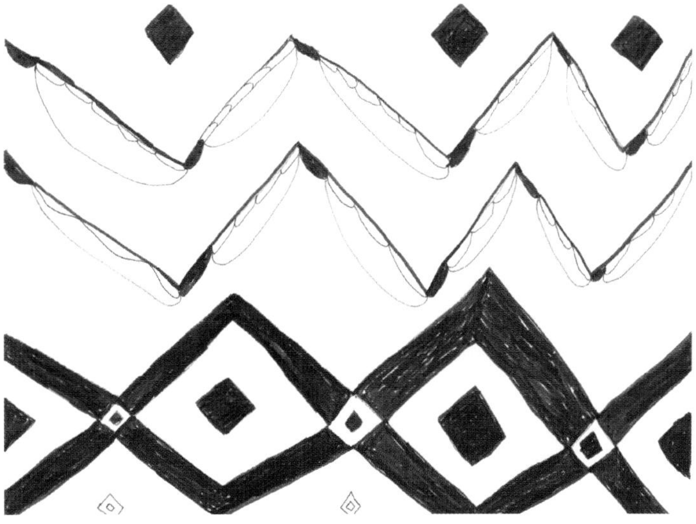

[1] Abdulaziz Naif Alidaa عبدالعزيز نايف الإيداء
[2] Nuha Yousef Albarqawi نهى يوسف البرقاوي
[3] Fawziyah Ahmed Nasrallah فوزية أحمد نصرالله
[4] Asma Abdullah Eissa Alenzi أسماء عبدالله عيسى العنزي

[2]

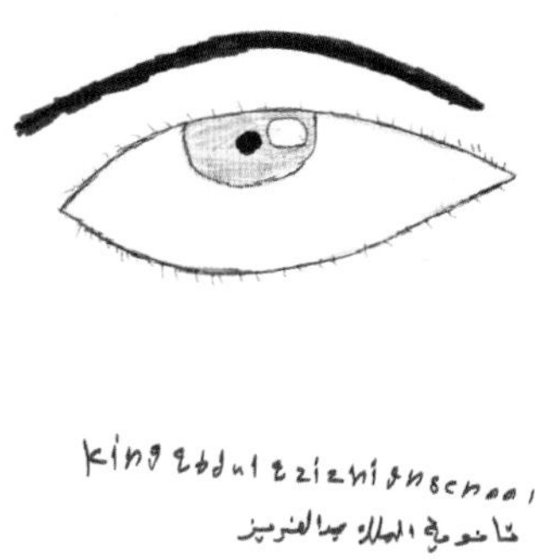

[1]

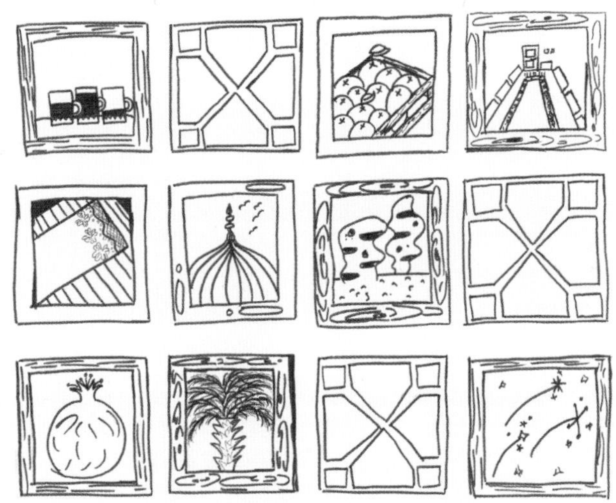

[1] Raghad Arafah رغد عرفه
[2] Zaid Ebrahim Alenzi زيد إبراهيم العنزي

Our Rituals

عاداتنا

Wedding guests being treated to a cascade of sweets is just one of our rituals. Having hosted travelers for millennia, hospitality rituals such as a welcoming coffee are of great importance. Drawings here feature learning, work and leisure including food preparation, going on picnics, cheering the camel races and playing games.

تعتبر إحدى أهمّ العادات والطقوس في أثناء مراسم الزفاف في العُلا إكرام الضيوف، تمامًا كعادات استقبال المسافرين المتجذّرة في المجتمع منذ آلاف السنين، مثل تقديم التمر والقهوة السعوديّة لكلّ من يزورهم. كما تصوّر هذه الرسومات أساليب التعلّم والعمل وأوقات الترفيه، وتشمل طرق تحضير الطعام والذهاب للتنزّه وسباقات الهجن والألعاب.

’نحن أهل العُلا مهما تطوّرنا واكتشفنا أشياء جديدة وحديثة لا نتخلى عن عاداتنا وتقاليدنا...‘

‘We, the people of AlUla, stand united in our commitment to preserve our cherished customs and traditions, even as we embrace progress…’

[1]

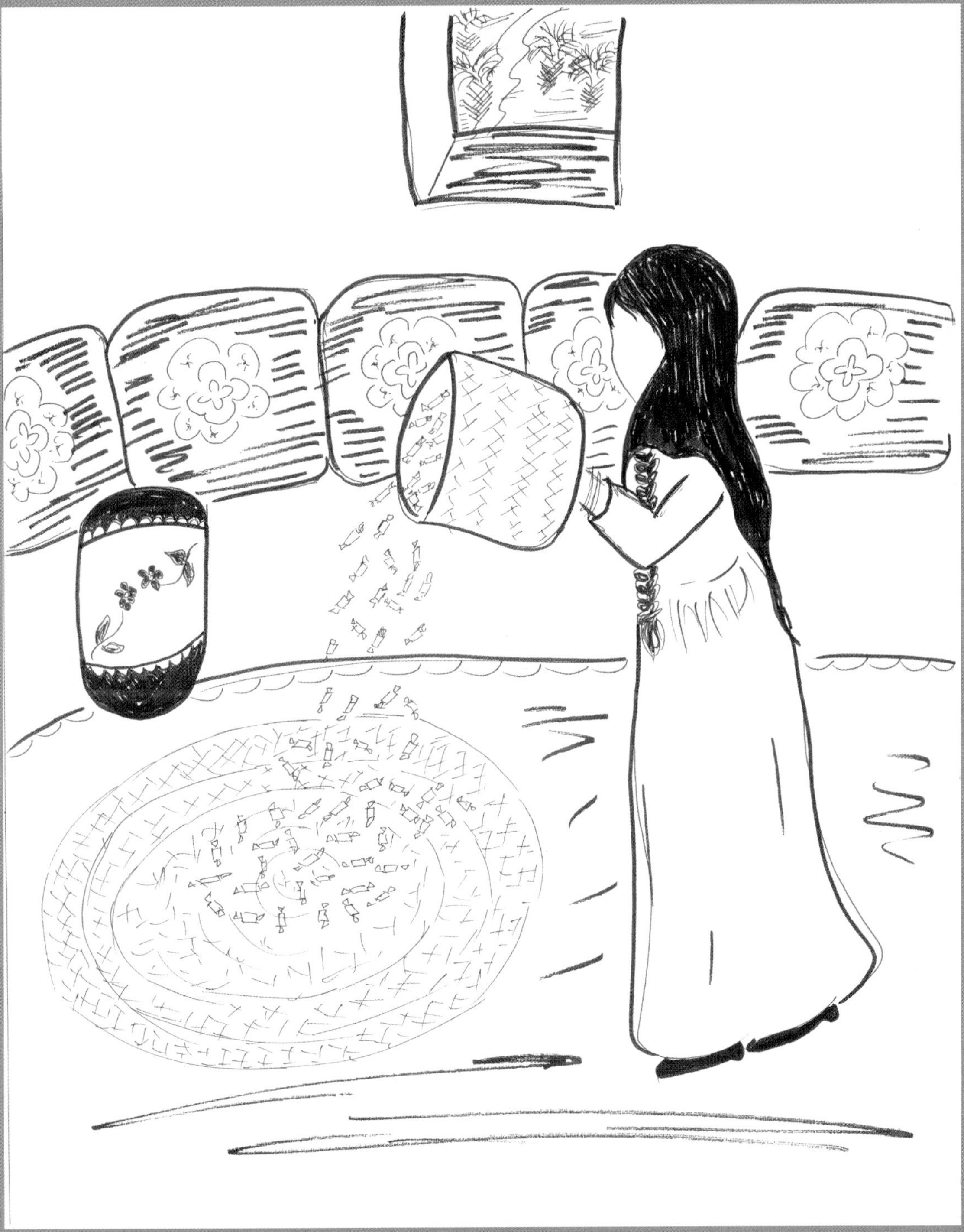

[1] Ola Abdulwahed علا عبدالواحد

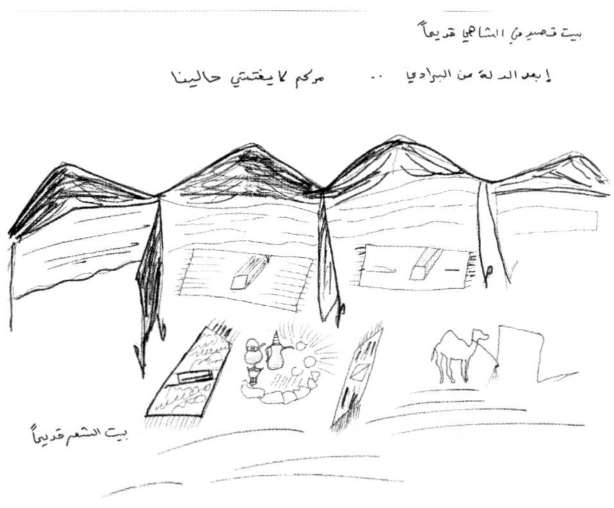

[2]

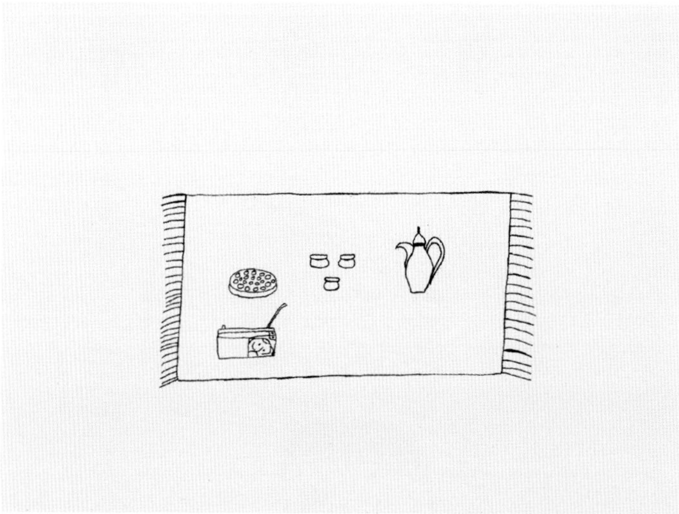

[1]

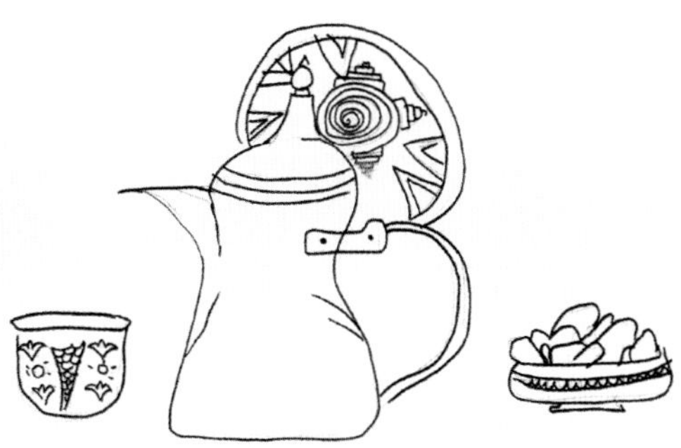

[4]

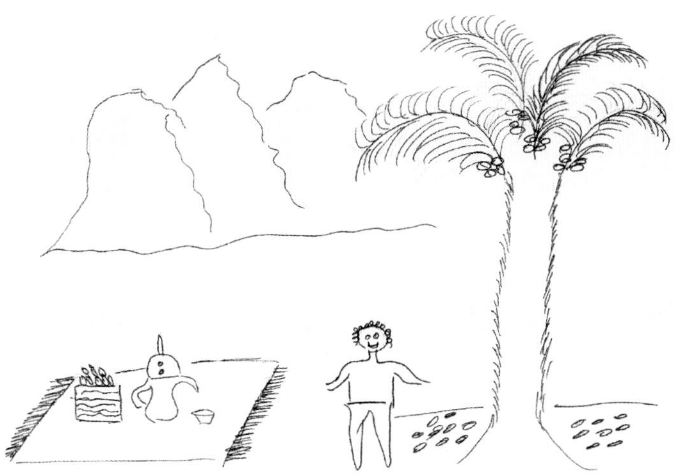

[3]

[1] Afaf Mubarak Alenzi	عفاف مبارك العنزي
[2] Noura Ali Alwabli	نورة علي الوابلي
[3] Sumayah Mohammed Altouwailae	سمية محمد الطويلعي
[4] Tahani Ali Albalawi	تهاني علي البلوي

[1]

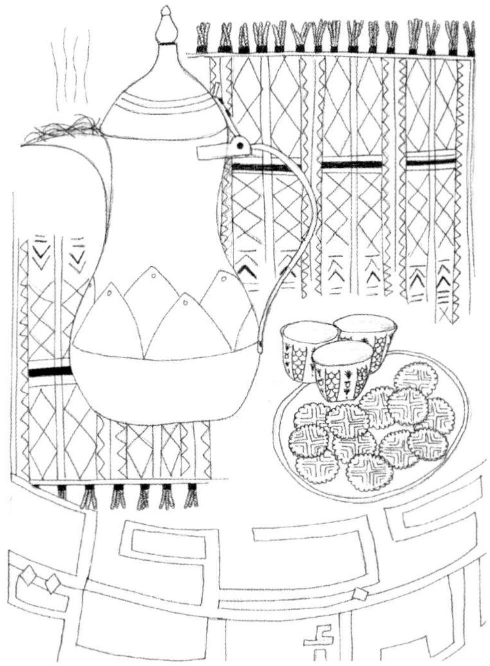

[2]

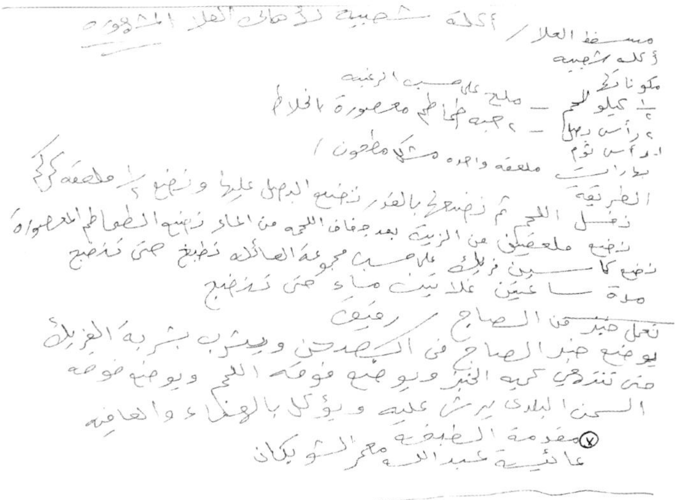
أكلة شعبية لأهالي العلا المشهورة
مسقف العلا /
أكلة شعبية
مكوناتها
½ كيلو لحم — ملح على حسب الرغبة
٢ رأس بصل — ٢ حبة طماطم معصورة بالخلاط
١ رأس ثوم
بهارات ملعقة واحدة مطحون
الطريقة
نغسل اللحم ثم نضعها بالقدر نضيف البصل عليها ونضع ½ ملعقة كركم
نضع ملعقتين من الزيت بعد جفاف اللحم من الماء نضيف الطماطم المعصورة
نضع كاسين فيها على حسب مجموعة العائلة نطبخ حتى تنضج
مدة ساعتين على نار هادئة حتى تنضج
نعمل خبز من الصاج / رقيق
يوضع خبز الصاج في الصحن ويشرب بشربة الغزيلة
حتى تتندى كبة الخبز ويوضع فوقه اللحم ويوضع فوقه
السمن البلدي يرش عليه ويؤكل بالهناء والعافية
مقدمة الطبخة
عائشة عبدالله الشويكان

[3]

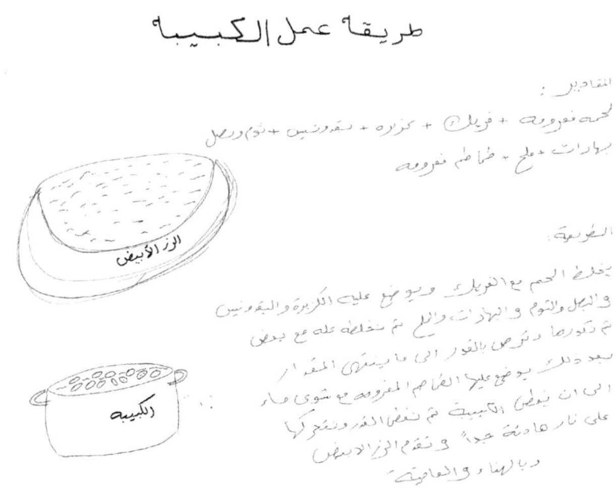
طريقة عمل الكبيبة
المقادير :
لحمة مفرومة + فريك + كزبرة + بقدونس + ثوم وبصل
بهارات + ملح + طماطم مفرومة
الطريقة :
يخلط اللحم مع الفريك ويوضع عليه الكزبرة والبقدونس
والبصل والثوم والبهارات والملح ثم نخلطه كله مع بعض
ثم نكورها ونرصها بالقدر الى ما ينتهي المقدار
بعد ذلك يوضع عليها الطماطم المفرومة مع شوي ماء
الى ان ينطبخ الكبيبة ثم ننفض القدر ونحركها
على نار هادئة جداً ونقدم الرز الابيض
وبالهناء والعافية

[4]

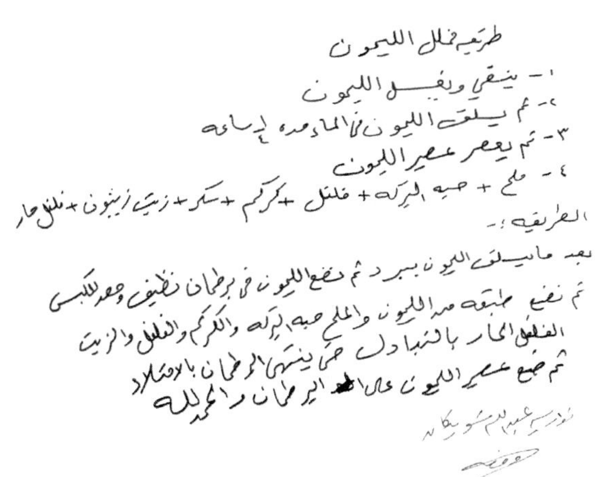
طريقة مخلل الليمون
١- ينقى ويغسل الليمون
٢- ثم يسلق الليمون في الماء مدة ½ ساعة
٣- ثم يعصر عصير الليمون
٤- ملح + حبة البركة + فلفل + كركم + سكر + زيت زيتون + فلفل حار
الطريقة :-
بعد ما يسلق الليمون يبرد ثم نضع الليمون في برطمان نظيف ومعقم
ثم نضع ملعقة من الليمون والملح حبة البركة والكركم والفلفل والزيت
الفلفل الحار بالتبادل حتى ينتهي البرطمان بالامتلاء
ثم ضع عصير الليمون على البرطمان والحمد لله
فوزية عبدالله شويكان

[1] Wojood Abdullah Alaradi — وجود عبدالله العرادي
[2] Aisha Abdullah Shwikan — عايشة عبداللة شويكان
[3] Basmah AlabdAladaem — بسمه العبدالدائم
[4] Fouziah Abdullah Shwikan — فوزية عبدالله شويكان

[2]

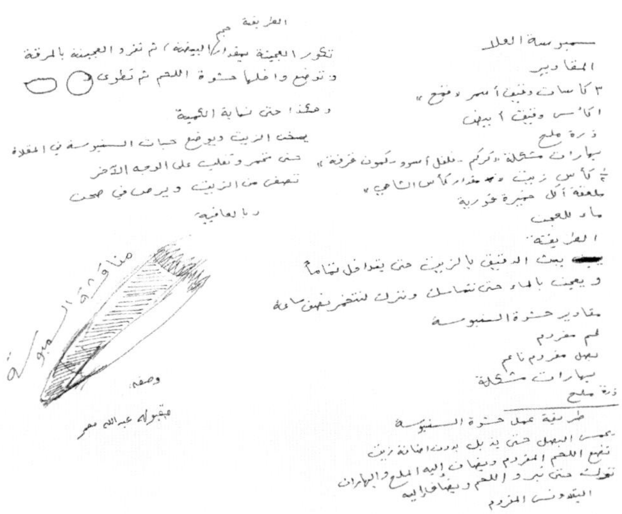

[1]

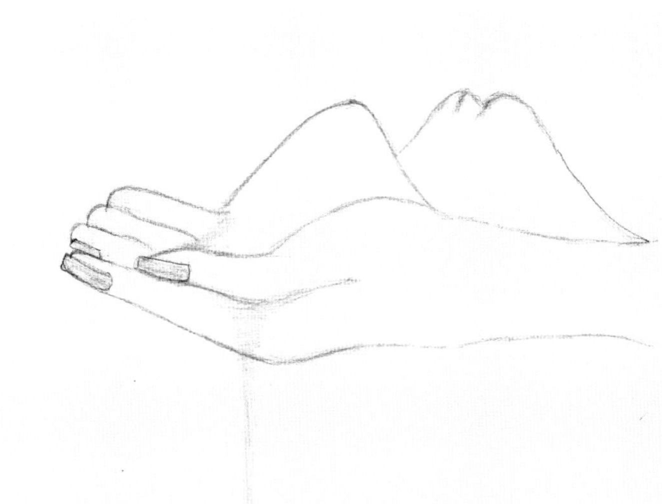

[4]

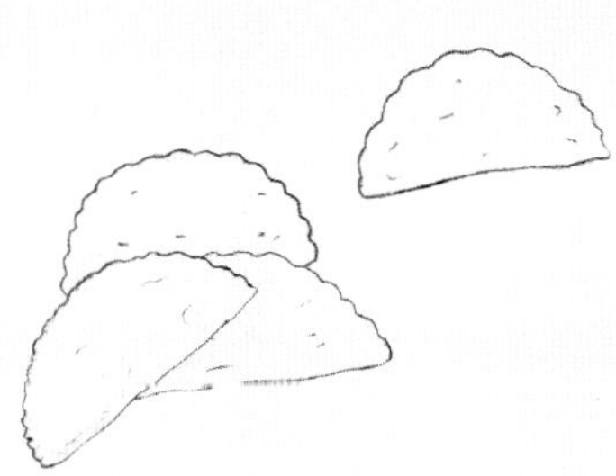

[3]

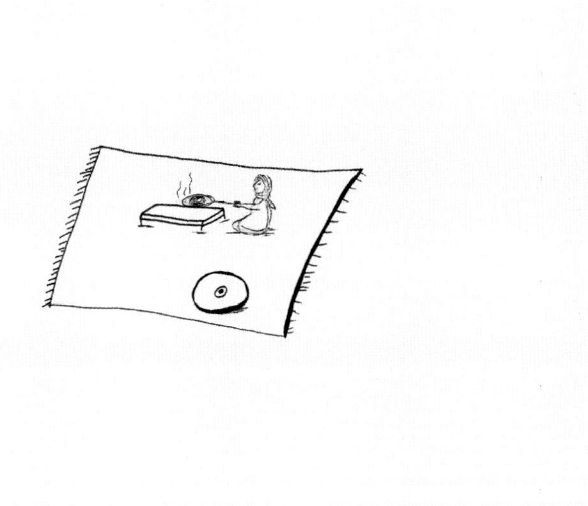

[1] Turkiah Adam AlabdAldaem
[2] Maqboulah Abdullah Mohammed
[3] Raghad Abdulmawla JarAllah
[4] Rawan Mohammad Jumaa

[تركية آدم العبدالدائم
مقبولة عبدالله محمد
رغد عبدالمولى جارالله
روان محمد جمعة

[2]

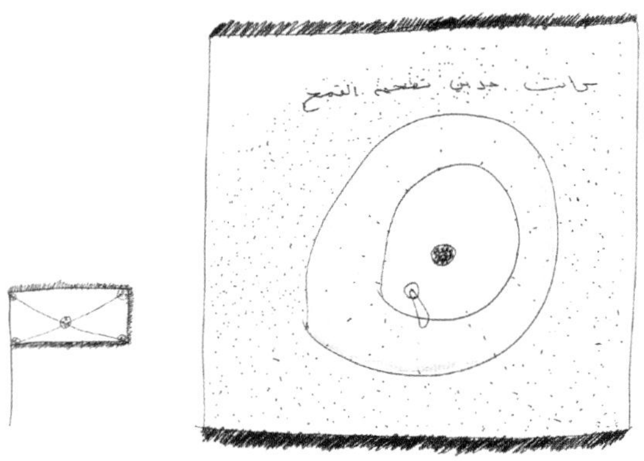

[1]

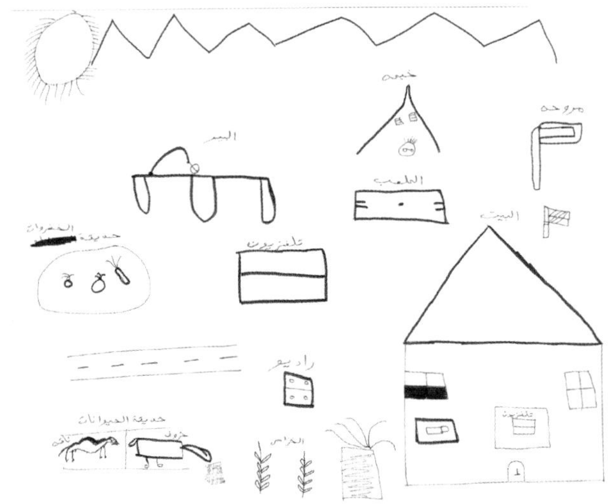

[4]

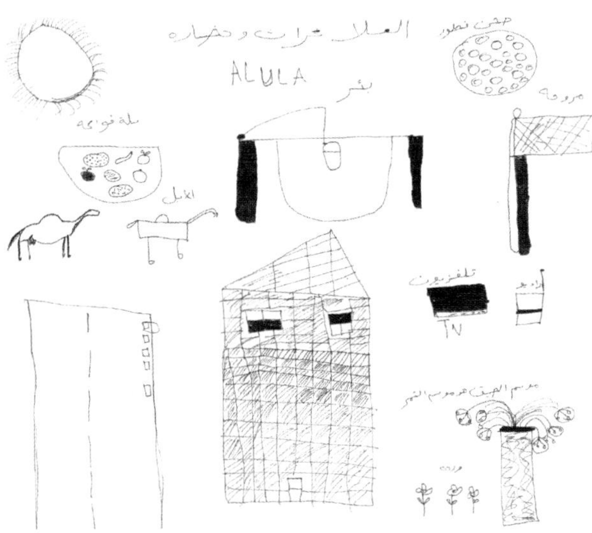

[3]

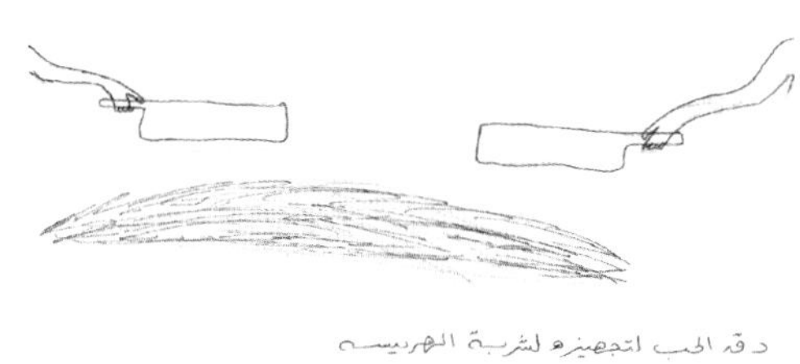

[1] Hatem Fahad Aldhowali	حاتم فهد الضويلي
[2] Wasaif Almahfoudh	وصايف المحفوظ
[3] Adel Ebrahim Altuwalae	عادل إبراهيم الطويلعي
[4] Akeel Khaled Akeel	عقيل خالد عقيل

[1]

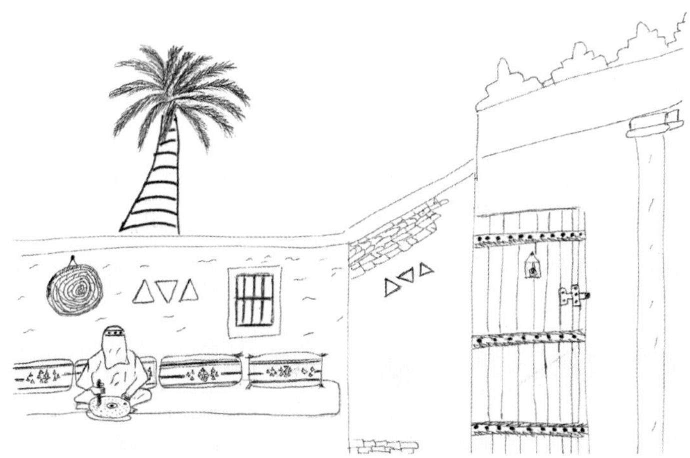

[2]

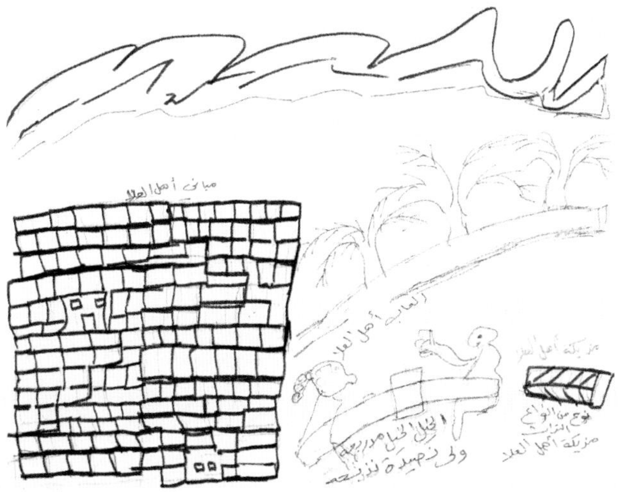

[3]

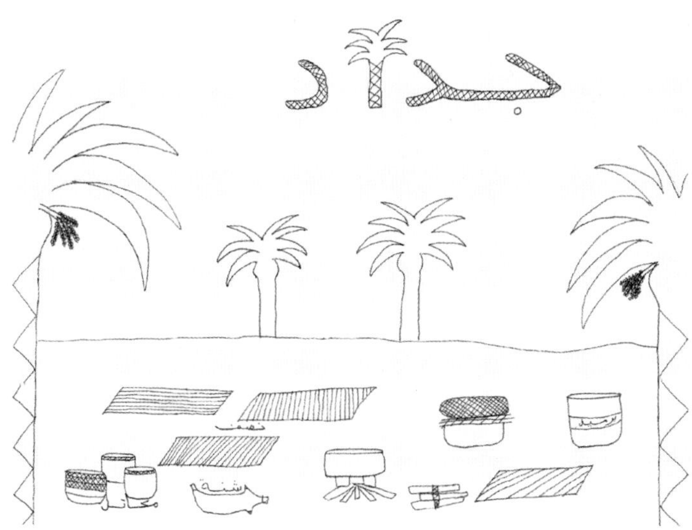

[4]

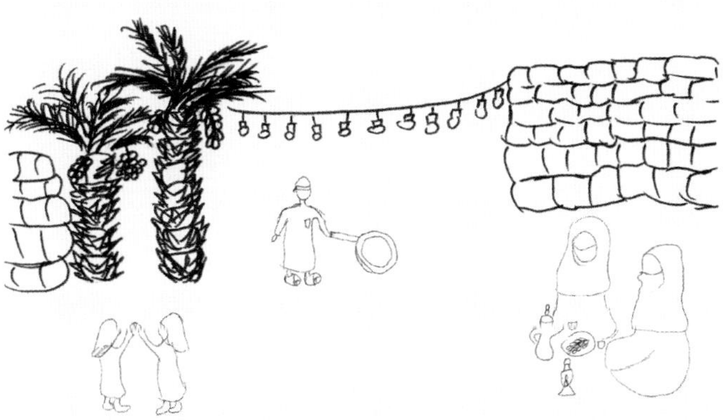

[1] Eidah Rajaa Alenzi عيده رجاء العنزي
[2] Fatimah Adam AlabdAldaem فاطمة آدم العبدالدائم
[3] Raghad Ahmed Bakheet رغد أحمد بخيت
[4] Sarah Fahd Shukur سارة فهد شكر

[2]

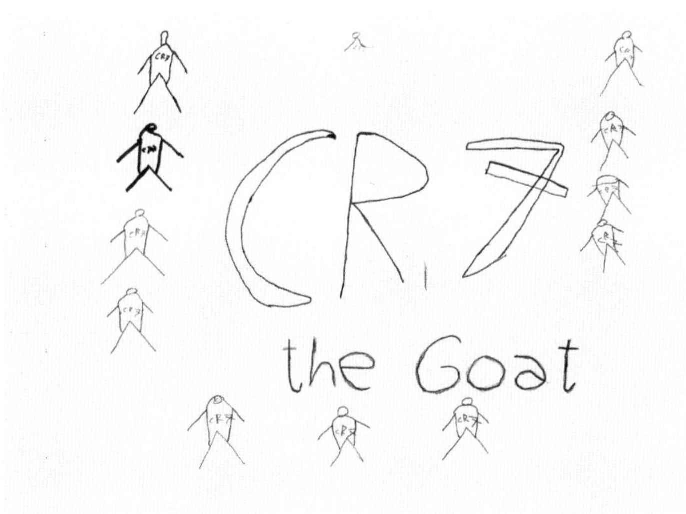

[1]

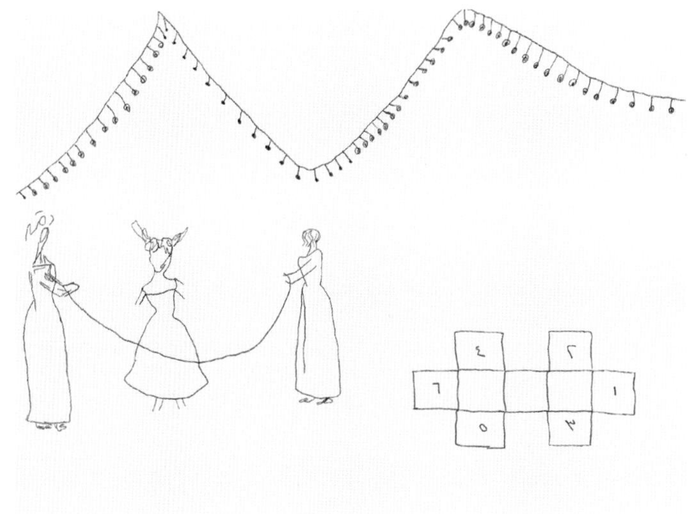

[4]

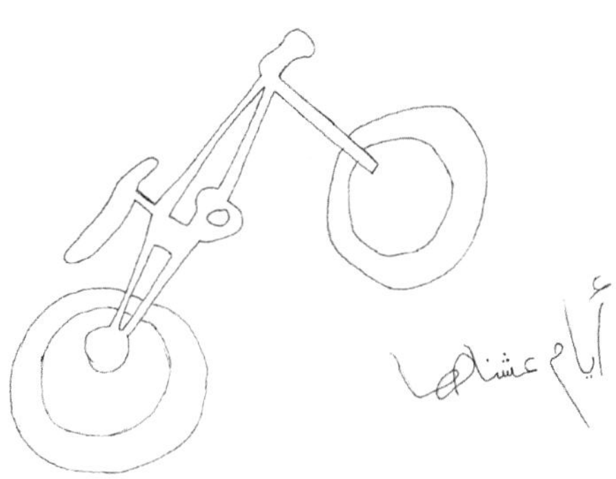

[3]

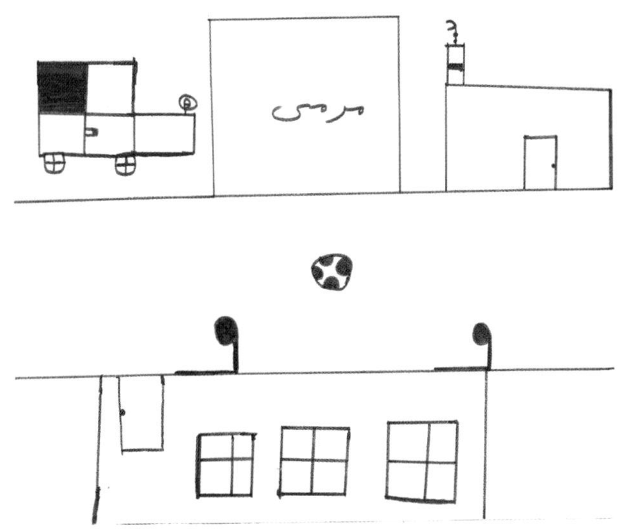

[1] Ashawaq Saud Alenzi	أشواق سعود
Hams Wans Alenzi	همس وانس العنزي
Maryam Abdulrahman Alenzi	مريم عبدالرحمن العنزي
[2] Ahmed Abdullah Alidaa	أحمد عبدالله الإيداء
[3] Fayez Hadi Alenzi	فايز هادي العنزي
[4] Meshal bin Adeeb Al-Zaid	مشعل بن أديب الزيد

[1]

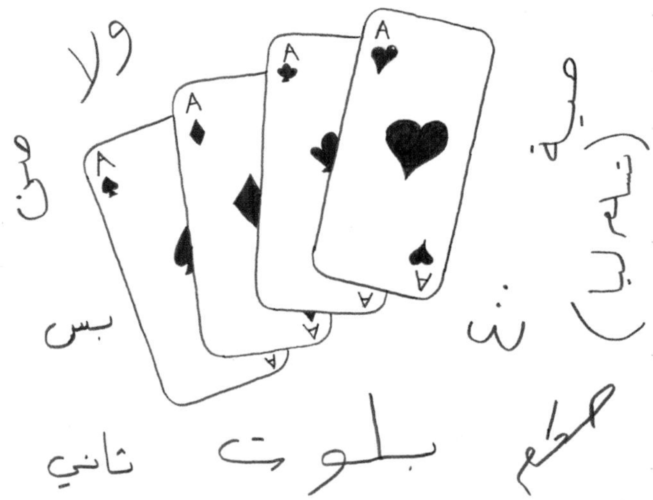

[2]

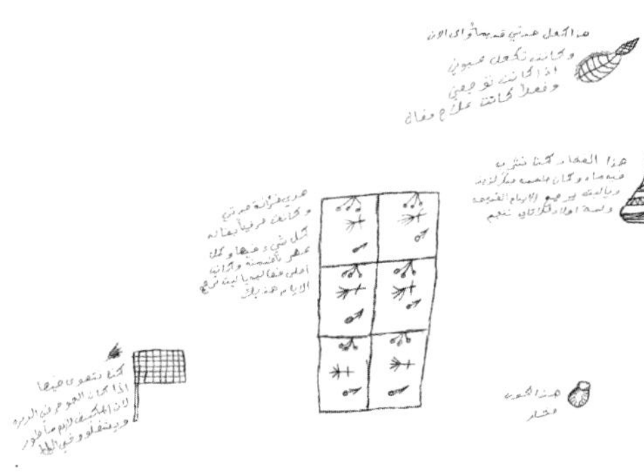

[3]

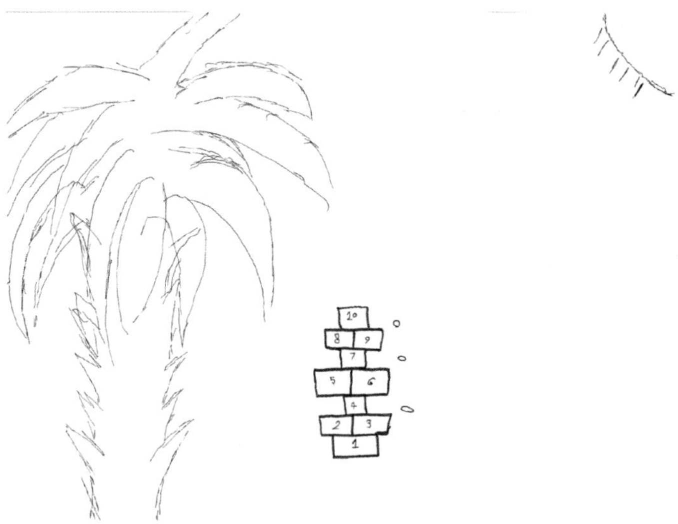

[4]

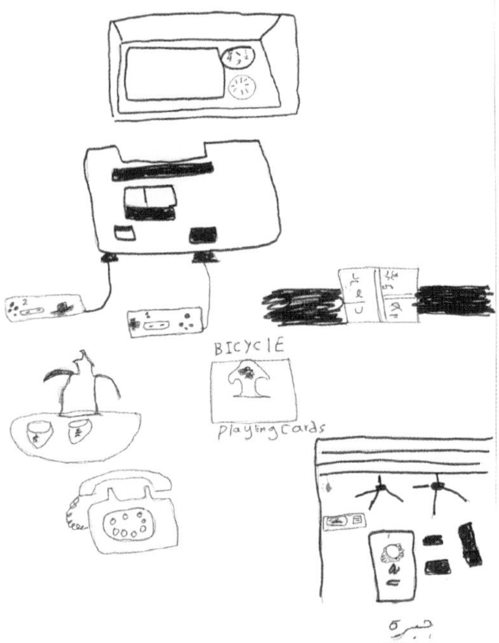

[1] Saad Masad Alahmdi	سعد مسعد الأحمدي
[2] Samaher Khalifa Alenzi	سماهر خليفة العنزي
[3] Wejdan Faisal Alidaa	وجدان فيصل الإيداء
[4] Adel Albalawi	عادل البلوي

[2]

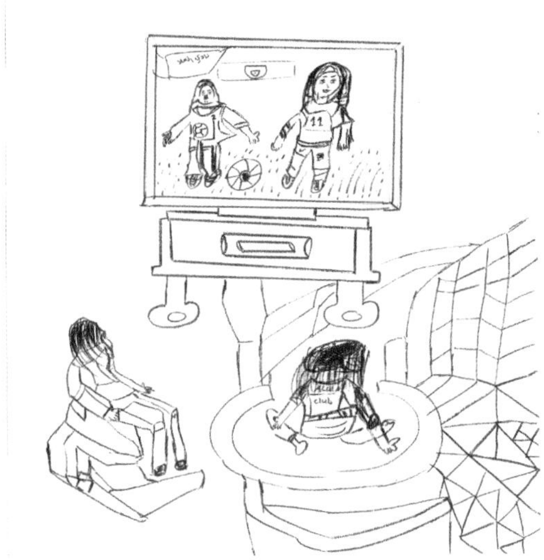

[1]

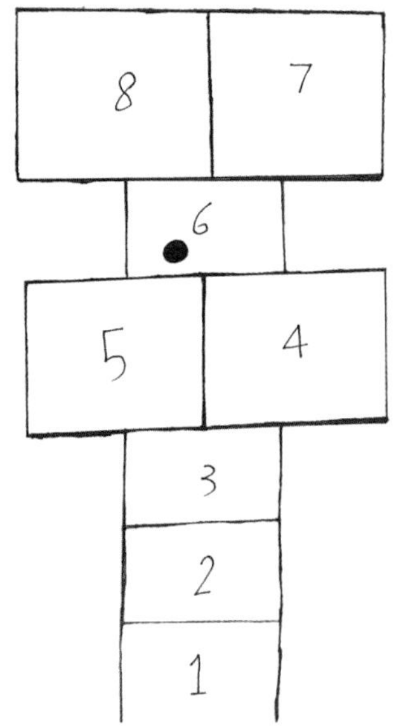

[4]

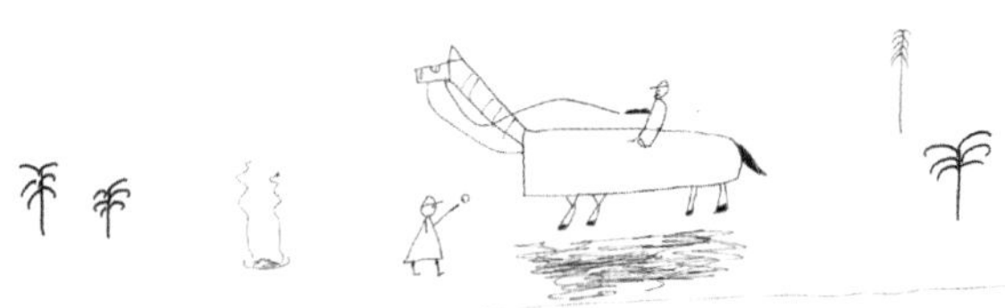

[3]

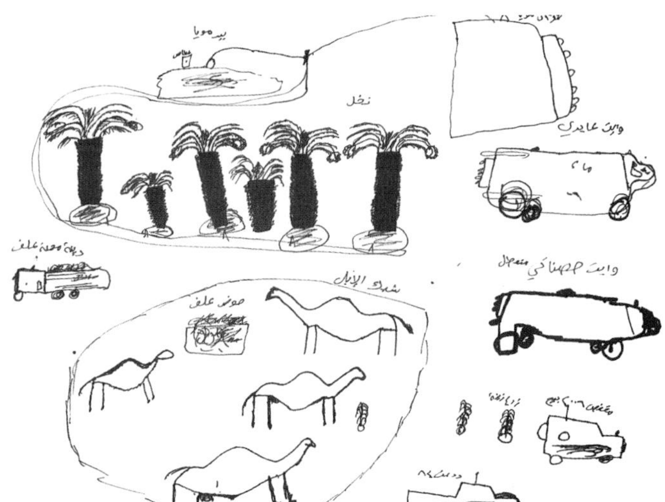

[1] Reemas Basheer Alenzi ريماس بشير العنزي
[2] Rehab Salem Twim رحاب سالم تويم
[3] Anonymous Participant مجهول
[4] Khaled Mohammed Alidaa خالد محمد الإيداء

[2]

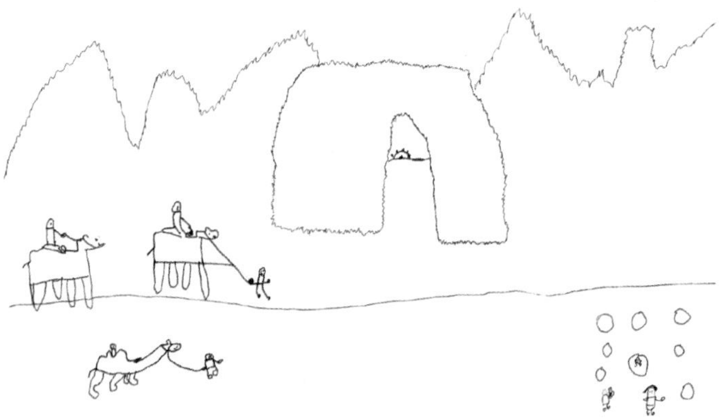

[1]

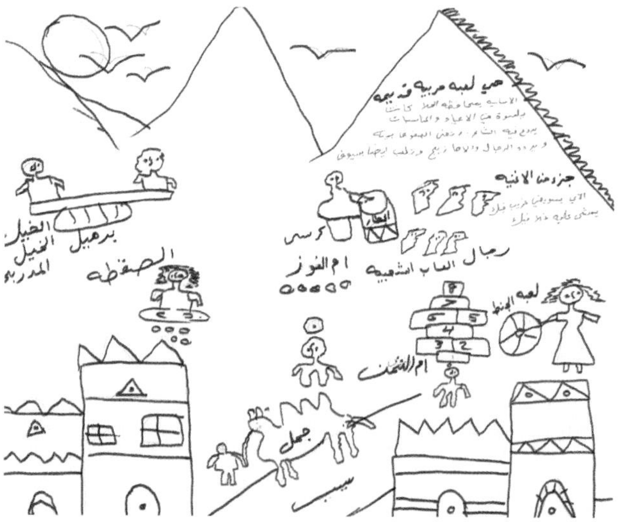

[4]

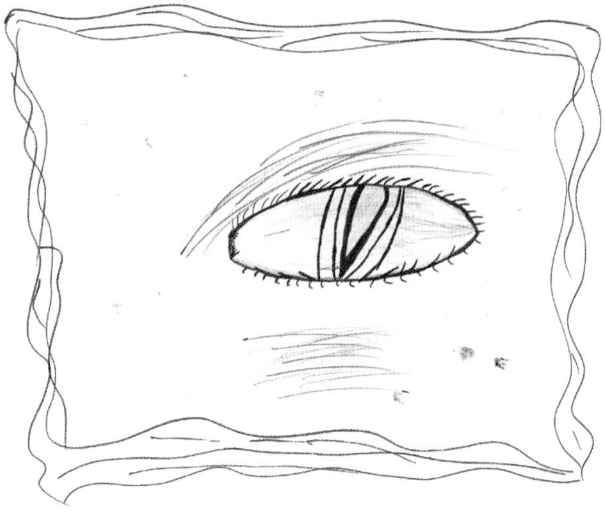

[3]

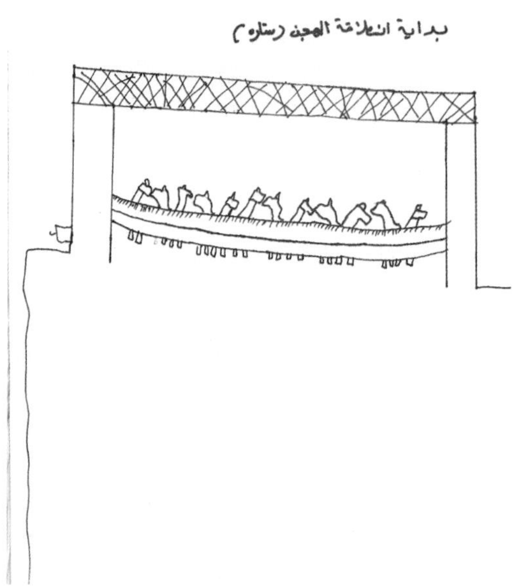

[1] Manal Saleh Altwailqi منال صالح الطويلقي
[2] Nasir Saud Alenzi ناصر سعود العنزي
[3] Sattam Omar Alenzi سطام عمر العنزي
[4] Albandari Matar Mohammed البندري مطر محمد

Our Children & Junior Football Team's Drawings

The themes of family, home, landscape, art and culture and ritual also weave themselves through the drawings of our children and our junior football team which are presented in the following chapter.

رسومات أطفالنا وفريق كرة القدم لدرجة الناشئين

مواضيع القصص المذكورة من عائلتنا، بيوتنا، طبيعتنا، فنوننا وثقافتنا وعاداتنا تظهر من خلال الرسومات التي رسمها الأطفال وفريق كرة القدم، والتي ستعرض في الفصل الآتي.

[1]

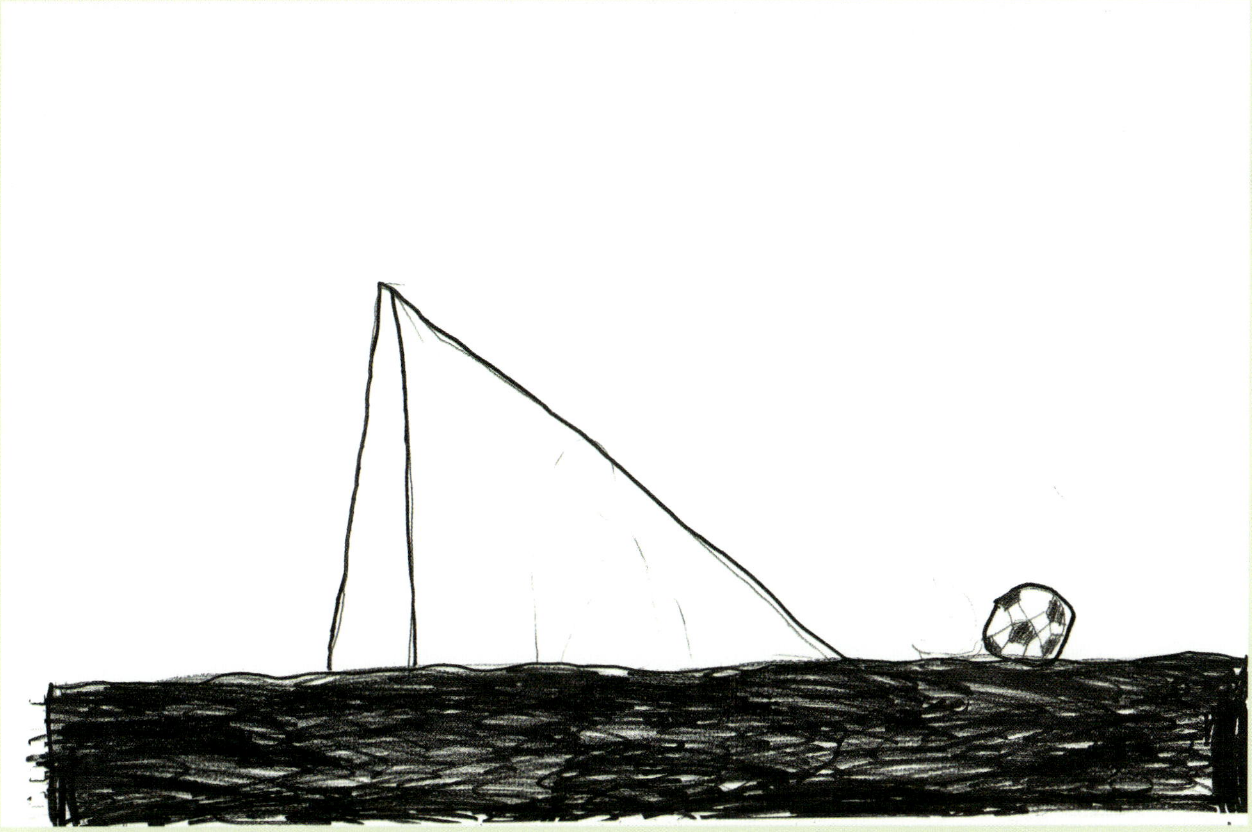

[2]

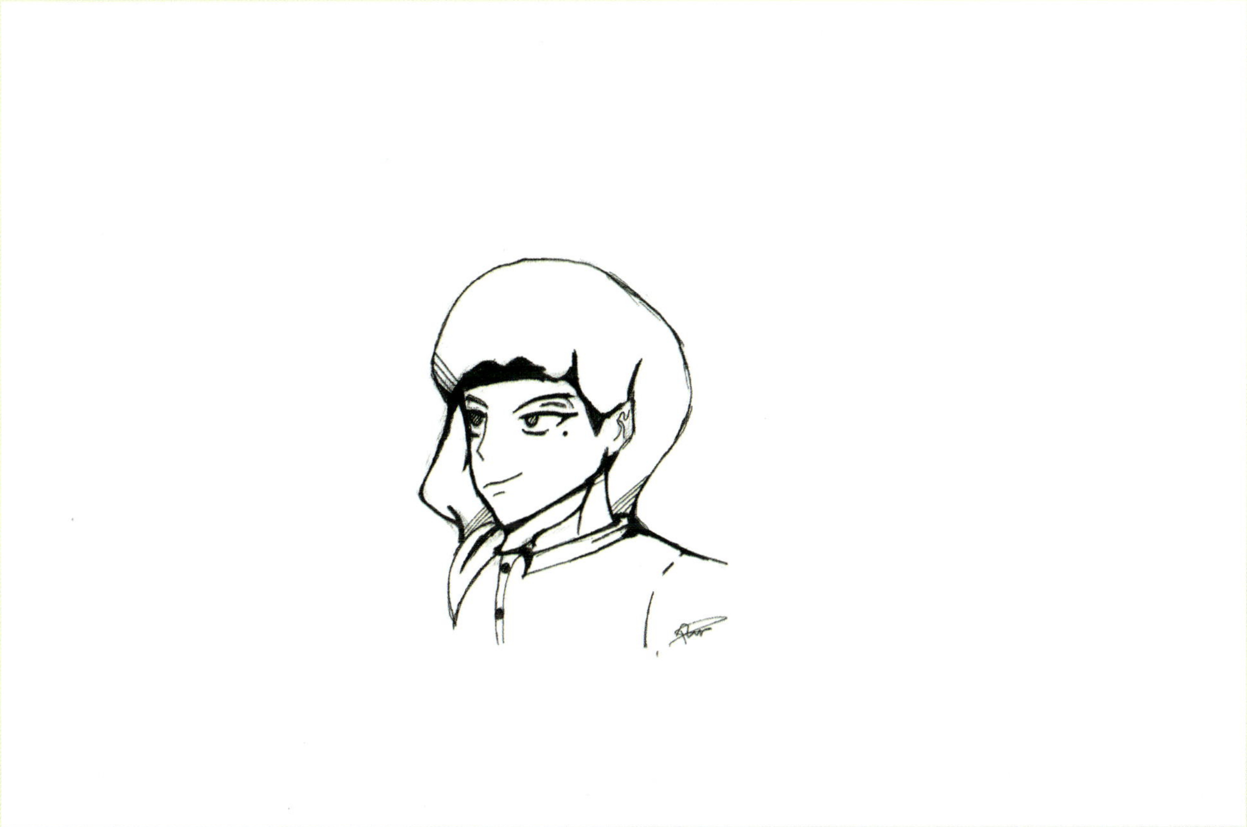

[1] Ebrahim Ahmed Nassief إبراهيم أحمد نصيف
[2] Reem Ali Albalawi ريم علي البلوي

[1]

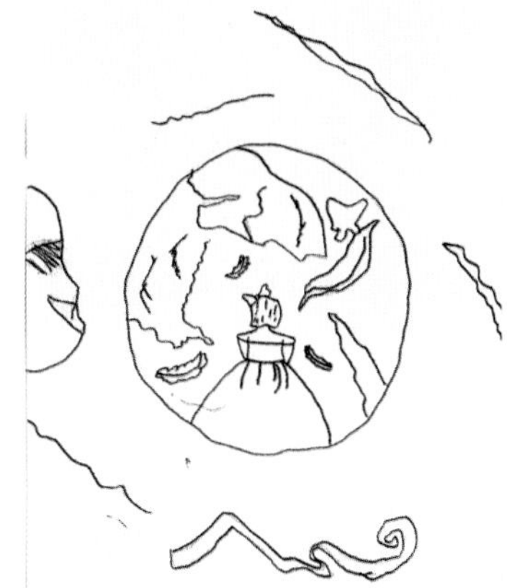

[2]

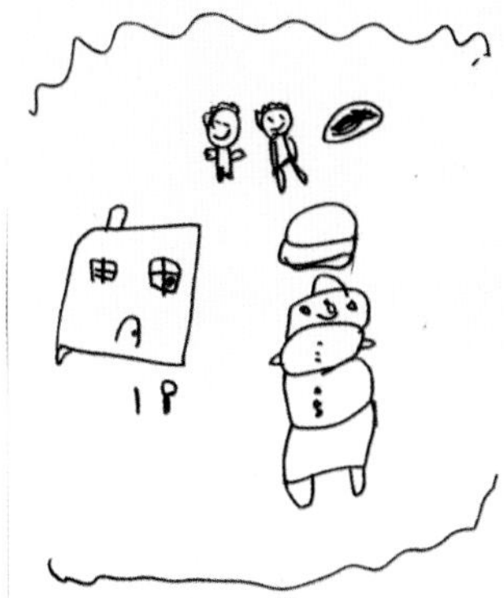

[3]

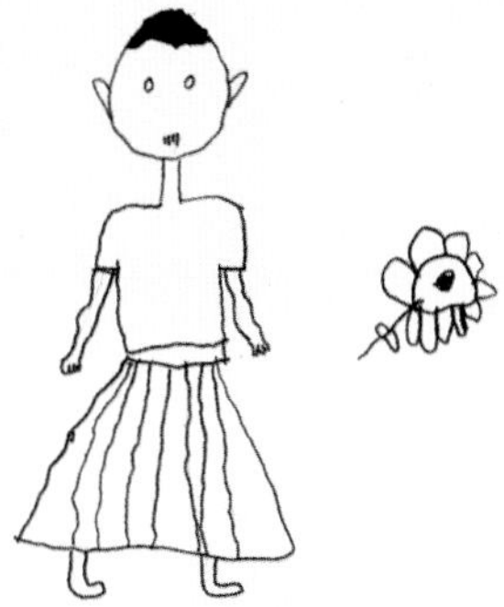

[4]

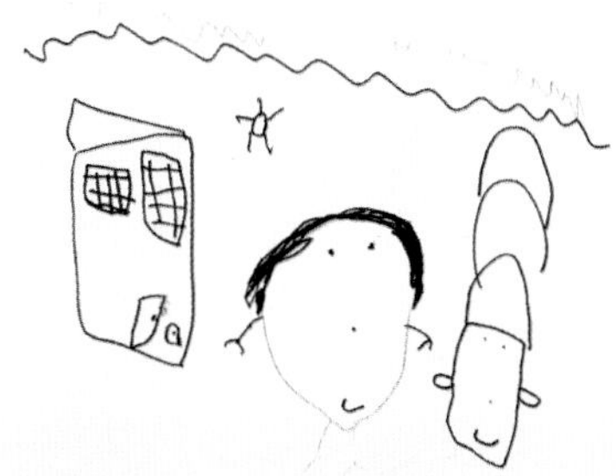

[5]

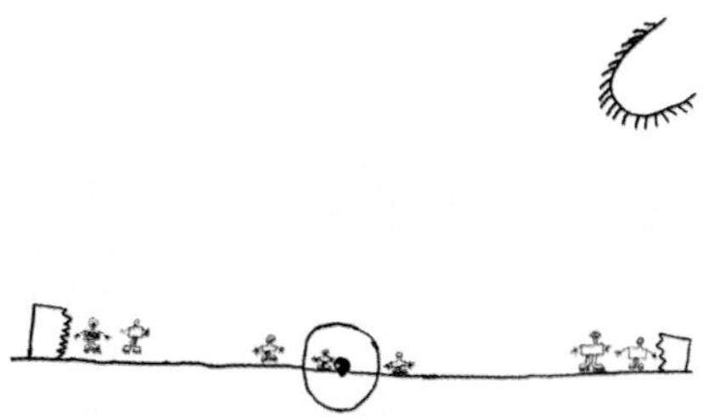

[6]

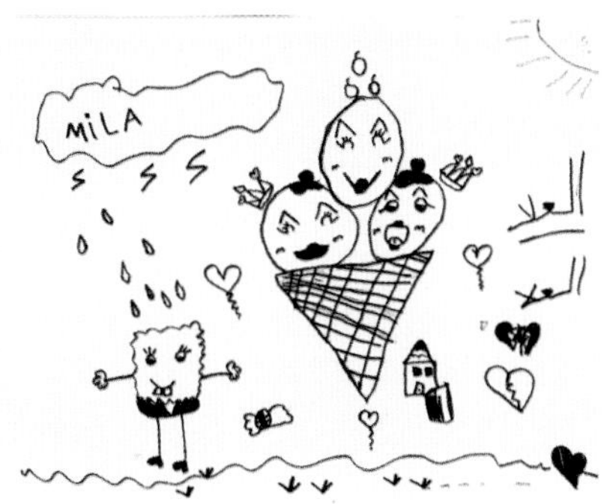

[7]

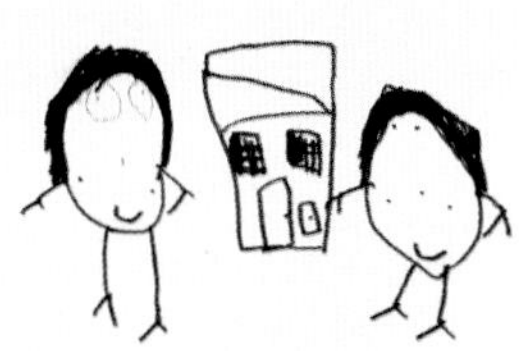

[8]

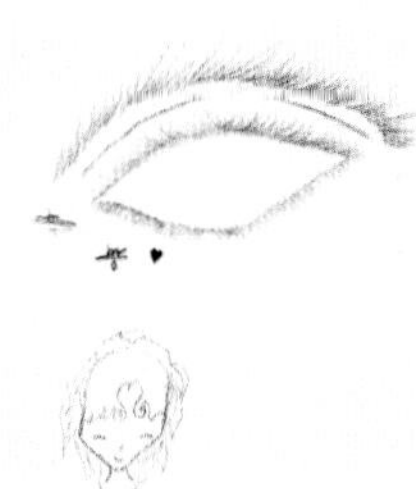

[9]

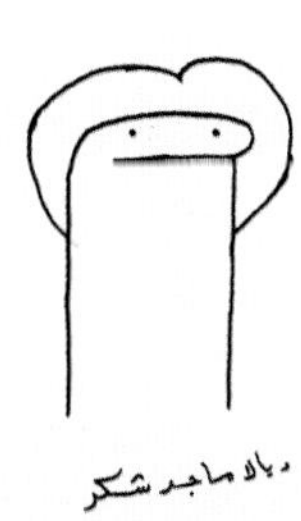

[1] Anonymous Participant — مجهول
[2] Abdullah Masoud Alenzi — عبدالله مسعود العنزي
[3] Ward Haytham Alfaredi — ورد هيثم الفريدي
[4] Taraf Masoud Alenzi — ترف مسعود العنزي
[5] Emad Shani Albalawi — عماد شاني البلوي
[6] Mila Faris Albalawi — ميلا فارس البلوي
[7] Taraf Masoud Alenzi — ترف مسعود العنزي
[8] Reem Mohammd Ahmad Alfaredi — ريم محمد أحمد الفريدي
[9] Majid Saleh Shukr — ماجد صالح شكر

[1]

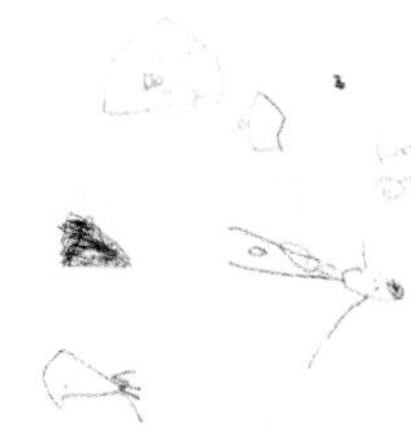

[2]

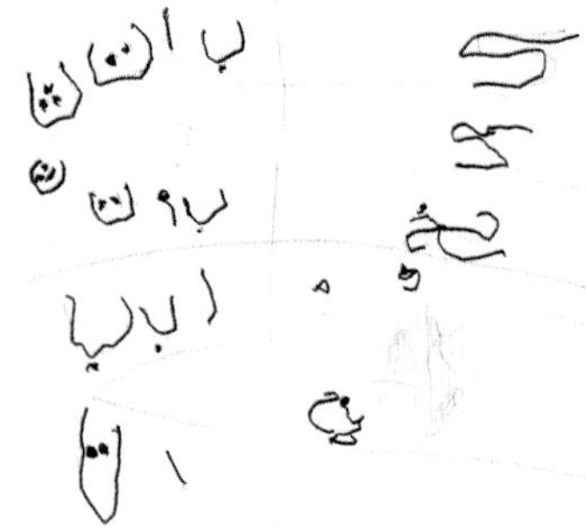

[3]

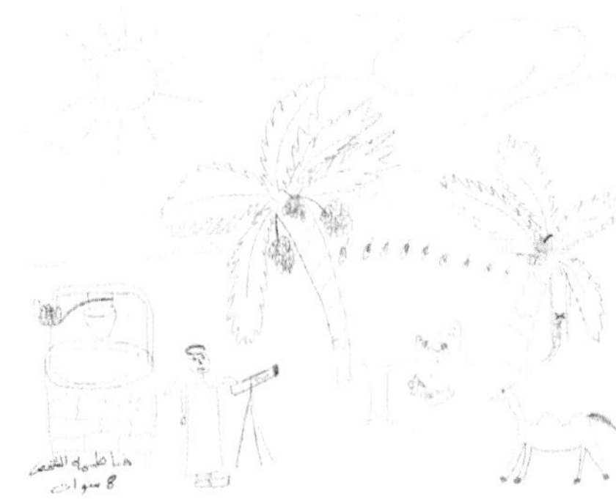

[4]

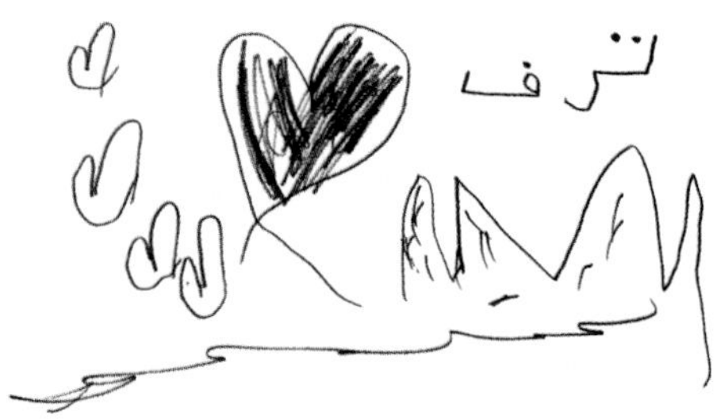

[5]

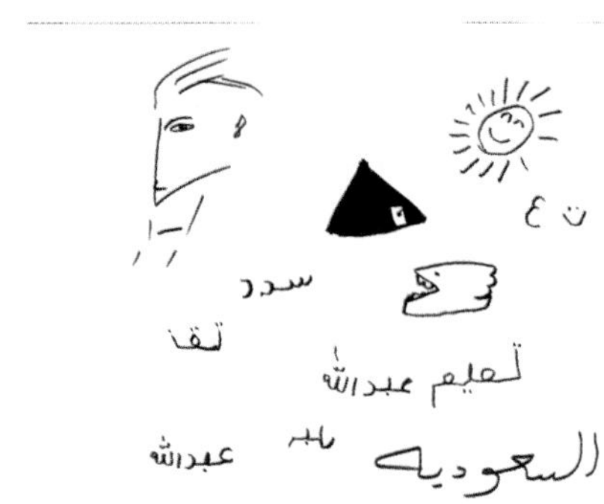

[6]

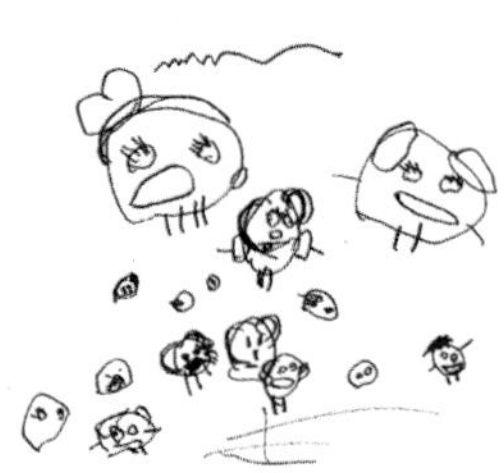

[7]

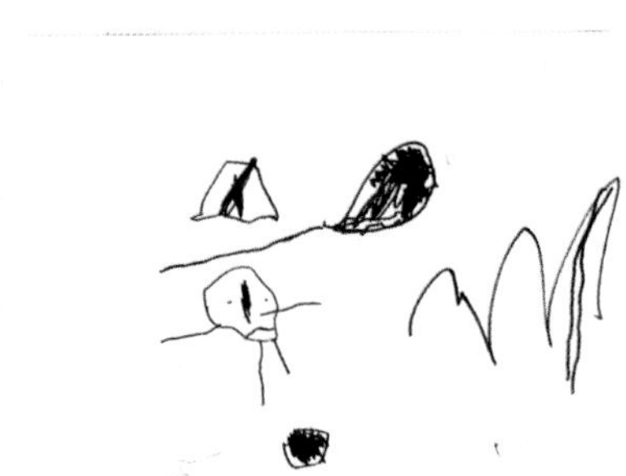

[8]

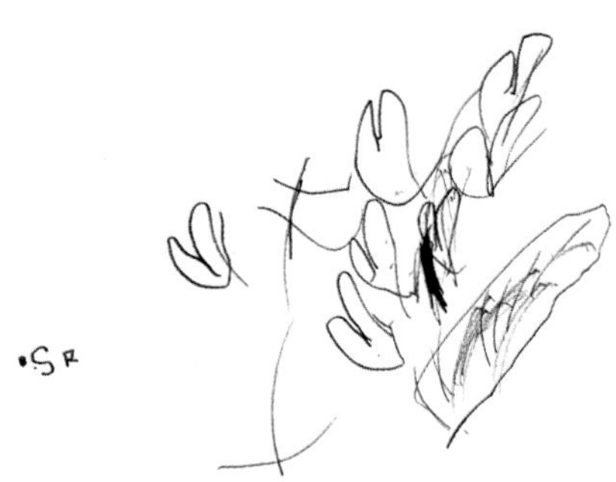

[1] Zeyadd Abdi Albalawi — زياد عبدي البلوي
[2] Sari Abdullah Aljuhanii — ساري عبدالله الجهني
[3] Fatimah Alshakhs — فاطمة الشخص
[4] Anonymous Participant — مجهول
[5] Tem Abdullah Aljuhni — تيم عبدالله الجهني
[6] Malak Rami Aljuhani — ملاك رامي الجهني
[7] Khalid Mohammad Albalawi — خالد محمد البلوي
[8] Taraf Saleh Albalawi — ترف صالح البلوي

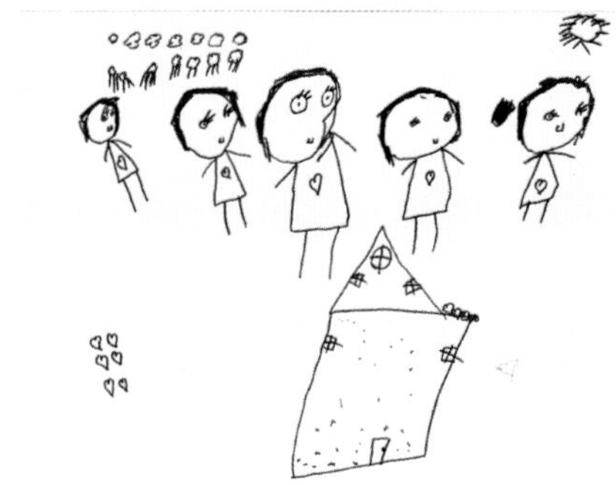

[1]

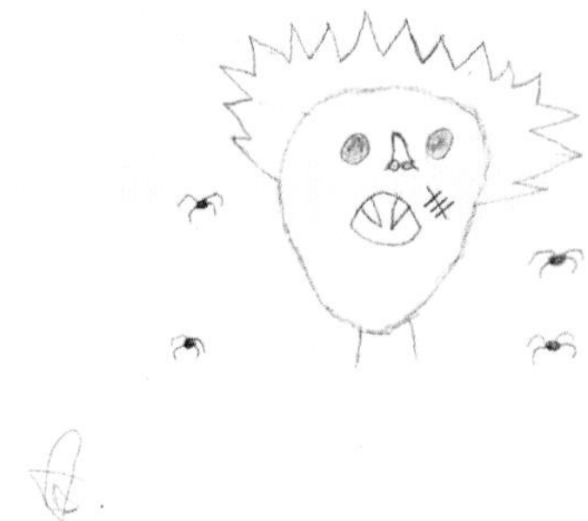

[2]

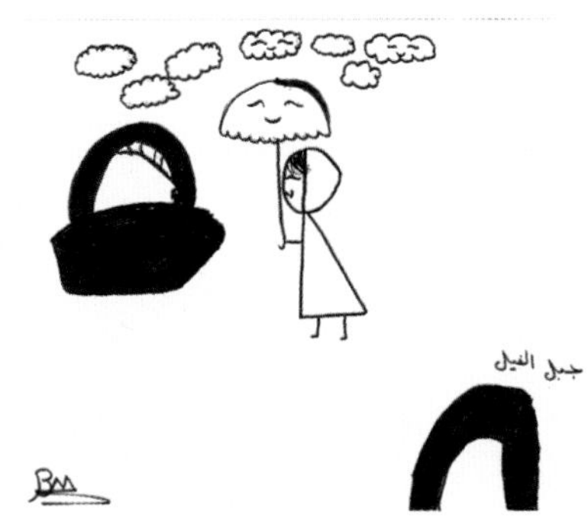

[3]

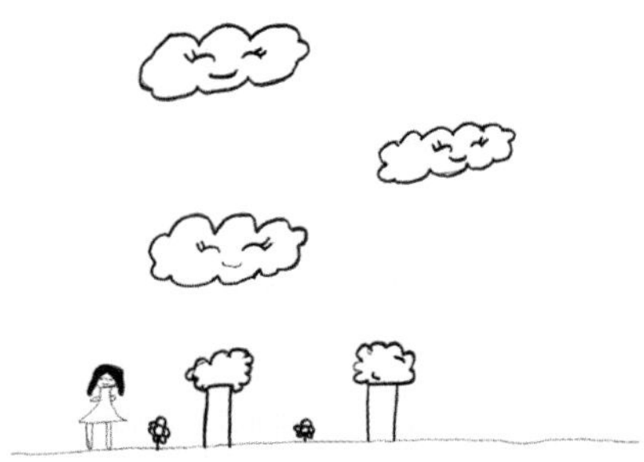

[4]

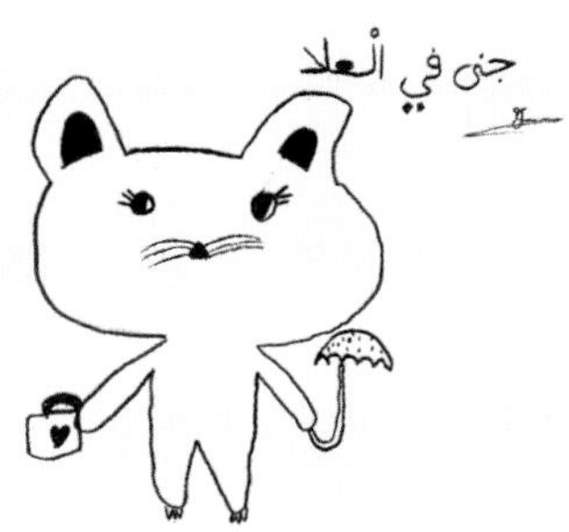

[5]

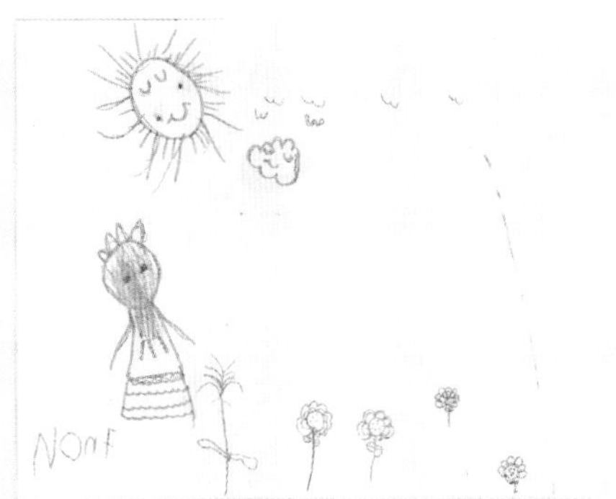

[6]

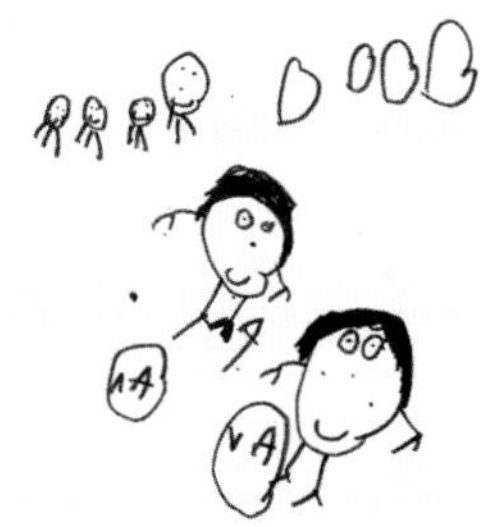

[7]

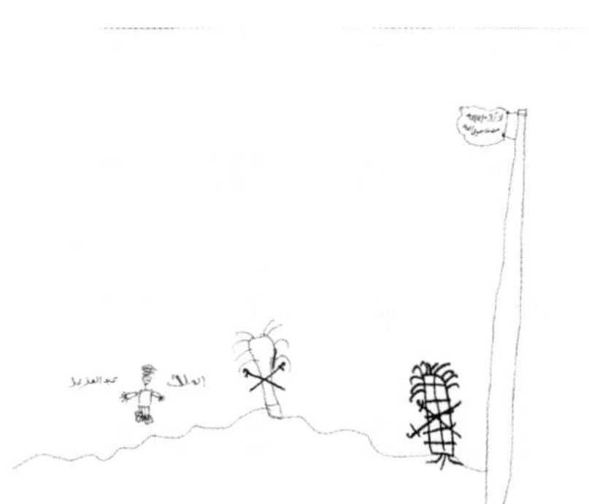

[8]

[1] Sulaf Masoud Alenzi	سلاف مسعود العنزي
[2] Shaden Mohammad	شادن محمد
[3] Baylasan Abdulrahman Makki	بيلسان عبدالرحمن مكي
[4] Safana Abdulrahman Makki	سفانا عبدالرحمن مكي
[5] Jana Hasan Alshahrani	جنى حسن الشهراني
[6] Nouf Abdullah Albalawi	نوف عبدالله البلوي
[7] Anonymous Participant	مجهول
[8] Yazeed Khaled Abdulkareem	يزيد خالد عبدالكريم

[1]

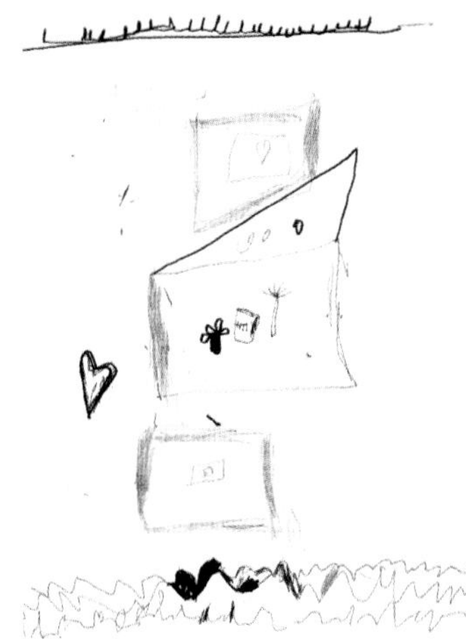

[2]

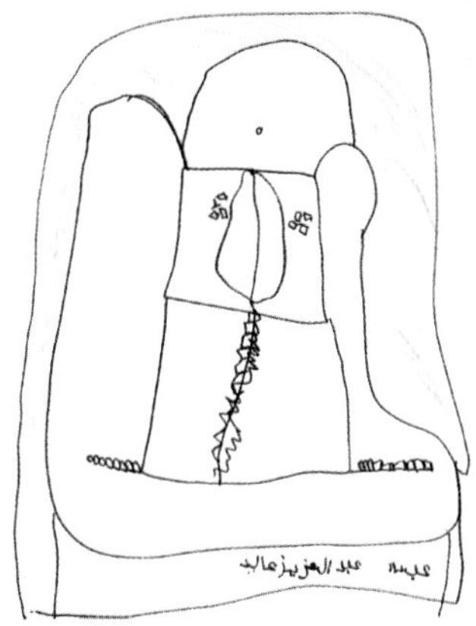

[3]

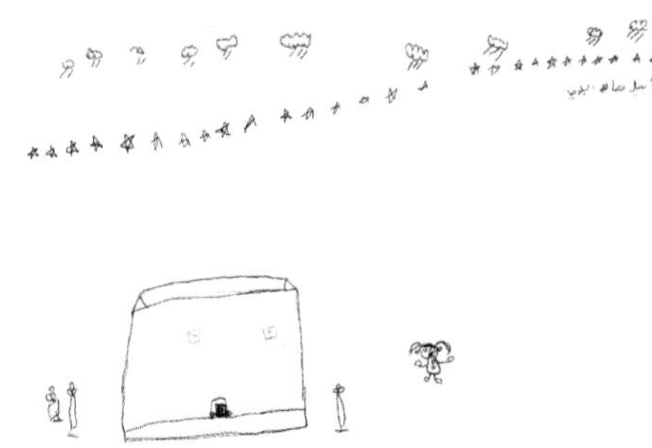

[4]

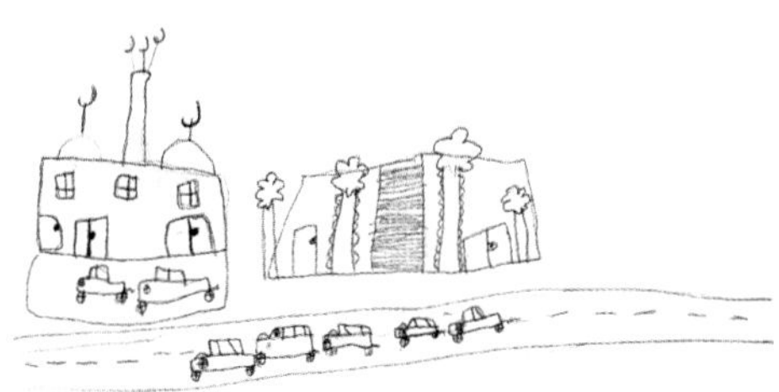

[5]

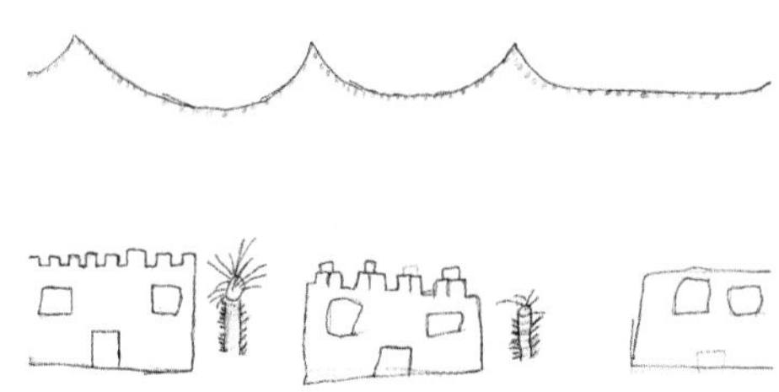

[6]

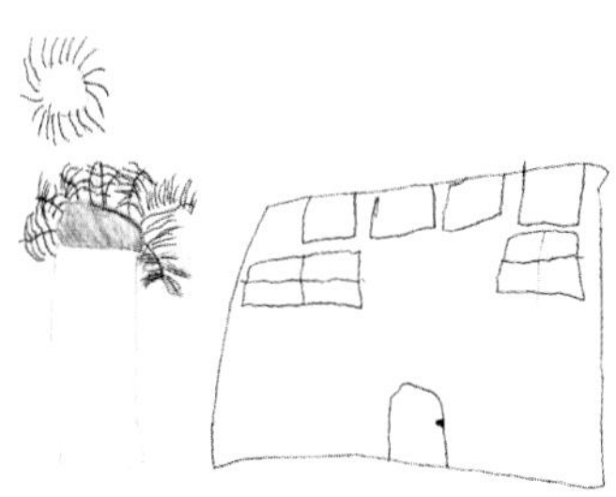

[1] Omran Fahad Albalawi — عمران فهد البلوي
[2] Abdulaziz Ayedh — عبدالعزيز عايض
[3] Aseel Saleh Albalawi — أسيل صالح البلوي
[4] Abdulelah Tarik BinTaleb — عبدالإله طارق بن طالب
[5] Zahwa Saleh Masoud — زهوى صالح مسعود
[6] Mohammed Ahmed Huwayan — محمد أحمد حويان

[1]

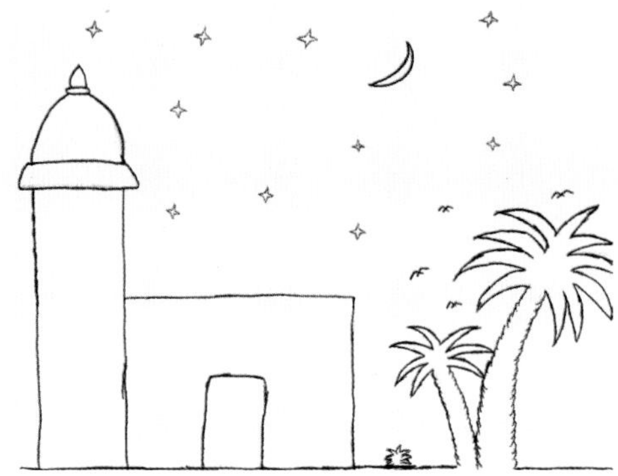

[2]

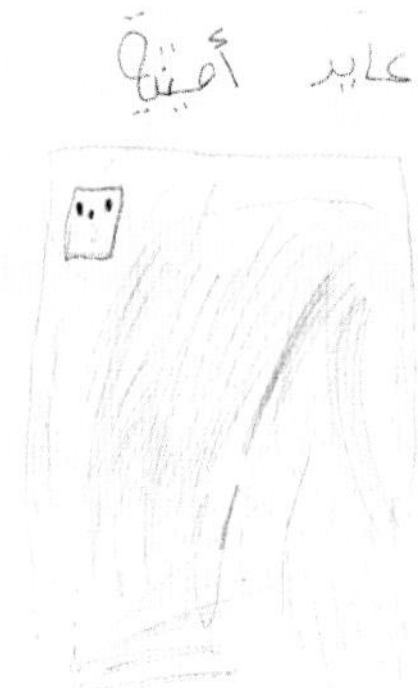

[3]

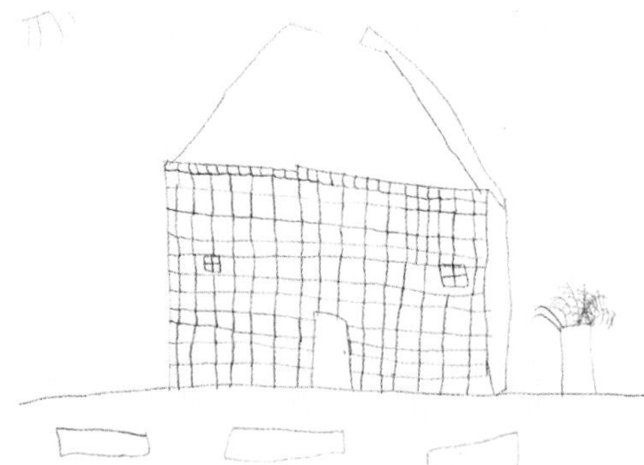

[4]

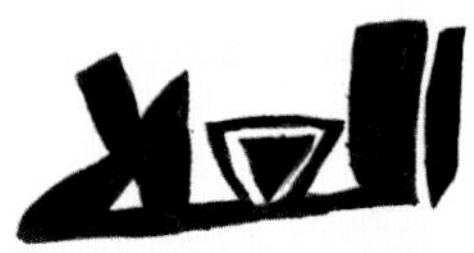

[5]

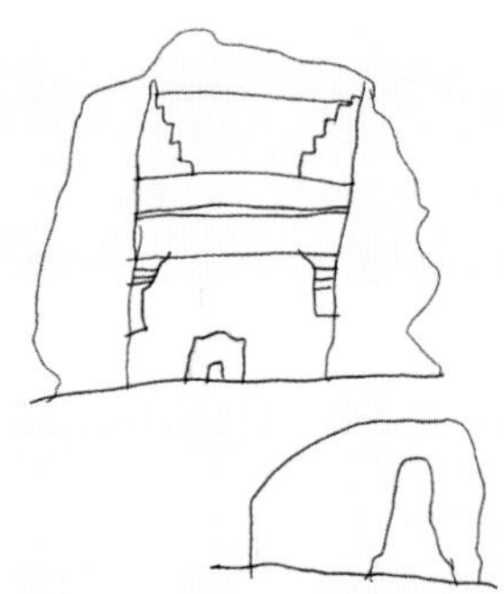

[6]

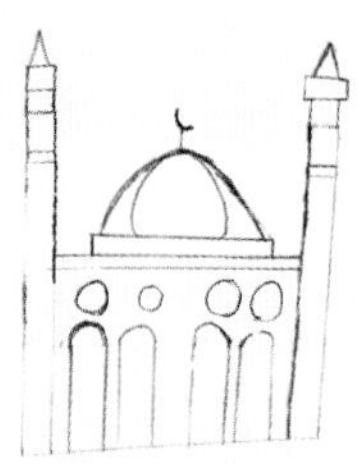

[7]

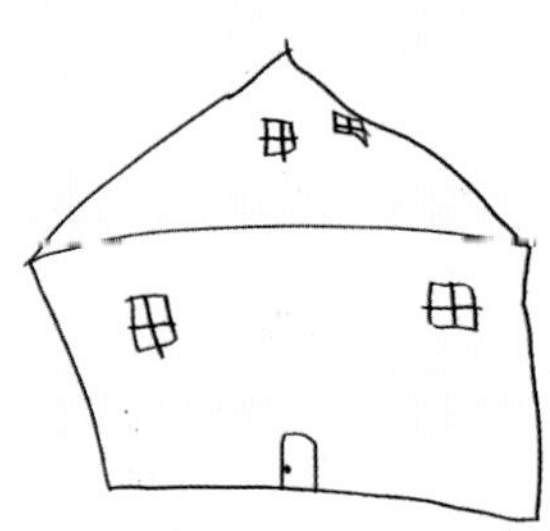

[8]

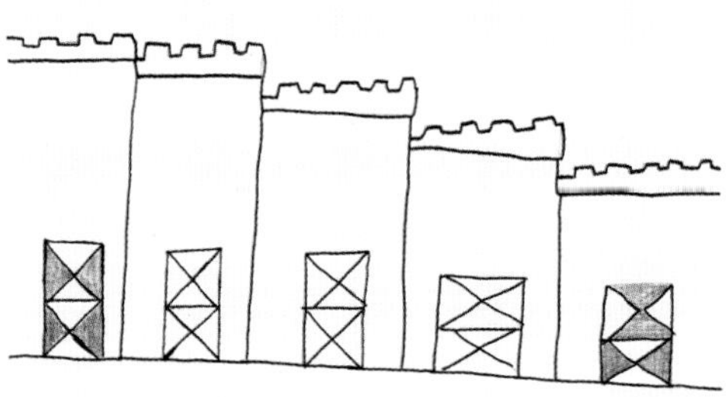

[1] Albatool Abdulrahman Altowalae	البتول عبدالرحمن الطويلعي
[2] Omniah Ayedh	أمنية عايض
[3] Mouath Farhan Albalawi	معاذ فرحان البلوي
[4] Eissa Saleh Albalawi	عيسى صالح البلوي
[5] Mousa Mansoor	موسى منصور
[6] Faris Awadh Saleh	فارس عوض صالح
[7] Anonymous Participant	مجهول
[8] Wareef Khalaf Alfaqeri	وريف خلف الفقيري

[1]

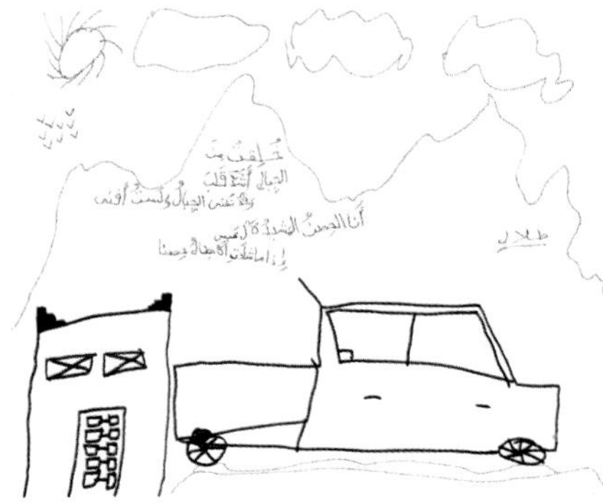

[2]

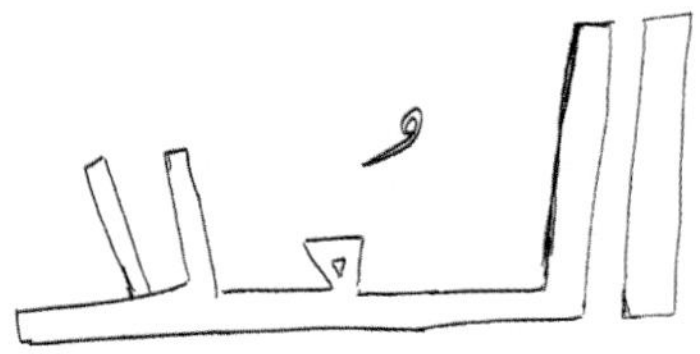

[3]

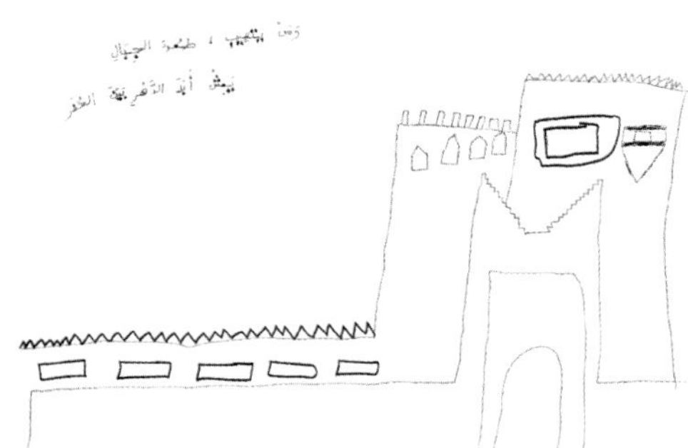

[4]

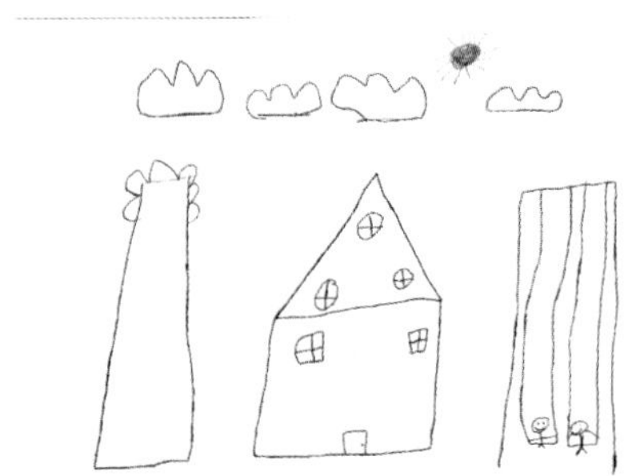

[5]

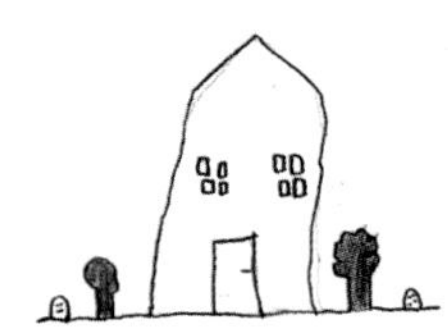

[6]

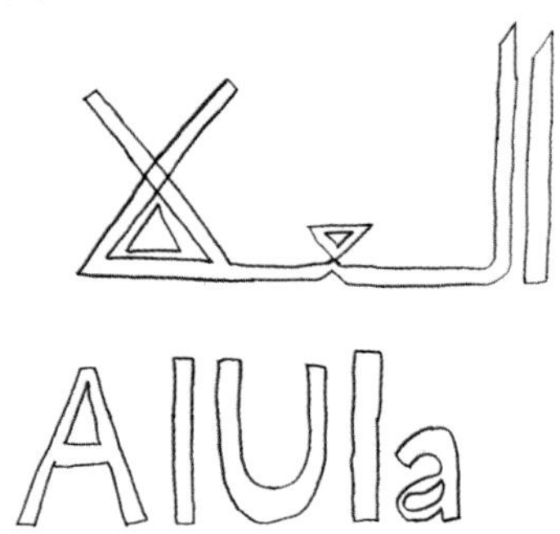

[7]

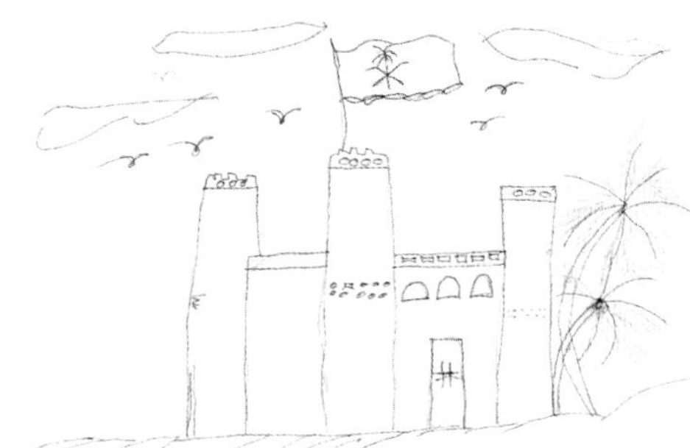

[8]

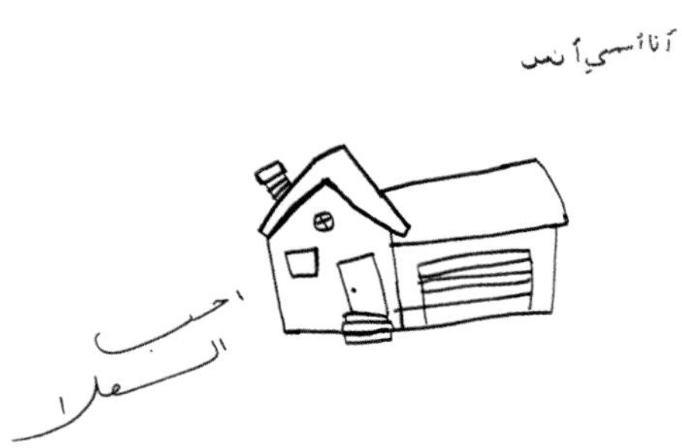

[1] Talal Misfer Abdullah Alahmari	طلال مسفر عبدالله الأحمري
[2] Majid Saleh Alghamdi	ماجد صالح الغامدي
[3] Mayan Alahmari	مايان الأحمري
[4] Aseel Mohsen Alenzi	أسيل محسن العنزي
[5] Jameel Mohammad Alqarshuti	جميل محمد القرشوطي
[6] Hosam Khalid Ahmad	حسام خالد أحمد
[7] Moayad Mohammad Alharbi	مؤيد محمد الحربي
[8] Anas Alshahrani	أنس الشهراني

[1]

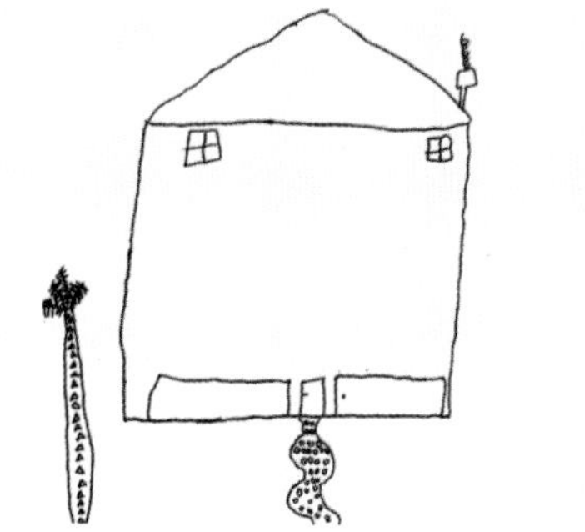

[2]

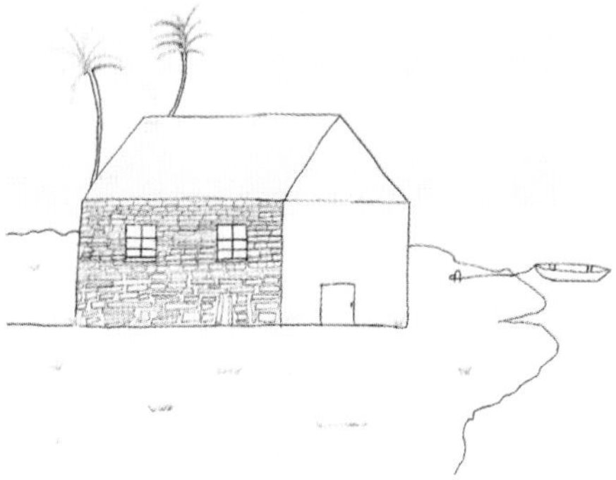

[3]

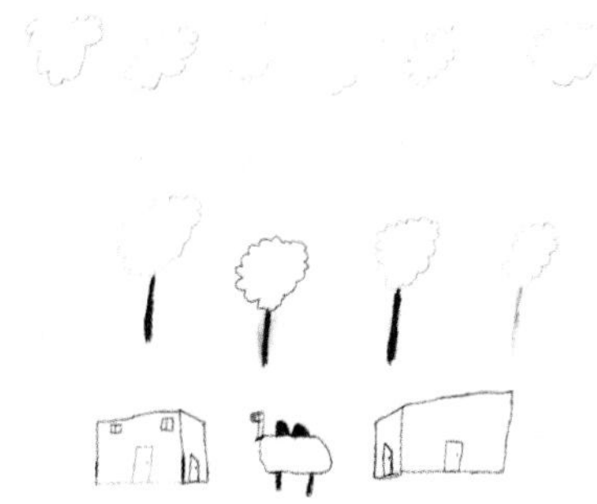

[4]

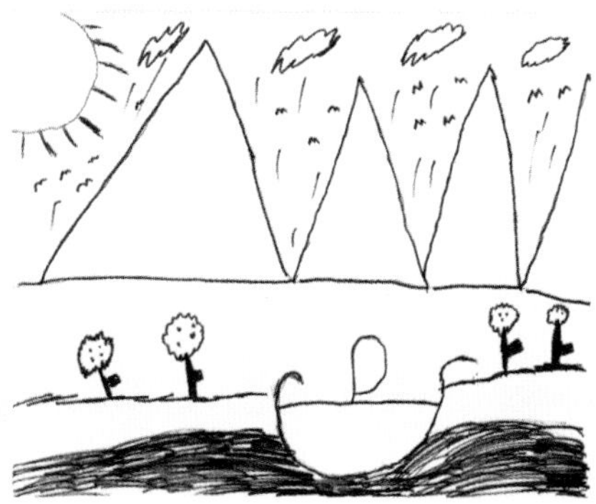

[5]

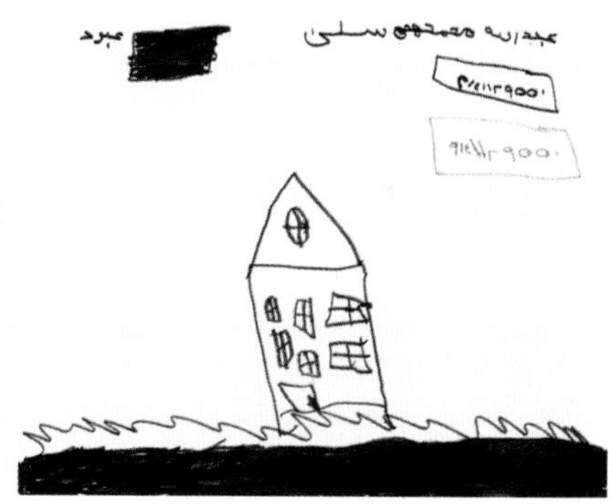

[6]

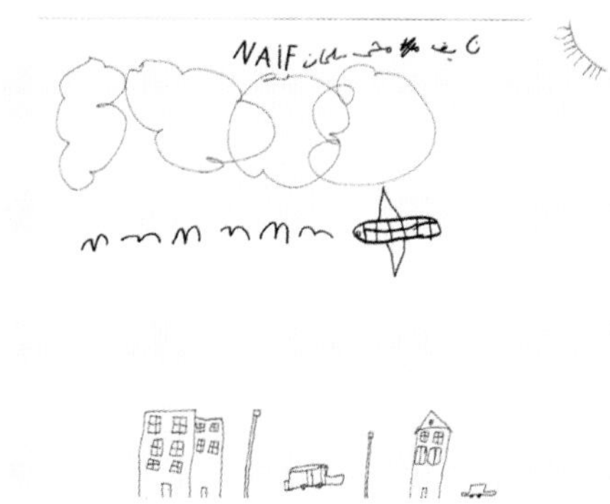

[7]

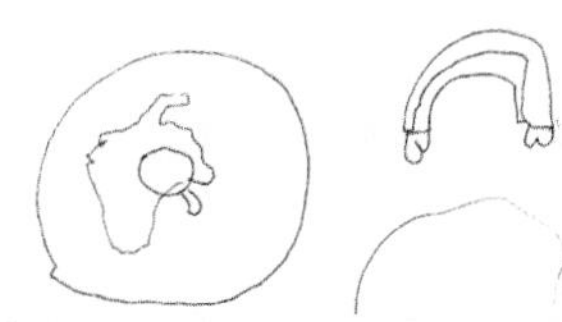

[8]

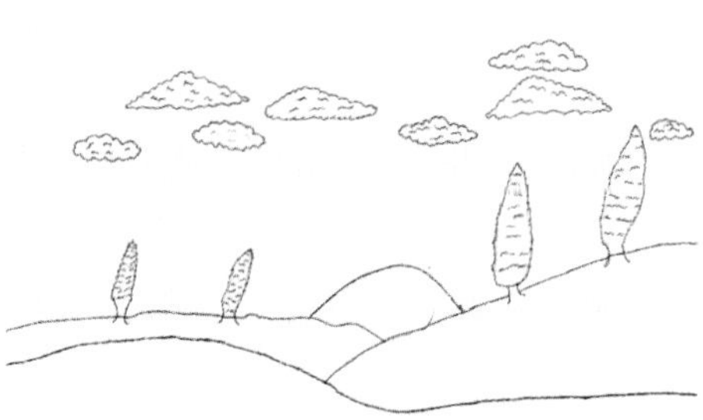

[1] Rayan Adel Ibrahim Altowelae	ريان عادل إبراهيم الطويلعي
[2] Asayel Abdulsalam Alenzi	أصايل عبدالسلام العنزي
[3] Abdullah Ibrahim Albalawi	عبدالله إبراهيم البلوي
[4] Faisal Majid Ali Alenzi	فيصل ماجد علي العنزي
[5] Abdullah Mohammed Salman	عبدالله محمد سلمان
[6] Naif Mohammed Salman	نايف محمد سلمان
[7] Taraf Saleh Albalawi	ترف صالح البلوي
[8] Afnan Tarik BinTaleb	أفنان طارق بن طالب

[1]

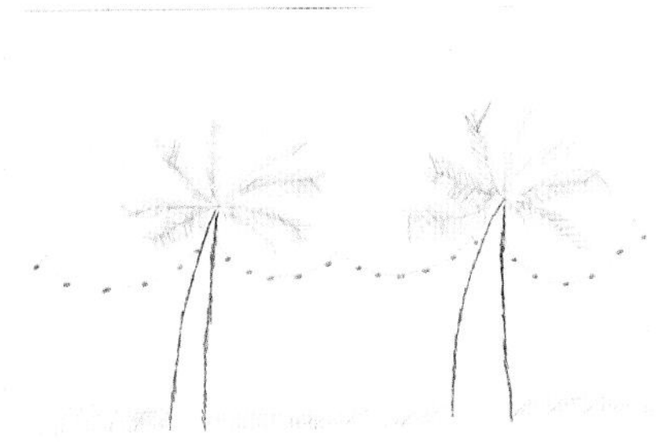

[2]

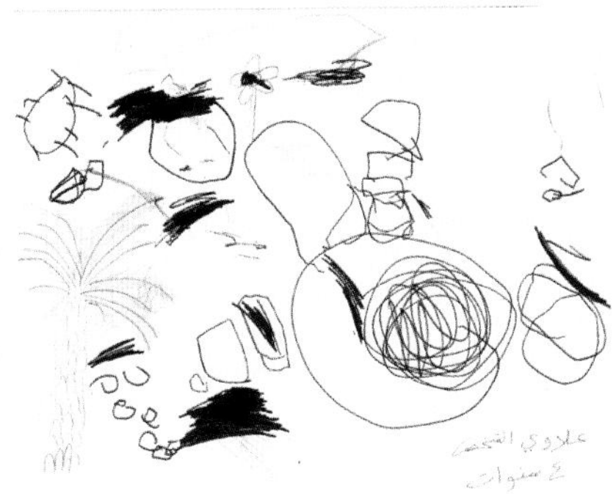

[3]

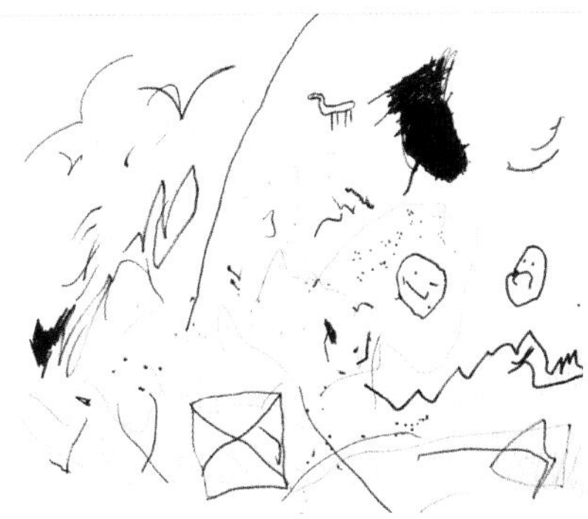

[4]

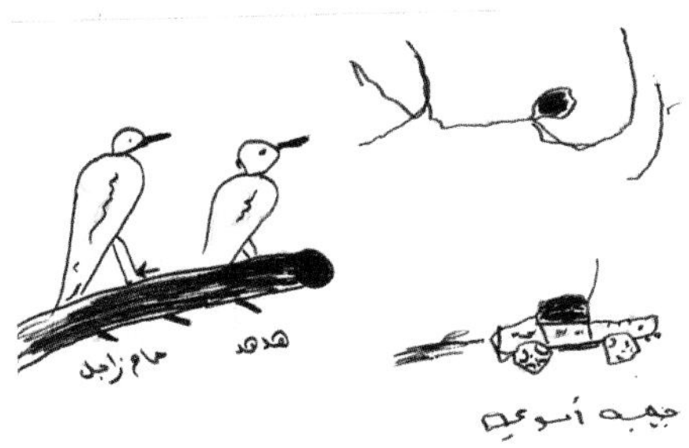

[5]

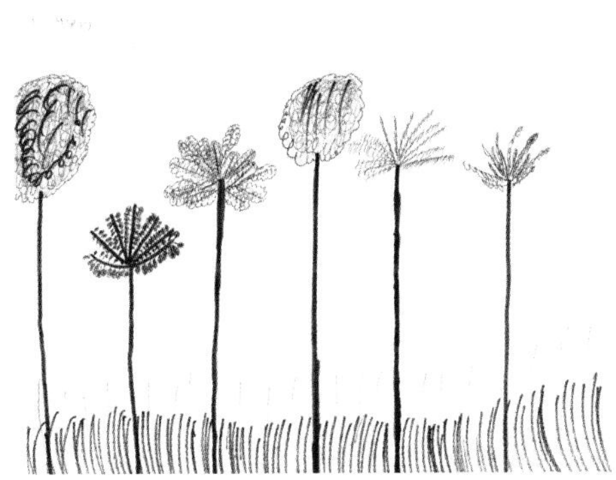

[6]

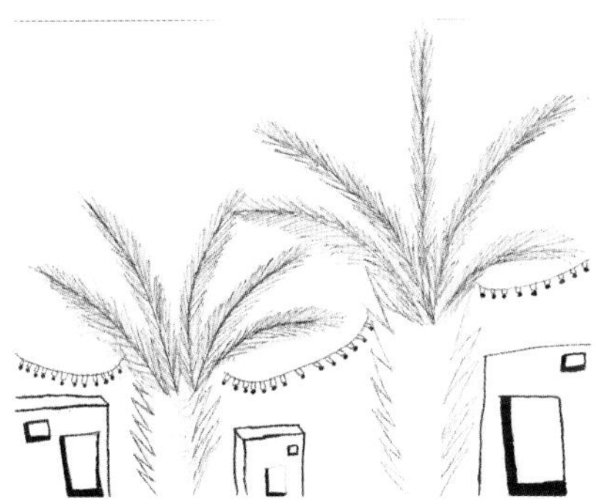

[7]

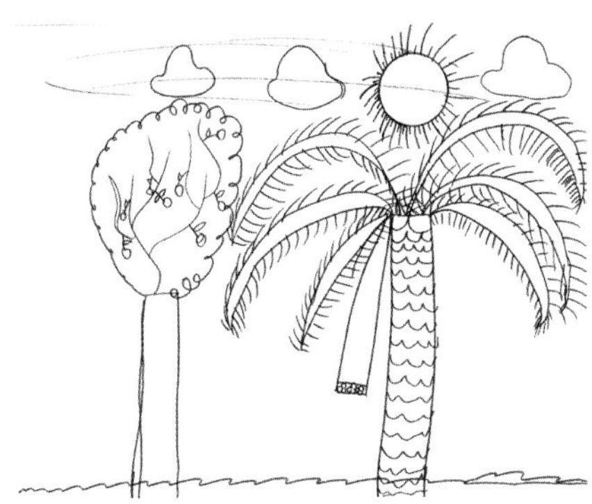

[8]

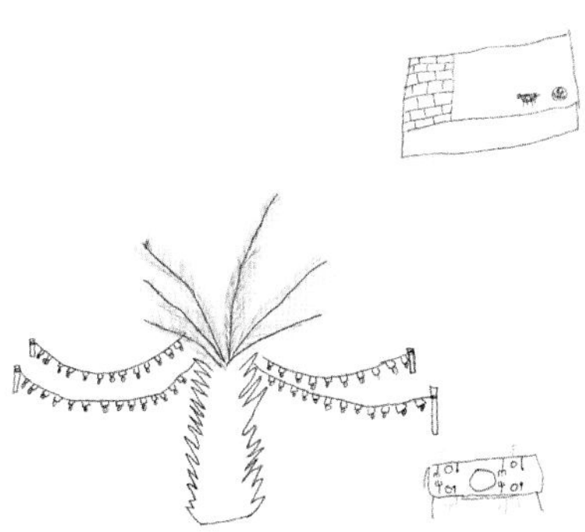

[1] Seba Ahmed Huwayan	صبا أحمد حويان
[2] Alawi Alshakhs	علاوي الشخص
[3] Abdulmalik Saleh Masoud	عبدالملك صالح مسعود
[4] Zaid Abdi Albalawi	زيد عبدي البلوي
[5] Sadan Yousuf Albalawi	سدن يوسف البلوي
[6] Remas Saleh Masoud	ريماس صالح مسعود
[7] Albandri Abdulrahman Binhussain	البندري عبدالرحمن بن حسين
[8] Jasser Sulaiman Albalawi	جاسر سليمان البلوي

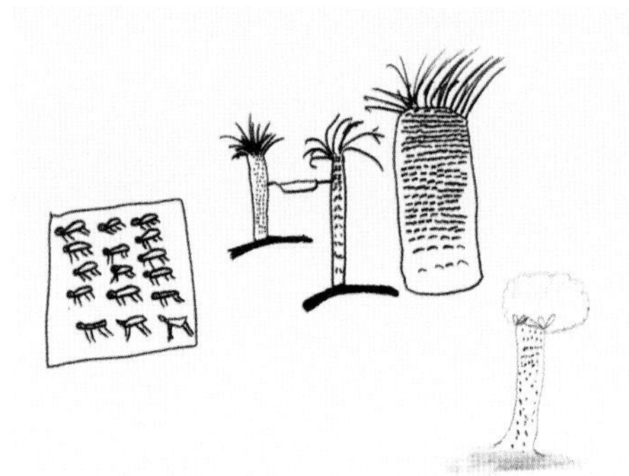

[2]

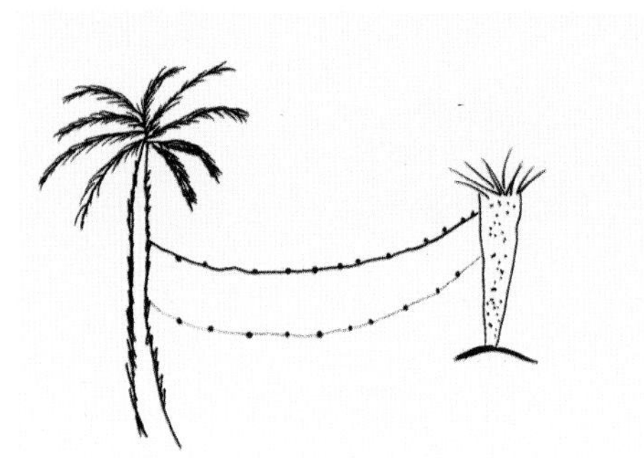

[1]

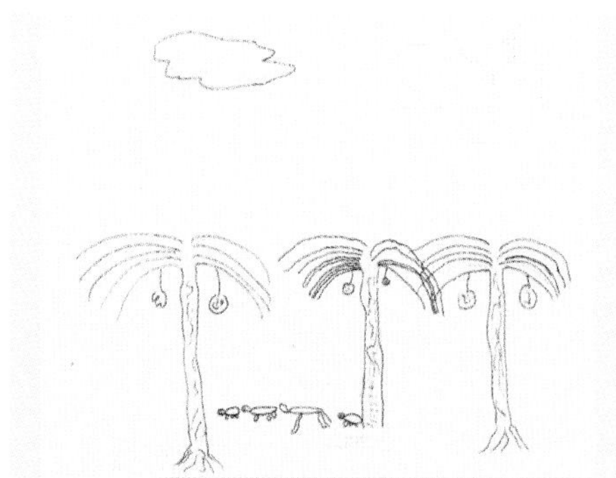

[4]

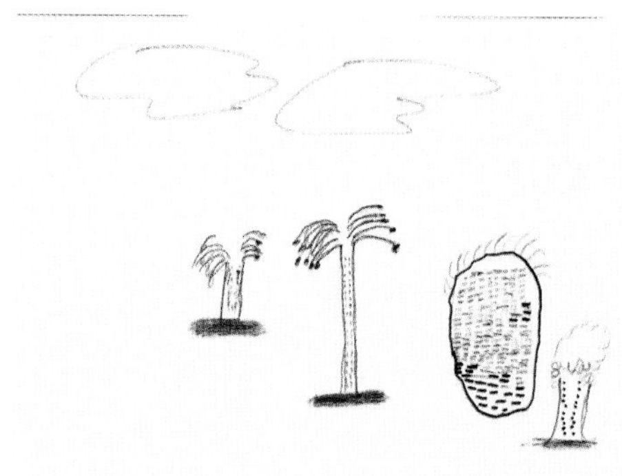

[3]

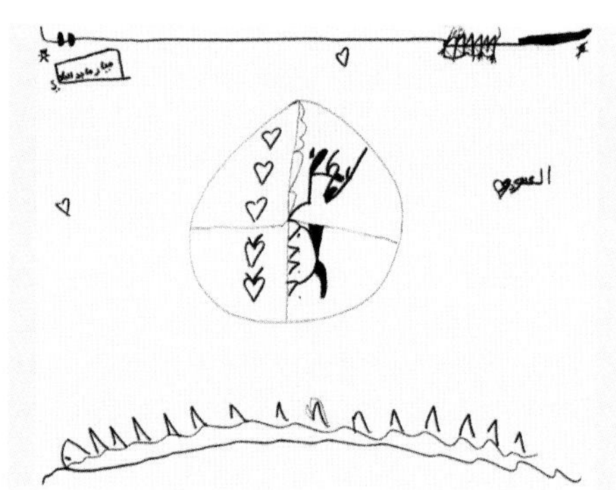

[6]

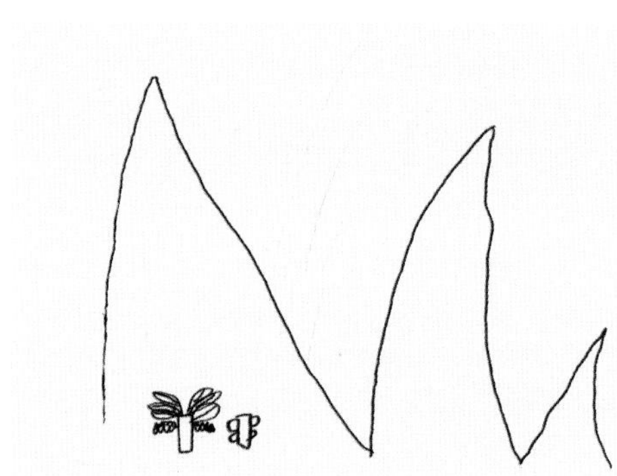

[5]

[7]

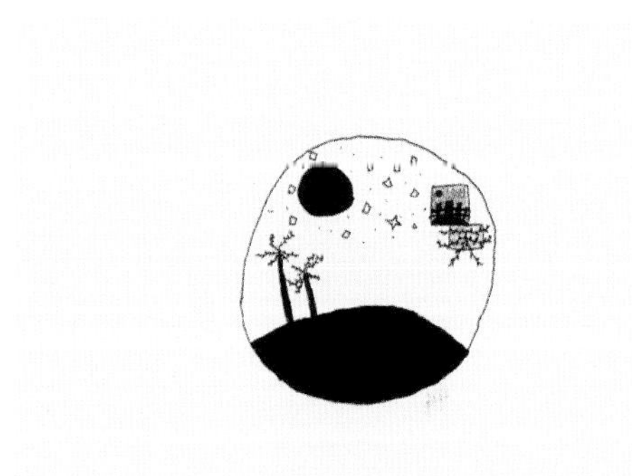

[1] Sulaiman Nasir Albalawi سليمان ناصر البلوي
[2] Saif Ayed Albalawi سيف عايض البلوي
[3] Zaid Majid Albalawi زايد ماجد البلوي
[4] Sahar Ayed Albalawi سحر عايض البلوي
[5] Badr Ali Albalawi بدر علي البلوي
[6] Mayar Majid Albalawi ميار ماجد البلوي
[7] Hour Khalaf Alfaqeri حور خلف الفقيري

[1]

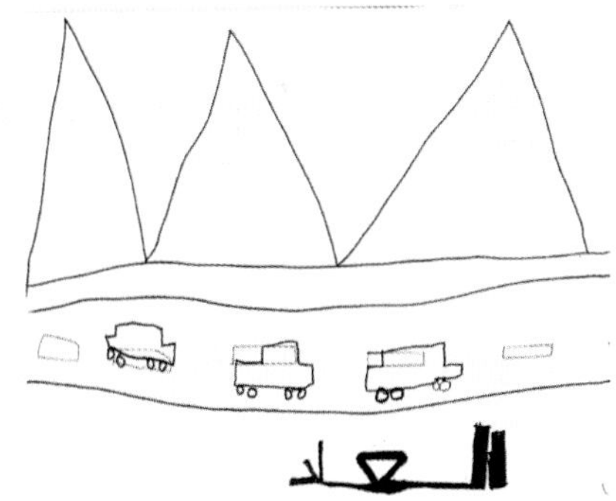

[2]

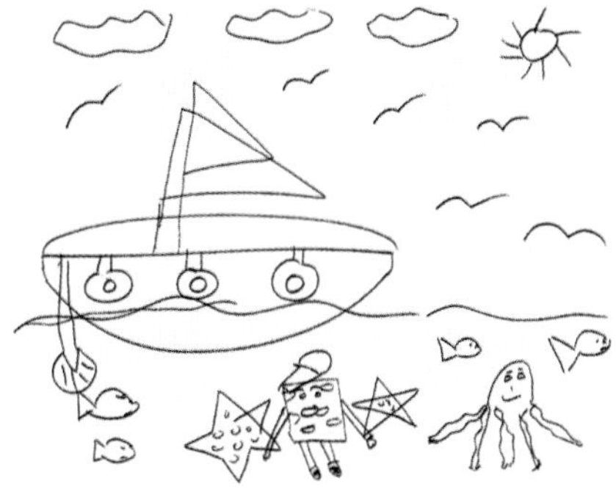

[3]

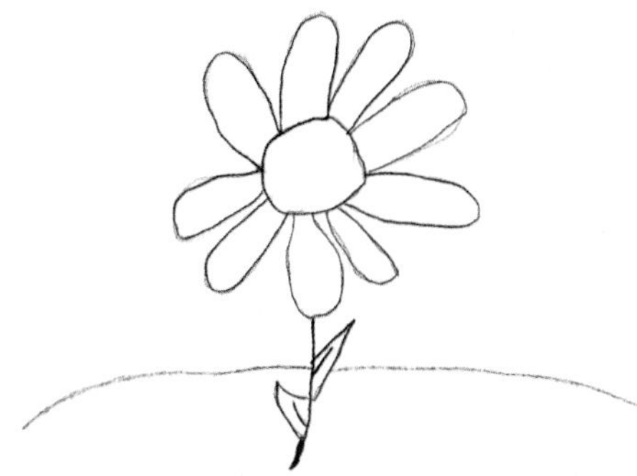

[4]

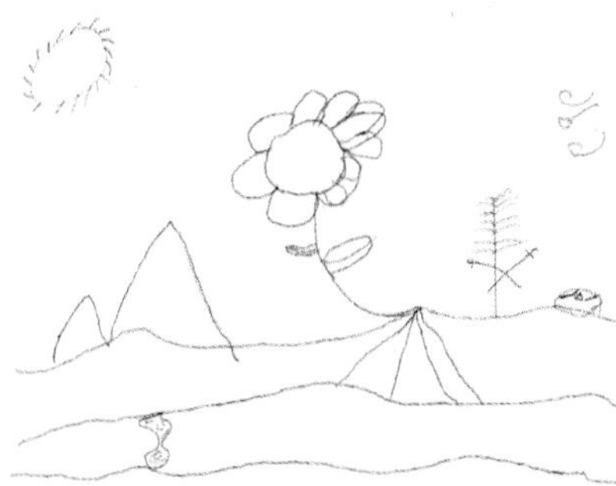

[5]

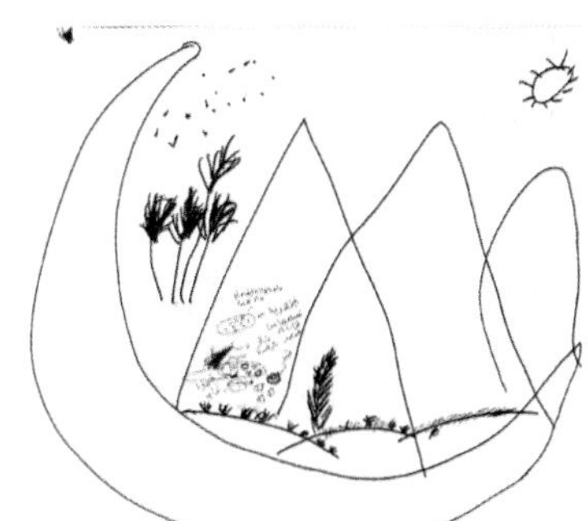

[6]

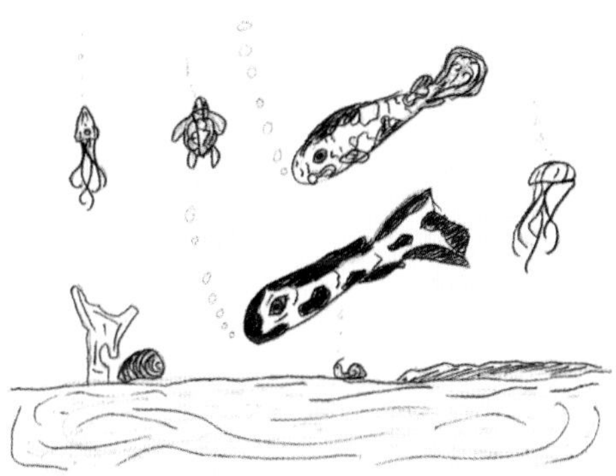

[7]

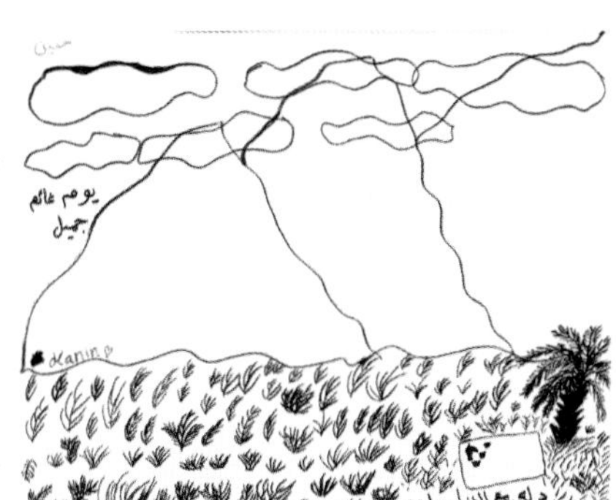

[8]

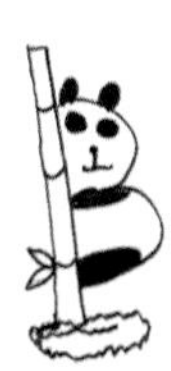

[1] Tibal Saleh Alghamdi	تيبال صالح الغامدي
[2] Abdullah Masoud Alenzi	عبدالله مسعود العنزي
[3] Jwana Khalid Abdulkareem	جوانا خالد العبدالكريم
[4] Yazeed Khalid Abdulkareem	يزيد خالد العبدالكريم
[5] layali Rsmi Alenzi	ليالي رسمي العنزي
[6] Abdullah Khalid Abdulkareem	عبدالله خالد عبدالكريم
[7] Haneen Ahmad Hameed	حنين أحمد حميد
[8] Waheeb Ateeq	وهيب عتيق

[1]

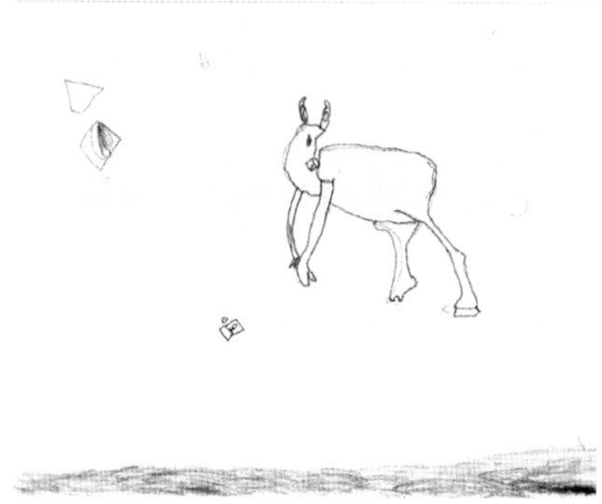

[2]

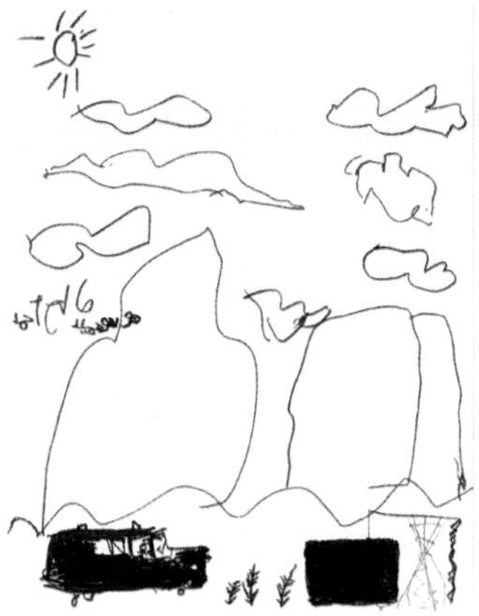

[3]

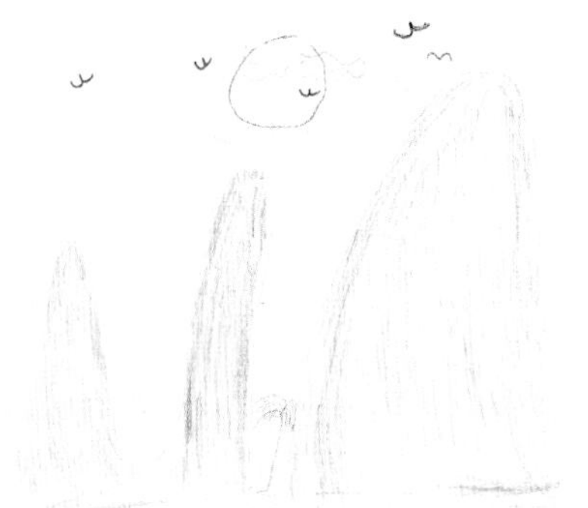

[4]

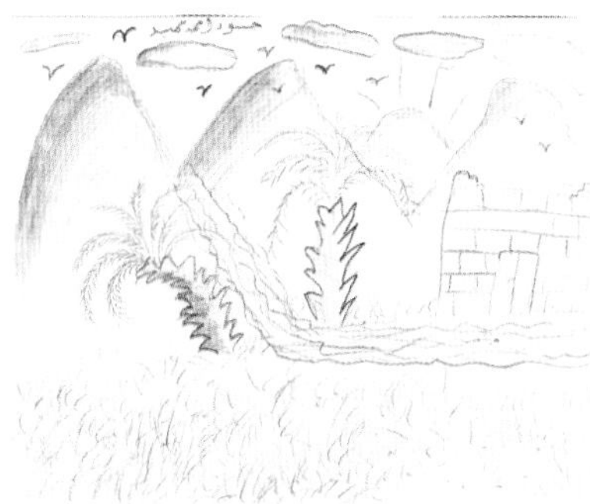

[5]

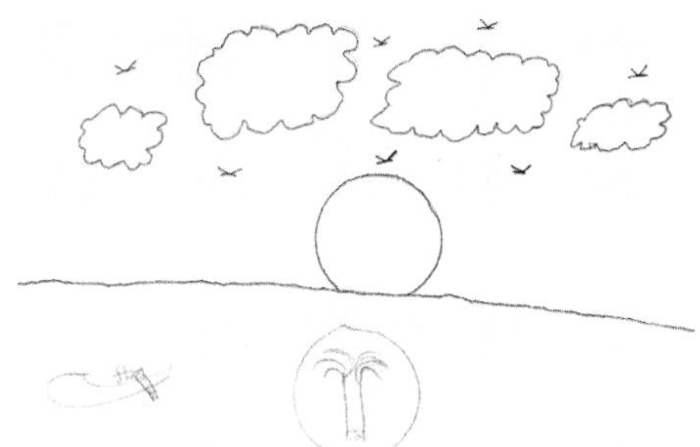

[6]

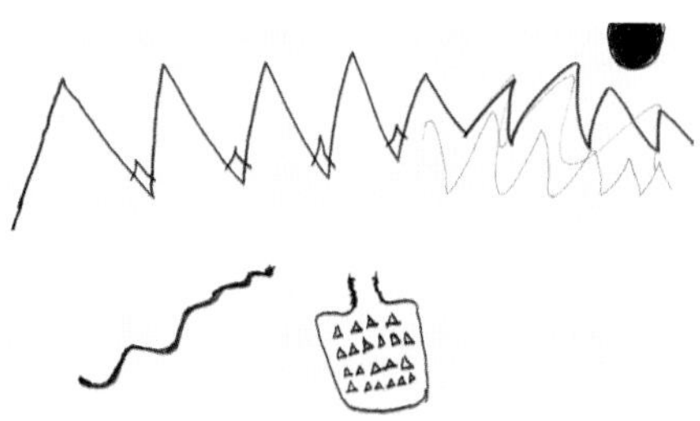

[7]

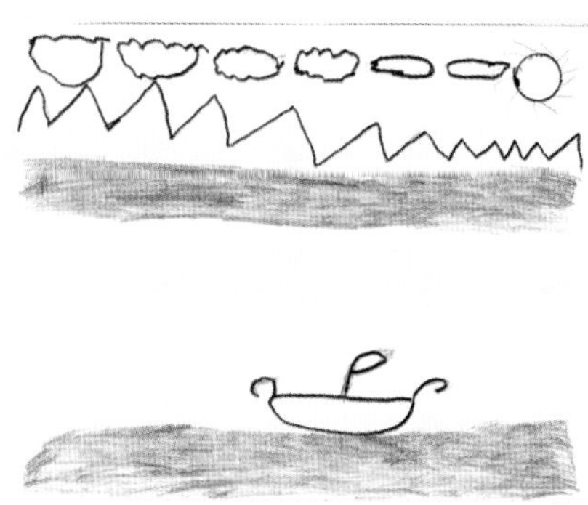

[8]

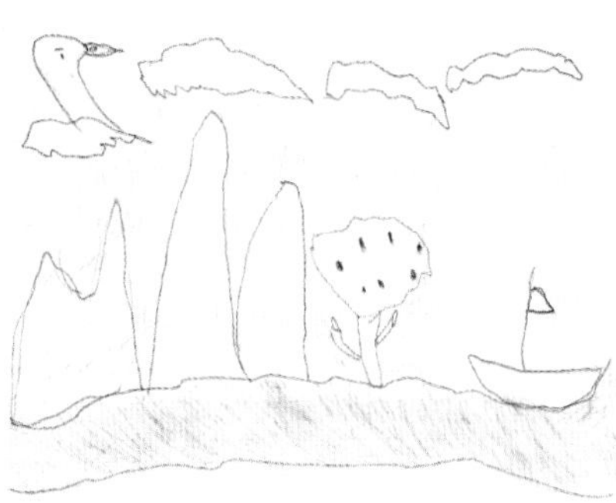

[1] Haneen Ahmad Hameed	حنين أحمد حميد
[2] Haneen Ahmad Hameed	حنين أحمد حميد
[3] Baisan Abdullah Albalawi	بيسان عبدالله البلوي
[4] Joud Ahmad Hameed	جود أحمد حميد
[5] Abdulaziz Faris Abdulwahed	عبدالعزيز فارس عبدالواحد
[6] Lamar Adel Jaber Albadeer	لمار عادل جابر البدير
[7] Emad Abdulhakeem	عماد عبدالحكيم
[8] Khalel Emad Ibrahim	خليل عماد إبراهيم

[1]

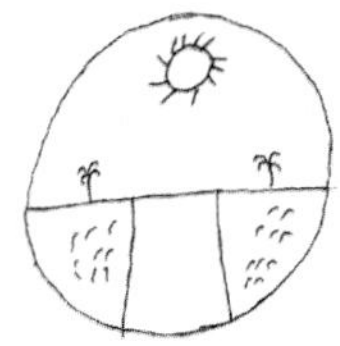

[3]

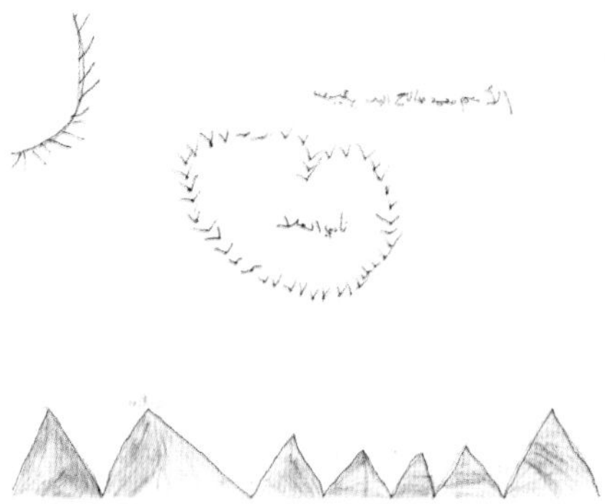

[2]

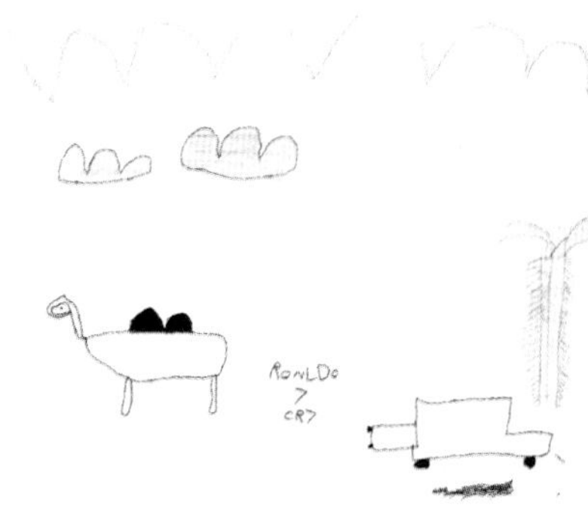

[5]

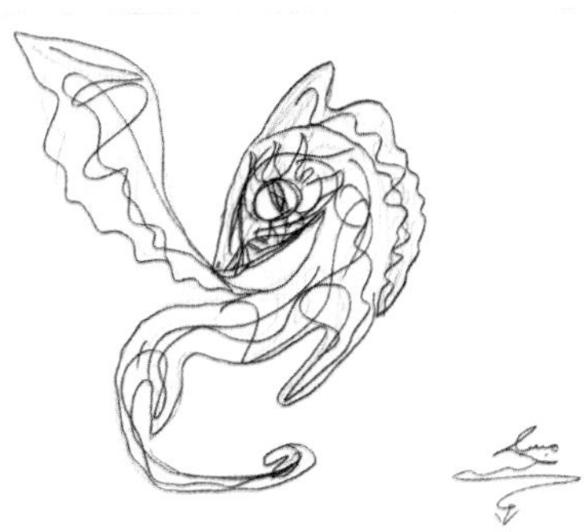

[4]

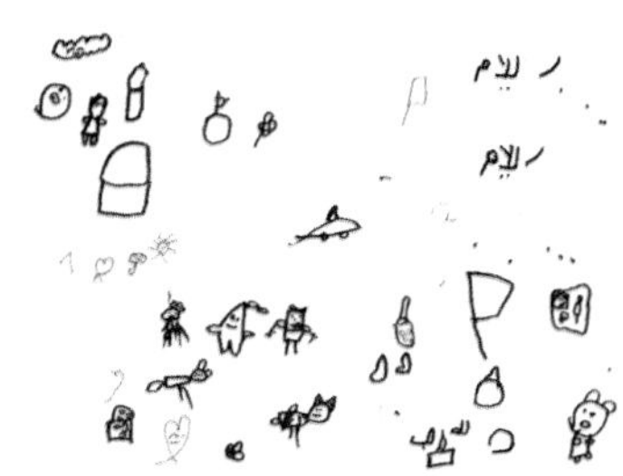

[7]

[6]

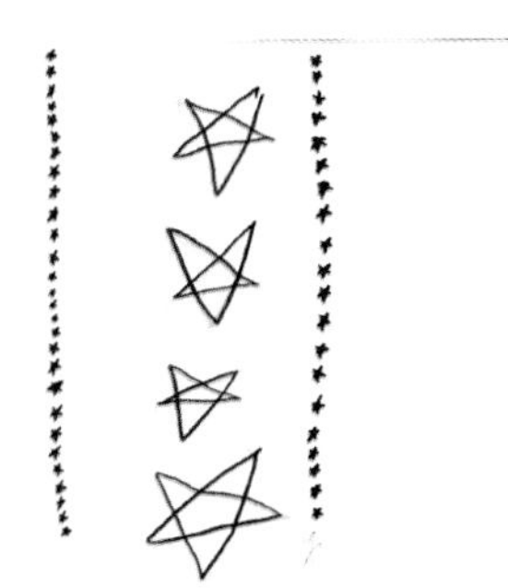

[1] Ahmad Abdulazeem Alenzi	أحمد عبدالعظيم العنزي
[2] Zaid Mujahid Muhammad Albushi	زايد مجاهد محمد البوشي
[3] Mohammad Saleh Albarkeet	محمد صالح البريكيت
[4] Relam Makki	ريلام مكي
[5] Abdullah Khaled Abdulkareem	عبدالله خالد عبدالكريم
[6] Anonymous Participant	مجهول
[7] Haya	هيا

[1]

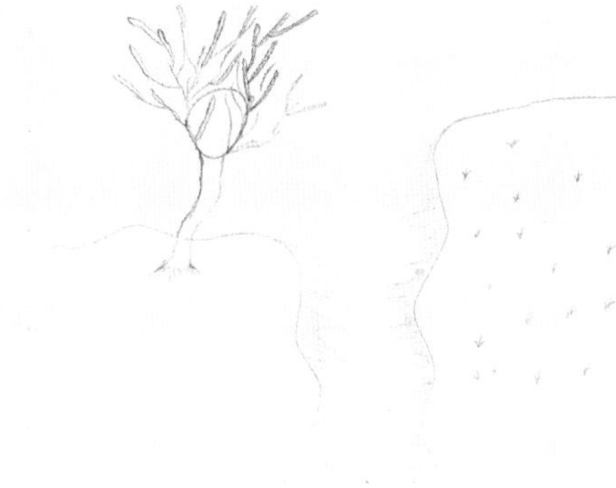

[2]

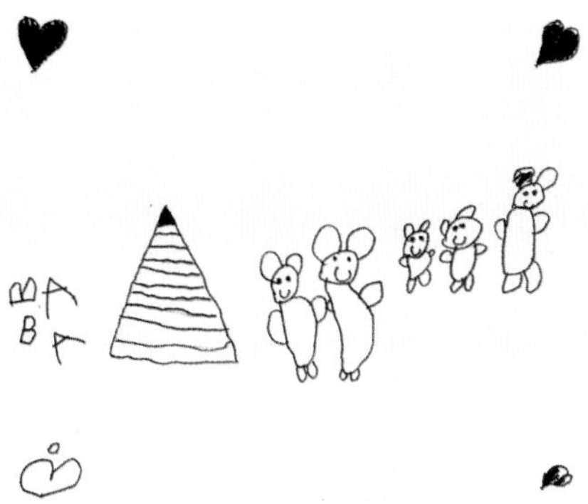

[3]

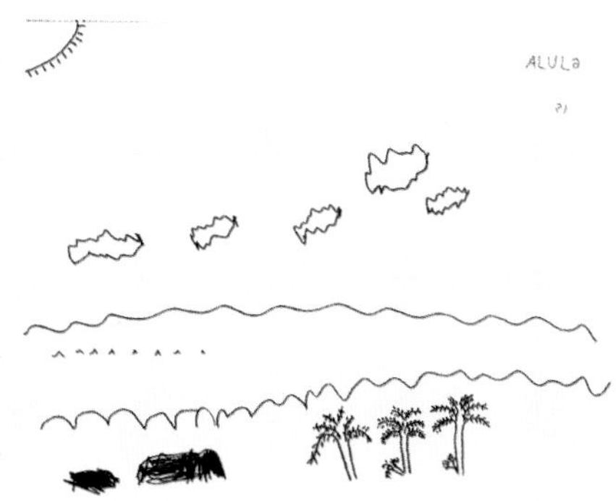

[4]

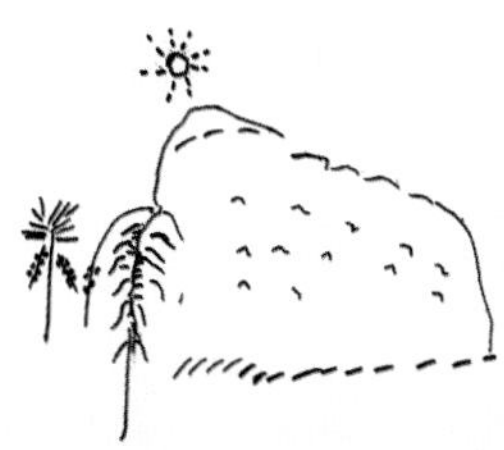

[5]

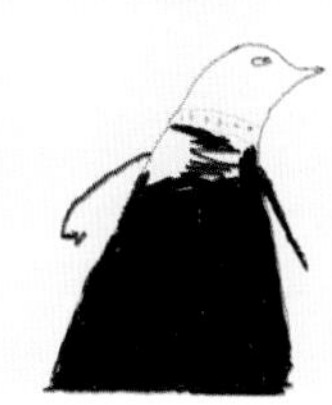

[6]

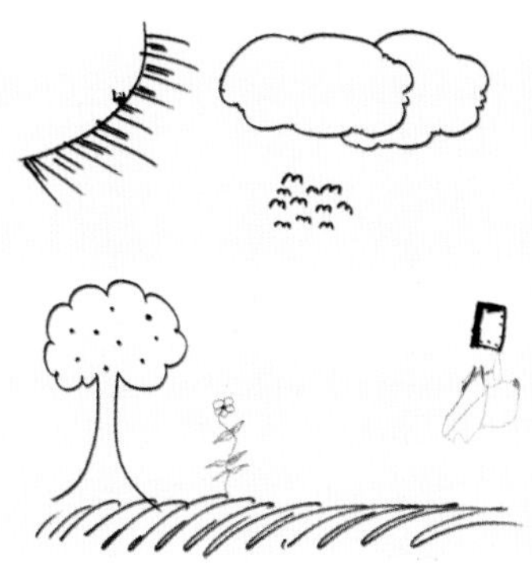

[7]

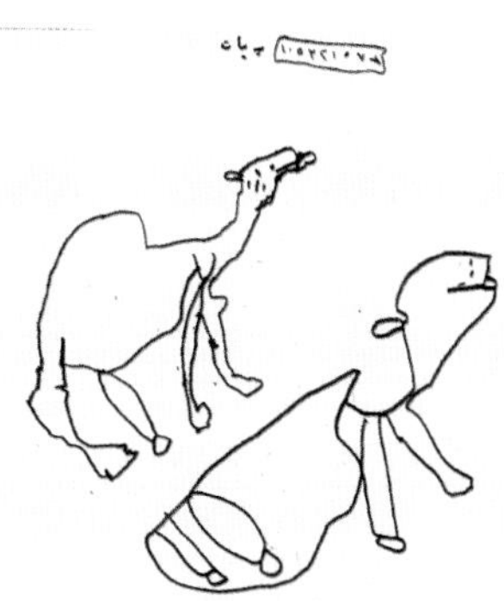

[1] Anonymous Participant مجهول
[2] Lelya Naji ليليا ناجي
[3] Anonymous Participant مجهول
[4] Anonymous Participant مجهول
[5] Anonymous Participant مجهول
[6] Anonymous Participant مجهول
[7] Rayan Abdulrahman Aqil ريان عبدالرحمن عقيل

[1]

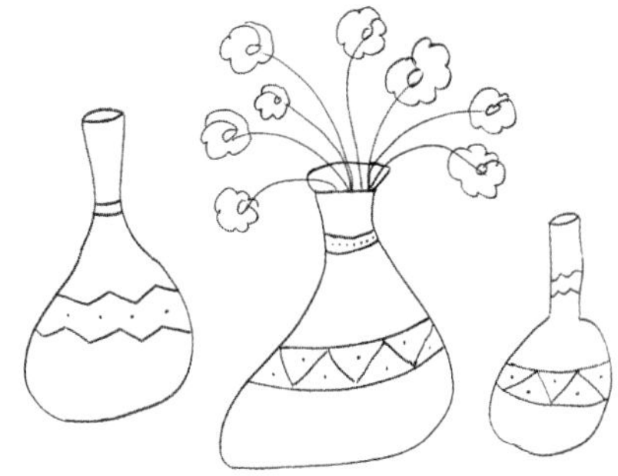

[2]

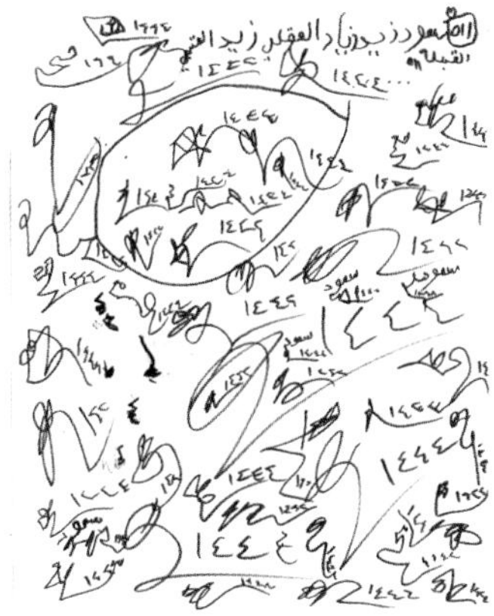

[3]

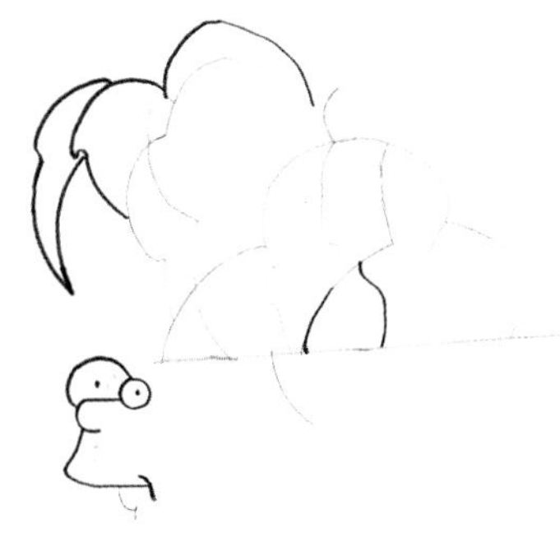

[4]

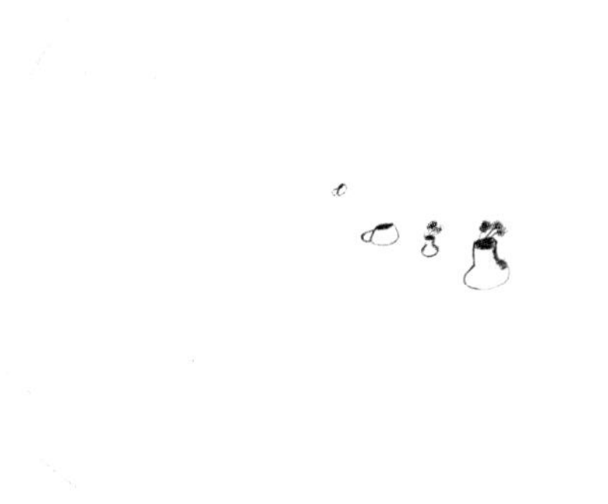

[5]

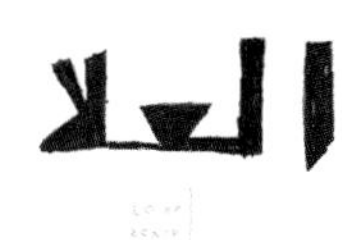

[6]

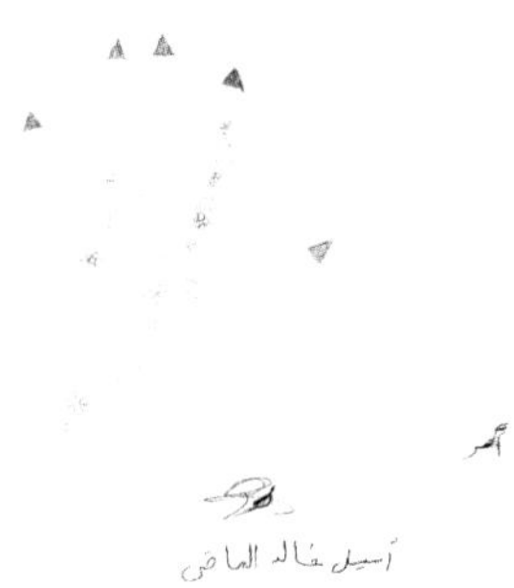

[7]

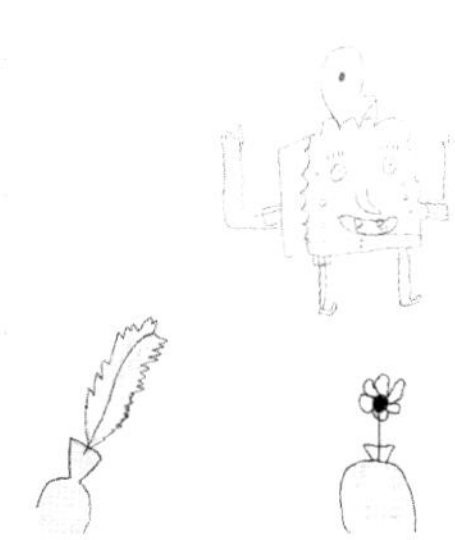

[8]

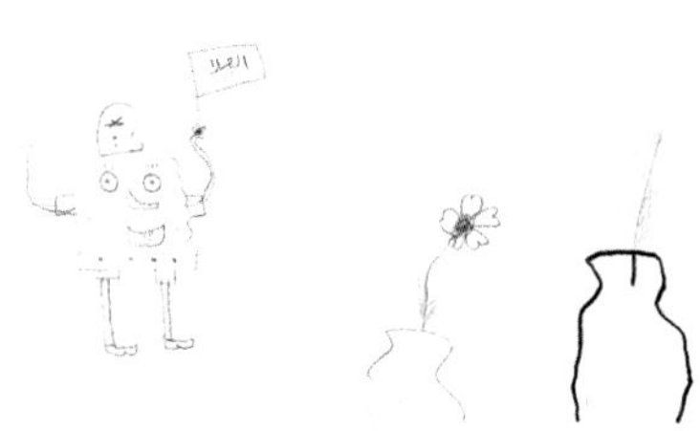

[1] Wareef Abdulrahman Saqeer وريف عبدالرحمن صقير
[2] Anonymous Participant مجهول
[3] Anonymous Participant مجهول
[4] Khawater Abdullah Aysh Alenzi خواطر عبدالله عايش العنزي
[5] Ibrahim Zakaria إبراهيم زكريا
[6] Aseel Khalid Ahmad Almadhi أسيل خالد أحمد الماضي
[7] Anonymous Participant مجهول
[8] Bader Ahmad Aladhi بدر أحمد العاضي

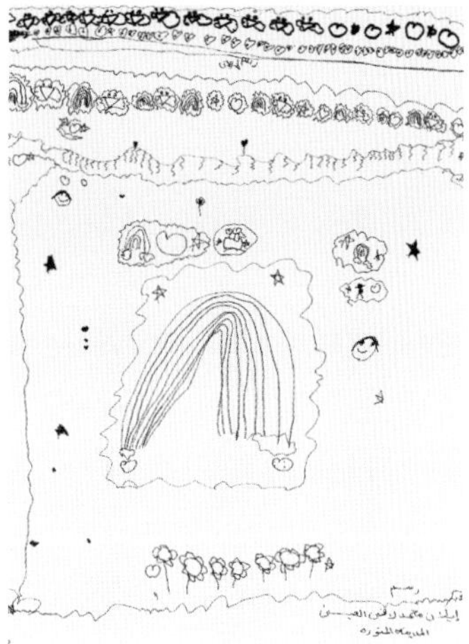
[2]

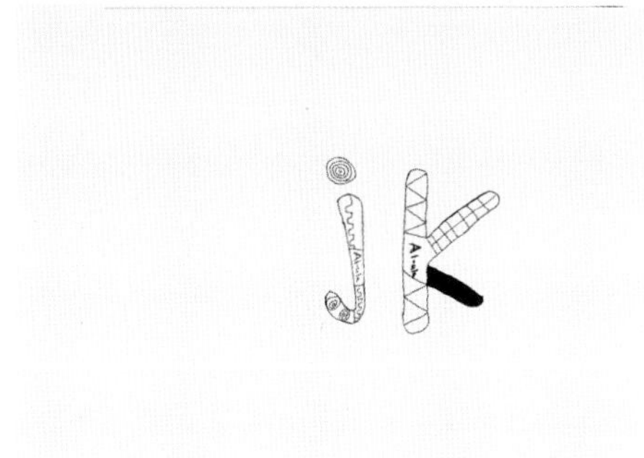
[1]

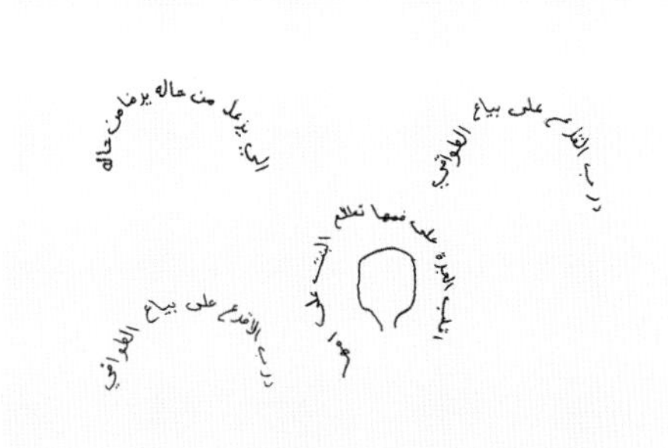
[4]

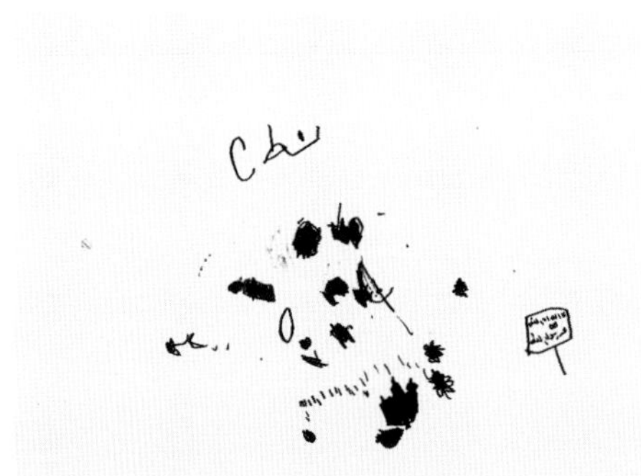
[3]

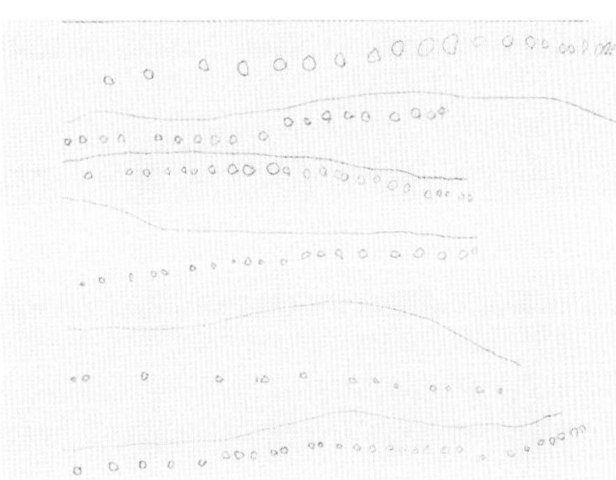
[6]

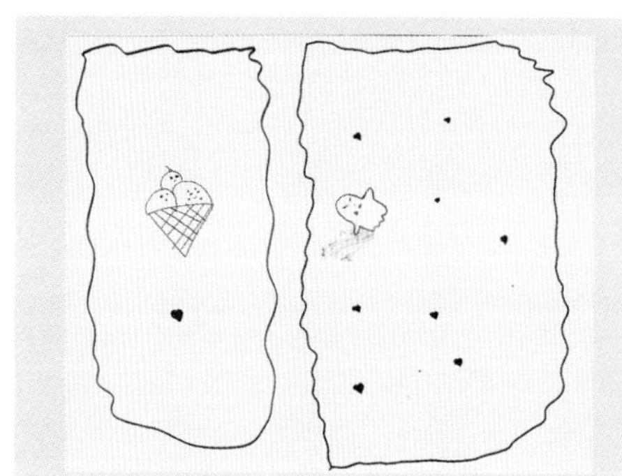
[5]

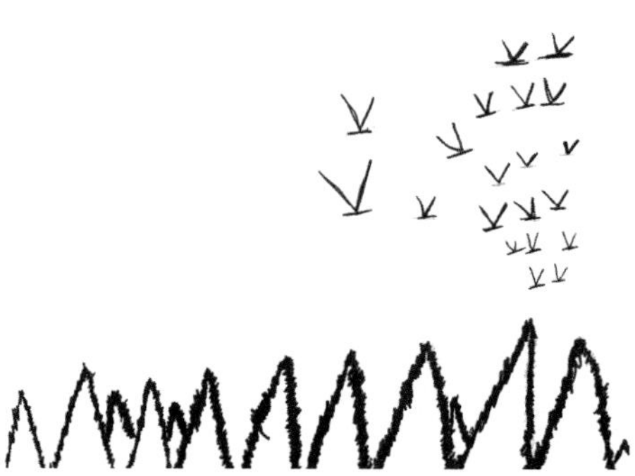
[8]

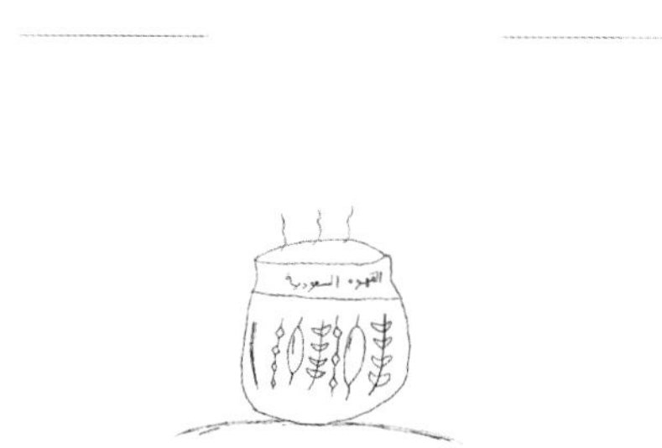
[7]

[1] Hanan Ahmed Huwayan	حنان أحمد حويان
[2] Elan Mohammed Aleisa	إلان محمد العيسى
[3] Watan Ali AlGhamdi	وطن علي الغامدي
[4] Lamar Adel Albudair	لمار عادل البدير
[5] Raseel Rami Aljuhani	رسيل رامي الجهني
[6] Shouq Ali AlOlbani	شوق علي العلباني
[7] Raghad Ali Albalawi	رغد علي البلوي
[8] Albaraa Faisal Albushi	البراء فيصل البوشي

[1]

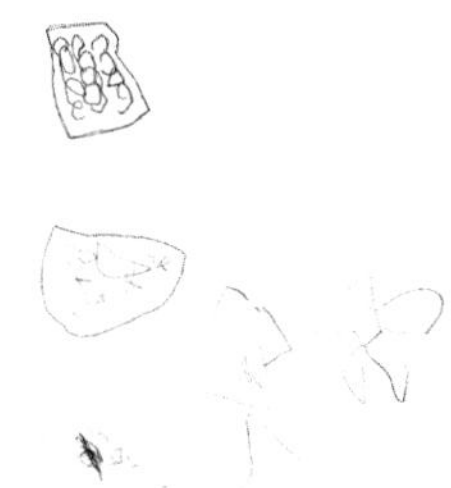

[2]

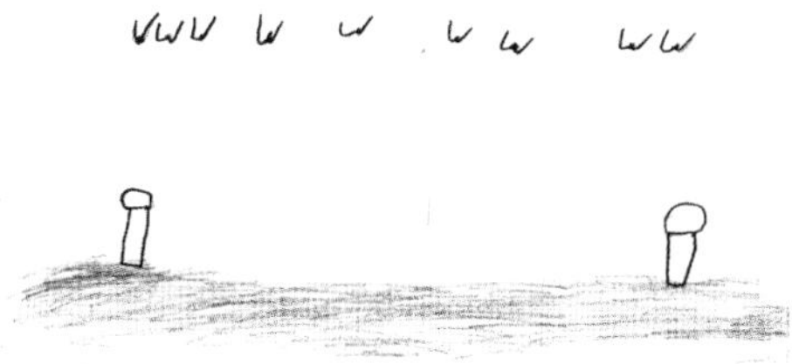

[3]

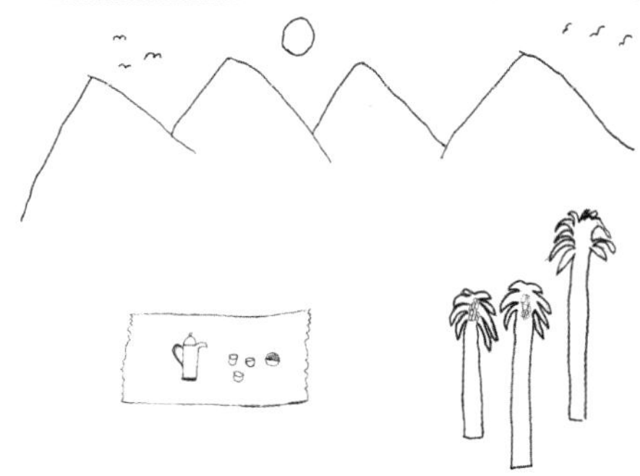

[4]

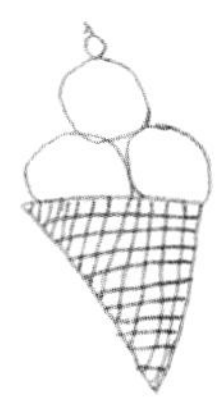

[5]

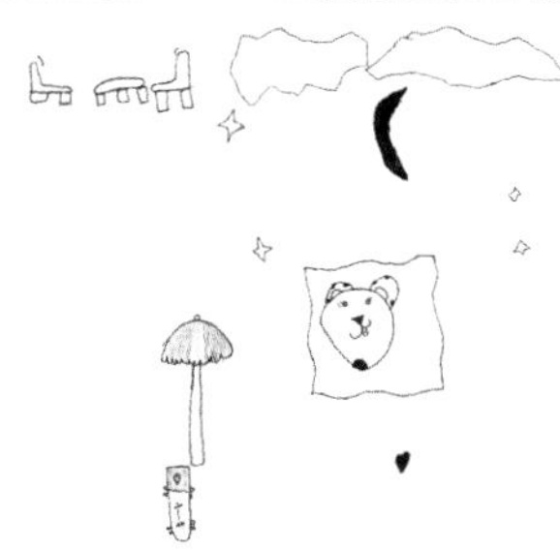

[6]

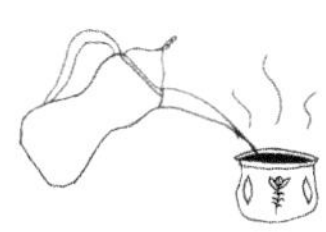

[7]

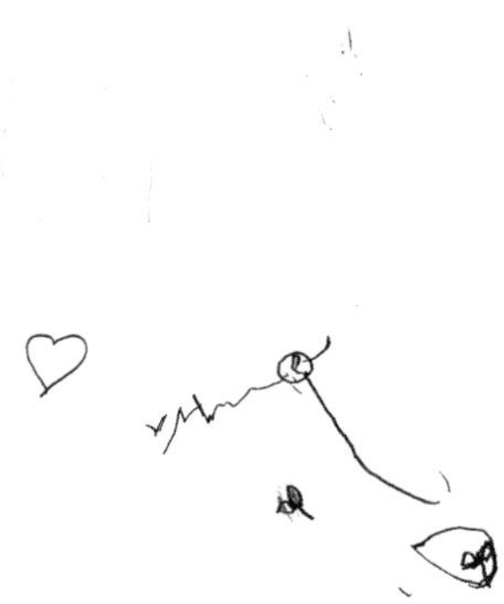

[8]

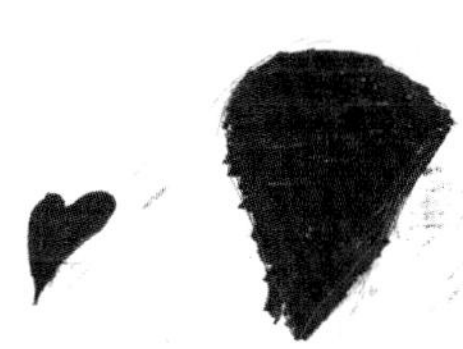

[1] Abdulelah Nasir Albalawi	عبدالإله ناصر البلوي
[2] Layan Khalid	ليان خالد
[3] Abdulwahab Ghalib Naji	عبدالوهاب غالب ناجي
[4] Salma Naji Aljuhani	سلمى ناجي الجهني
[5] Rowaida Khalaf Alfaqeri	رويدا خلف الفقيري
[6] Abdulmalik Ghalib Naji	عبدالملك غالب ناجي
[7] Zaher Alfaredi	زاهر الفريدي
[8] Alen Khalid Albalawi	الين خالد البلوي

[2]

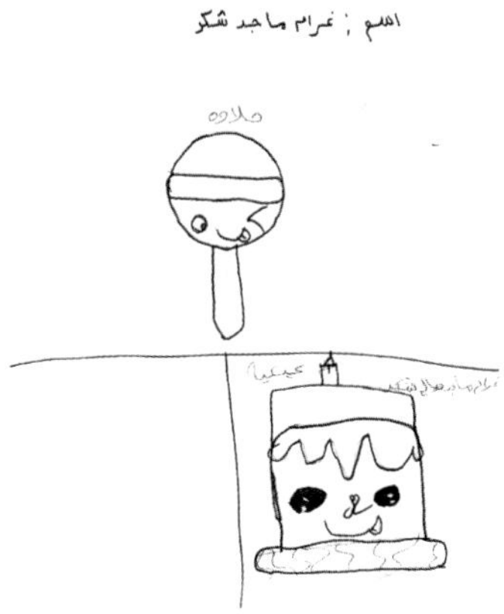

[1]

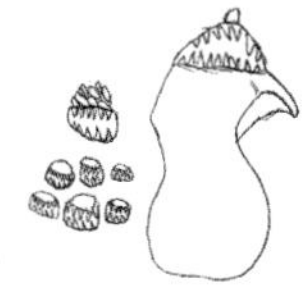

[4]

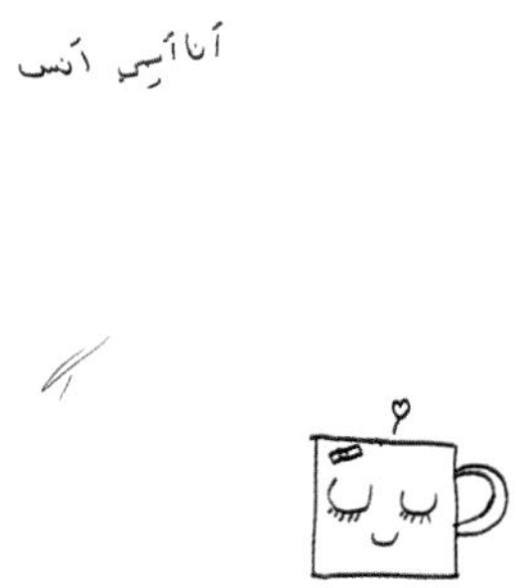

[3]

[6]

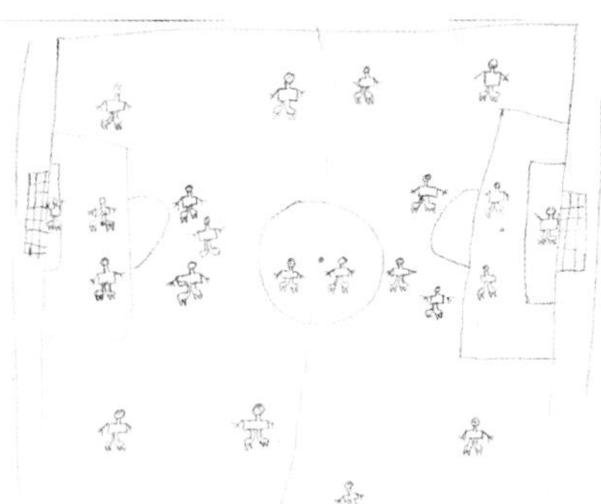

[5]

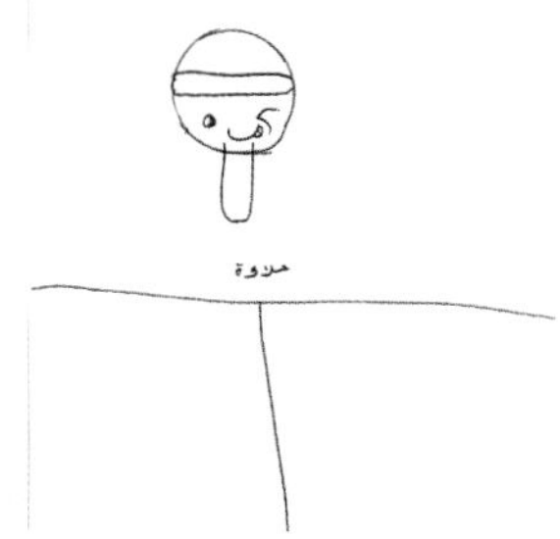

[8]

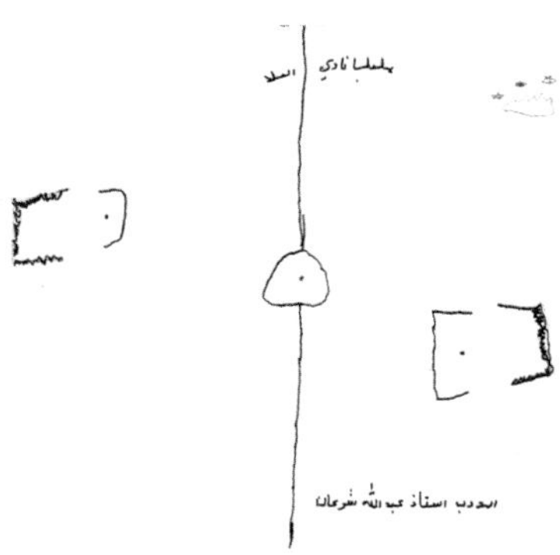

[7]

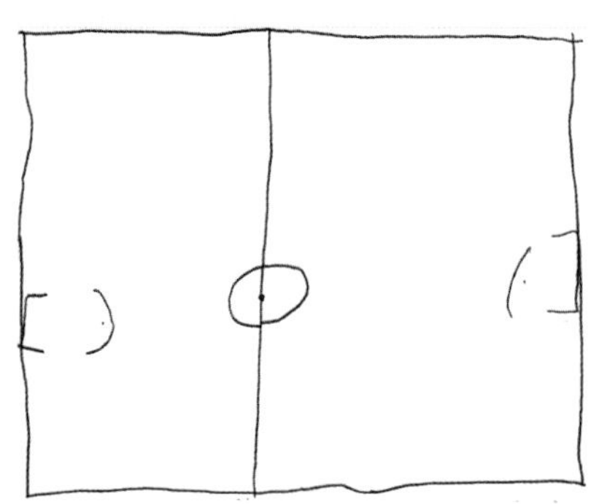

[1] Joud Badr Aseeri	جود بدر عسيري
[2] Gharam Majid Shukr	غرام ماجد شكر
[3] Sadeem Hasan Alshamrani	سديم حسن الشمراني
[4] Anas Alshahrani	أنس الشهراني
[5] Mutairah Abdullah Aqil	مطيره عبدالله عقيل
[6] Turki Adel Ibrahim Altowelae	تركي عادل إبراهيم الطويلعي
[7] Anonymous Participant	مجهول
[8] Saud Oudah Albalawi	سعود عوده البلوي

[1]

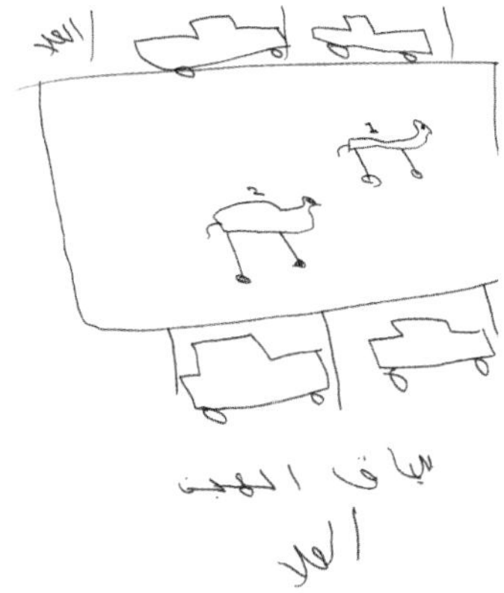

[2]

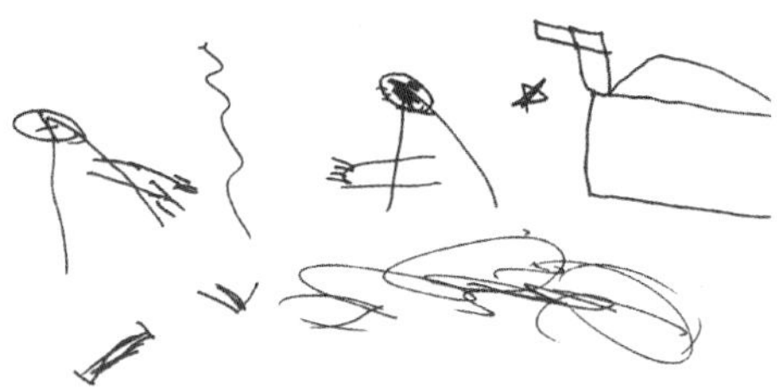

[3]

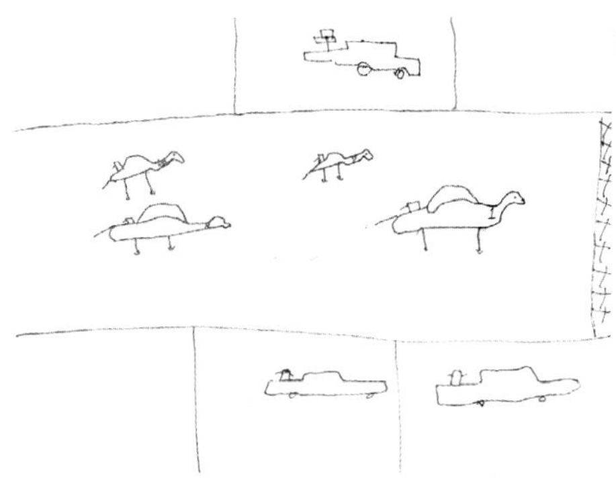

[4]

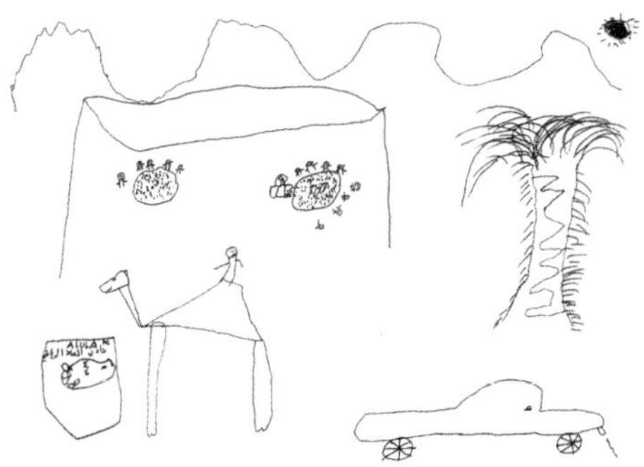

[5]

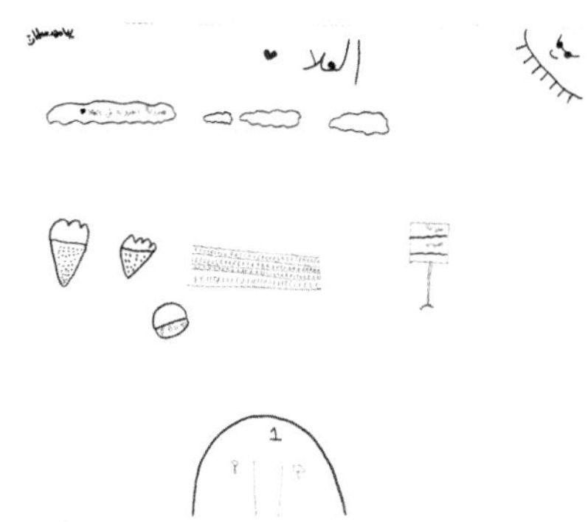

[6]

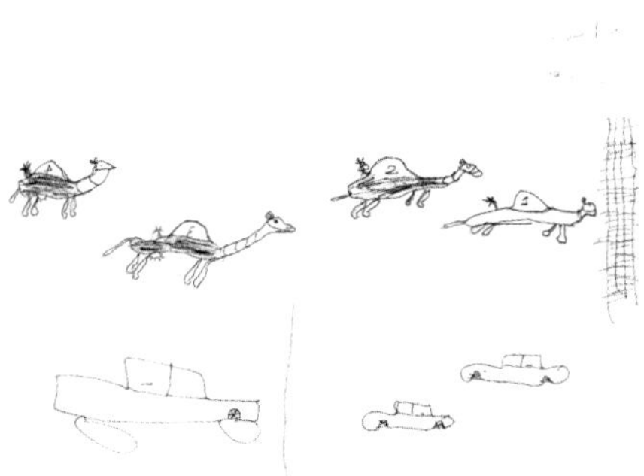

[1] Fahad Ghalib Alkhaldi Alenzi	فهد غالب الخالدي العنزي
[2] Fahad Ghalib Alkhaldi Alenzi	فهد غالب الخالدي العنزي
[3] Omar Saud Alenzi	عمر سعود العنزي
[4] Alyazeed Ahmad Mohammad	اليزيد أحمد محمد
[5] Anonymous Participant	مجهول
[6] Badr Mohammed Alenzi	بدر محمد العنزي

[1]

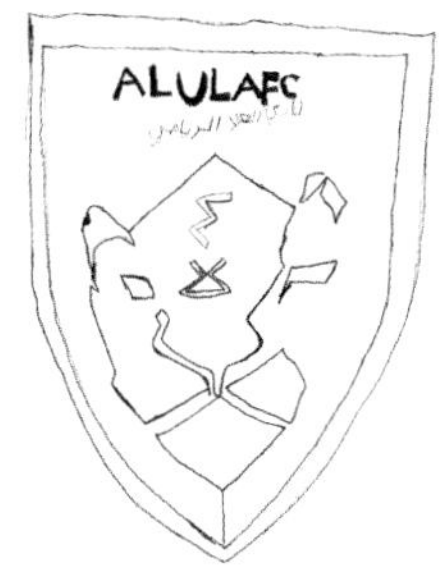

[2]

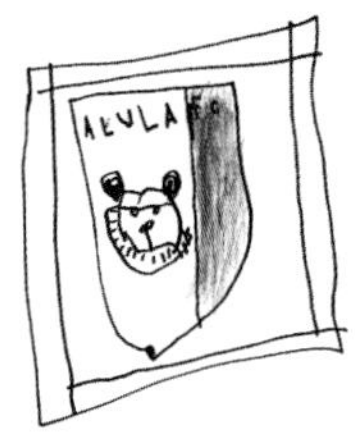

[3]

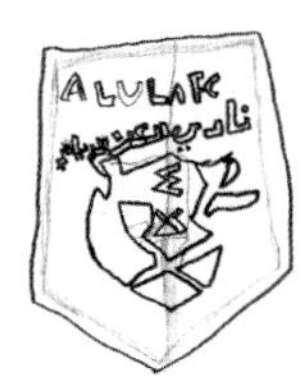

[4]

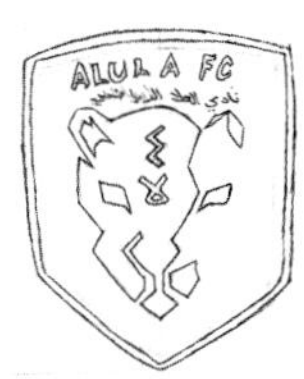

[5]

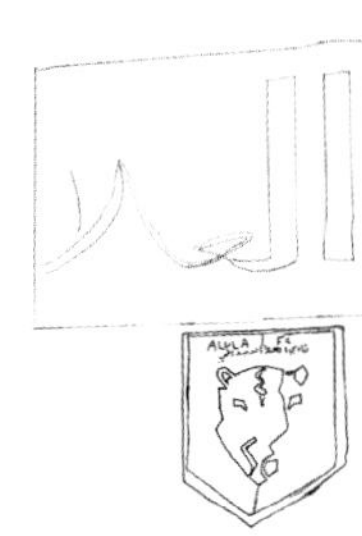

[6]

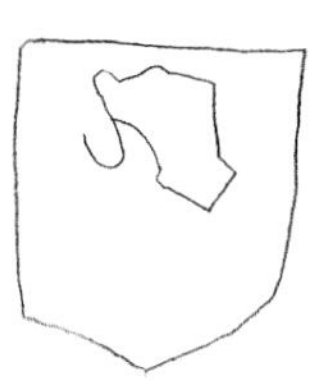

[1] Mazin Samer Alnajdi	مازن سامر النجدي
[2] Abdullah Abdulaziz Alenzi	عبدالله عبدالعزيز العنزي
[3] Abdullah Naji	عبدالله ناجي
[4] Moath Mohammed Ebrahim	معاذ محمد إبراهيم
[5] Abdulmalik Waleed Alfaridi	عبدالملك وليد الفريدي
[6] Odai Khaled Albalawi	عدي خالد البلوي

[1]

[2]

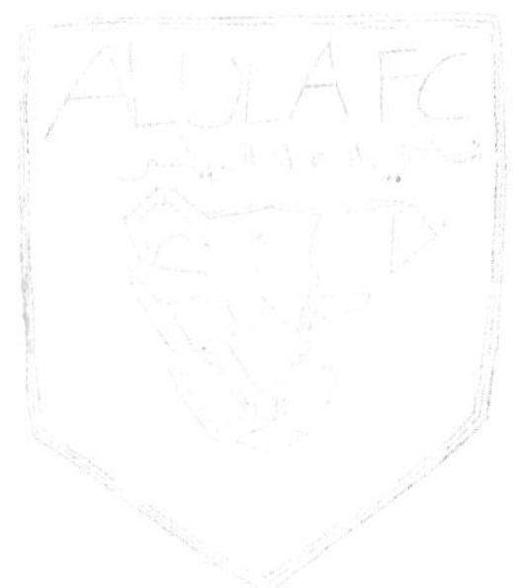

[3]

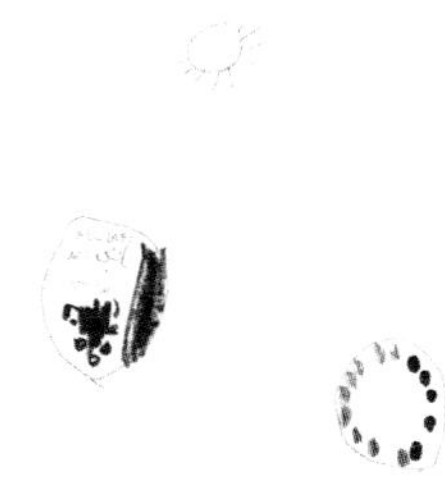

[4]

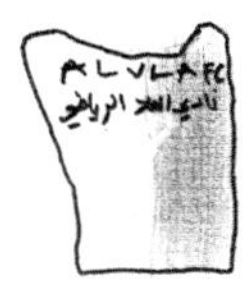

[5]

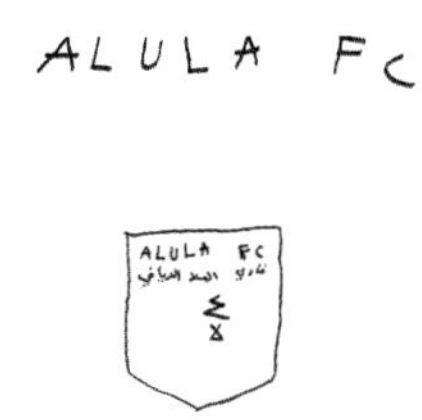

[6]

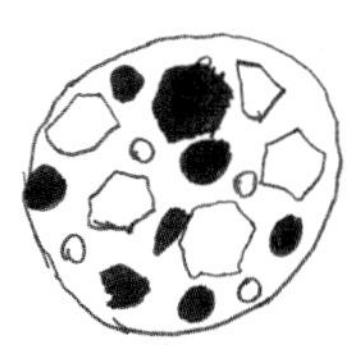

[7]

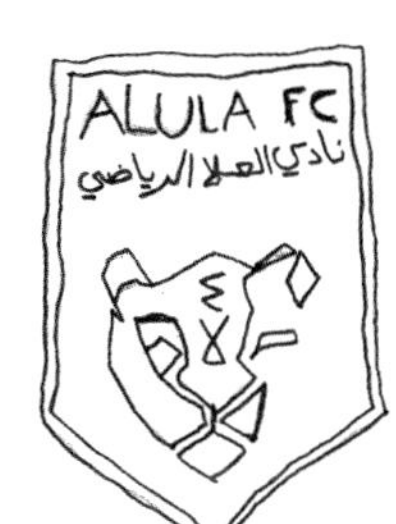

[8]

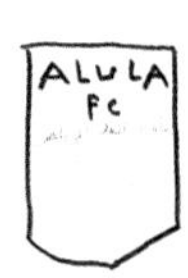

[1] Abdulrahman Khaled Alateeq — عبدالرحمن خالد العتيق
[2] Mohammed Ali Alsaadi — محمد علي السعدي
[3] Anas Sanad — أنس سند
[4] Meteb Mohammed Moghdhi — متعب محمد مغضي
[5] Basil Abdullah Albalawi — باسل عبدالله البلوي
[6] Khaled — خالد
[7] Khaled Ali Alsaadi — خالد علي الصاعدي
[8] Mohammed Mustafa Kanju — محمد مصطفى كنجو

[1]

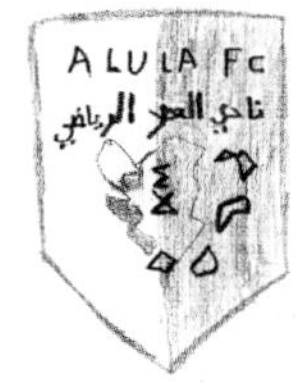

[2]

[3]

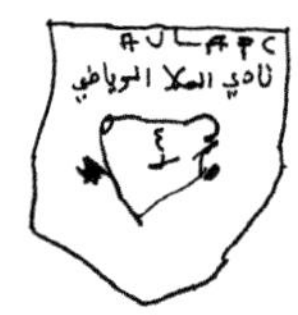

[4]

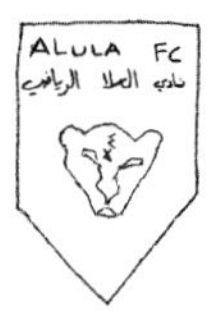

[5]

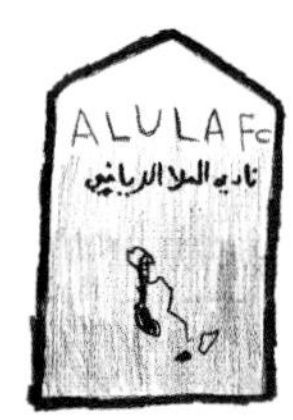

[6]

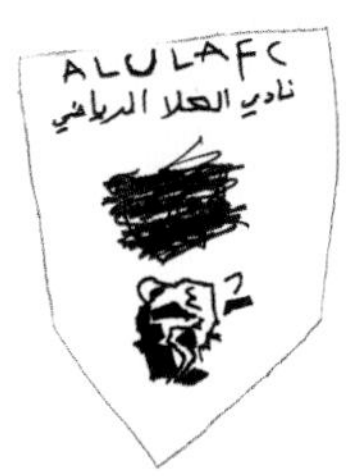

[7]

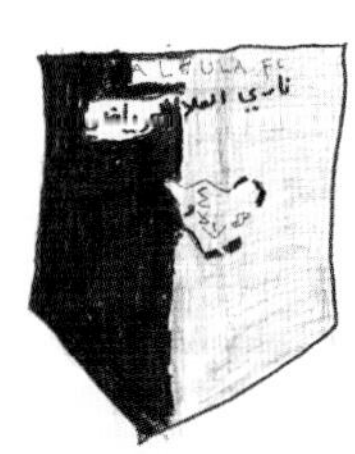

[8]

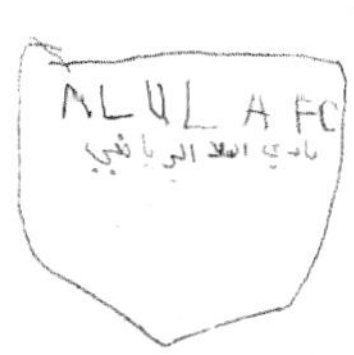

[1] Faisal Alenzi	فيصل العنزي
[2] Murad Hamed Albalawi	مراد حامد البلوي
[3] Yazan Fahad Basheir	يزن فهد بشير
[4] Rayan Amro Mohsen	ريان عمرو محسن
[5] Yameen Abed Alenzi	يمين عابد العنزي
[6] Rayan Adel Alenzi	ريان عادل العنزي
[7] Abdulaziz Hilal	عبدالعزيز هلال
[8] Ghassan Alenzi	غسان العنزي

[1]

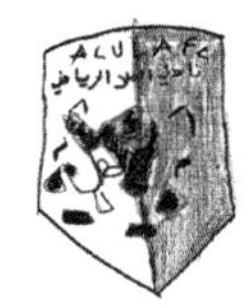

[2]

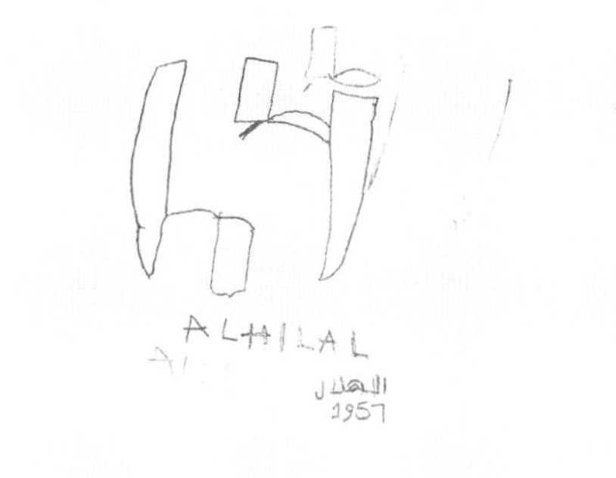

[3]

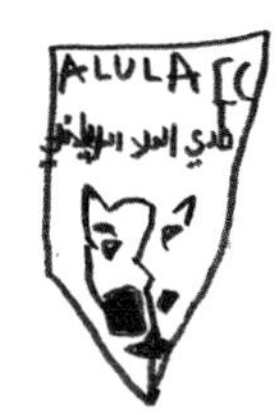

[4]

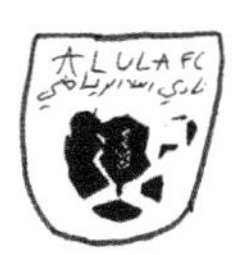

[5]

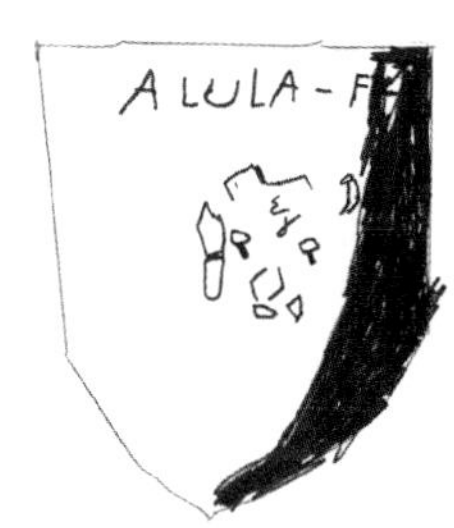

[6]

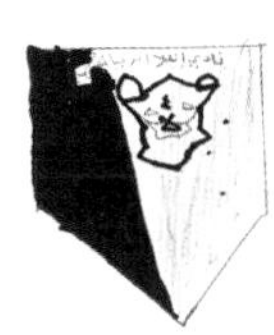

[1] Abdulellah Fawaz Alqahtani	عبدالإله فواز القحطاني
[2] Anas Ayedh Alenzi	أنس عايض العنزي
[3] Abdullah Waleed Mousa	عبدالله وليد موسى
[4] Motaz Mohammed Hasan	معتز محمد حسن
[5] Raed Badr Qadi	رائد بدر قاضي
[6] Yazeed Abdi Albalawi	يزيد عبدي البلوي

[1]

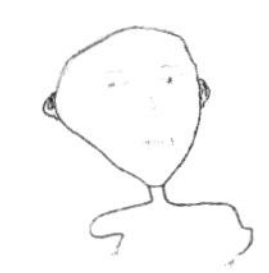

[2]

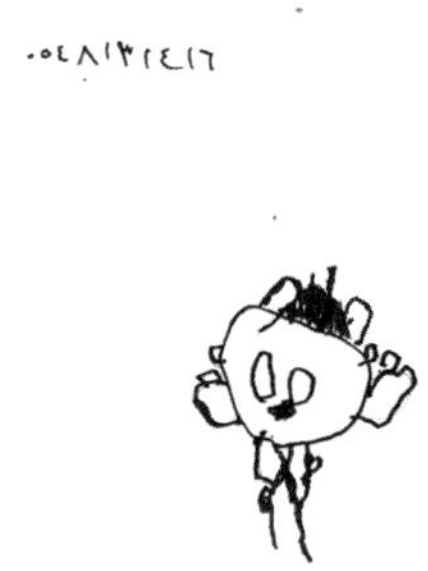

[3]

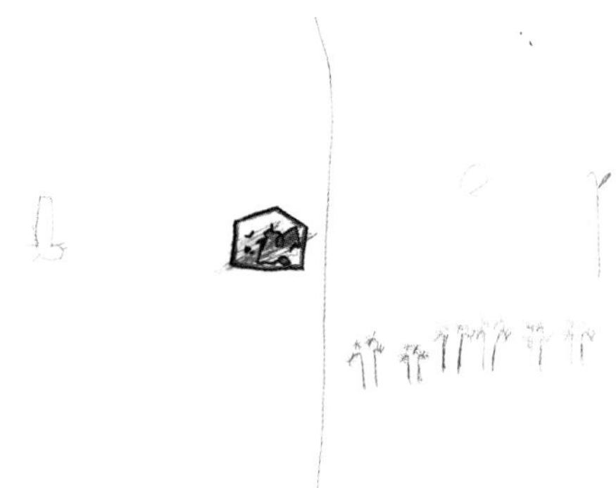

[4]

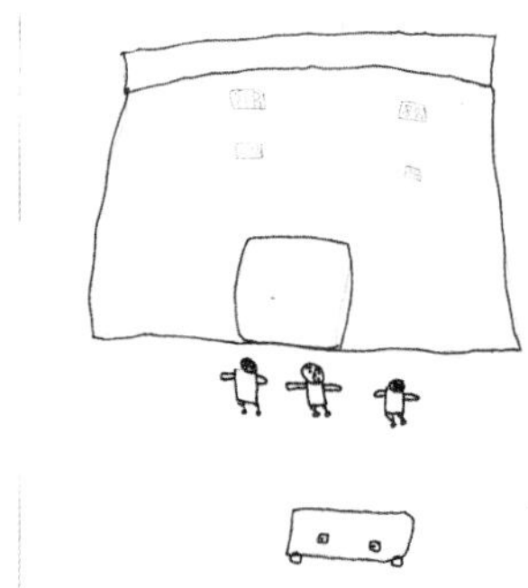

[5]

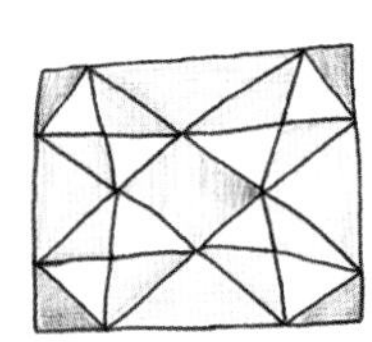

[6]

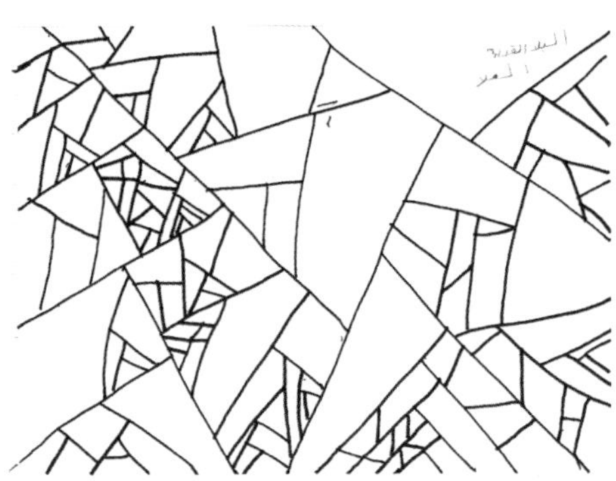

[1] Raed Omar Mohammed	رائد عمر محمد
[2] Nasser Mohammed Alenzi	ناصر محمد العنزي
[3] Zeyad Ahmed Albalawi	زياد أحمد البلوي
[4] Basil Fahad Albalawi	باسل فهد البلوي
[5] Anas Jameel Albalawi	أنس جميل البلوي
[6] Fares Abdulkareem Alenzi	فارس عبدالكريم العنزي

[1]

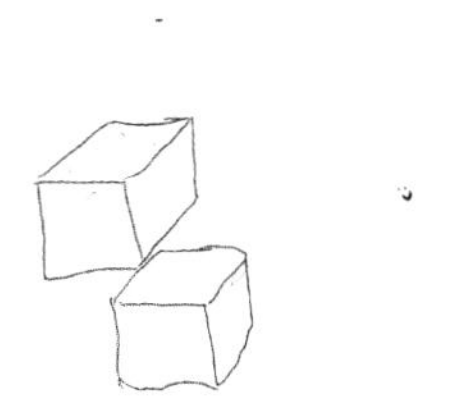

[2]

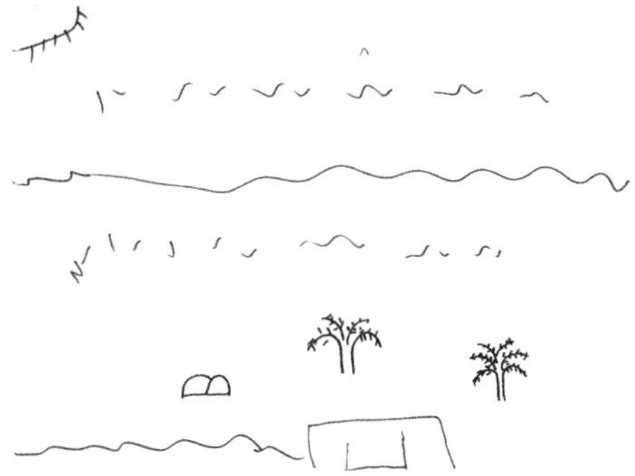

[3]

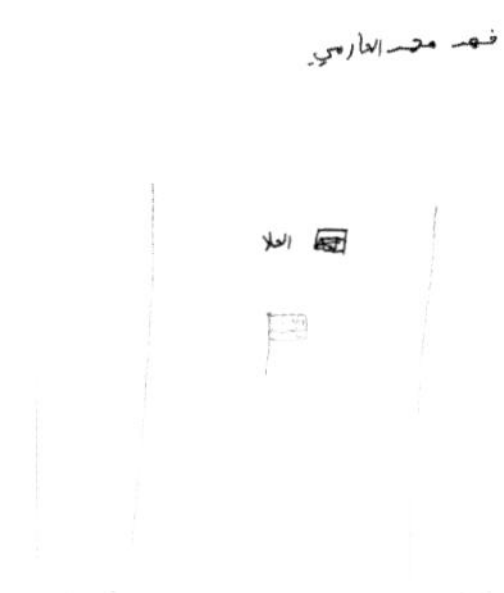

[4]

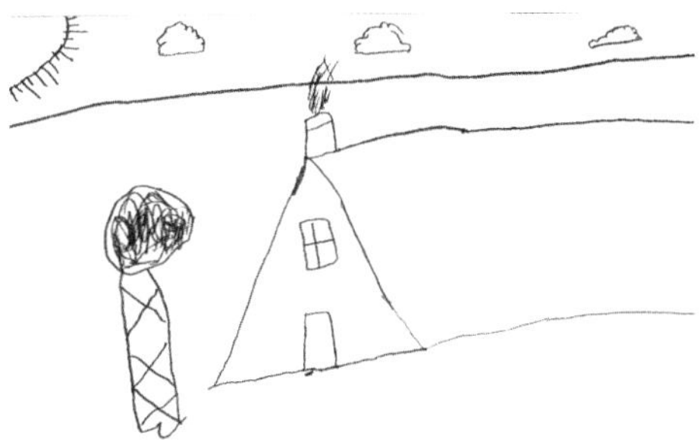

[5]

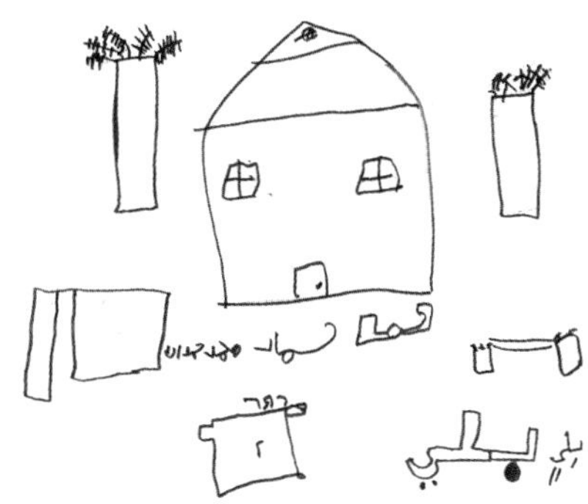

[6]

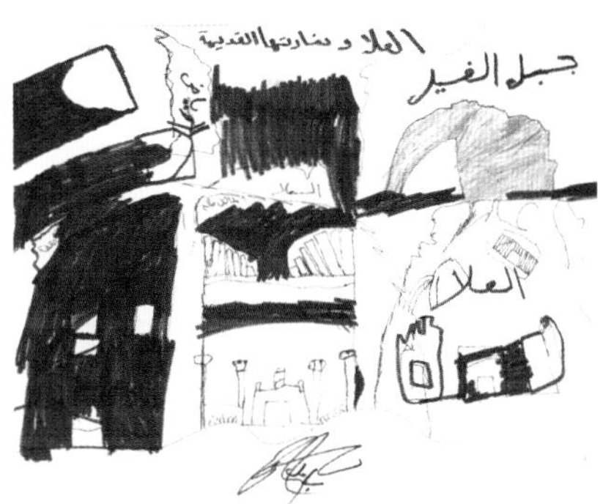

[7]

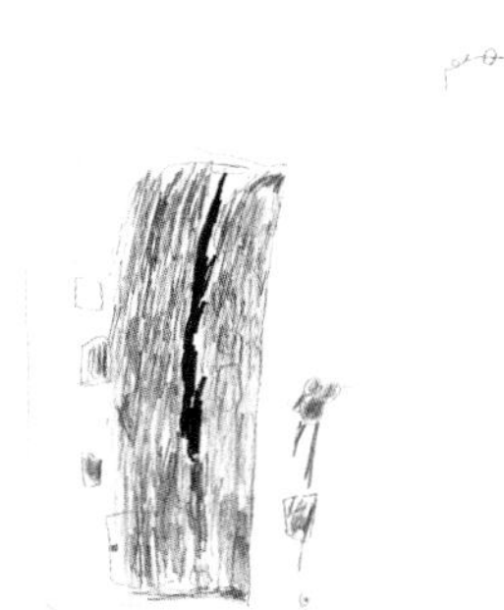

[1] Saloom Moazi	سلوم معاذي
[2] Ammar Shani	عمار شاني
[3] Fahad Mohammed Alhazmi	فهد محمد الحازمي
[4] Jamal Abdulnasser	جمال عبدالناصر
[5] Hammad Mohammed Hamdan	حماد محمد حمدان
[6] Basil Saad Alenzi	باسل سعد العنزي
[7] Tamim Bandar Alharthi	تميم بندر الحارثي

[2]

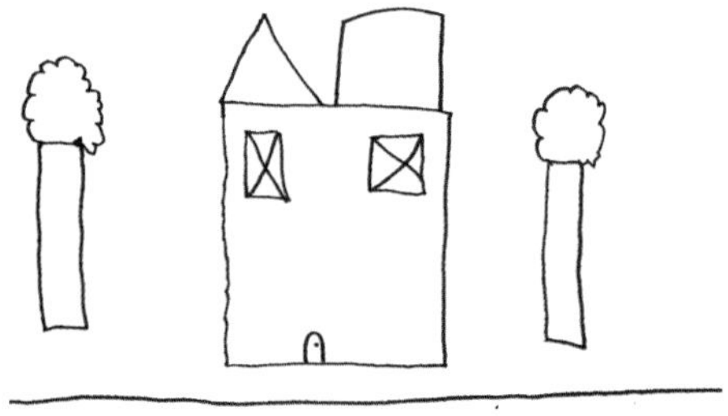

[1]

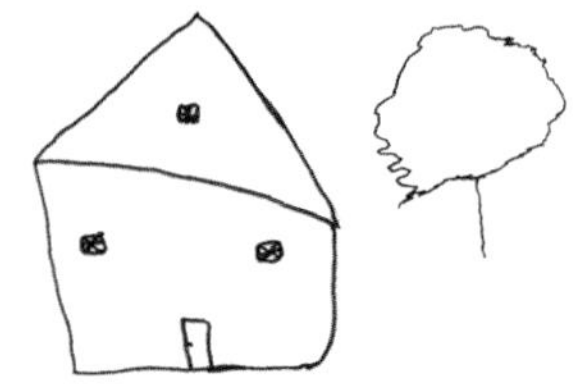

[4]

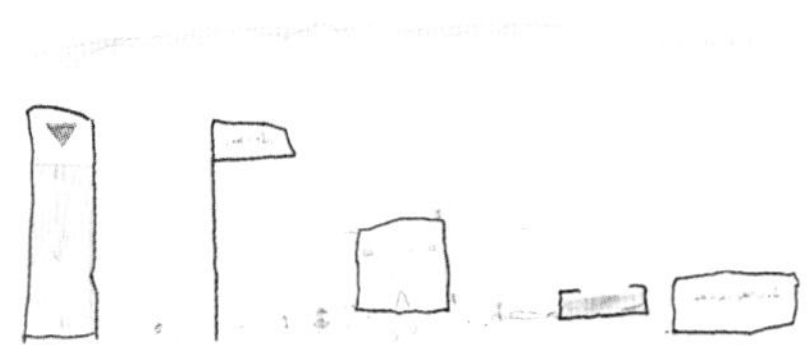

[3]

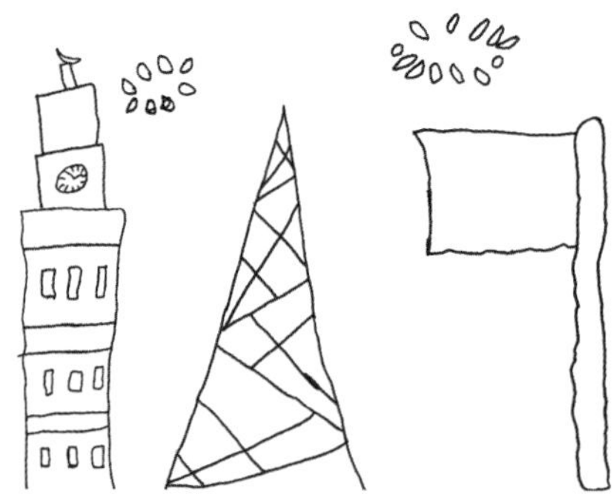

[6]

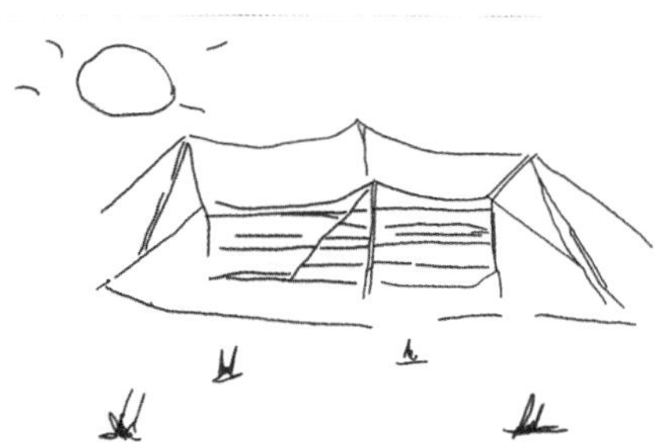

[5]

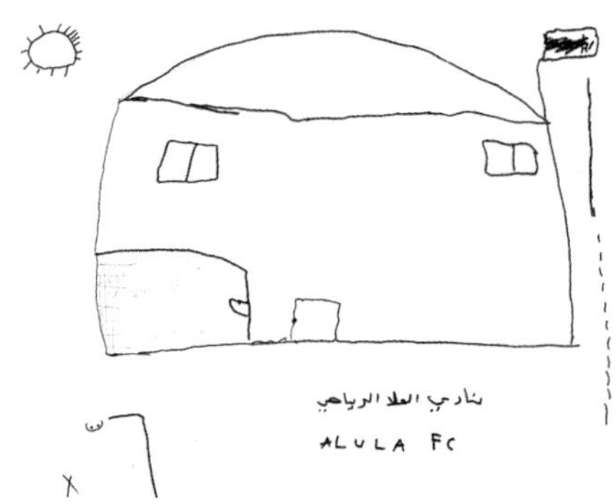

[8]

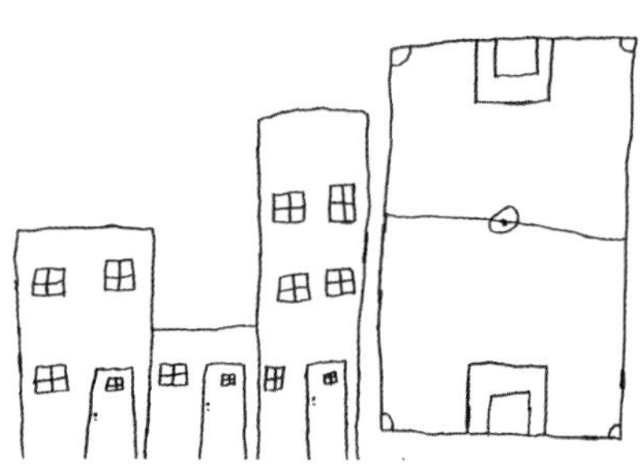

[7]

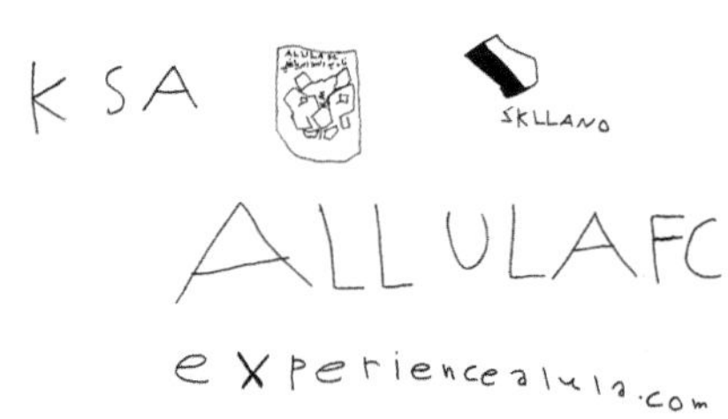

[1] Abdullah Basheir Alazmi عبدالله بشير العزمي
[2] Abdullatif Hamoud Alazmi عبداللطيف حمود العزمي
[3] Ahmed Mohammed Abubakr أحمد محمد ابوبكر
[4] Mohammed Faleh Fadhel محمد فالح فضل
[5] Zyad Sultan Alenzi زياد سلطان العنزي
[6] Badar Musa Aljuhani بدر موسى الجهني
[7] Mohammed Mousa Albalawi محمد موسى البلوي
[8] Saud Arafah Omar Arafah سعود عرفه عمر عرفه

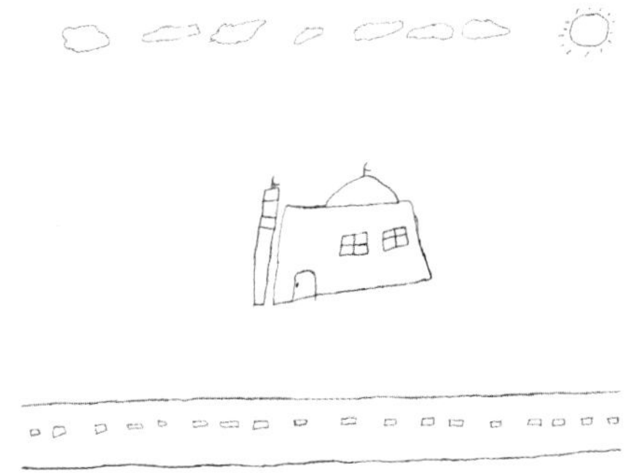

[1]

[2]

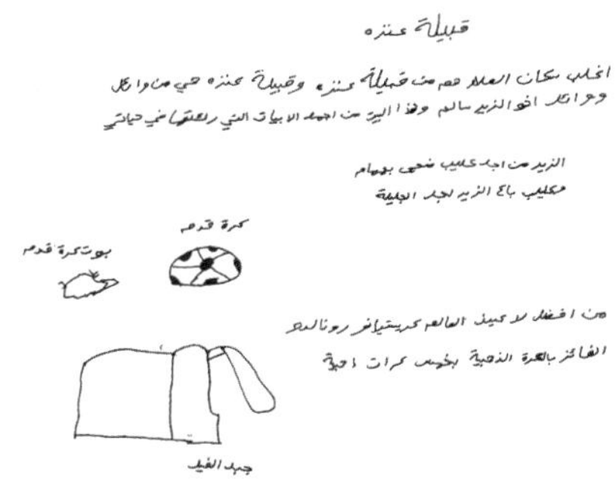

[3]

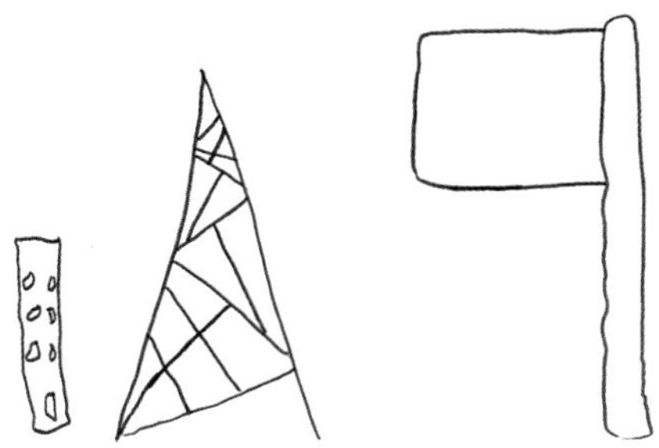

[4]

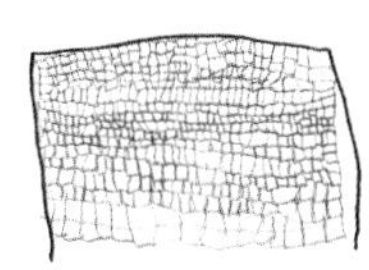

[5]

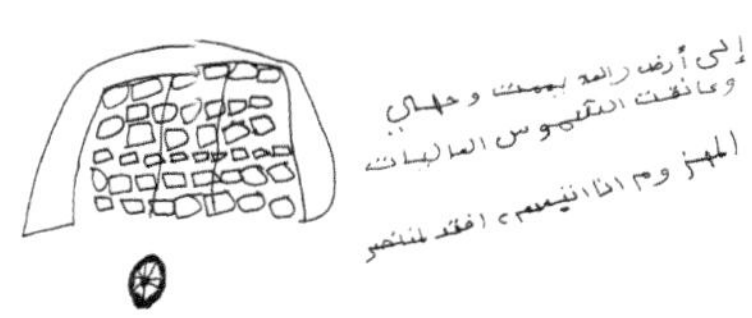

[6]

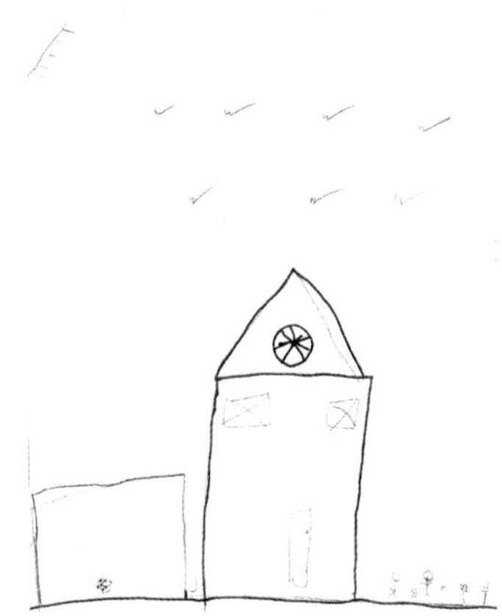

[7]

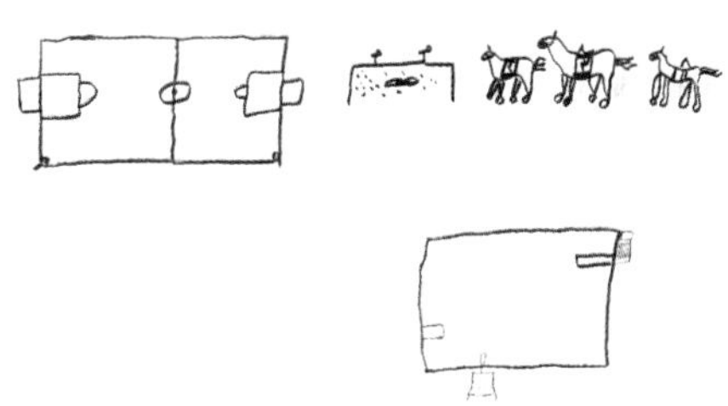

[8]

[1] Fares Zaal Albalawi	فارس زعل البلوي
[2] Anonymous Participant	مجهول
[3] Talal Sanad Alenzi	طلال سند العنزي
[4] Rashed Mustafa	راشد مصطفى
[5] Abdulmuhsen Mufleh Fadhel	عبدالمحسن مفلح فضل
[6] Abdulelah Badr Alenzi	عبدالإله بدر العنزيد
[7] Mohammed Mansour Albalwi	محمد منصور البلوي
[8] Anas Kamel	أنس كأمل

[2]

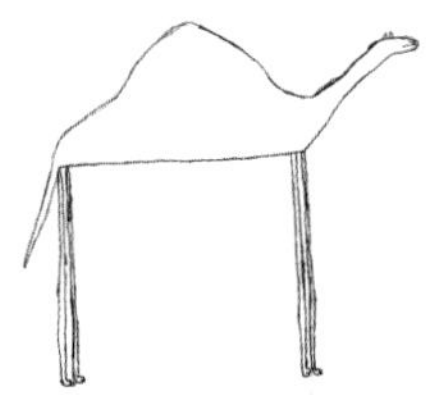

[1]

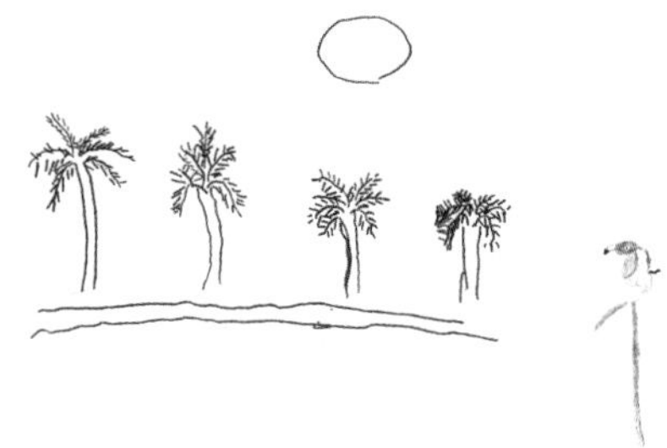

[4]

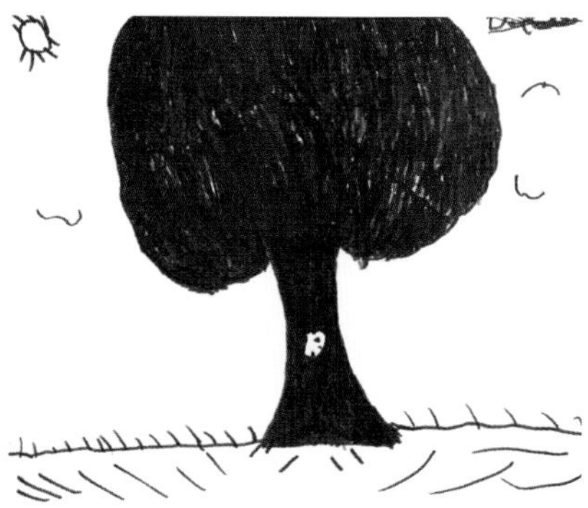

[3]

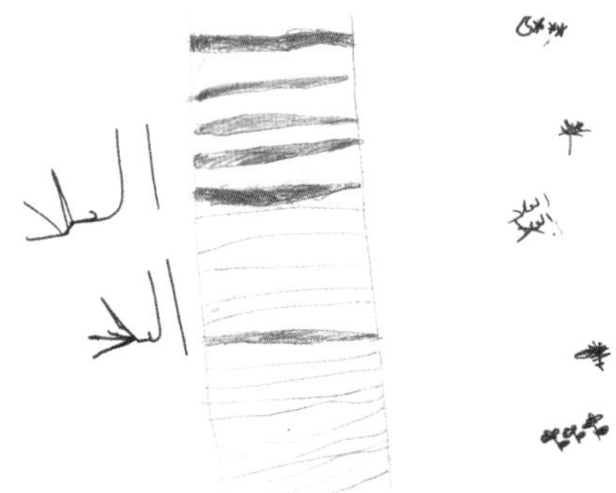

[6]

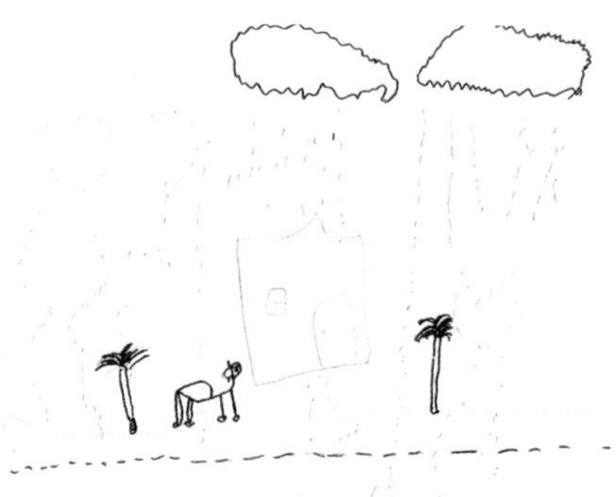

[5]

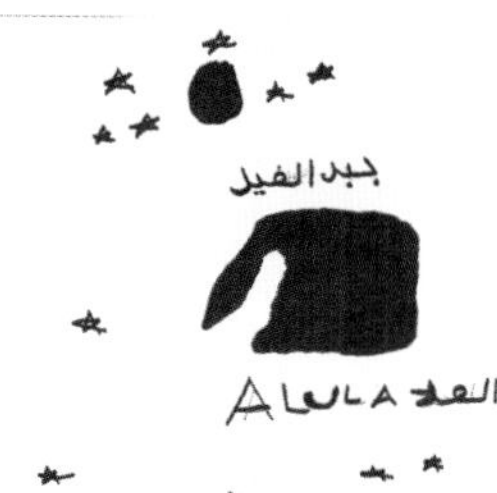

[8]

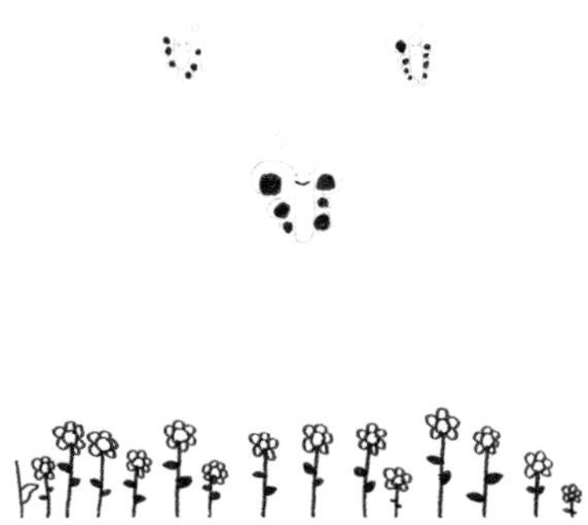

[7]

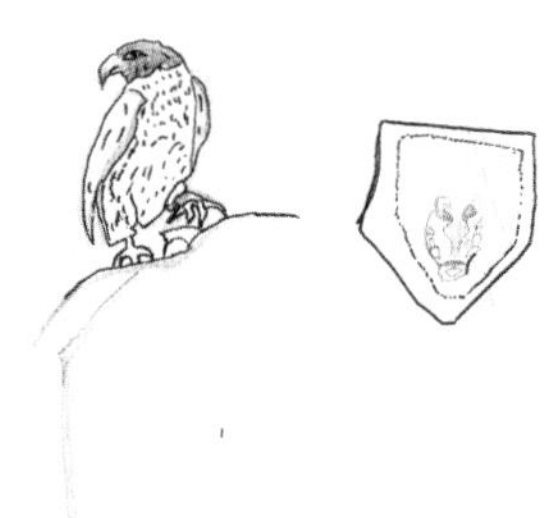

[1] Mohammed Abdullah Albalawi	محمد عبدالله البلوي
[2] Ryiadh Salman Alhwaiti	رياض سلمان الحويطي
[3] Badr Basheir	بدر بشير
[4] Amre Mohammed Odah	عمري محمد عوده
[5] Abdulrahman Khaled Alateeq	عبدالرحمن خالد العتيق
[6] Fahad Salman Almosairi	فهد سلمان المصيري
[7] Bital Thamer Albalawi	بتال ثامر البلوي
[8] Fatmah	فاطمة

[2]

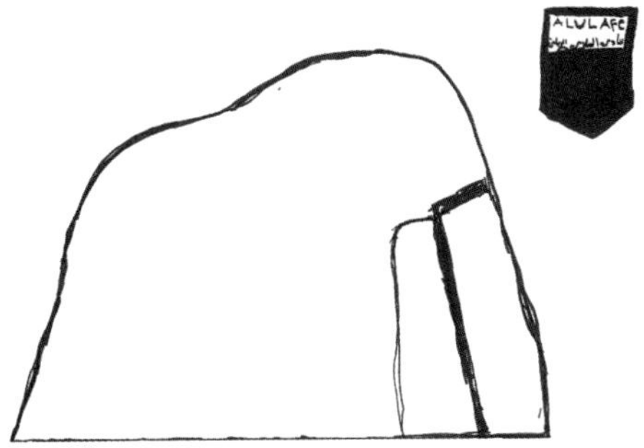

[1]

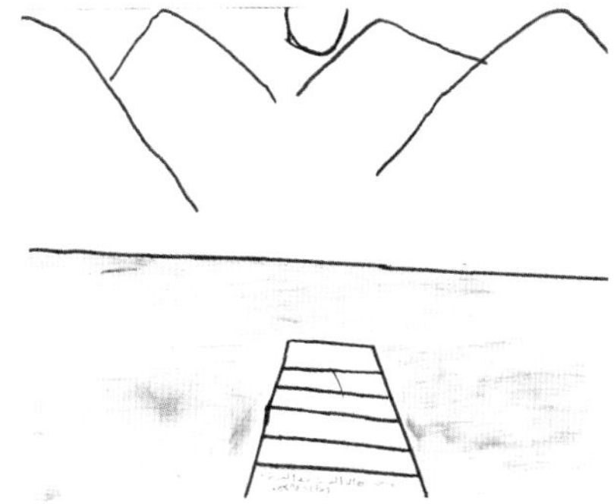

[3]

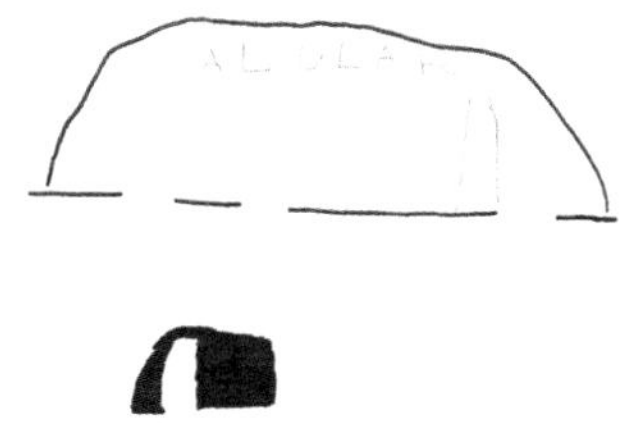

[4]

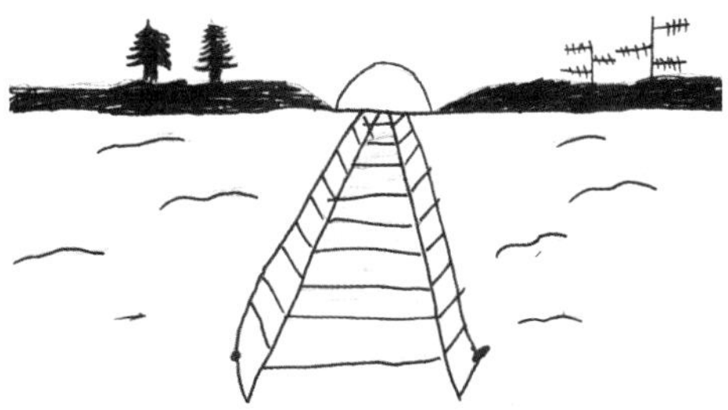

[5]

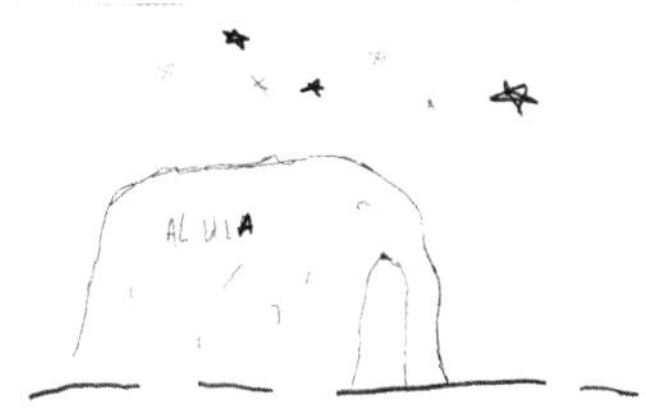

[6]

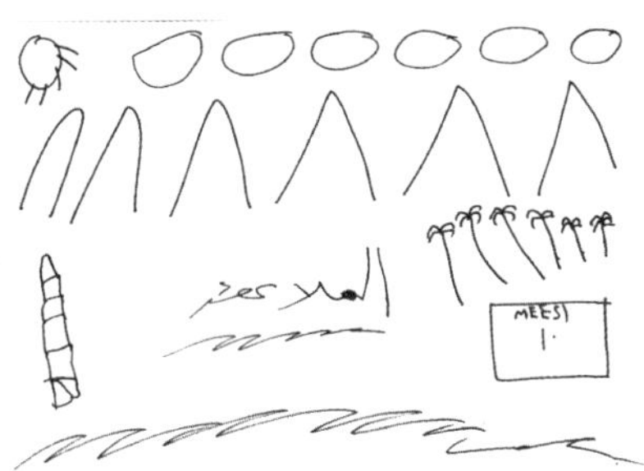

[7]

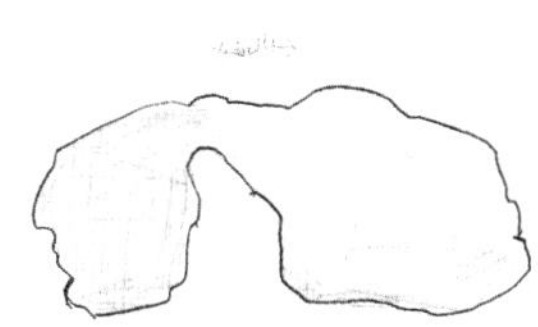

[8]

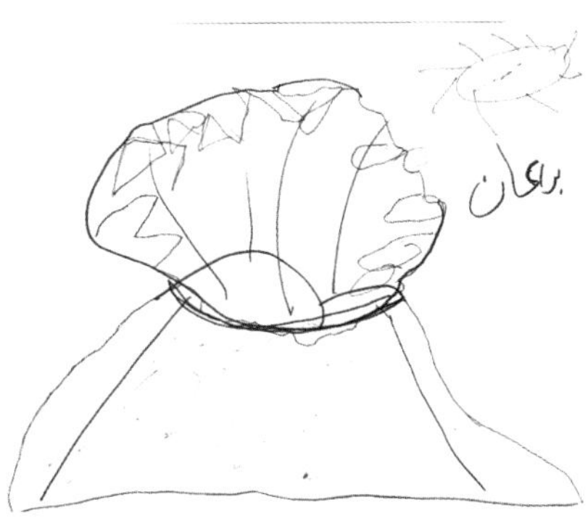

[9]

[1] Mohammed JamalAldein Abdulaziz	محمد جمال الدين عبدالعزيز
[2] Hosam Ali Albalawi	حسام علي البلوي
[3] Basil Mohammed Albalawi	باسل محمد البلوي
[4] Zyad Fawaz Alaadhi	زياد فواز العاضي
[5] Osamah Sayed Aljuhani	اسامه سيد الجهني
[6] Saif Majid Alenzi	سيف ماجد العنزي
[7] Omar Bandar Alenzi	عمر بندر العنزي
[8] Ahmed Amro Ramadan	أحمد عمرو رمضان
[9] Turki Ebrahim Alenzi	تركي إبراهيم العنزي

[1]

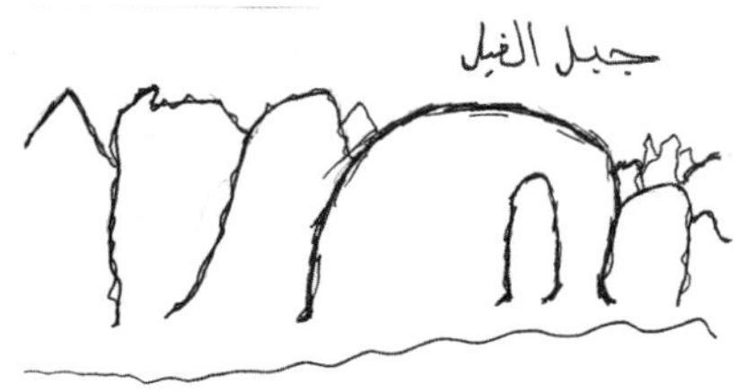

[2]

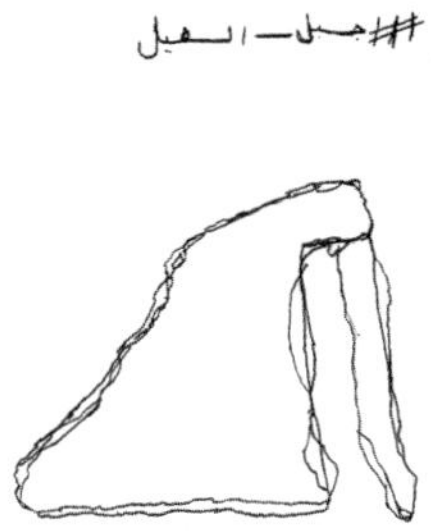

[3]

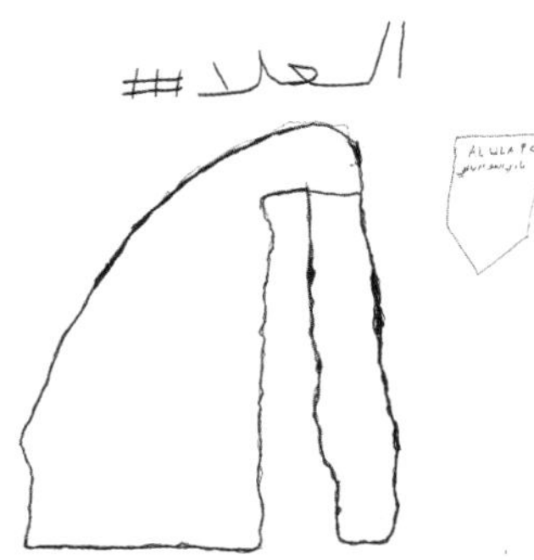

[4]

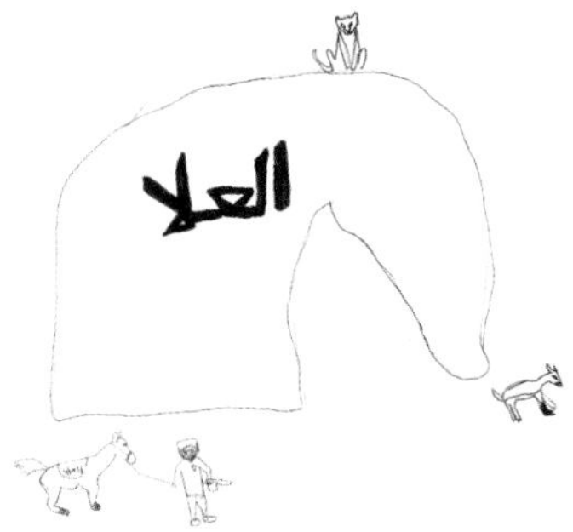

[5]

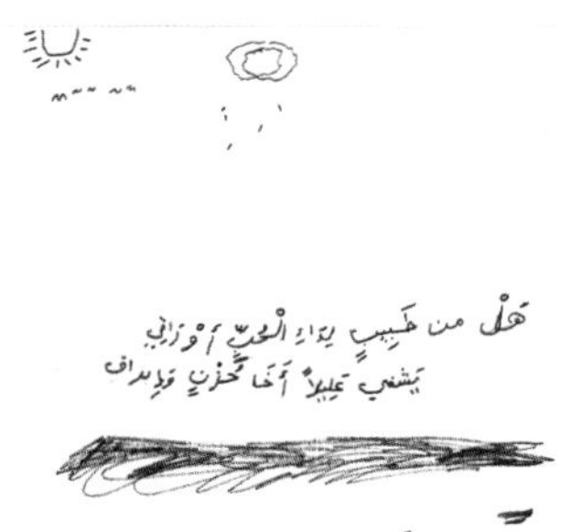

[6]

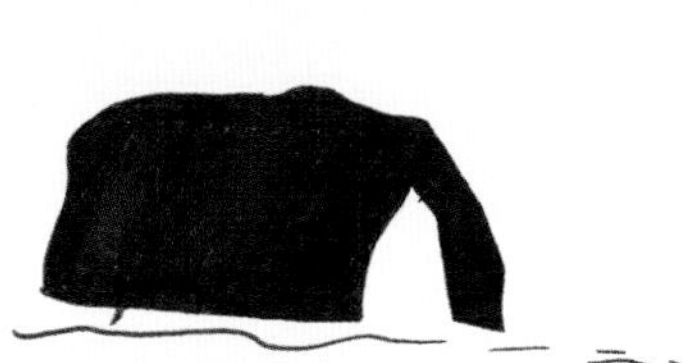

[7]

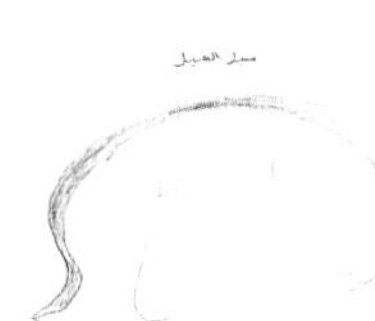

[8]

[1] Saleh Haitham Alfaridi — صالح هيثم الفريدي
[2] Abdullah Nadir Alenzi — عبدالله نادر العنزي
[3] Abdulaziz Rashed Albalawi — عبدالعزيز راشد البلوي
[4] Abdulaziz Mansour Hammad — عبدالعزيز منصور حماد
[5] Hosam Fayez Alenzi — حسام فايز العنزي
[6] Metaab Abdullah — متعب عبدالله
[7] Ebrahim Majid Radhi — إبراهيم ماجد راضي
[8] Zayed Naji Alenzi — زياد ناجي العنزي

[1]

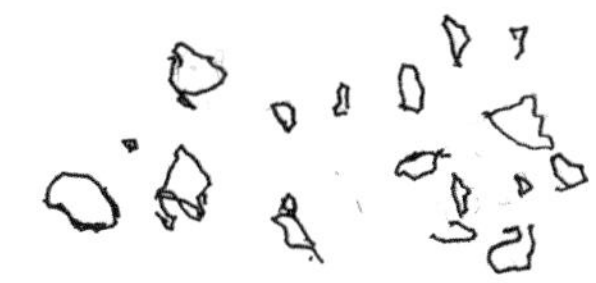

[2]

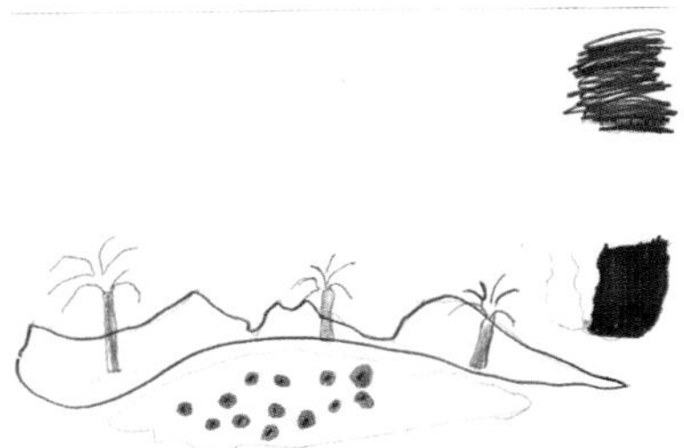

[3]

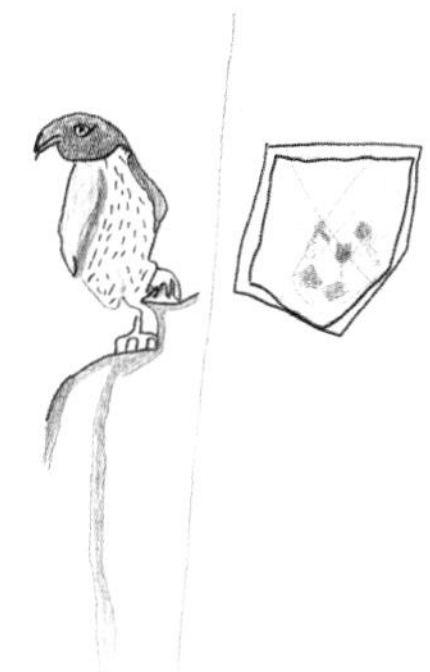

[4]

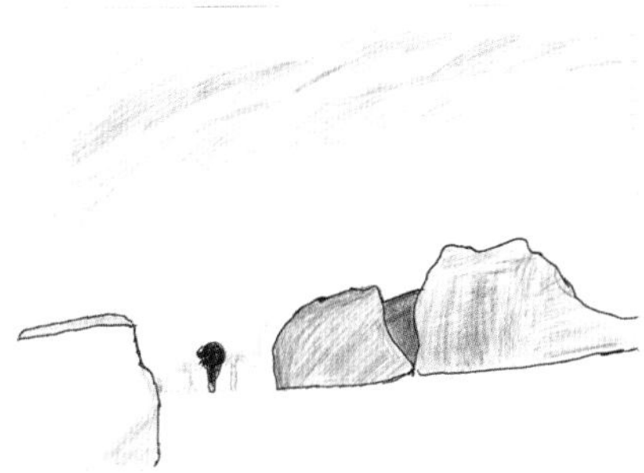

[5]

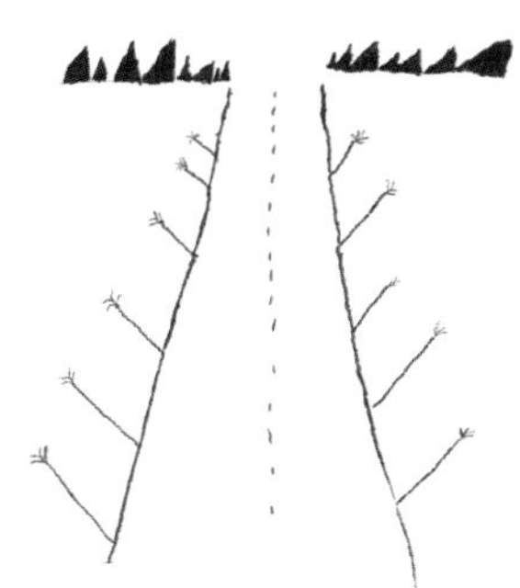

[6]

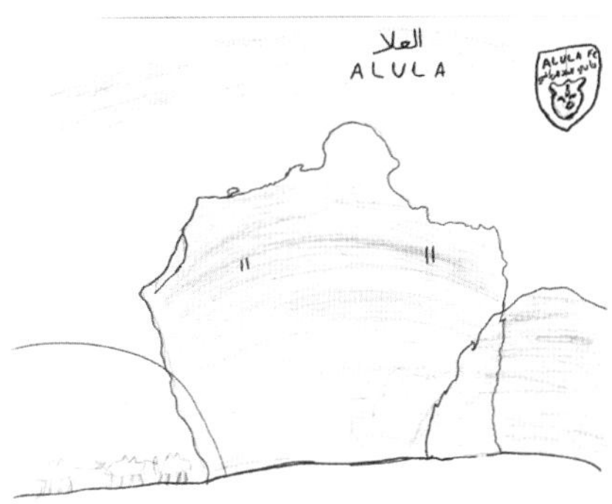

[7]

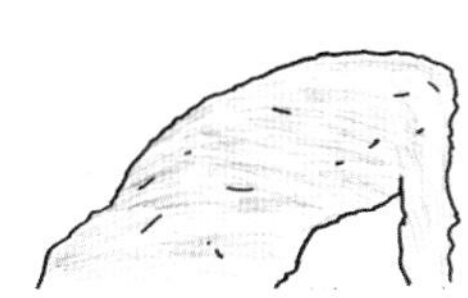

[8]

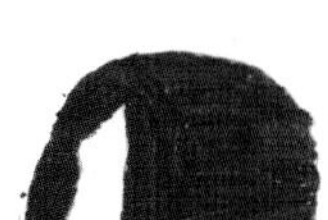

[1] Omar Mohammed Alenzi	عمر محمد العنزي
[2] Rayan Badr Albalawi	ريان بدر البلوي
[3] Meqran Talal Albalawi	مقرن طلال البلوي
[4] Ebrahim Alhelou	إبراهيم الحلو
[5] Anas Amer Albalawi	أنس عامر البلوي
[6] Khaled Ahmed Albasyoni	خالد أحمد البسيوني
[7] Fahad Qahi	فهد قاهي
[8] Elyas Ahmed Albalawi	الياس أحمد البلوي

[1]

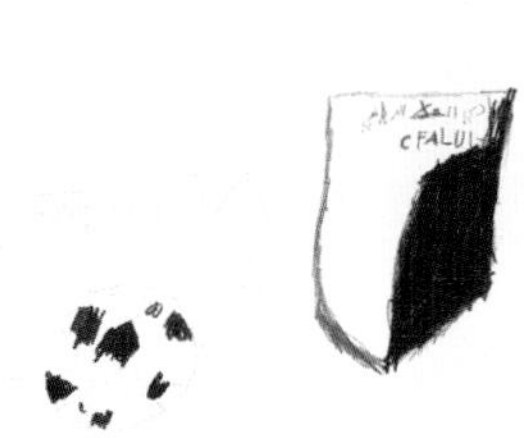

[2]

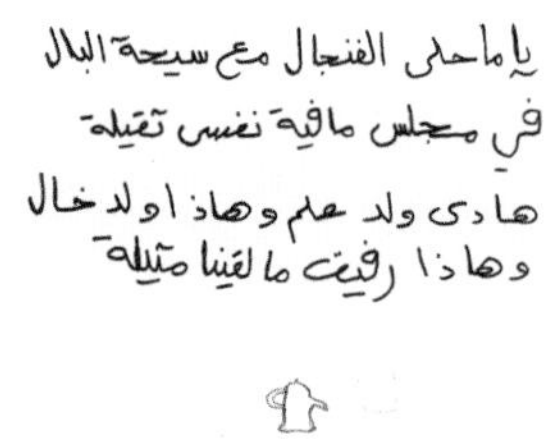

[3]

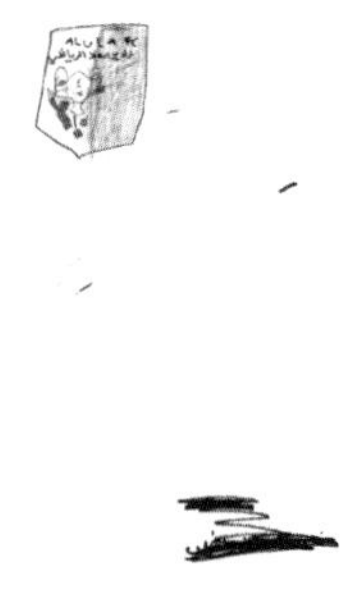

[4]

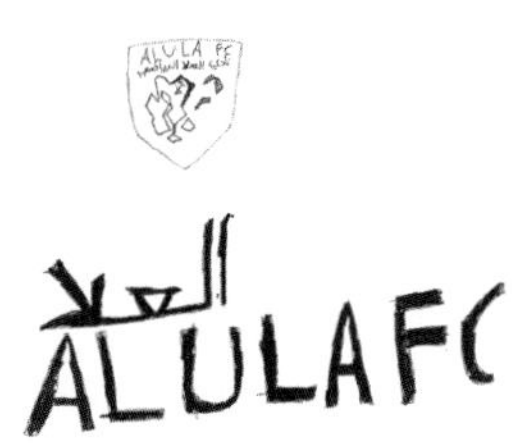

[5]

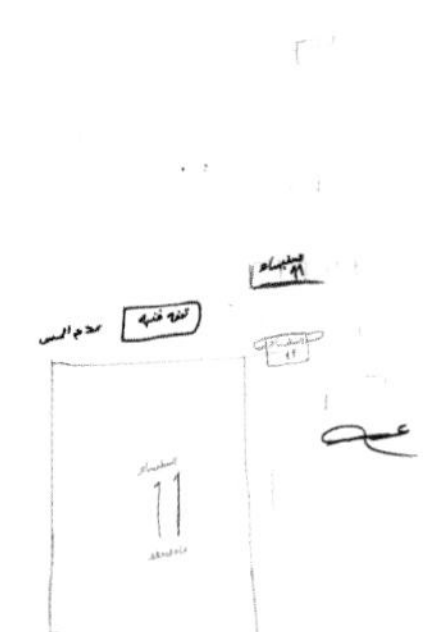

[6]

[7]

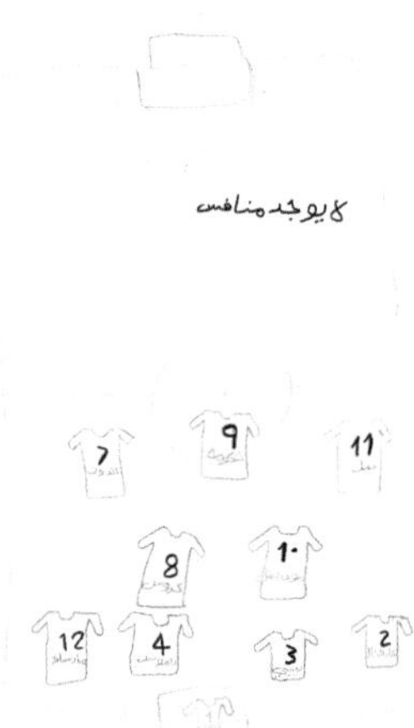

[8]

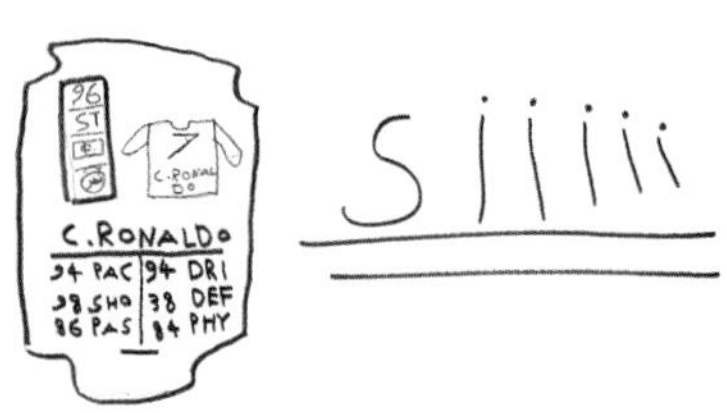

[1] Raed Dhaifallah رائد ضيف الله
[2] Saleh Haitham Alfaridee صالح هيثم الفريدي
[3] Salman Mohammed Albalawi سلمان محمد البلوي
[4] Abdulrahman Faleh Albalawi عبدالرحمن فالح البلوي
[5] Ahmed Mansour Falah أحمد منصور فلاح
[6] Abdullah Mohammed Alenzi عبدله محمد العنزي
[7] Rayan Ahmed Alaadhi ريان أحمد العاضي
[8] Fares Arif Albalawi فارس عارف البلوي

[1]

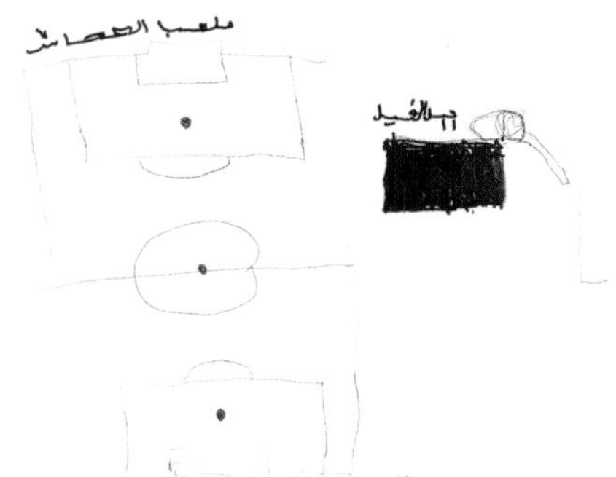

[2]

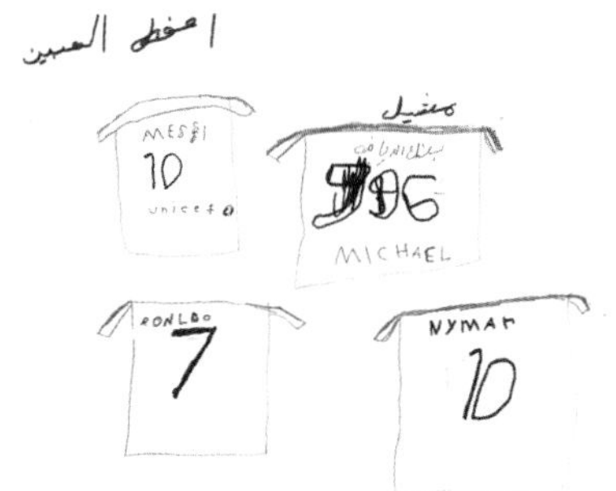

[3]

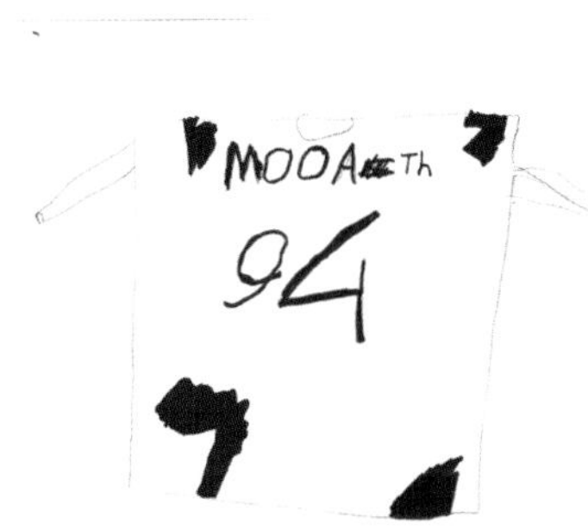

[4]

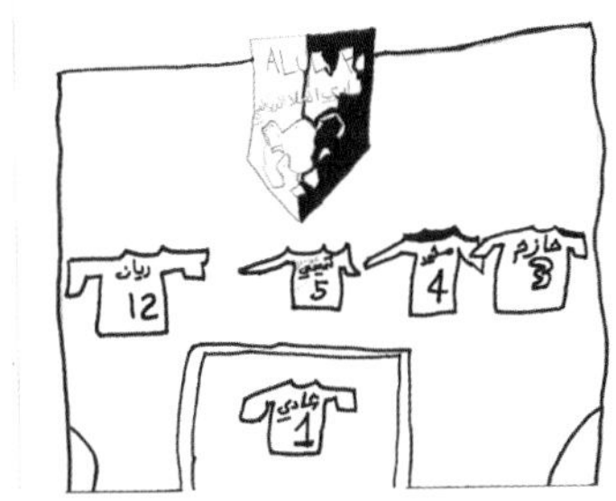

[5]

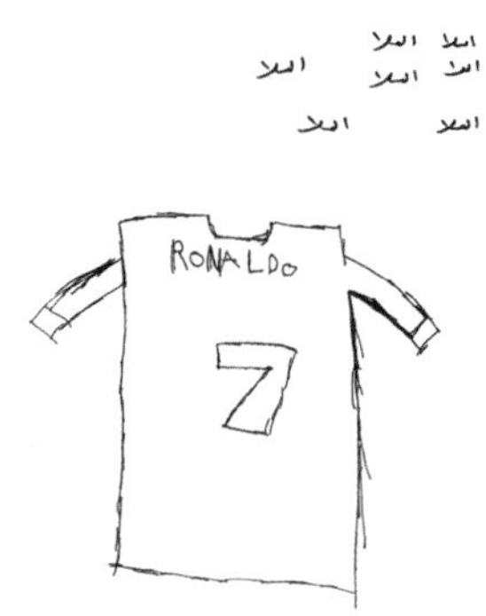

[6]

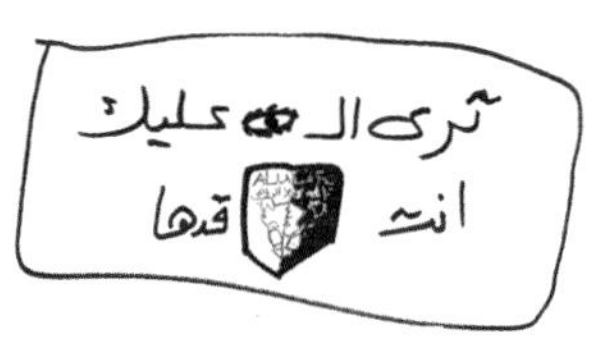

[7]

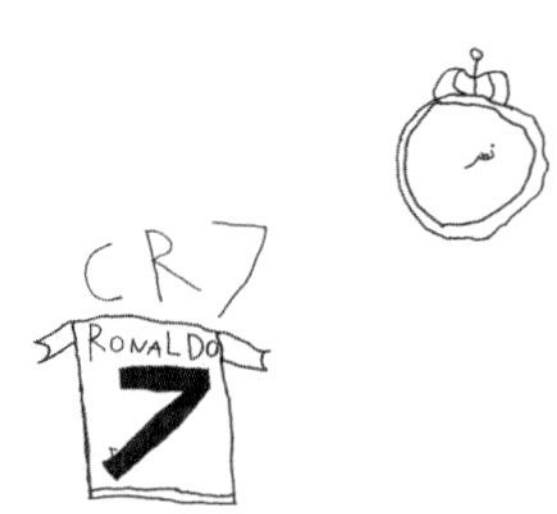

[8]

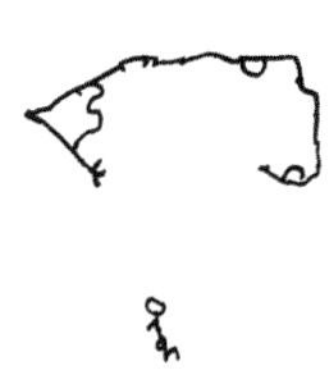

[1] Nawad Mohammed Fandi نواد محمد فندي
[2] Abdulrahman Mohammed Albalawi عبدالرحمن محمد البلوي
[3] Moath Rashed Ali معاذ راشد علي
[4] Abdulrahman Sulaiman Altamimi عبدالرحمن سليمان التميمي
[5] Hazim Mohammed Alateeq حازم محمد العتيق
[6] Saud Khaled Albalawi سعود خالد البلوي
[7] Motaz Abdullah Alenzi معتز عبدالله العنزي
[8] Mohammed Moazi Alenzi محمد معزي العنزي

[1]

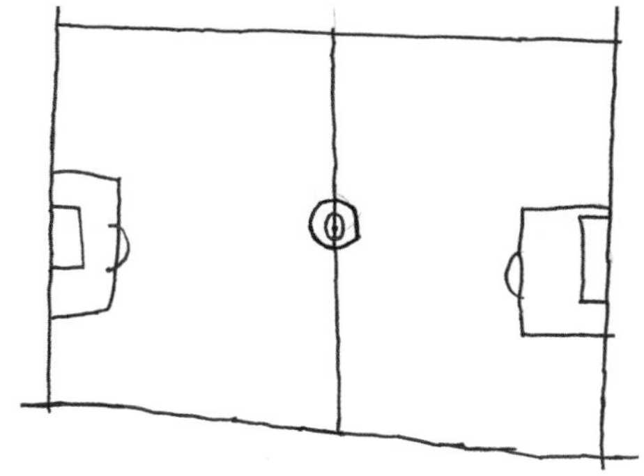

[2]

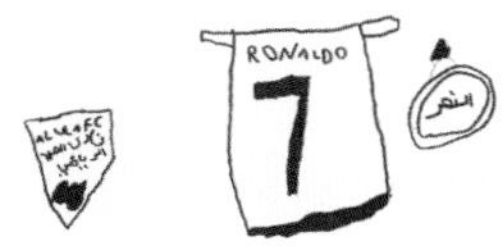

[3]

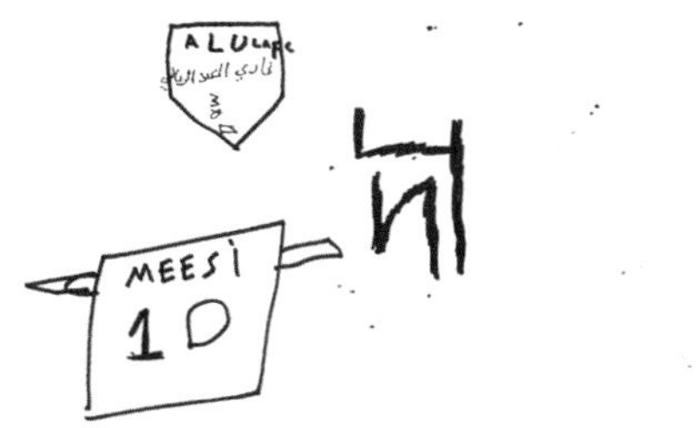

[4]

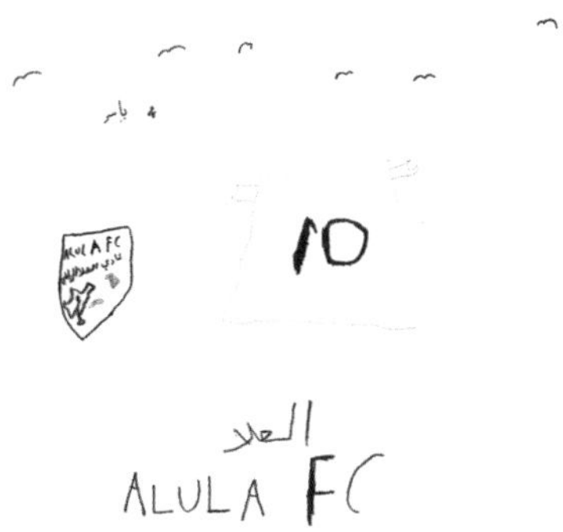

[5]

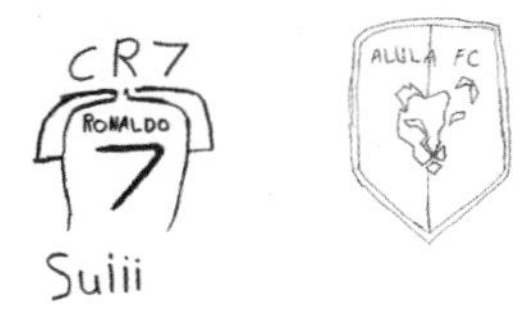

[6]

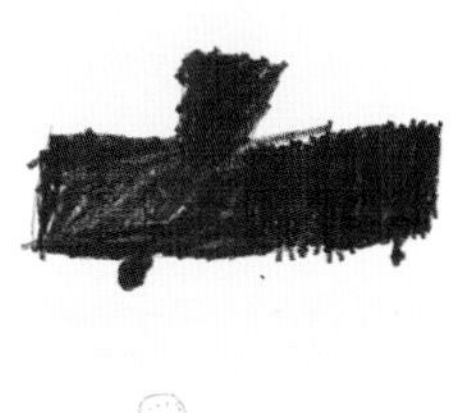

[7]

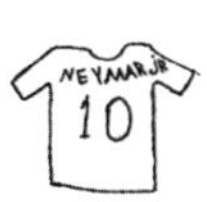

[8]

[1] Moathn Adel Albalawi	مؤذن عادل البلوي
[2] Abdulrahman	عبدالرحمن
[3] Malik Alsyed	مالك السيد
[4] Yasir Mishaal Albalawi	ياسر مشعل البلوي
[5] Mohammed Abdullah Alaradi	محمد عبدالله العرادي
[6] Katib	كاتب
[7] Zyad Abdullah Ali	زياد عبدالله علي
[8] Rashed Badr Khalaf	راشد بدر خلف

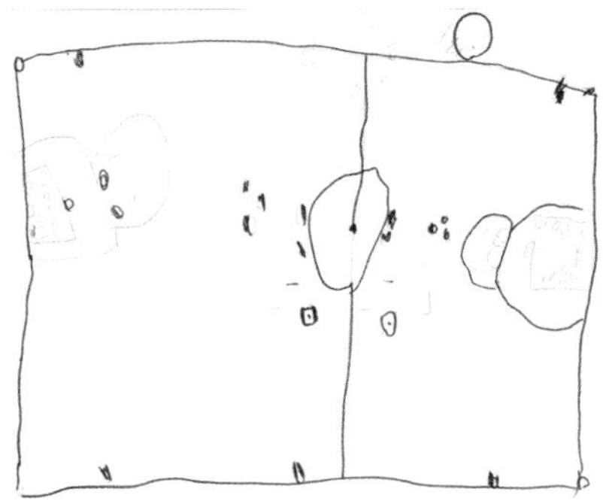

[2]

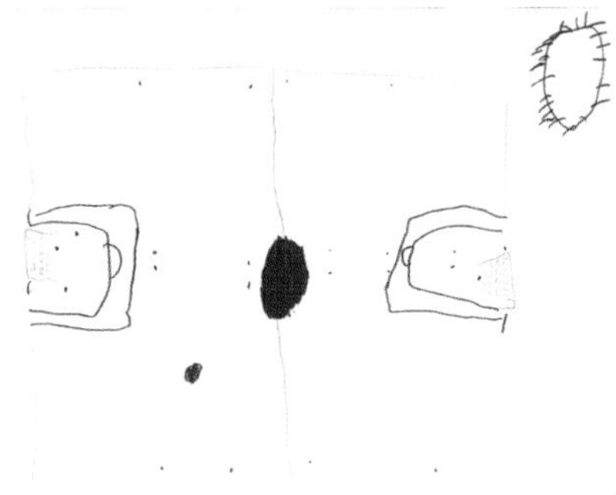

[1]

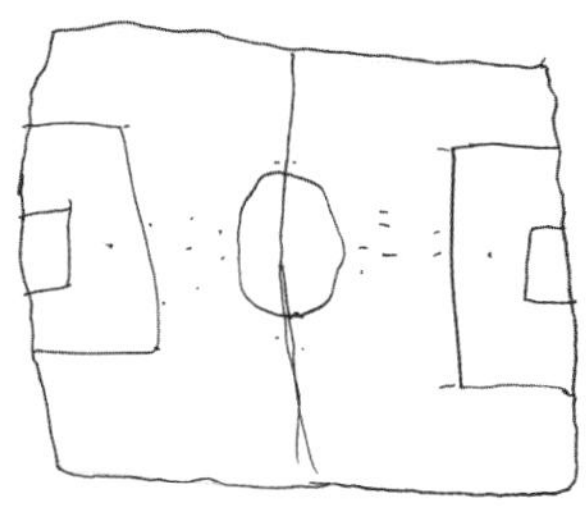

[4]

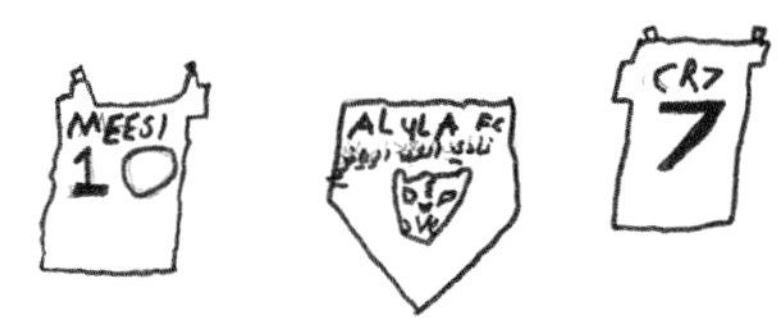

[3]

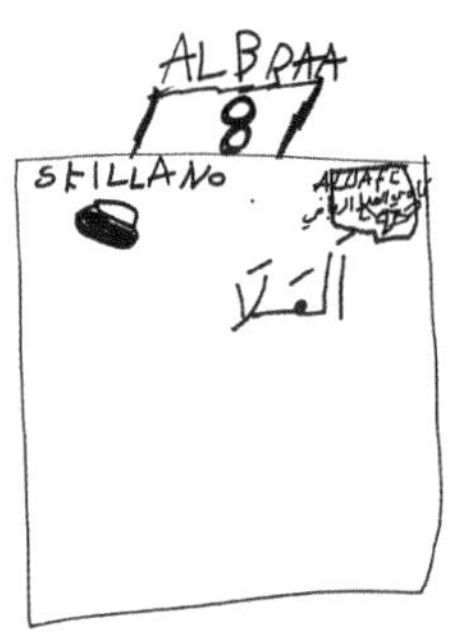

[6]

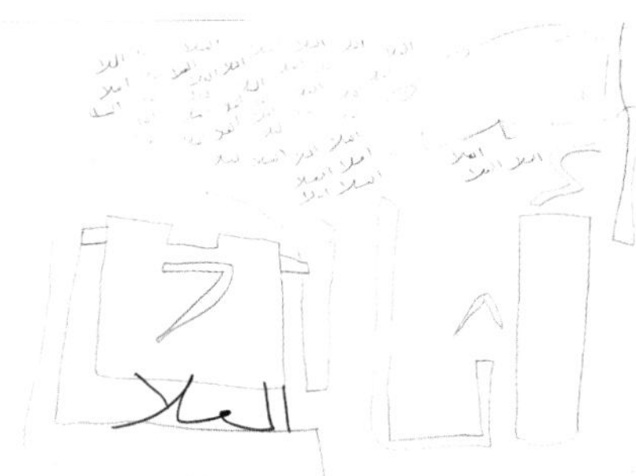

[5]

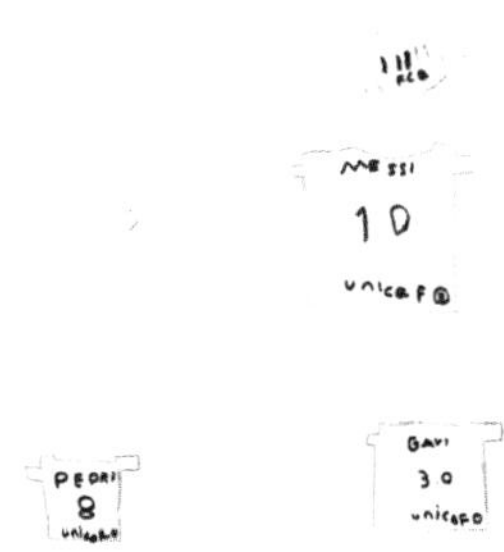

[8]

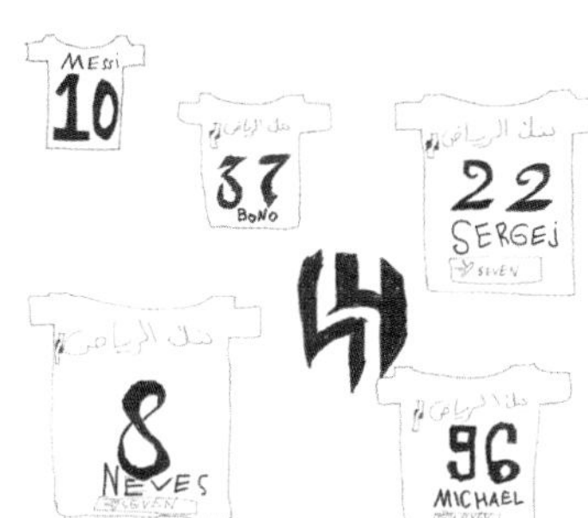

[7]

[1] Moayad Abdulrahman Alenzi	مؤيد عبدالرحمن العنزي
[2] Yazeed Mohannad	يزيد مهند
[3] Fares Eid Albalawi	فارس عيد البلوي
[4] Talal Khalifah Alenzi	طلال خليفة العنزي
[5] Hazem Mohammed Alateeq	حازم محمد العتيق
[6] Albaraa Adel Alhamrani	البراء عادل الحمراني
[7] Hosam Khaled Alaafi	حسام خالد العافي
[8] Naif Saeed Albalawi	نايف سعيد البلوي

[1]

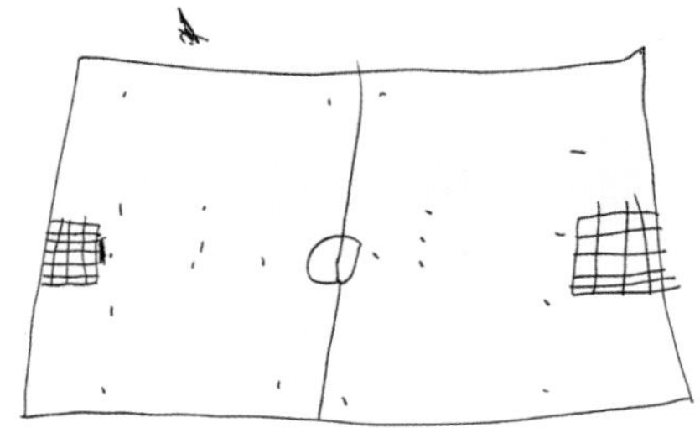

[2]

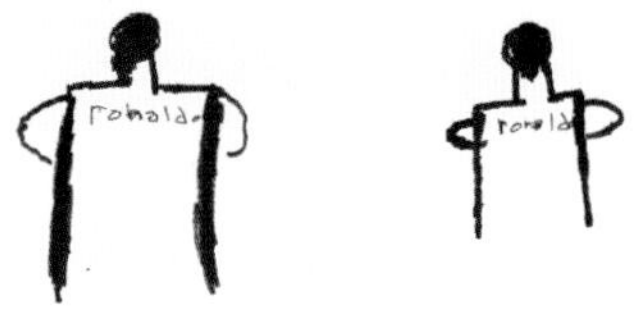

[3]

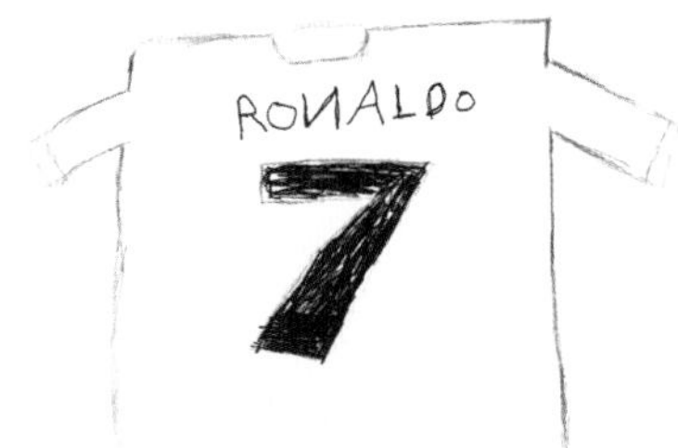

[4]

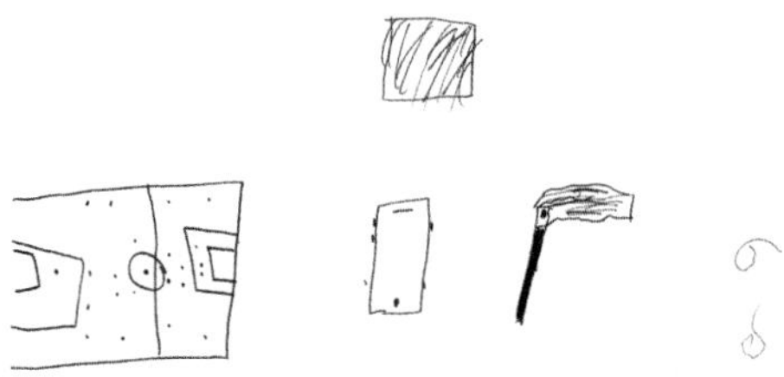

[5]

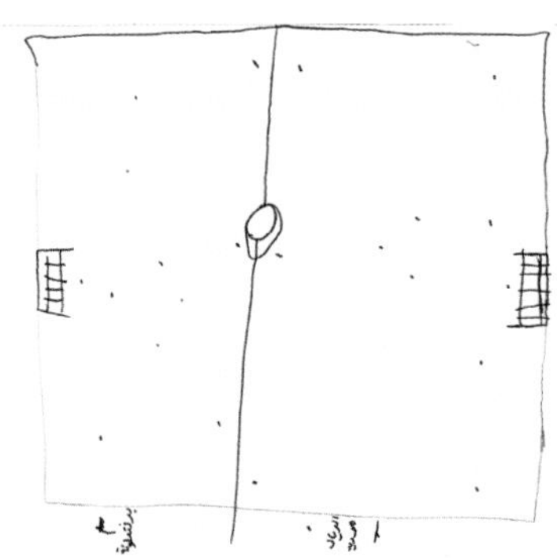

[6]

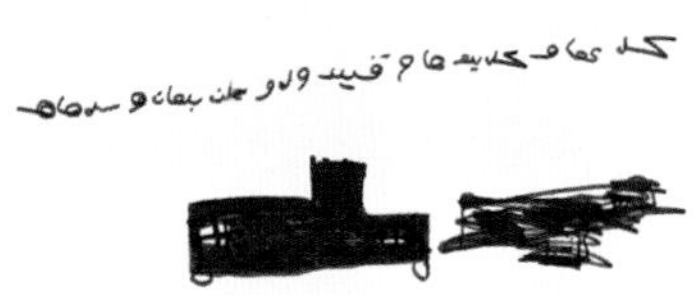

[7]

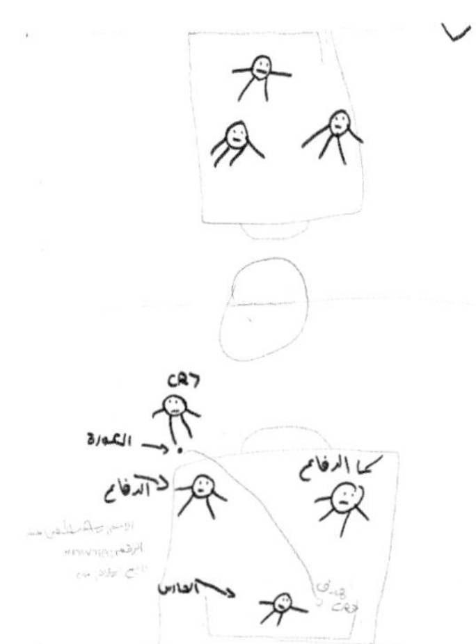

[8]

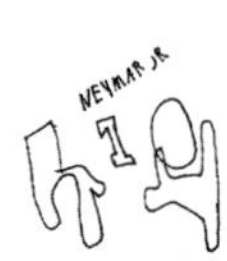

[1] Abdulaziz Fayhan Fayez	عبدالعزيز فيحان فايز
[2] Badr Abdullah Alenzi	بدر عبدالله العنزي
[3] Mohammed Abdulaziz Saud	محمد عبدالعزيز سعود
[4] Eyad Abdulrahman Alenzi	إياد عبدالرحمن العنزي
[5] Abdulmalik Sanad	عبدالملك سند
[6] Abdullah Badr Alenzi	عبدالله بدر العنزي
[7] Mustafa Hussain	مصطفى حسين
[8] Abdulaziz Saad Khalaf	عبدالعزيز سعد خلف

[1]

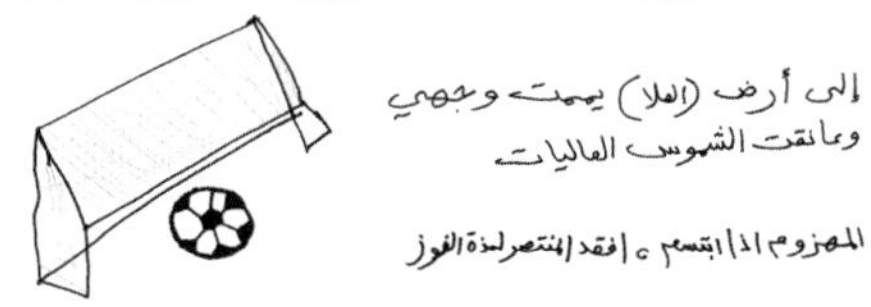

[2]

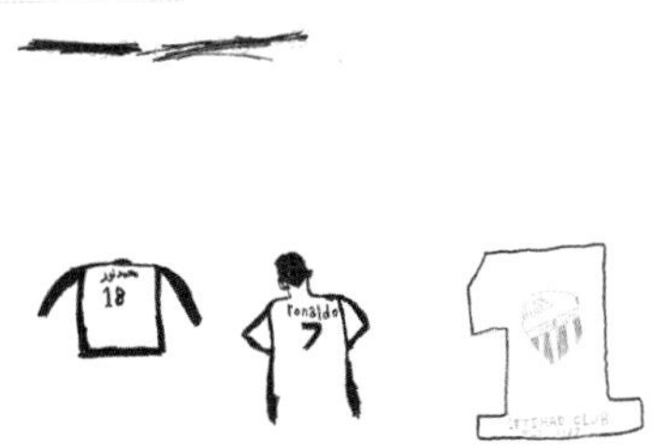

[3]

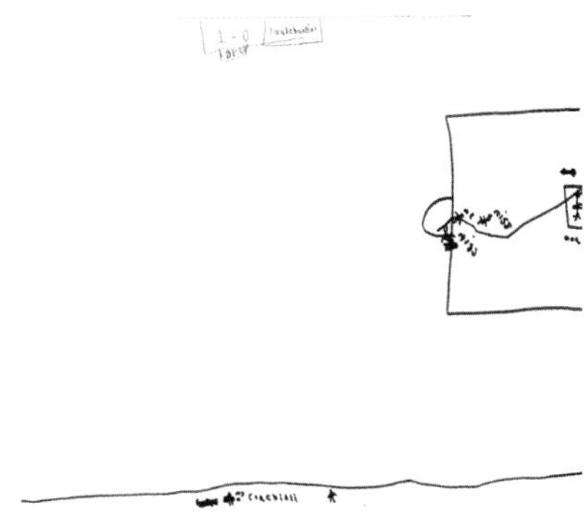

[4]

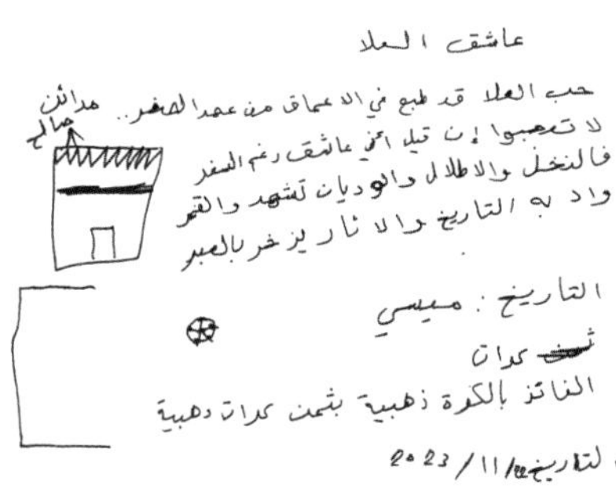

[5]

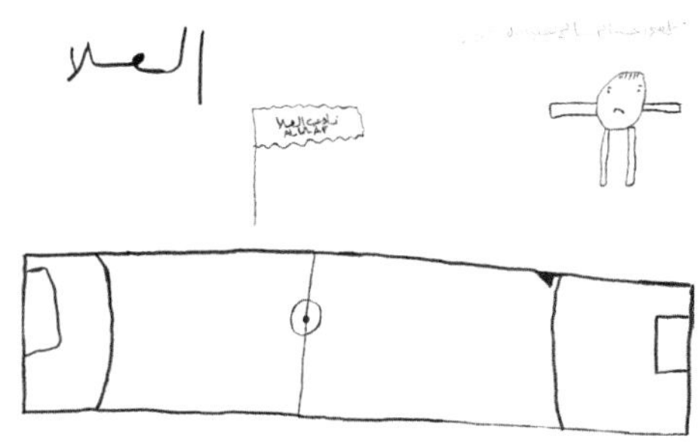

[6]

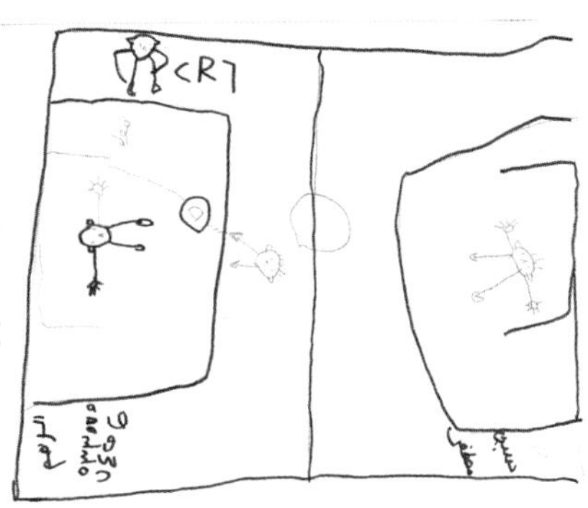

[7]

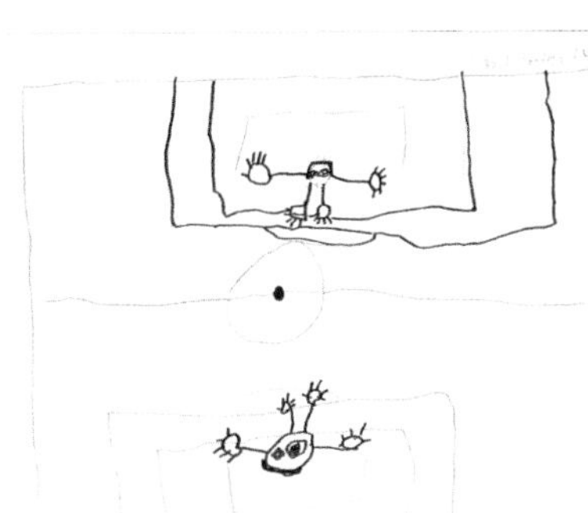

[8]

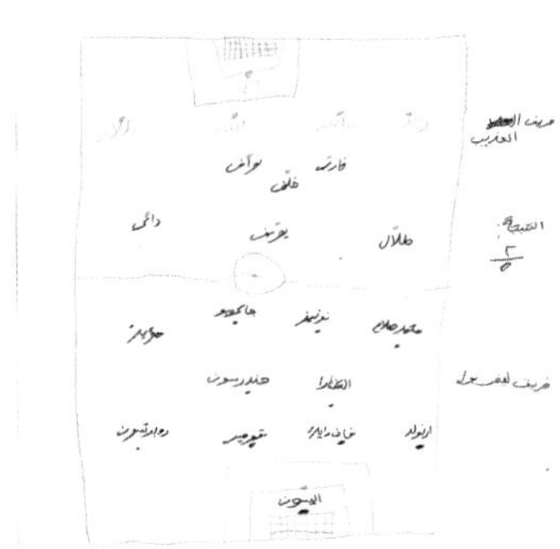

[1] Ayman Atallah Alenzi	أيمن عطالله العنزي
[2] Turki Almasloukhi	تركي المصلوخي
[3] Abdulmalik Majid Alenzi	عبدالملك ماجد العنزي
[4] Fares Adel Alenzi	فارس عادل العنزي
[5] Hosam Salem Albalawi	حسام سالم البلوي
[6] Hussain Mustafa	حسين مصطفى
[7] Saleh Sulaiman Alhowyan	صالح سليمان الحويان
[8] Abdulrahman Sanad Alenzi	عبدالرحمن سند العنزي

Exhibition Images

صور المعرض

Oasis of Stories
Manal AlDowayan and the People of AlUla

واحة القصة
منال الضويان وأهالي العُلا

9 February – 23 March 2024
Madrasat Addeera (Old Boys School), AlJadidah, AlUla

9 فبراير – 23 مارس 2024
مدرسة الديرة (مدرسة البنين قديمًا)، حيّ الجديدة، العُلا

'يا مرحبا ياللّي يشرّف حضوره.'

'Welcome, your arrival fills us with pride…'

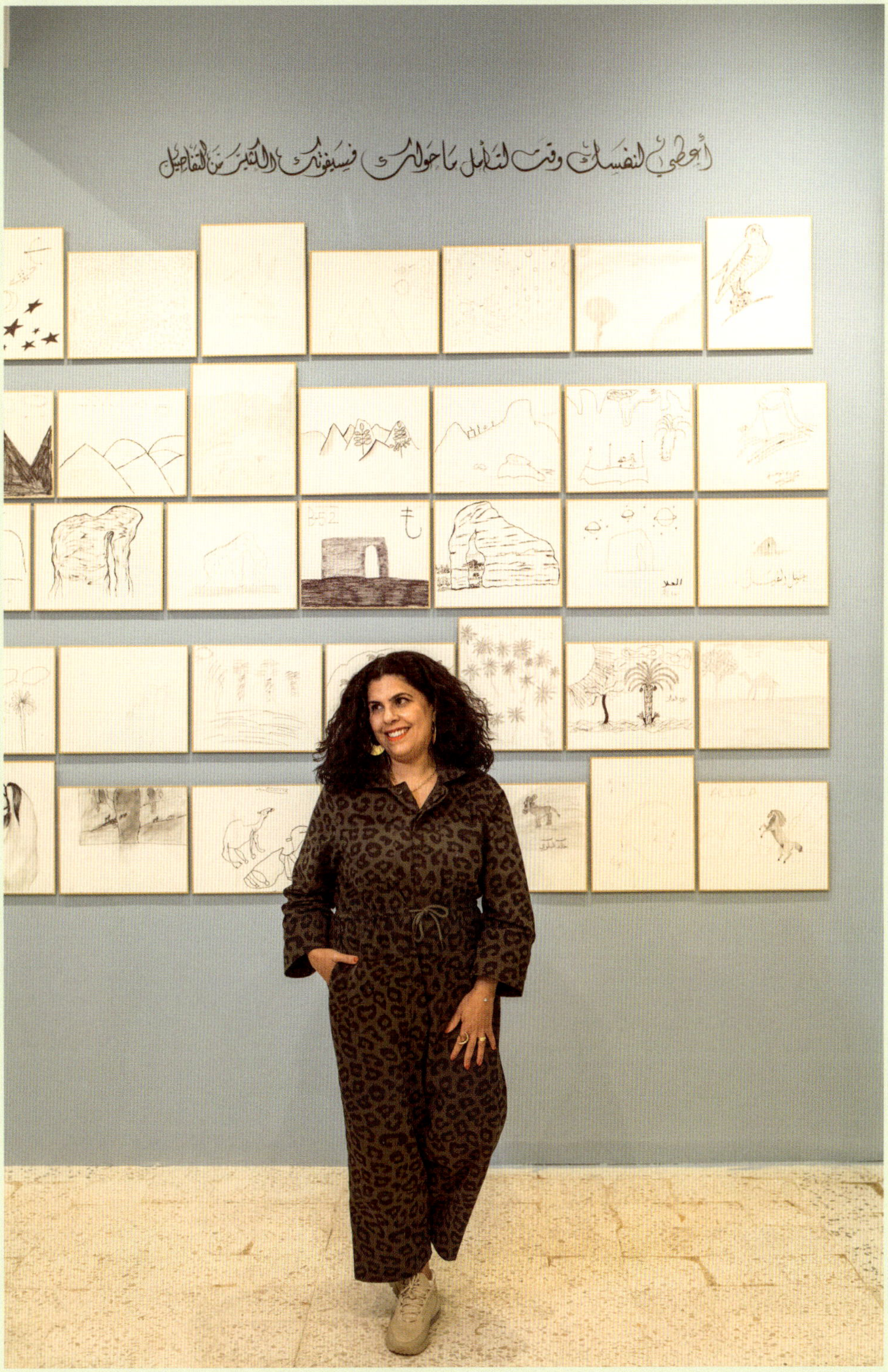
أعطي لنفسك وقت لتأمل ما حولك فسيفوتك الكثير من التفاصيل

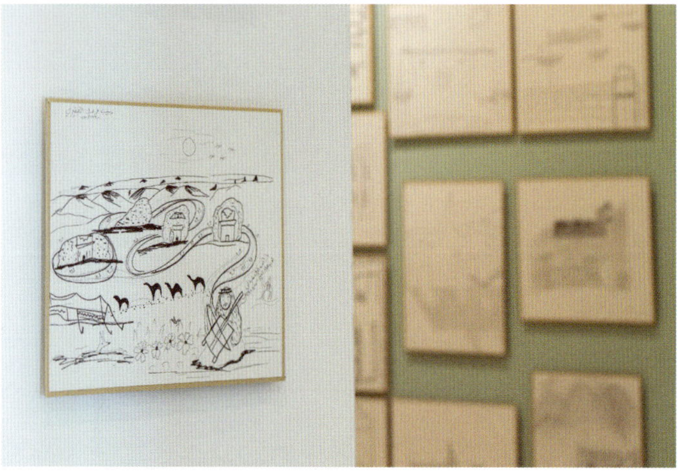

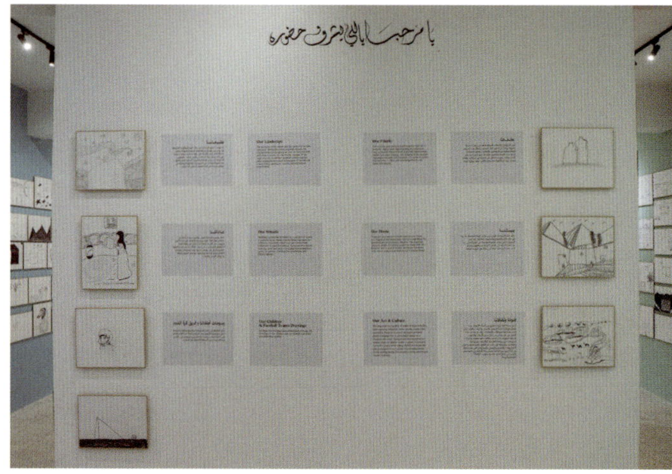

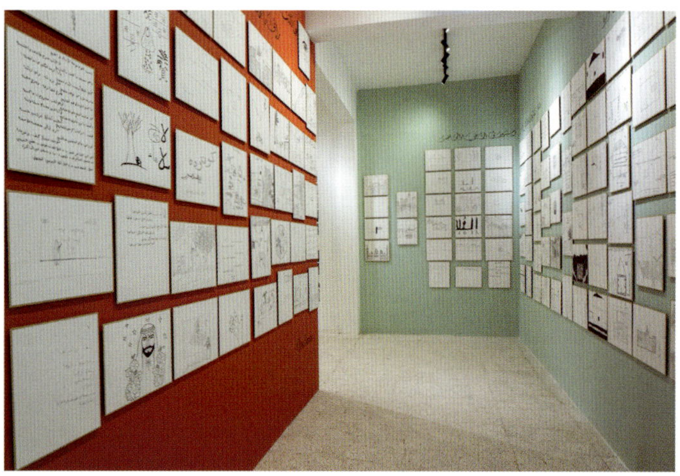

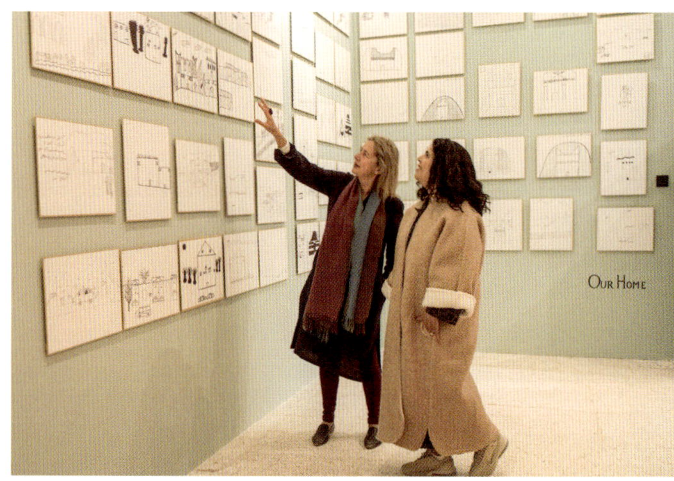
Our Home

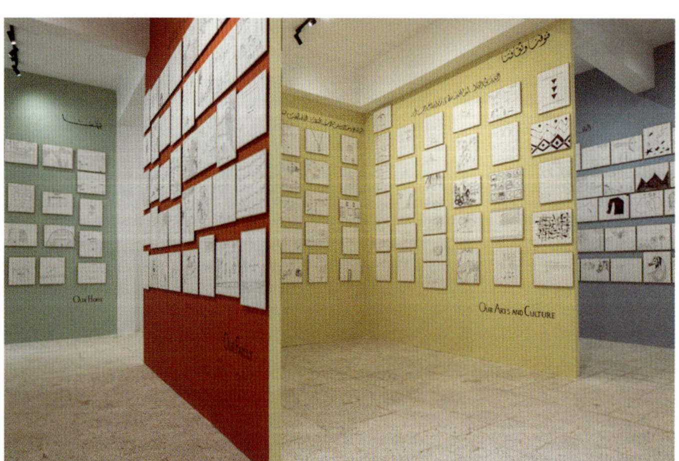
Our Home
Our Arts and Culture

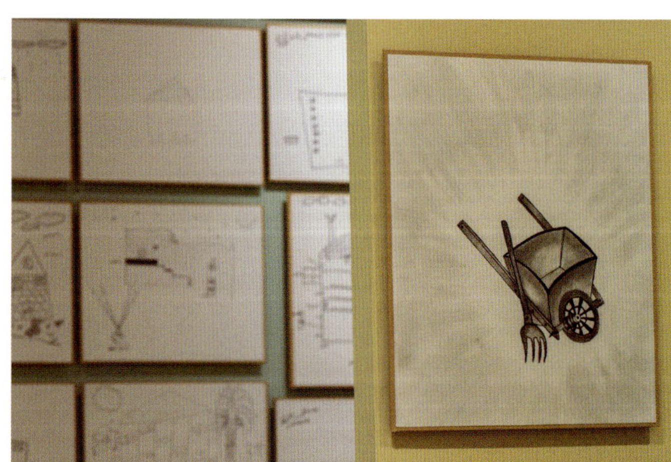

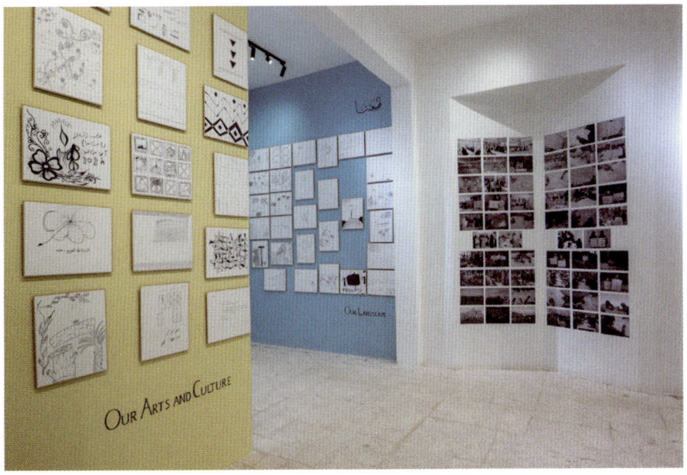
Our Arts and Culture

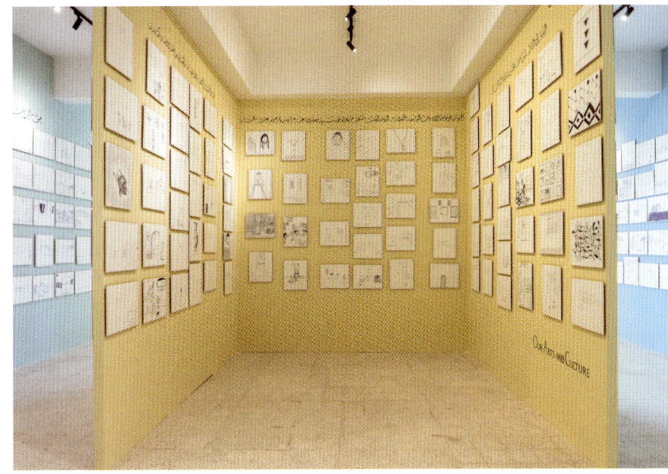
Our Arts and Culture

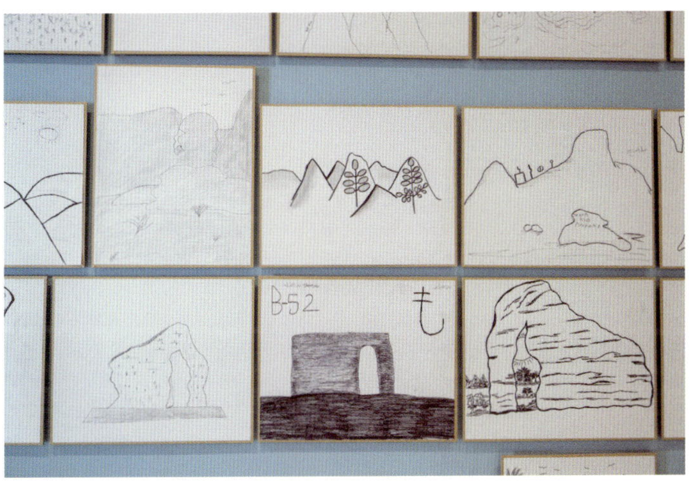

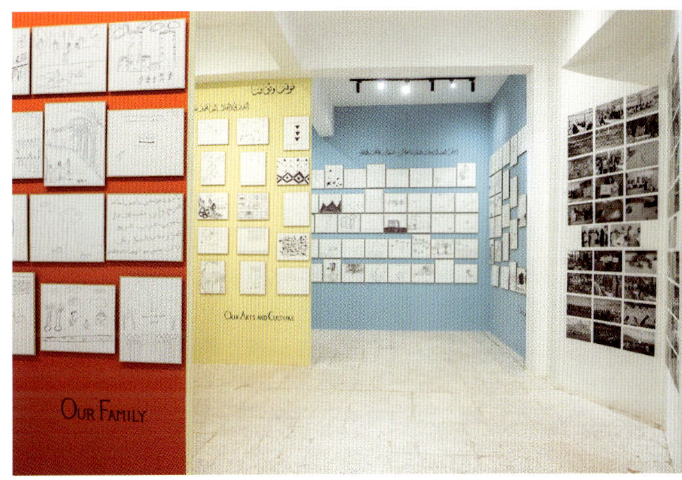
Our Family

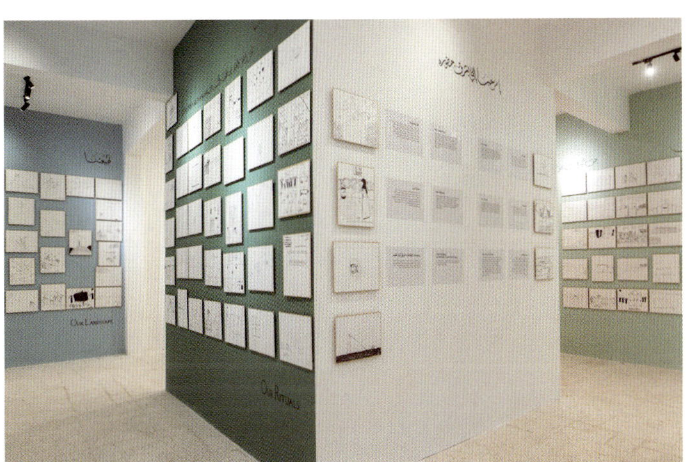

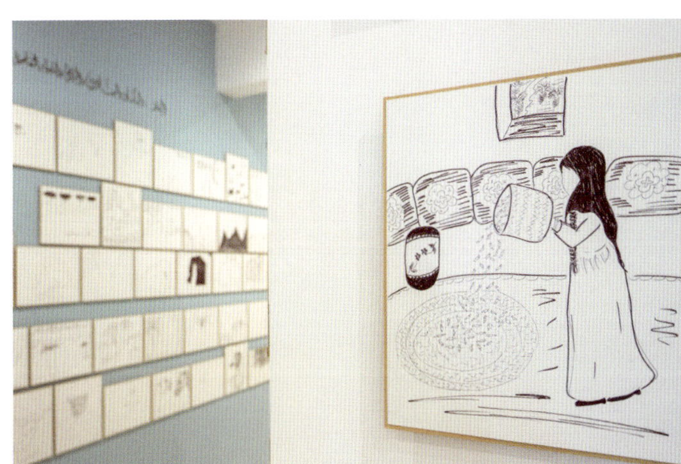

واحة القصّة

منال الضويان وأهالي العُلا

تقديم وادي الفن

قيّمة المعرض:
إيفونا بلازويك

خطّ المعرض:
محمد يوسف العنزي

الاعتمادات

بتكليف من:
الهيئة الملكيّة للعُلا

تنظيم:
أثر

التصميم:
تالة صالح

التحرير:
كايتي فالن

الترجمة:
نواف رضوان

التصوير:
[صفحات 22-35] ورش العمل لمنال الضويان في العُلا، 2023 جزء من "واحة القصّة" لوادي الفنّ، من مجموعة الهيئة الملكيّة لمحافظة العُلا.

[صفحات 8-13, 15] رسم منال الضويان "واحة القصّة" لوادي الفن، من مجموعة الهيئة الملكيّة لمحافظة العُلا.

[صفحات 201-203] وادي الفنّ يقدّم رحلة منال الضويان حول "واحة القصّة". المعرض من تقييم إيفونا بلازويك، 2024. الصور من مجموعة الهيئة الملكيّة لمحافظة العُلا.

الأعمال الفنيّة:
بموجب موافقة الفنّانين

وادي الفن
Wadi AlFann

طباعة:
سروات للطباعة والنشر
جدّة، نوفمبر 2024

الرقم التسلسلي: 978-614-8035-70-8

نشر من قبل:
KAPH
ART BOOKS FROM THE ARAB WORLD
كتب الفن من العالم العربي

www.kaphbooks.com

التوزيع:
في أميركا الشمالية – أميركا اللاتينية – آسيا - أستراليا
آرت بوك | D.A.P.
75 شارع برود ستريت، جناح 630
نيويورك، نيويورك 10004
www.artbook.com

في فرنسا - سويسرا - بلجيكا - لوكسمبورغ
لو بريس دو رييل
35 شارع كولسون،
21000 ديجون، فرنسا
www.lespressesdureel.com

في بقية أوروبا
أيديا بوكس
نيو هيرينجراخت 11
1011 آر كي أمستردام، هولندا
www.ideabooks.nl

في الشرق الأوسط
سييل بوكس
شارع المنارة، القوز 1، ص.ب 282005
دبي، الامارات العربية المتحدة
www.ciel.me

Oasis of Stories
Manal AlDowayan and the people of AlUla

Presented by Wadi AlFann

Curator:
Iwona Blazwick

Exhibition Calligraphy:
Mohammed Yousef AlEnizi

Credits

Commissioned by:
Royal Commission for AlUla

Organised by:
ATHR

Design:
Tala Saleh

Editorial:
Katie Fallen

Translation:
Nawaf Radwan

Photography:
[Pages 22-35] Manal AlDowayan's participatory workshops in AlUla, 2023, part of 'Oasis of Stories' for Wadi AlFann. Courtesy of Royal Commission for AlUla.

[Pages 8-13, 15] Render for 'Oasis of Stories' by Manal AlDowayan for Wadi AlFann. Courtesy of the Royal Commission for AlUla.

[Pages 201-203] Wadi AlFann presents Manal AlDowayan's journey towards Oasis of Stories. Exhibition curated by Iwona Blazwick, 2024. Images courtesy of the Royal Commission for AlUla.

Artworks:
Courtesy the Artists

First edition, 2024

Printed by:
Sarawat Printers & Publishers
Jeddah, November 2024

ISBN: 978-614-8035-70-8

Published by:
KAPH
ART BOOKS FROM THE ARAB WORLD

www.kaphbooks.com

Distribution:
NORTH AMERICA - LATIN AMERICA - ASIA - AUSTRALIA
ARTBOOK | D.A.P.
75 Broad Street, Suite 630
New York, NY 10004
www.artbook.com

FRANCE - SWITZERLAND - BELGIUM - LUXEMBOURG
Les Presses du Réel
35 rue Colson,
21000 Dijon, France
www.lespressesdureel.com

REST OF EUROPE
Idea Books
Nieuwe Herengracht 11
1011 RK Amsterdam, The Netherlands
www.ideabooks.nl

MIDDLE EAST
CIEL BOOK DISTRIBUTION
Al Manara Road, Al Quoz 1, P.O.Box 282005
Dubai United Arab Emirates
www.ciel.me

وادي الفن
Wadi AlFann

تتوجه الفنانة بالشكر إلى...

حمد الحميدان
رغد الرميش
فاطمة العنزي
حنان البلوي
د. هنادي أبو خديجة
أسامة ملحم
علياء المزروع
خلدون العمري
ثامر دحّام
يحيى أحمد
جوزف ميسون
عبدالله العنزي
بنا البلوي

...قادة مجتمعنا الموقّرين، الذين لا تقدّر مساعدتهم بثمن فيما يخصّ جمع المشاركين وتعزيز التواصل مع الناس من جميع أنحاء العُلا

اعتماد عقيل
كاتي فالين
عابد الغلاييني
إبراهيم فهد الجهني
جيسي نيكولز
نجلاء العتيبي
جوهي رايبانشوليا
سمر شكر
عبدالرحيم صقير
عادل إبراهيم الطويلي
شركة الفهدة الرحالة
سالم وعبدالرحمن الزحوفي

...الفريق الذي كان دعمه لا يقدّر بثمن، وعمل على دعم إنشاء ورش العمل، وتحويلها إلى مساحات فريدة للتبادل نعتزّ بها إلى الأبد.

نورا الدبل
إيفونا بلازويك
كارلا جياتشيلو
آنيت جيبونز وارن

وذلك، لإيمانهم الصادق بمشروع الحلم وتحويله إلى حقيقة.

The Artist thanks...

Yehya Ahmed
Fatimah AlAnazi
Abdullah AlAnizi
Banna AlBalawi
Hanan AlBalawi
Thamer Dahem
Hamad Alhomiedan
Dr. Hanadi Abu Khadejah
Alya AlMazroa
Joseph Mason
Ousama Melhem
Khaldoun AlOmari
Raghad AlRumaysh

...our esteemed community leaders, whose invaluable assistance in gathering participants, opening their doors, and fostering connections with people from across Alula, to

Etmad Aqil
Katie Fallen
Abed Ghalayini
Ibrahim Fahad AlJuhani
Jesse Nichols
Najla AlOtaibi
Juhi Raipancholia
Samar Shukur
Abdulrahim Suqair
Adel Ebrahim AlTowailie
The Traveling Panther
Salem and Abdulrahman AlZuhufi

...the invaluable team who've supported the making of the workshops, turning them into unique spaces of exchange that we'll cherish forever, and the making of this book that celebrates the creative vision of so many, and to

Nora Aldabal
Iwona Blazwick
Carla Giachello
Annette Gibbons-Warren

...for believing wholeheartedly in this dream project and turning it into reality.